教师礼仪实训教程

主编　程维薇

西南交通大学出版社
·成都·

图书在版编目（CIP）数据

教师礼仪实训教程／程维薇主编．—成都：西南交通大学出版社，2016.7（2021.7重印）
ISBN 978-7-5643-4784-0

Ⅰ.①教… Ⅱ.①程… Ⅲ.①教师－礼仪－教材 Ⅳ.①G451.6

中国版本图书馆 CIP 数据核字（2016）第 154640 号

教师礼仪实训教程

主编 程维薇

责 任 编 辑	郭发仔
助 理 编 辑	左凌涛
特 邀 编 辑	黄东亮
封 面 设 计	严春艳
出 版 发 行	西南交通大学出版社 （四川省成都市二环路北一段 111 号 西南交通大学创新大厦 21 楼）
发 行 部 电 话	028-87600564　028-87600533
邮 政 编 码	610031
网　　　　址	http://www.xnjdcbs.com
印　　　　刷	成都中永印务有限责任公司
成 品 尺 寸	185 mm × 260 mm
印　　　　张	17.25
字　　　　数	421 千
版　　　　次	2016 年 7 月第 1 版
印　　　　次	2021 年 7 月第 3 次
书　　　　号	ISBN 978-7-5643-4784-0
定　　　　价	39.80 元

课件咨询电话：028-81435775
图书如有印装质量问题　本社负责退换
版权所有　盗版必究　举报电话：028-87600562

前　言

礼仪是人们步入文明社会的"通行证"。人类自诞生那天起，便开始了对文明与美的追求。人类区别于动物的最显著的特征就是人的社会性，礼仪体现了人类社会不断摆脱愚昧、野蛮和落后，以及整个社会的进化程度，也是一个国家、一个民族进步开化与兴旺的标志。

"仓廪实而知礼节"，随着改革开放的深入，社会生产力的不断发展，物质生活条件的逐步改善，社会文明程度的日益提高，在开放的社会系统中，每个社会组织和个人都需要在广泛的、频繁的社会交往中谋求自身的发展，争取事业的成功。而礼仪，是一个人形象最好的表达。彬彬有礼、温文尔雅、落落大方、知书达理的个人形象是社会文明进步的标志，也应该是全社会公民的共同追求。

我国作为东方文明古国和东方文化的发源地，素有"礼仪之邦"的美誉。数千年对文明的不懈追求，形成了丰富多彩的东方文化和完备的礼仪体系。而西方文明注重尊重个人、女士优先、交际务实的特点，让现代礼仪更加注重人际交往的成功，对人际交往的行为有了更加严格的规范。

作为未来的教师，师范毕业生今后的工作是教书育人。教师的职业特点是以人格来培养人格，以灵魂来塑造灵魂，因而自身形象、文化修养、专业技能、人格魅力就是师范学生在校应该修炼的功课。熟知并掌握相关礼仪知识，接受系统的礼仪学习及其培训，不仅可以提高个人内在的文化修养、道德品质和思想境界，而且有利于培养优雅的气质和优美的仪表风度，提高师范生的人际交往能力。这些对塑造师范生具备未来教师的良好职业形象和职业素养都是极为有益的。

本教材力求体现以下特点：

一、突出师范特色

很多师范大学的英文翻译并不是用"Teacher Education"（教师教育），而是"Normal"（正规、正常），其实，我们可以把它引申为"规范、规则"，这也可以将"师"解释为教师、教育工作者，"范"解释为规范、规则。因而本教材的许多章节，我们注重规则的确立，让学生有据可依。如第二章"师范生在校礼仪篇"，从仪容到体态，从色彩到配饰，从称呼到握手，从中餐到西餐等，都在给学生一种规则、规范，让他们在各种场合中牢记遵守，慢慢养成习惯，成为个人气质的一部分。

本书针对师范院校女生比例一般高于男生，以较多篇幅更加细致地关注了女性形象的方方面面，力求通过系统的学习，构建师范女生积极健康的审美体系，塑造独立、自信、优雅、大方、具有时代特征的师范女生形象。

二、注重实训

礼仪是一门注重实践的课程。礼仪知识的习得是一个在实践中反复加以应用最终养成习惯的过程。因而注重实用性、实践性、动手性和操作性是本教材的特色。大多数篇章都有实训的要求，这就要求课堂不能采取满堂灌式的纯讲授，而要采取互动式教学，操作式教学，深入浅出，让学生在轻松愉快、生动活泼的教学氛围中获取礼仪知识。在教与学过程中用大量的实训诱发学生的学习动机，激发学生的学习兴趣，帮助其养成在生活中自觉讲究礼仪的行为习惯。

三、注重幼儿园、小学实践

本教程的第三章、第四章、第五章、第六章，采用大量生动的案例和图片，展现幼儿园、小学教师在实际工作中的礼仪教育，让师范生看到一线教学中礼仪知识的无处不在，通过教师本身规范的言行举止，润物细无声地对学生施以影响。师范生在未来的职业生涯中带着对礼仪知识的通晓和自觉应用，可以为今后的职业生涯打下坚实的基础。

本教材注重礼仪知识在今后工作中的实际应用，将师范生在学校内学习的礼仪知识放到今后的工作实践中，在具体的工作中加以巩固应用，并在为人师表的职业生涯中将礼仪知识加以传承，用言传身教的方式成为礼仪的实践者、传播者，让礼仪不但能够修炼个人气质，更能提升教师职业形象。

四、注重人文素养的拓展

本教程的第一章，系统梳理了中国古代礼仪的发展线索，提供了以礼仪为线索了解中国古代文化发展的文本，增加学生的知识储备；第七章的文化修养篇，较为详细地介绍了宗教常识和部分国家民族的风俗礼仪，让学生能以宗教为切入点来了解西方文化，以各国的风俗礼仪为线索，了解世界各地风土人情，拓展学生的国际视野，让学生体会到西方各国文化不同的精彩和魅力，进而引导他们立足本土，深耕本民族文化，成为中西合璧的人才。

本教程的编写得到了同仁的鼎力支持，在此一并表示感谢。第一章（成都大学文学与新闻学院 黄宇玲）；第二章（成都大学师范学院 程维薇）；第三章、第四章（四川省直属机关实验婴儿园 钟微）；第五章、第六章（成都市实验小学 刘雯雯）；第七章（成都大学师范学院 罗捷）。

本书由于时间紧，编写者水平有限，疏漏和错误在所难免。衷心地期待使用者不吝赐教，以期再版时能加以完善。

程维薇
2016年3月9日

目 录

第一章 中国的礼仪文化 ·· 1
 第一节 中国文化中的"礼" ·· 1
  一、"礼"的起源 ··· 1
  二、"礼"的内涵 ··· 3
  三、礼文化的各个层面 ··· 5
 第二节 中国古代礼仪的发展与类型 ································ 11
  一、古代礼仪的发展 ··· 11
  二、中国古代的"五礼" ······································· 14
  三、民间传承的日常礼仪 ······································· 22

第二章 师范生在校礼仪篇 ·· 33
 第一节 塑造完美仪容 ··· 34
  一、仪容美的实现 ··· 35
  二、发型美的实现 ··· 40
 第二节 重塑优美体态 ··· 43
  一、体态之美 ··· 44
  二、重塑体态 ··· 45
  三、保持体形 ··· 53
 第三节 练就动人表情 ··· 59
  一、人的表情 ··· 59
  二、微笑最美 ··· 60
  三、微笑训练 ··· 61
 第四节 练习说学会听 ··· 65
  一、声音与形象 ··· 65
  二、包装声音 ··· 66
  三、学会交谈 ··· 68
  四、学会倾听 ··· 76
 第五节 服饰大方得体 ··· 79
  一、着装原则 ··· 80

二、男士西装 ·· 82
        三、女士套裙 ·· 85
        四、生活着装 ·· 88

    第六节　掌握社交规则 ·· 97
        一、称呼他人 ·· 97
        二、介绍礼仪 ·· 99
        三、握手礼仪 ·· 100
        四、电话礼仪 ·· 101
        五、餐饮礼仪 ·· 103

第三章　幼儿教师职场篇 ·· 109
    第一节　幼儿教师礼仪的重要性 ·· 109
        一、礼仪之于普通人 ··· 109
        二、礼仪之于幼儿教师 ··· 109
        三、关注幼儿教师礼仪教育的现实需要 ······································ 112

    第二节　仪表得体 ·· 113
        一、女教师仪容仪表礼仪 ·· 113
        二、男教师仪容仪表礼仪 ·· 116

    第三节　举止言谈规范 ··· 118
        一、体态礼仪 ··· 118
        二、教师的语言礼仪 ·· 122

    第四节　表情礼仪 ·· 125
        一、微笑 ·· 125
        二、微笑练习 ··· 126

    第五节　礼仪在幼儿园工作中的运用 ··· 127
        一、幼儿园活动中的礼仪 ·· 127
        二、与家长的交往 ·· 130
        三、与同事的交往 ·· 133
        四、与领导的交往 ·· 134
        五、一日活动中教师的礼仪 ··· 135

第四章　幼儿礼仪教育篇 ··· 137
    第一节　幼儿礼仪教育的重要性 ·· 137
        一、何为幼儿礼仪 ·· 137
        二、幼儿礼仪教育缘何重要 ··· 139

第二节　幼儿礼仪教育的内容 ································· 140
　　一、基本礼仪 ··································· 141
　　二、幼儿园礼仪 ································· 149
　　三、家庭礼仪 ··································· 153
　　四、公共场所礼仪 ······························· 153

   第三节　幼儿礼仪教育指标 ····························· 154
　　一、仪表仪态礼仪 ······························· 155
　　二、交往礼仪 ··································· 155
　　三、进餐礼仪 ··································· 155
　　四、午睡礼仪 ··································· 156

   第四节　幼儿礼仪教育方法 ····························· 156
　　一、情景感染法 ································· 156
　　二、榜样示范法 ································· 158
　　三、积极教育法 ································· 159
　　四、随机教育法 ································· 160

第五章　小学教师职场篇 ································· 162

   第一节　小学教师礼仪的重要性 ························· 162
   第二节　穿衣打扮要规范 ······························· 163
　　一、着装基本要求 ······························· 163
　　二、打扮基本要求 ······························· 166

   第三节　行为举止要得体 ······························· 167
　　一、教师的目光 ································· 167
　　二、教师的站姿 ································· 170
　　三、教师的坐姿 ································· 173
　　四、教师的走姿 ································· 175
　　五、教师的手势 ································· 177

   第四节　说话用语要艺术 ······························· 180
　　一、文明用语 ··································· 180
　　二、真诚交流 ··································· 182

第六章　小学生礼仪教育篇 ······························· 187

   第一节　小学生礼仪教育的重要性 ······················· 187
   第二节　小学生礼仪教育的内容 ························· 188

一、文明称谓……………………………………………………188
　　二、真诚问候……………………………………………………190
　　三、仪容仪表……………………………………………………193
　　四、坐立行姿……………………………………………………195
　　五、课堂规范……………………………………………………198
　　六、有序就餐……………………………………………………202
　　七、日常礼仪……………………………………………………204
　第三节　小学生礼仪教育的策略……………………………………205
　　一、轻说教，重体验……………………………………………205
　　二、少分析，多展示……………………………………………215

第七章　文化修养篇……………………………………………………222
　第一节　宗教常识及礼仪……………………………………………222
　　一、宗教概述……………………………………………………222
　　二、世界性宗教礼仪……………………………………………224
　第二节　部分国家民族的风俗礼仪…………………………………240
　　一、问候礼节……………………………………………………241
　　二、餐饮礼仪……………………………………………………243
　　三、语言交流……………………………………………………252
　　四、服饰着装……………………………………………………256
　　五、习俗禁忌……………………………………………………259

参考文献…………………………………………………………………267

第一章 中国的礼仪文化

第一节 中国文化中的"礼"

我国自古就被称为"礼仪之邦"。礼,是中国文化的根本特征和标志。中国文化是迥异于西方文化的一种原生性文化,自其诞生之日起就延续发展,从没因为外来文化和外来势力的影响而中断过。它自成体系,风貌独特,其根源就在于礼文化在历史上的延绵。

《左传·定公十年》"中国有礼义之大,故称夏,有服章之美,故称华。""华夏"是一个文化概念,这个文化概念的背后就是"礼"。古人崇尚礼,所以我国有许多专门记载礼仪的经典,如早期的"三礼",即《周礼》《仪礼》和《礼记》。《周礼》主要包括周代国家统治管理的典章制度;《仪礼》主要是古代社会生活所形成的作为行为规范和交往仪式的礼仪制度;《礼记》是对《仪礼》的深度阐释,将礼推广到全体社会成员,侧重于对人的道德情感和精神品质的规范,具有普遍性。"三礼"一共82篇,正文约20万字,加上历代注疏、新义、通解、详解、集证,共有236部3 000多卷。另外,18部正史中都有记载礼的志书,各代官方和私人修纂、收集、整理的相关礼书浩如烟海,更不要说老百姓之间通行和延续下来的各种繁芜多样的礼俗了,世界上还没有哪一个国家如此重视礼。

中国社会的各个领域,从哲学伦理到风俗,从法律政治到人伦,以及教育、军事、宗教祭祀等等,"礼"都是其中的主宰和标准。《礼记·曲礼上》说:"道德仁义,非礼不成;教训正俗,非礼不备;分争辨讼,非礼不决;君臣、上下、父子、兄弟,非礼不定;宦学事师,非礼不亲;班朝治军,莅官行法,非礼威严不行;祷祠、祭祀、供给鬼神,非礼不诚不庄。"

传统文化中的礼,是我们现代礼仪的基础,我们要学习礼仪,就应该从根本上来了解什么是礼,了解中国文化中作为核心的礼的本质。

一、"礼"的起源

关于礼的起源,一般的说法是周公姬旦"制礼作乐",周公是礼的创始人。但实际上,礼作为调节人际关系的一种规范准则,是伴随着人类社会文明的曙光而诞生的。从理论上讲,礼起源于人类为协调主客观关系而进行的人与人的交往;从仪式上讲,礼起源于原始的宗教祭祀活动。

(一)礼起源于人与人之间的交往

《礼记·曲礼》云:"鹦鹉能言,不离飞鸟,猩猩能言,不离禽兽,今人而无礼,虽能言,不亦禽兽之心乎?夫唯禽兽无礼,故父子聚麀。是故圣人作,为礼以教人,知自别于禽兽。"禽兽不懂何谓父母夫妇，才会乱伦，人若不懂得礼，就是衣冠禽兽，所以人类才会产生礼，产生亲子间不媾合，同姓间不通婚的习俗，这些都属于礼的范畴。《礼记》认为结婚是"万伦之始"，从人类的发展来看，的确如此。当群居的人类在婚姻上开始摆脱原始的杂交状态，乱婚时代结束，血缘家族形成，伦理社会逐渐形成，人真正成为社会化的人的时候，作为调节人与人关系的礼就产生了。人类从乱婚发展到血缘婚，再进化为族外群婚、对偶婚，婚姻之礼促使人类在不断的进化中逐渐远离了兽类。

《荀子·礼运篇》云："礼起于何也？曰：人生而有欲，欲而不得，则不能无求；求而无度量分界，则不能不争。争则乱，乱则穷。先王恶其乱也，故制礼义以分之，以养人之欲，给人之求。使欲必不穷乎物，物必不屈于欲，两者相持而长，是礼之所起也。"荀子是儒家论"礼"的大师，他清楚地意识到了礼起源的根本原因，正是人类天生有欲望，有争夺，造成混乱，才促使礼的产生。礼，就是人类为了节制欲望、遏制野蛮争夺的手段。

因此，我们可以说，礼是人类为了协调主客观关系，在彼此交往中形成的，它是人类文明进步和社会性的表现。

（二）礼起源于原始的宗教祭祀活动

原始时期，由于社会生产力低下，人类对于自然的理解能力也极为低下，对于日月星辰、风雨雷霆等自然物和自然现象无法解释，认为它们也与自己一样，是有灵魂的。这种万物有灵的观念，促成了最早的神灵形象的出现，人类以祭祀、崇拜、祈祷等仪式，期望能与神灵沟通，这个过程，就产生了原始的"礼"。

据考古学研究，礼的仪式起源于旧石器时代。"夫礼之初，始诸饮食。其燔黍捭豚，污尊而抔饮，蒉桴而土鼓，犹若可以致其敬于鬼神"。原始人类相信鬼神，害怕鬼神，想讨好鬼神，便用食物献祭祈求。他们在石上烧烤黍和小猪，以冒出的青烟表示供天，在地上挖坑盛酒水，捧之以手，用草包土捏成鼓槌，敲打土鼓发出响声，表示敬地，这就是最早的祭祀活动。

随着人类生产力的发展、物质产品的丰富，祭祀变得更为庄严宏大，"礼"繁体字的字形"禮"，就保留了这样的信息。"示"表示祭台，"豊"是用"豆"这种高脚盘装着用以祭祀的礼器（玉）的形象。"礼"就是把盛满祭品的祭具放在祭台上，举行仪式，敬神求福。如《周礼·春官·大宗伯》中记载："以玉作六器，以礼天地四方。以苍璧礼天，以黄琮礼地，以青圭礼东方，以赤璋礼南方，以白琥礼西方，以玄璜礼北方。"春官，是周代专门掌管礼制、祭祀和历法的官署机构，相当于后世的礼部。春官长——大宗伯以璧、琮、圭、璋、琥、璜六种玉器，作为配合阴阳五行之说的祭祀天地四方的礼器，举行重要祭祀。

根据祭祀之礼产生的过程可知，它具有如下一些特征：

（1）祭祀敬神的过程，必然要有发自内心的敬意和尊重。

（2）祭祀敬神，必然会有一系列动作，动作又演化为多样性的仪式，借助这些动作和仪式，礼敬之人能够传递出内心的敬意和尊重。

（3）内心的敬意和尊重会逐渐向道德层面发展，动作和仪式会敷衍发展为固定化的程式。祭祀的礼，就逐渐有了丰富的文化内涵和文化象征。

（4）礼也是表示庆贺和敬意的物品，有沟通情感的作用。

二、"礼"的内涵

中国文化中的礼，内涵非常丰富，著名礼学家钱玄先生曾说："今试以《仪礼》《周礼》及大小戴《礼记》所涉及之内容观之，则天子侯国建制、疆域划分、政法文教、礼乐兵刑、赋役财用、冠昏丧祭、服饰膳食、宫室车马、农商医卜、天文律历、工艺制作，可谓应有尽有，无所不包。其范围之广，与今日'文化'之概念相比，或有过之而无不及。是以三礼之学，实即研究上古文化史之学。"钱先生所言中肯，中国的"礼"，实质上就是中国文明尤其是儒家文化体系的总称。若要给中国的"礼"下个定义，它的本质含义大概有以下几层意思：

（一）礼，是文明

礼是人类区别于动物的根本特征。《礼记·冠义》云："凡人之所以为人者，礼义也。"以人类的饮食之礼为例，《礼记·曲礼上》中记录了一段关于饮食的礼仪，"共食不饱，共饭不泽手。毋抟饭，毋放饭，毋流歠，毋咤食，毋啮骨，毋反鱼肉，毋投与狗骨。毋固获，毋扬饭。饭黍毋以箸。毋嚺羹，毋絮羹，毋刺齿，毋歠醢。……濡肉齿决，干肉不齿决，毋嘬炙"。大家一起吃饭，不要只顾着自己吃饱，要注意谦让；一起吃饭的时候，要注意手的卫生，因为那个时代吃饭是不用箸的，只用手抓饭吃，如果开始不洗手，临到吃饭时才两手相互搓揉，会弄脏饭食；吃饭不要用手搓捏饭团，不要把多拿的饭又放回食器中，不要大口吃饭、喝汤时狼吞虎咽，不要吃饭吃得啧啧作响，不要在席上啃骨头，不要把拿起的鱼肉又放回去，不要把骨头扔给狗，不要吃独食，不要为了贪快而吹扬饭中的热气，吃小米饭不要用筷子（要用勺），不要不咀嚼就囫囵吞下羹饭，不要当着主人的面给菜羹加调料，不要当众剔牙，不要喝肉酱调料，柔软的肉可以用牙齿咬断，干肉不要用牙齿咬断，吃烤肉不要一口吞一大块……吃饭的这些礼仪，其实是人区别于动物的文明之处，那种动物性的饮食习惯（如狼吞虎咽、不顾卫生、不顾他人），正是礼所针对的改进对象。

礼不仅使人区别于动物，还反映了人类的文明开化程度。当少数民族的政权入主中原时，常常会采用中原地区先进的礼并为之所化，变夷为夏。所以，礼是文明，是进化更高的标志。

（二）礼，是秩序

古人认为，天地四时、群物都是各有秩序的，《周易·系辞》云："天尊地卑，乾坤定矣。卑高以陈，贵贱位矣。动静有常，刚柔断矣。方以类聚，物以群分……"天高地低，日月盈昃，"有物必有则"，"则"是宇宙的规律和秩序。出于神秘的感应思想和自然崇拜，中国很早就出现了"天人合一"的观念，人们认为，人世间的各种等级差别，都是自然产生的，实质上是对应于宇宙自然的规律秩序的。所以，古人才说："夫礼，天之经也，地之义也，民之行也"（《左传·昭公二十五年》），"礼必本于天，动而之地，列而之事，变而从事，协于分艺"（《礼记·礼运》）。儒家认为，礼的本质是对天地变化和秩序的模仿，在人事中间处处有所体现，这种表现就是"上下有义，贵贱有分，长幼有等，贫富有度"（《管子》)。

东汉的许慎在《说文解字》中将"礼"解释为"履也，所以事神致福也"，"礼"与"履"互训。也就是说，"礼"和"履"在上古时候，读音完全相同，而古代的造字法，读音相同或相近的，本义也往往相近的。那么"履"的本义是什么呢？是践踩，是行进，是经历，总而言之，即履行、实践。因此，礼也是要实践的，人们把事神致福的实践活动叫做"礼"。《周易》中"履"卦的《象传》解释说："上天下泽，履，君子以辨上下，定民志。"君子在观察天地之时，就明白了天上泽下的自然秩序，并将其在实践中运用到了人与人之间的关系中。《周易·序卦》中说："有天地然后有万物，有万物然后有男女，有男女然后有夫妇，有夫妇然后有父子，有父子然后有君臣，有君臣然后有上下，有上下然后礼义有所错"。"错"，就是措、施行的意思。所以礼是什么呢？礼是"先王以承天之道，以治人之情"的手段，是一种模仿天道而实践的秩序精神。

实际上，在人类的祭祀过程中，这种秩序精神已经非常强烈地体现出来了，《礼记·礼运》载："先王秉蓍龟，列祭祀，瘗缯，宣祝嘏辞说，设制度，故国有礼，官有御，事有职，礼有序。"先王们拿着蓍草和龟甲，依次进行各种祭祀，埋下祭品以敬神，宣讲各种告祝的文词，在这样庄严的祭祀活动中，大家自然不能混乱地站成一堆，毫无庄重，必定要按照上下贵贱长幼贫富来区分行礼。上下贵贱长幼贫富，这就是人类社会中的秩序。

按照卡西尔的说法，随着人类的发展，当祭祀的注意力不再专限于祭品内容，而着重于献祭形式时，祭祀活动就获得了一种新的意义。事实上，祭祀活动通过仪式强化了现实生活中的各种等级区别，"礼"就具有区别等级阶层的功能。

（三）礼，是法度

当一个国家有区别、有秩序时，就是治；无区别、无秩序时，就是乱。所以一个国家是和谐稳定还是混乱危殆，与国家有没有"礼"息息相关。与世界其他国家不一样，当我们的古人意识到"礼"作为秩序的普遍性和规范性时，"礼"就很容易地被运用到了国家政治中，用以统治、管理和维护宗法社会的稳定。统治者通过文献或法典，将礼以制度的形式沿袭下来，并具有法律的效应。也就是说，当区别等级、充满秩序性的礼被用于国家管理时，它就变成了法度。

如《周礼》设计的官制，有天地春夏秋冬六官（六个部门），象征天地四方六合，六官各辖六十职，共计三百六十职，象征天地三百六十度。礼的制度形成后，便世代沿用演化，成为我国古代国家政体的具体模式。像这样模仿自然法则建立起的充满秩序性的法度规章，就是礼。《论语·八佾》中所谓"夷狄之有君，不如诸夏之亡也"，因为彼时制度已成，国家管理轻松了许多，天子便可以"垂拱而治"了。

所以孔子说："为政先礼。礼，其政之本与！"荀子说："礼之于正国家也，如权衡之于轻重也，如绳墨之于曲直也。"礼，是"国之纪"，是"政之舆"，是"经国家，定社稷，序人民，利后嗣"的根本（《左传·隐公十一年》）。

国家"无礼不宁"，从统治阶层的角度来看，礼是"法之大分，类之纲纪。"（《荀子·劝学》）。它与同属于国家管理工具的刑法有相似性，礼法并用这种现象是中国的独创，只不过"礼不下庶人，刑不上大夫"，礼是针对贵族的，刑法是针对庶民的；且礼比之刑法，有积极正面的引导作用，更能防患于未然，"禁于将然之前"；礼是法的前提，法是礼的后盾，礼与法相辅为用，才能更好地治国安民。

（四）礼，是人类活动的准则和人际交往的方式

人是群居的生物，同时具有自然属性和社会属性。饥而欲食，寒而欲暖，趋利避害，这是保存个体存活的自然属性，所以人才会群居，使种群强大。但是人类群居，为了满足自我欲望的争夺和趋利避害，又会造成彼此之间的冲突，哪怕兄弟姐妹都不能避免。一旦冲突恶化，个体的生存就会受到危害，所以，人类的群居方式，必然会产生等级，这是不能调和的矛盾的产物。等级划分并不是邪恶的现象，绝对的平等自由，只能是人类的乌托邦幻想，所以礼是人类社会发展的实际需要。礼是先哲们根据人类的发展顺势制定的，而且他们（如孔子、荀子等）也一直在阐释着"礼"中等级划分的合理性。

亚里士多德说："人类所不同于其他动物的特性就在他对善恶和是否合乎正义以及其他类似观念的辨认。"[①]人类会为了自我种群的正常繁衍，为了维护群居社会的生存环境和稳定，产生出善恶正义等道德观念，这种道德观念的出现，其实是人类对于人性的自我管理和调试。所以，作为规范个体行为的礼，就具有道德上的合理性。因此，在中国古代，"礼"往往被解释为"理"。

因此，对于个体的人来说，礼是基于道德原则的一切活动的准则；对于群体来说，礼是人与人之间展开正常有序交往的方式。譬如：个人如何服侍父母，如何称呼尊长，如何穿戴服装，如何行走坐卧，都要从伦理道德出发，符合具体的规范，与他人之间的交往，更要讲究秩序和规范，有礼，才是文明、有教养的表现。"朝见之礼，所以明君臣之义也。聘问之礼，所以使诸侯相尊敬也。丧祭之礼，所以明父子之恩也。乡饮酒之礼，所以明长幼之序也。婚姻之礼，所以明男女之别也。"（《礼记·经解》）基于各种道德准则，君臣间应有朝见之礼，诸侯间应有聘问（外交往来）之礼，父子间应有丧祭之礼，长幼间应有乡饮酒（按身份年龄聚会宴饮）之礼，男女间应有婚姻之礼。从个人的衣食住行、婚丧嫁娶、言谈举止到社会中人与人之间的伦常关系，再到政治体制、朝廷法典、祭祀仪式、军队征战，等等，都有一套方式或准则。孔子说："非礼勿视，非礼勿听，非礼勿言，非礼勿动。"礼虽然具有一定的强制规范性，但却能实现人与心灵（道德）、人与人之间的和谐融洽。

三、礼文化的各个层面

礼，是人类社会发展到一定阶段才产生的，并且是随着社会的发展而逐渐形成的一套道德准则和行为规范。然而，中国文化中的礼，含义更复杂，范围更宽泛，既包含政治层面的统治秩序和国家典章制度，也包含道德层面的行为价值和仪式规范。中国礼文化中，常见的有"礼俗""礼制""礼教""礼仪""礼义"等术语，它们能分别代表礼的部分含义，这些词在文献中有时会混用，但所指的基本意思还是有所不同的。

[①] 亚里士多德.政治学[M].吴寿朋,译.北京：北京商务印书馆，1965.

（一）礼俗

我们现在所说的传统礼俗，通常是一种在民间风俗活动中按照一定程序进行的集体行为，也叫民俗礼仪，具有程式化、仪式化的特征。如有祭祖、团年饭、守岁仪式的春节礼俗，有洗三、满月、百日、抓周等仪式的出生礼俗，有拜堂、喝交杯酒、闹洞房等仪式的婚庆礼俗……这些多姿多彩的礼俗在历史长河里产生，具有地域性的特征，是我国礼仪文化的重要组成部分。

但是古代的"礼俗"概念实质上复杂得多。就礼与俗的关系来说，俗先于礼，礼源于俗。风俗是一个地区和民族长期形成的社会风尚和民众习惯的合称。它是人类社会普遍存在而又非常独特的一种文化现象。当人类社会出现，风俗也就产生了，这些风俗，或许本源于人类残存的动物性的习性，在人类适应环境和社会进化的过程中，一些违背文明的习性被逐渐剔除，一些能够维护人与人之间秩序的良好行为，因为有效，便会被其他成员学习模仿和采用，被约定俗成地传承下来，这就是风俗。等到人们开始意识到这种规范，自觉地遵从它，俗就变成了礼。如我国古代亲人去世之后有"属纩"的习俗，属即放置，纩即新的丝绵，人在濒临死亡时，人们会把纩丝放在濒死者口鼻之上，以查验是否真的停止了呼吸。这个风俗，后来成为"属纩以俟绝气"的礼仪，被记载在《仪礼》和《礼记》中。人死之后要停灵三日（《礼记·问丧》）再大殓的礼仪，也是源于风俗，因为这样可以安慰家属、有时间准备陪葬器物和墓穴，也能尽量等待居住在远方的亲戚赶来，如果是假死，或许在这期间还可苏醒过来。再如春季到来时，原始氏族的族长和农耕经验丰富的长老们总是先要召集全族聚餐一顿，然后举行一些仪式，并带头耕作示范，以鼓励农事。这种风俗后来演变为飨礼和籍礼，由天子亲耕籍田，表示对农业的重视。现代社会领导出席开业剪彩仪式，其实也是这种风俗礼仪的一种变形。

所以说，礼是俗发展到一定阶段的产物。礼与俗，都源于人性，始于人情。礼中某些内容尤其是仪节，来源于风俗仪式，礼本身所具有的有些仪式化的内容，实际上是被借用或进一步改造过的俗。

就礼与俗的对立来说，礼虽依托于民俗民风而存在，但它更突出的是等级精神。礼由风俗中那些与全社会具有重大意义的部分加工而来，却只面向贵族阶层。比如冠婚丧祭，是社会所有人都会举行参与的仪式，它们本就是民间风俗，后来强化了其中的等级秩序和仪式，俗就变成了礼。以冠礼为例，它来源于原始时期的成年仪式，一开始绝不会因人而异，但是当成年仪式变为冠礼之后，就要在其中体现出等级差异来。最低级的贵族"士"，20岁加冠，仪式为"三加"（戴缁布冠、皮弁和爵弁），而王公诸侯的冠礼，据《大戴礼记》载是"四加"，在前三种帽冠之后，还要加上玄冕，天子则是"三加"之后加衮冕。一般的庶民，顶多就是成年后头扎帻巾，没有加冠的说法。上古的婚娶也与之相似，一般贫穷人家，不能备礼，于是仲春之月，私奔不禁，连程式都可以不要；但天子娶后、诸侯娶国夫人，大夫娶孺人，士娶妇，却必须按照"六礼"来，在具体的细节如礼物、迎亲的方式上，都不相同。我们在《诗经》中看到的男女相会自媒和婚姻的场景，就是俗，与《左传》中看到的贵族们程序复杂的婚姻礼仪，完全不一样。所以，礼虽脱胎于俗，甚至保留了许多原有仪式，但其精神实质已经变成民间风俗的对立物。

对于统治者来说，民间风俗并不都是适宜的，他们对于那些符合礼的精神的风俗，予以认可和尊重，并且依俗制礼，又将礼的精神推行到民间，以礼来临俗、矫俗，最终化民成俗——把承载着统治意识的礼，变成老百姓都愿遵守的俗。以服饰装扮为例，在早期的原始社会，祭祀者和部落首领，会在装束上或身体的显著部位做些标志，以示与一般部落成员的区别，这就是最早的等级标志。这种"俗"往后发展，到黄帝尧舜时代，就被发展为礼了。《周易·系辞下》中说"黄帝尧舜，垂衣裳而天下治"，大约在这个时候就已经有了衣服的礼制，统治者推行，人们也沿俗而自觉遵守，便不会僭越。王安石《周官新义》说："礼则上之所以制民也，俗则上之所以因乎民也，无所制乎民，则政废而家殊俗；无所因乎民，则民偷而礼不行。故驭其民当以礼俗也。"统治者引导百姓习礼成俗，必须尊重本来的民俗，这样才能无阻碍地发挥礼的效用。若是强制以礼压俗，百姓多半不会遵从。经过历代统治者推行礼教，原来不下庶人的礼，也逐渐进入民间，有时官方反倒要"礼失求诸野"了。礼与原生态的风俗混在一起，人们往往在实际生活中很难从形式上将它们剖判。

（二）礼制

礼制是礼的制度化的概称，是国家规定的礼仪制度，属于法律的层面，是我国礼文化中特有的组成成分。各朝各代都以"会典""律例""典章""车服志""舆服志""丧服制"等条文颁布系统严密的礼制，承载统治者的意志，用以管理和统治国家。礼制以立法的形式，划分出社会各阶层的等级秩序，规定了各自的生活方式和责任义务，具有德与刑的两重威力。虽然其构建的理想经常被现实打破，其追求的长治久安也不过是镜花水月，但人们在礼制的结构中生活，受其濡染，养成各个领域都清楚分明的等级观念也是顺理成章的事。比如"三纲五常"的观念，"君为臣纲、父为子纲、夫为妻纲"是"三纲"，君臣、父子、夫妇、兄弟、朋友是"五常"。"三纲五常"以血缘为纽带，以尊卑为隶属，又以道德和物质资料的分配为联络，对个体的控制达到了最大限度，成为老百姓心中牢不可破的理念。

《礼记·明堂位》记载："武王崩，成王幼弱，周公践天子之位以治天下。六年，朝诸侯于明堂，制礼作乐，颁度量，而天下大服。"周公可以说是礼制的创始者，他在夏礼商礼的基础上，将礼发展得更加系统和完备，并使之全面制度化，奠定了周朝八百年甚至后世几千年的政治根基。如周礼中的分封礼制："典命掌诸侯之五仪、诸臣之五等之命。上公九命（周官爵分为九等，称"九命"，其仪制各不相同，称为"九仪"或"九仪之命"）为伯，其国家、宫室、车旗、衣服、礼仪，皆以九为节。侯伯七命，其国家、宫室、车旗、衣服、礼仪，皆以七为节。子男五命，其国家、宫室、车旗、衣服、礼仪，皆以五为节。王之三公八命，其卿六命，其大夫四命，及其出封，皆加一等，其国家、宫室、车旗、衣服、礼仪，亦如之。"《周礼》中规定，典命官员掌管诸侯的五等礼仪以及王的臣子们的五等礼仪。公爵的礼仪以九为节度，侯伯的礼仪以七为节度，子爵男爵的礼仪以五为节度。王的三公为八命，卿为六命，大夫为四命，若是分封到王城之外，就加一等，这种官职爵位，其都城、宫室、车旗、衣服和礼仪的规格都要按照其命数来为节度，不能错乱。而公侯伯子男五等爵位封地，制度仿照天子王畿，公国方圆五百里，侯国四百里，伯国三百里，子国二百里，男国一百里。《周礼》的规定十分详细。

《仪礼》保存记录了17篇关于周代的礼制，如《士冠礼》，贵族子弟20岁行成年礼，冠礼仪式与陈设、致词都是规定好的。如《士昏礼》，要有"六礼"的程序，其中订婚等礼物按照身份一一设有规定；如《士丧礼》和《既夕礼》，规定了子女对父母死亡至殡葬的各种仪节程序；《士虞礼》和《丧服》，规定了死后安魂之礼和服丧之礼；而《聘礼》《公食大夫礼》《觐礼》则是诸侯国外交、迎宾、朝见天子之礼……周公制礼之后，下至个人上至国家，系统化、完整化和制度化的礼处处都在发挥着其作用。

进入封建社会后，官方的礼制发展得更为完备，也更为繁复庞杂。以衣制为例，中国最讲究衣冠文明，衣冠最能体现中国伦理本位的文化特征，它是法权和道德信仰的标志，其衣料、式样和颜色都有严格讲究。如清代官员的衣服，文官要儒雅娴静，因此胸前补子图案为禽鸟，以彰显贤德。一品官绣仙鹤，二品锦鸡，三品孔雀，四品云雁，五品白鹇，六品鹭鸶，七品鸂鶒，八品鹌鹑，九品练鹊；御史谏官要执法护法，因此补子绣的是獬豸。武官要彪悍勇武，因此胸前补子图案为猛兽，以彰显威仪。一品官绣麒麟，二品狻猊，三品豹子，四品老虎，五品熊罴，六品彪，七品、八品犀牛，九品海马（一种水路双行的神兽）。这是万万不能穿错的，错了就要承担失仪之罚，甚至以僭越论罪。不仅官员服装有制度，一般平民的衣服也有制度，如明代律例规定，平民衣服不能用金绣锦绮丝罗，违者要受罚，而且连带家长、工匠一起受罚。一些地主商人虽然有钱置办华丽的衣裳，但因为身份是平民，只敢在家中穿穿而已。

（三）礼教

礼的制定实施，从根本上来说，是期望通过对人的品德实行教育和疏导，进而达到对人的行为进行规范和调整，最后建立起一种等级分明的和谐社会，这种理想，叫"礼治"。而实现礼治的过程，就是礼教。

礼教，即以礼为教，也叫"名教"，即以名分为教。教的意思是教化、教育。礼教是一种将道德和政治紧密结合起来的伦理哲学。礼教思想和礼教制度，影响了中国尤其是汉族的政治、法律、教育、哲学、文学、史学和艺术等各个方面。

"圣人作，为礼以教人"的情况是早已有之的，但是中国真正的礼教系统，是以孔子为首的儒家在宗法制的基础上确立起来的。宗法是礼教的起源，家族内部是父系家长统治，按照嫡庶、长少、亲疏关系，确立贵贱、尊卑和高下的地位。由家族内部的管理方式推广到天下国家，便形成了宗法制度，这是一种维护男权中心血缘统治的严格分级制度，社会中每一个人，都在这个制度中有固定的名位，人人按照自己的名位安分守己，天下就稳定太平。儒家为维护这种制度而提出了礼法条规和道德准则，经由统治者推广和普及，便形成了礼教。因此，礼教有两个层面，一是规则，即礼制礼仪；二是道德教化。

礼教的方式是礼乐结合，《礼记·文王世子》中说："凡三王教世子必以礼乐。乐，所以修内也；礼，所以修外也。礼乐交错于中，发形于外，是故其成也怿，恭敬而温文。"这就是孔子所说的"立于礼，成于乐"——礼强调等级和秩序而作用在外，乐以其有序和谐而协调于内，以礼乐结合的方式实行政治教化，有哪些功能呢？第一，礼可以教人明白自己的本分，不仅自己不去逾越，也能警觉那些有非分之想的人，使人们安于秩序，这就是"尊尊"，可以巩固国祚；第二，礼可以教人博爱，出孝入悌谨信，推己及人，有仁爱之心，这就是"亲亲",可以利于和谐;第三,礼还可以教人节制欲望,归于至善。礼的教化,又必须以君主和圣贤为榜样,上至君王下至地方各级官吏,都应该正心诚意修身齐家,身体力行对民众实行教化,这就叫"明明德于天下"。

礼教的效果是培养出国民温良恭俭让的恭顺人格——对国家忠孝,在认知上服从权威和宗法秩序,顺从、礼让、谦逊、恭敬、中庸、平和。这种人格当然有好处,但也有问题。中国几千年来稳定和大一统的社会格局的形成与此有关,中国人缺乏自由意志和创新精神,个性情感被压抑,其原因也与此有关。虽然所谓的封建礼教,在五四时期就已是口诛笔伐的对象,但其影响力一直都存在着。比如幼儿教育中家长和教师的权威树立,对幼儿要求知礼敬老、遵守纪律的"听话"理念,力求把孩子培养成"乖孩子"的教育目标,就有古代礼教的痕迹。

《礼记》说:"礼之教化也微,其止邪也未形,使人日徙善远罪而不知也,是以先王隆之也。"礼这种防邪恶于未然的功能一旦被认知,就会被利用起来,成为"觉斯民"的法宝。统治者也通过一系列以"性善"为前提的教化活动,达到使民近善远恶,自觉维护宗法社会的等级结构秩序,实现"文治"的目的。然而,礼教实施的过程中,统治者会从私利出发,放大"尊尊"的一面,将"亲亲"变为实现"尊尊"的功利手段,扭曲了早期儒家的礼教理想,礼教也就逐渐变成了禁锢和束缚人民的统治工具。

(四)礼仪与礼义

在古文中,"仪"的本义有法则、制度之意,"祭祀,则赞射牲,相孤、卿、大夫之仪法。"(《周礼》)也有仪容、仪态之意,"乃教之六仪:一曰祭祀之容,二曰宾客之容,三曰朝廷之容,四曰丧纪之容,五曰军旅之容,六曰车马之容";还有等级的意思,如"九仪之命":"以九仪之命,正邦国之位。壹命受职,再命受服,三命受位,四命受器,五命赐则,六命赐官,七命赐国,八命作牧,九命作伯。"也有仪节、仪式之意,如"淑人君子,其仪不忒。其仪不忒,正是四国"(《诗经·曹风》)。"仪"的四个意思,与"礼"都有关联,所以人们往往"礼仪"并举。如《周礼·春官·肆师》:"凡国之大事,治其礼仪,以佐宗伯。"《汉书·郊祀志上》:"能知山川敬于礼仪明神之事者,以为祝",是说只有知晓、精通礼典仪式的行为规范的人,才能担当"祝"的职务。《史记·礼书》:"至秦有天下,悉内六国礼仪,采择其善。"《汉书·礼乐志》:"(汉高祖)命叔孙通制礼仪,以正君臣之位。"

随着礼的产生,礼仪也出现了。礼仪是一种世界性的文化现象,世界各个民族都拥有繁多的礼仪,但是在中国古代,礼仪这个现象是附属在礼文化之中的。辜鸿铭曾经对外国人把中国的"礼"翻译成了rites(礼仪)很生气,因为中国的"礼",实质上包含"规矩""制度""礼俗""品行""举止""礼节""仪式""尊敬""礼貌""谦让"等多重含义,是一个宽泛的文化概念。礼仪,只是礼的一个组成部分而已。

"礼"与"礼仪"的关系,是里与表的关系。关于这一点,古人分得很清楚。《左传》中有一个这样的故事,鲁昭公到晋国去访问,一系列的繁琐外交仪式都没出错,让晋平公和大臣们十分佩服,觉得他是一个懂礼的人。只有大臣女叔齐说,鲁昭公只是懂得"仪",而不懂得"礼"。因为鲁国内政混乱王权旁落,外交上背弃盟约恃强凌弱,作为国君不考虑维护国家秩序,只关注琐碎的礼仪,不是本末倒置吗?女叔齐的观点与儒家的观点很相似。

只是儒家为了能够更清晰地表达，也为了针对"礼崩乐坏"的现实困境，提出了"礼义"的说法。

在儒家看来，礼有内外两个层面，内在的层面是"礼义"，外在的层面是"礼仪"。礼义，是礼的内容、本质和精神，礼仪，是"礼"的形式和表现。礼仪由于是外在的形式，很容易被人利用——有人为了私欲而背弃礼义，却讲究礼仪来掩盖，把礼变得虚伪化；另外，礼的本质出自于人性道德，不会改变，但已经不能体现礼的精神的仪式却会随着时代的发展而改变，所以，儒家更强调"礼义"，而不是"礼仪"，"礼之所尊，尊其义也"。

孔子开创的儒家，其实也可称为"礼家"。他强调"克己复礼""为国以礼"，他补充和丰富了周公的礼，把礼看作是最高的道德标准，是治国的规箴，是教育和治理百姓的手段，是使人恪守正道的途径。而儒家阐释"礼"的出发点，就是"仁义"。他们认为礼不仅仅是形式制度和具体的物质，礼还具有仁义的本质。"仁义"是一种发自内心的自我道德实践和道德要求，而不是一种外在的控制——"为仁由己，而由乎人哉？"（《论语·颜渊》）孔子认为，内心没有仁爱的人，"礼仪"对他是没有价值的。孔子对仁的重视，其实就是对于"礼"的本质的重视。

礼义，就是关于礼的本质的阐释。在具体操作中，它指符合礼的适宜的做法。"义"，就是适宜。比如嫂子溺水，虽然出于礼制规定男女授受不亲，但这个时候小叔子应该伸手去救人。救人，才是适宜的做法，才真正符合礼之"仁义"的本质。"礼义"一词在中国文化中所表达的内涵十分丰富，几乎涵盖了儒家的人际关系、社会政治、风俗和教育等各个方面的基本精神，在儒家那里，"礼"就是"理"，是天理，天道，"礼也者，理之不可易者也。""礼义"思想是儒家思想的集中表现，它源于人情人性，与仁爱忠信德敬关联，标榜的是儒家的理想人格精神。

那么儒家是否就轻视"礼仪"呢？事实并非如此。周代是一个"郁郁乎文哉"的时代，讲究服饰、器用、言语、揖让等外在的形式。卫国大夫棘子成就曾经在学习礼仪的过程中感到困惑而去问孔子的学生子贡，一个人本性质朴就行了，为什么还要学习礼仪？子贡回答说，质朴的本性与礼仪的修饰同样重要，去掉虎豹犬羊身上的毛，他们的皮看起来就没有区别了。礼义和礼仪是分不开的，礼义是实现礼仪的情感、品格基础；礼仪是实现礼义价值的手段和途径。所以"质胜文则野，文胜质则史"，文质彬彬，既懂得外在的礼仪形式，又懂得"礼仪"所对应的内在道德修养，才是真正的君子。

礼仪是礼的重要组成部分，它是具体化、形象化、外化的礼，是根据礼的规定和内容，形成的一套系统而完整的程序。它显而易见，效用明确，可以模仿学习、可以传承演练，是一个人、一个民族乃至一个国家内在精神文明素养的展示，它是人类文明的符号，保留了人类进化的记忆。

（五）礼节、礼貌和礼数

礼节，现在一般指社会交往中约定俗成表示致意、问候、祝愿、送迎等方面的惯用形式。古代指行礼的分寸和等级，也即是实践礼仪的各种细节和具体形式，如握手、磕头、鞠躬、鸣礼炮、献哈达等，都是礼仪中的一种礼节。

礼貌，现在一般指社会交往过程中良好的言谈和行为。古代词义侧重于对人恭敬有礼的仪容。礼貌是一个人道德修养最直接、最简单的表现。

礼数，古代指礼的等级。《左传·庄公十八年》："王命诸侯，名位不同，礼亦异数。"如前面提到的公侯伯子男的九、七、五节，三公卿大夫的八、六、四命，这些都是等级。今天的"礼数"一词主要指的是人们在处理高低上下亲疏远近等关系时的礼仪分寸。

第二节　中国古代礼仪的发展与类型

礼仪，是人类社会为了维系社会的正常生活秩序而所需要共同遵循的一种行为规范，它即表现为外在的行为方式——仪式、仪节、仪容；又体现着更深层次的精神内涵——道德修养，外在行为方式与内在的道德互为表里。我国古代的礼仪经历了漫长的发展期，先秦到秦汉时期，是礼仪制度的确立期，有"三礼"以及孔子、孟子、荀子的礼学；汉代和南北朝时期官方开始修订礼典，而现存最早的国家礼典是唐代的《开元礼》，宋代的《太常因革礼》《政和五礼新仪》，明代的《明集礼》，清代的《清通礼》等都是这一类包罗齐全的国家礼制大全。同时，民间的私人礼书在礼教推行之下也层出不穷，它们起到了衔接国家礼仪制度和民众，将礼仪制度通俗化、普及化的作用。史书中关于礼仪制度的记载以及民间传承的礼仪都非常丰富。本节将对此做一个简单的介绍。

一、古代礼仪的发展

（一）原始社会礼仪

原始社会时期，礼仪就已经存在。如前面提到的祭祀天地鬼神，就是后来祭礼的最初形式。据考证，距今50万年前的北京山顶洞人就已经有了礼的观念和礼仪行为。他们缝制了衣服来遮羞，用串起的贝壳来装饰身体，会在死者身上撒赤铁矿粉并举行原始的宗教仪式。新石器晚期人类已经有了人际交往礼仪，重视尊卑、长幼和男女之别，还会给氏族成员举行成年礼。

尧舜禹时代已经是原始社会的晚期，私有制观念的出现，极大地动摇了原先人们之间平等和谐的关系，为了利益，人与人之间的争夺也越演越烈。世袭制出现后，为了约束人们的行为，巩固社会的稳定，礼仪诞生了。据《尚书》中记载的尧舜时代，就已经有五礼了。宋代王应麟甚至还推说伏羲时代就已经诞生了嘉礼，黄帝时期"五礼"就已经成型。考古发现也证实，我国的尧舜时期，礼的雏形已经形成。如墓葬的规制、大量玉制礼器、犬殉和人殉人祭、封土为社的祭坛、生殖崇拜神庙等，无不显示原始礼仪的存在。传说中大禹曾经铸造九鼎，以标志的自己尊贵地位和崇高权力，这就是有强烈政治权力象征的礼器。孔子所谓："大道既隐，天下为家，各亲其亲，各子其子，货利为己，大人世及以为礼，城郭沟池以为固，礼义以为纪，以正君臣，以笃父子，以睦兄弟，以和夫妇，以设制度。"礼制伴随着奴隶制国家的建立而建立起来了。与此同时，民间礼俗和交际中跪拜、作揖等礼仪也得到进一步的发展。

（二）奴隶社会礼仪

尽管国外学术界一直质疑夏朝的真实存在，但中国古代很多文献确实记载了夏朝的若干史实。关于"夏礼"的概念最早出自于孔子之口，按孔子的推论，周礼就是从夏商礼发展而来的。夏朝铸造了大量青铜礼器，修建了规制的宫室房屋，以钺为礼器，这些礼制礼器对后世有着深远的影响。商朝存在大约600多年，是我国历史上一个宗教氛围十分浓厚的时代，祭祀和占卜非常频繁，系统化的祭祀礼仪基本形成，祭祀名目和对象也非常多，比较突出的是社、河、岳、日等自然神和祖先神的祭祀，是后世祭祀礼仪的滥觞；其葬制更加复杂，人殉、人祭的仪式更加壮观而残忍，青铜礼器的铸造发展到了一个高峰，尤其是鼎器和酒器，反映了当时的礼仪制度和礼仪生活；同时，其都城宫室的修建开创了贵族平民分片居住的礼制原则。总言之，夏商两代礼仪虽然并不系统化，但的的确确是在一步步的发展和演进，逐渐繁复起来。

周朝的礼仪，有继承前代的，如祭祀祖先的礼仪，据研究，20种礼仪中有17种来源于殷商，甚至葬礼礼制也基本承袭商制，直到西周晚期才开始发生变化。又如继承制度，也是西周礼制中非常重要并影响了中国社会几千年的嫡长继承制——所谓"立嫡以长不以贤，立子以贵不以长"，同样也延续自商朝。而同时，周公这些政治家们，也创造和发展了属于自己民族和时代的礼仪。周代将分封制和以血缘为基础的宗法制相结合，创造了诸如册命礼、朝聘礼、巡狩礼、祭祀天地社稷五祀等礼仪，并吸取殷商灭亡的教训，在各种礼仪中注入了"德"的观念，《尚书·洛诰》中记载周公对成王的教育说"仪不及物，惟曰不享"，要成王留意诸侯的贡物和礼仪，如果诸侯只注重贡物而不注重礼仪，则只能说明他们没有尊重天子之心。这种认知使得周代的礼仪，更倾向于人事和人际关系。西周将各种礼仪、礼节整合系统化，有朝觐、盟会、册命、军旅、祭祷、籍蜡、丧葬、搜阅、射御、聘问、宾客、学校、选举、婚嫁、冠笄等礼仪，合并而成"五礼"，记载于《周礼》《仪礼》《礼记》三书之中。《周礼》6篇《天官冢宰》《地官司空》《春官宗伯》《夏官司马》《秋官司寇》《冬官司空》，主要是关于礼制尤其是官制的。《仪礼》现传版本残缺不全，只剩17篇，其撰写与孔门有关，以士礼为主，其生活礼仪，天子既可参照，庶民也可以参照，是古代重要的礼仪书。《礼记》虽然成书在汉朝，但是保存的先秦资料较多较杂，一些是对《仪礼》的解释补充，也有一些是《仪礼》中没有涉及的礼仪，影响后世深远，前者如《乡饮酒义》对《仪礼·乡饮酒礼》的解释、《昏义》对《仪礼·士昏礼》的解释和对妇女礼仪的补充，后者如学校学习礼仪（《学记》）、家庭生活及饮食礼仪（《内则》），衣服礼仪制度（《深衣》），等等。周代礼仪极其繁缛，所谓"礼仪三百，威仪三千""经礼三百，曲礼三千"，总纲上百条，细则几千条，有时候只有专业人员才能把握清楚，随着周礼形成基础的逐渐崩溃，礼崩乐坏也就难以避免了。

《礼记·表记》中记载了孔子的一段关于夏商周礼的话："夏道尊名，事鬼敬神而远之，近人而忠焉，先禄而后威，先赏而后罚。亲而不尊，其民之敝，蠢而愚，乔而野，朴而不文。殷人尊神，率民以事神，先鬼而后礼，先罚而后赏，尊而不亲。其民之敝，荡而不静，胜而无耻。周人尊礼尚施，事鬼敬神而远之，近人而忠焉，其赏罚用爵列，亲而不尊。其民之敝，利而巧，文而不惭，贼而蔽。"孔子总结了三代"礼"的发展，认为夏代特点是政令简单，征税不重，民众有亲近君主的质朴风气，但民智未开，还较为蒙昧，没有礼仪修养；商代礼的发展不充分，重视刑罚，对待民众（奴隶）严苛，民众就放荡不守本分，争胜免罚而无羞耻之心；周代礼制齐备，赏罚宽严有度，重视教化，但由于生产水平的发展，民风又有贪利取巧、虚伪算计的负面特点，因此，以孔子为代表的儒家礼学，是对周礼的补益和改革，使周礼以道德的方式更具有适用性和普遍性，更适合时代发展的需要。儒家赞美礼的进步和秩序精神，同时，将礼融入内心的道德，使国家法权与道德修养融为一体，对内，礼变成了自我修养，对外，则是治人的规范和政治纲纪。如孔子将"仁"和"义"注入礼的范畴，强调礼的本质，强调礼对于普通人的行为的规范性；孟子则认为礼是人性的反映，人性中辞让之心就是礼的源头。但是孟子更认为礼有是非之分，要看具体条件，如弑君非礼，弑独夫就不是非礼，不告诉父母就娶妻是无礼，但是为了避免无后也可以暂时不告诉父母，同时孟子也认为比起救治百姓温饱来说，礼仪只是小事。荀子是儒家研究礼、提倡礼的大师，他认为人性本恶，因此尤其需要外在的规范加以控制，"隆礼至法"，最终形成了他的"礼法论"，他认为"礼"是"法"的根本原则和基础，也是做人的根本目的和最高理想，荀子的礼学对后世"礼"最终成为国家意识形态，起到了推动作用。孔子、孟子、荀子等对"礼"的理解，构筑了中国礼仪内涵的基本框架，奠定了古代礼仪文化的基础。

（三）封建社会礼仪

汉代是我国古代礼仪发展的重要阶段。秦朝的暴政促使汉代思想家们选择了儒家思想作为国家意识形态，叔孙通参考古礼秦仪，协助刘邦制定了大一统时代的基本国家礼仪，突出了礼的仪式和礼节；罢黜百家，独尊儒术后，儒生们又依照儒家思想，掀起了恢复古礼的浪潮，以《白虎通义》为代表，他们确立了"三纲五常"的礼制和伦理规范，强调了贵贱亲疏长幼在不同场合的礼让原则；他们又通过整理诠释"三礼"，将礼仪、礼制更严密细致化。"三礼"在汉代的整理、诠释和刊布，起到了敦教化、淳风俗、巩固社会秩序、维护封建统治的作用。同时，儒学地位的提升，也促进了礼仪制度向下层的普及和宣扬，使其不再是先秦时期贵族的特殊"权利"。这些礼仪逐渐被社会认同、遵循、仿效，使得各地风俗被礼所化，呈现出同质的内容和形式，这种礼俗的大一统，开创了中国文化的新局面。

东汉末年，中国进入了大分裂时期，中原礼乐文化破坏严重，即便如此，仍然有帝王很重视对礼仪制度的恢复和制定，以求推动社会的变革和发展。如北魏孝文帝变夷为华推行汉礼、北齐的《仪注》、梁武帝制梁礼，等等。直至唐宋时期，我国礼仪发展的又一个高峰来临。隋朝有一次大规模的制礼活动，撰写了《隋朝仪礼》一百卷，同时在礼制上废除了《周礼》的六官制度，改为尚书、门下、内史三省，作为政权机关；统一中国之后，隋朝又整合了前代的礼仪和礼制，定《五礼》130篇、《江都集礼》120卷。唐太宗即位之初便修改礼仪，制定《贞观礼》138篇，唐高宗还觉得简陋，又编《显庆礼》（《永徽礼》）130卷。武则天即位后，本想立武氏侄子为皇嗣，以确保武姓天下，然而因为宗法礼制上从来没有侄子为姑母立太庙牌位而最终选择还皇权于儿子。唐玄宗即位后制定了150卷《开元礼》，其中礼仪有152大项，内容全面、体例规整，补救了前面两个礼典简略和乱创新的问题，它是我国现存最早的一部官方修订的礼典，既对先秦以来的"五礼"制度作出了一次系统的总结，又奠定了以后王朝礼典的基本形式，宋代以后的国家礼典，都受到《开元礼》的影响。

华夏文明造极于赵宋之世，宋代的官方和私人礼典礼书，非常之多，不仅继承了汉唐礼制，又有结合时代、顺应环境的新变化和调整。一个有意思的插曲是，宋徽宗敕撰的《政和五礼新仪》有很多关于庶民的嘉礼和凶礼，被其下令推行到平民，又因为远离百姓的现实生活而不得不停止执行，官方的礼制实质上都有理想化色彩，这在先秦时候就已经见得端倪，如"三礼"等都带有蓝图性质，贵族都未必能完全遵行，而民间贫婆，无厅寝户牖，无庭阶升降，又怎么可能严格遵行礼制？倒是私人的礼书仪注，在从俗、从众、从简等方面贴近下层，传播甚广，如司马光的《书仪》、朱熹的《家礼》等。"礼下庶人"从孔子开始，到了宋代才真正完成这个过程。明清两代则将之发扬光大，对于庶人冠礼、婚礼、丧礼、相见礼、衣服礼仪制度，都做了编订。

元代的礼仪，一方面受到中原礼仪传统的影响，一方面又遵从蒙古礼俗，礼制与前代稍有不同。而明清两代的礼仪，比之前代，有一个很突出的变化，就是统治者自觉地维护礼仪制度，并大力推行礼教。如乾隆皇帝敕编的《清通礼》，特别留意到以往礼典详于朝庙、略于乡间的问题，要求家诵而户习，对于礼仪由上往下的普及，费尽心机；又如对程朱理学的大力推崇，朱熹的《家礼》被广泛传播刊行和注释，成为了城乡读书人家的圭臬；又如对乡礼、乡约的制定和刊行，都是统治者企图以礼化俗、以达到稳定底层的有效手段。

近代时期，西学东渐，西方的文化给传统中国礼仪带来了冲击，尤其是鸦片战争之后，出于危机感，不少有识之士提出要变革传统礼制。民国元年，结合西方礼仪的民国《礼制》《服制》公布，旧的以"五礼"为标志的礼制礼仪随着时间的发展终于走到了尽头。然而民间礼俗的生命力是顽强的，虽然也随着时代发生了变化，融合了新的观念和事物，但古老的传统仍然可以从中清晰窥见。

二、中国古代的"五礼"

人类社会产生，礼就产生了。人类成年，就有冠礼；人类之间交往，就有相交礼；人类有家族宗族，就有婚礼丧礼；有宗族间交往，就有乡射礼和乡饮酒礼；人类社会有国家，就有国与国之间的宾礼、军礼；当人类与神鬼沟通，就有了祭礼。所以，我国在很早的时候，就有了"五礼"的概念。最早见于《尚书》和《周礼》。《尚书·尧典》中有"舜修五礼"的说法，《周礼·春官·大宗伯》中有"以吉礼祀邦国之鬼神示""以凶礼哀邦国之忧""以宾礼亲邦国""以军礼同邦国""以嘉礼亲万民"的详细记叙。而南北朝开始，"五礼"就成为历代礼典编纂的框架和体例。

（一）吉礼

吉礼，主要指祭祀礼仪。历来都把吉礼作为五礼之首，它根植于宗教思想，是在原始社会就已经诞生的礼仪——当人类有了自然崇拜和灵魂崇拜，祭祀礼仪就出现了。祭祀，实质上是一种将现实中人与人之间奉答酬报关系推演到人与神之间的仪式。在人类的想象里，被祭祀的对象——神灵和祖先鬼魂，与人类一样，会享受食物、乐舞，会对虔诚恭敬的心理产生回馈。所以，在祭祀过程中，人类总是保持内心的恭顺庄敬，献祭各类食物饮品，并斋戒祷告、跪拜磕头，祈求心愿达成，神灵庇佑。

中国古代信仰多神，因此吉礼所致的神灵，大致可以分为三大类，即天神，包括上帝神、日神、云神、风雨雪神、星辰神等；地祇，包括社神、四方神、山川神等；人鬼，包括死去的祖先亲人，如果是天子国君，则还包括旧臣。

祭祀天神称之为"祀"，祭祀地祇称之为"祭"。一般都有专门的祭祀地点，比如祭天的就称为"圜丘"，建在国都南郊，祭祀地的叫"方丘"，建在国都北郊的水泽之中，因为都是在城外祭祀，所以又称为"郊祀礼"。现在北京还保留着明代郊祀的天坛和地坛，以及祭祀日月星宿的日坛和月坛。祭祀天神地祇的方法也各不相同。祭祀天神，在冬至举行，仪式是燔柴生烟，祭品有牺牲、玉器、币、织物等，堆起柴，燃烧祭品，使升腾的烟气被天神歆享；祭祀地祇，在夏至举行，仪式是瘗埋，或血祭（以牲血洒地），或磔牲（肢解牲体），最后都要把祭品埋在土里或沉入水中。祭祀天神地祇一般都是帝王才践行的礼仪，另外还有一个更为庄重的合祭礼仪，并不是所有的帝王都有资格去做的，那就是泰山封禅礼。封，在山顶举行祭天礼，禅，在山脚举行祭地礼，一般太平盛世或天降祥瑞、帝王夸耀政绩时才会举行，古人认为泰山为群山中最高之山，所以要到泰山上去祭过天帝，才算真正受命于天。古代举行过封禅礼的帝王不过就秦皇汉武、汉光武帝、唐高宗、唐玄宗和宋真宗而已。

吉礼中礼仪最多，帝王和百姓都有涉及的是祭祀人鬼，称之为"享"，这源于祖先崇拜，中国传统社会的祖先崇拜非常发达，几千年不衰，是一个非常独特的文明奇观。

帝王祭祀人鬼，地点在宗庙。按照郑玄注释的《礼记》，周天子的宗庙有七个，中间的太庙（始祖庙），祭祀后稷，是百世不迁的，旁边按左昭右穆排列（昭是奇数辈后代，穆是偶数辈后代）文王庙和武王庙。再下面是"四亲庙"，就是祭祀之人的父亲、祖父、曾祖父和高祖父的庙。当子孙延续，祭祀人已不再与四亲庙的神主是四亲关系，则庙中神主就要按照昭穆排列顺序迁到祧庙（即始祖庙）中去。平时不再祭祀，三年祫祭的时候再总祭。后来的帝王宗庙基本照搬此例。宗庙祭祀礼仪分为祫祭、禘祭和四时之祭三种。祫祭三年一祭，在太庙合祭所有的祖先（要迁牌位），祭品为熟牲、血腥（杀而未煮的牲体）和粮食；禘祭五年一祭，比祫祭更盛大，是分祭而不是合祭，祭祀礼仪还要加祼鬯（沥酒于地）；四时之祭为春祠、夏禴、秋尝、冬烝，只进献煮熟的粮食做祭品。

一般人的祭祖，则相对较简单。早期的祭祀中，曾出现过让生者代替死者接受祭祀的做法。这位代表先人的受祭人被称为"尸"，一般为神主的孙子辈。这种做法，一是为了触景生情寄托哀思，二是为了通过这个仪式教育后代继承先辈之业。后来，神主木牌逐渐代替了"尸"，再后来，又改用祖先的画像受祭，这一礼俗，现在仍然保留下来，不过画像变成了照片而已，仍然要按照古礼进馔献酒。另外，按照周代礼制，庶人祭祖于正厅，后来则逐渐有专门的影堂来陈列祖先神主或画像；朱熹《朱子家礼》则定下了祠堂制度，合祭祀、家族活动为一体，催生了后来影响巨大的宗族形态结构。祠堂修在正寝之东，有三间或一间房屋，里面与天子宗庙相似，有始祖和四亲牌位（画像），家族成员出入有事必在祠堂告祖，族长（家长）则每天早晨来拜谒，并带领全族（全家）正旦、冬至、朔望参拜祖先，俗节献以时食。

古代祭祀的吉礼在现代社会仍然有保存，比如古代的"五祀""七祀"中，有专门祭灶、祭井、祭门神、祭路神等礼仪，现在有些地区仍然保留着祭灶、祭门神的传统；又如古代有专门的祭祀社稷礼。社是土地神，稷是谷神，帝王和各地士庶都可以祭祀社稷礼。而人们相信一地有一地的社神（稷神从中派生），便封土为社或以石以树为社，所以古代往往一乡有一社，社就成了古代乡村的基层行政单位，每逢春分秋分前后的社日，人们便击鼓行礼祭社，后来演变为祭祀土地庙；又如古代的腊祭，是由古老的蜡祭和腊祭合并而来，又祭祖又祭神，答谢神灵庇佑农业丰收，佛教传入后又与佛祖成道日巧合，就变成了今天的腊八节祭祀；再如古代关于图腾崇拜、生殖崇拜和祖先崇拜为一体的祭祀高禖神，到今天则变成了祭拜送子观音。而我们清明节的祭祖、祭祀黄帝陵、祭孔、祭奠革命先烈等，都源自于人鬼祭祀的吉礼传统。

（二）凶礼

凶礼，指遭遇到凶丧祸患时有关哀悯、吊唁、救灾的礼仪。凶礼有五类，即丧礼、荒礼、吊礼、襘礼、恤礼，都是在发生不幸的事之后，为减轻灾难带来的损失、不幸和痛苦而采取的一种礼仪。其中，荒礼指发生饥荒疫疠时，统治者减少用度，裁撤礼乐的礼仪，表示自己的同情和恤民；吊礼，是当其他国家发生严重自然灾害时的慰问礼仪，朋友家遭受灾害后的慰问也属于吊礼；襘礼指在盟国战败造成凋敝时，聚集财物接济；恤礼指他国发生外忧内乱时遣使慰问（不馈赠财物）的礼仪。襘礼和恤礼一般是"国际"事务，荒礼有节省开支、维护安定、安抚民心的意义，属于国家事务。文献中荒、吊、襘、恤等礼仪的记载较少，只有丧礼与人们联系密切，对人们的生活有指导和规范意义，在古代典籍中记载比较详尽。

丧礼礼仪，在中国延续了三千多年，从古到今几乎没有中断和改变过。丧礼包含复、殓、殡、葬和服丧等几个环节。人去世第一天，为初终，要移于正寝南窗下的床上，亲属有属纩礼、啼哭礼、哭踊礼（边哭边跳起跺脚）、招魂礼（复礼）、赴告礼（通告亲友）、亲友吊丧礼、亲友赠衣衾的襚礼、旌铭礼（竖死者名字的幡旗）、给死者沐浴、塞饭含、穿衣、设瑱（以纩塞耳）、握手（手中塞玄纁）、系鞋屦（两鞋系在一起），并以缁布覆面以长巾覆身。去世第二天，则为小殓，在殓席上为死者穿上寿衣，再用衣衾（裹尸包被）包裹尸体，迁尸于堂中，然后祭奠哀哭。礼制中天子为七天，其余贵族依次降等，庶人的小殓时间则是一天。去世第三天则为大殓。准备随葬的衣服，设置祭奠的酒食，然后放尸于棺中，盖棺做最后的告别。三天为大殓则排除了假死复苏的可能。大殓后要停棺于殡（土坎，深度要能露出棺盖缝处的木钉，殡一般在死者生前居处），等待下葬，这个过程叫"殡"。古代礼制停殡的时间较长，天子七月、诸侯五月、大夫或士三月或一月。殡礼，有眷恋死者不愿他离去之意。此时还要给死者赠谥号，谥号有官谥和私谥两种，相当于是对死者的盖棺定论。大殓之后，死者"五服"之内的亲属，要穿上各自的丧服，为"成服礼"。大殓以后就要准备葬礼了，先要筮幽宅寻找吉祥的墓穴，然后是治椁（外棺）、加工明器（陪葬品）、卜日（定下下葬之日）、请启期（将启殡下葬之日告知亲友）、启殡、迁柩、告祖，下葬之日，灵柩装上灵车，丧主（与死者关系最近的人）领头，边哭边行，亲友白衣执绋（牵拉灵车的绳子），唱挽歌而行，至墓穴处引柩入穴，然后填土埋葬。葬礼即告结束。在母系氏族时期，就已经有了土葬的仪式，然而早期埋葬死者之后，只有墓茔，没有坟（堆土成丘），后来才有了坟，而帝王的坟墓往往犹如一座山，所以称为陵。

葬礼结束后，亲属要为死者服丧。穿丧服，也是重要的丧礼礼仪。按照亲疏远近，有斩衰、齐衰、大功、小功、缌麻等"五服"。斩衰（cuī）为丧服中等次最高的，斩衰丧服，指不缝边露出麻线断头的生粗麻衣。一般是臣子为帝王服丧、子女（未嫁女或已嫁复归女）为父服丧、父为长子服丧、妻妾为丈夫服丧、长房长孙为祖父服丧，丧期三年（实际上一般二十五到二十七个月）。子女对父亲斩衰的三年之丧要居住简陋的居室，吃简陋的食物，心情悲痛、形销骨立，往往身体难支，需执丧杖（哭丧棒），有报答襁褓养育大恩之意，是天下定制，违反者会受到责罚和整个社会的谴责。齐衰（zī cuī）为第二个等次，丧服四边和袖口缝齐，不露出麻线断头。有三年、一年、三个月三种丧期。齐衰三年，用杖，适用于父亲去世的情况下子女（未嫁女或已嫁复归女）为母亲服丧，母亲为长子服丧；齐衰一年，用杖，适用于父亲在世的情况下子女（未嫁女或已嫁复归女）为母亲服丧，丈夫为妻子服丧；齐衰一年，不用杖，适用于为男子为叔伯父母、兄弟、长子以外其他儿子、侄子女（未嫁）、未嫁之姑姐妹等服丧，已嫁之女为娘家父母服丧，媳妇为公婆服丧，孙辈为祖父母服丧；齐衰三月，不用杖，一般是为曾祖父母、高祖父母服丧。大功，为丧服的第三等次，以熟麻布做成，丧期九个月，不用杖，适用于男子为出嫁的姐妹和姑母、堂兄弟和未嫁的堂姐妹服丧，为庶孙服丧，女子为丈夫的祖父母和叔伯父母、为娘家兄弟、为侄儿服丧，公婆为嫡子的妻子服丧、叔伯父母为已嫁的侄女服丧。小功，为丧服第四等次，丧服较大功熟麻布更细密，丧期五个月，不用杖，适用于男子为伯叔祖父母、堂伯叔父母、已嫁的堂姐妹、堂伯叔之子、外祖父母、姨母服丧，女子为丈夫的姑母和姊妹、为妯娌服丧，公婆为庶子的妻子服丧。缌麻，五服中最轻的一种，丧服用精细的熟麻布做成，丧期三个月，不用杖。适用于男子为族曾祖父母、族祖父母、族伯叔父母、族兄弟姐妹、表兄弟、外孙、外甥、女婿、岳父母、舅父母服丧，祖父母为庶孙媳妇服丧，曾祖为曾孙服丧，外祖父母为外孙服丧，女子为丈夫的伯叔祖父母、堂伯叔父母服丧等。

丧礼的礼仪十分繁缛，有时候需要专门的司礼人员来指挥操作，据说"儒"的本义就是指专门主持丧礼礼仪的人，因此儒家非常讲究"慎终追远"，把丧礼看作是行孝道的表现；而丧礼礼仪，也从侧面上起到联络团结宗族，清晰界定宗法秩序的作用。

人人都是好生恶死，好治世恶乱世，但天有不测风云，人有旦夕祸福，谁又能避免困顿危难呢？在遭遇凶丧祸患之时，有敬畏天地之心，有旁人伸出的援手，便可以帮助恢复心情渡过难关，洪荒之时如此，现代社会亦然。人心的敬畏和人与人之间这种温情，是凶礼礼仪的内在精神实质，尽管现代社会省去了很多凶礼礼仪，但其依旧对现代文明有深远的意义。

（三）宾礼

宾礼，待宾客之礼，涉及天子与诸侯、中央与地方、诸侯与诸侯、国与国之间的礼仪，也涉及人与人交往的各种规范礼仪。宾礼有八种：朝、宗、觐、遇、会、同、问、视。《周礼·春官·大宗伯》说："以宾礼亲邦国：春见曰朝，夏见曰宗，秋见曰觐，冬见曰遇，时见曰会，殷见曰同，时聘曰问，殷眺曰视。"其中朝、宗、觐、遇，分指春夏秋冬诸侯拜见天子的礼仪；会，没有定时，是天子汇合诸侯征讨不顺服者的礼仪；同，是天子不外出巡视时，诸侯要同到京师觐见的礼仪。朝、宗、觐、遇、会、同，都是诸侯朝拜天子的礼仪。问，指诸侯不定期的派遣使者向天子问安或诸侯间互相问候的礼仪；视，是不同诸侯按照时间安排来朝见时，其他诸侯派遣卿大夫同来聘问的礼仪。

朝觐礼，即诸侯按照规定时间朝见天子的礼仪。各个朝代规定的时间不一样，有固定的，如殷商，五年一朝；也有根据距离远近安排时间的，如周代；也有害怕诸侯反叛故意错开彼此朝见时间的，如明代。朝见天子之时，诸侯要携带贡品"朝贡"，天子受礼之后也要赏赐回赠诸侯，朝见过程中的衣制、礼器都有严格规定，诸侯站的位置也按爵位有所不同。后世的朝觐礼仪，基本参照周代。朝也包括外国使臣拜见帝王。后来臣子面见帝王，也称"朝"，臣子手持象牙或竹片做的朝笏，参与帝王的临朝。周天子有外朝、中朝、内朝、询事之朝，后世有大朝和常朝。朝礼非常讲究各种礼仪，失仪会被责罚。有时候诸侯相见、子见父母也称"朝"。觐礼，也是朝见天子的意思，《周礼》把春天诸侯拜见天子称为"朝"，秋天拜见天子称为"觐"，实质上，"觐"往往用作拜见天子的专称，所以有时候"朝觐"并提。

朝聘礼，诸侯亲自去拜见天子称为"朝"，派遣使者去拜见天子称为"聘"，合称"朝聘"；诸侯之间派遣使者外交，也称为"聘"。聘问是加强与天子联系、以外交友好来减少摩擦，争取互利的礼仪。曾是春秋五霸的晋文公为诸侯定下了每年一小聘，三年一大聘，五年一朝的礼制。聘问人员的身份有定制，所带的礼物称为"币"，有兽皮、马匹、织物、玉器等；出使的时候，需要带上使命证明和身份凭证，如照、引、牒、符、节等信物，后世的路引、符节、通关文牒等，都从中演变而来；同时，还要注意借道通过的礼节，否则会被认为是侵犯主权。后世中央政权与周边国家之间的使臣来往，也称为"聘"。

会盟礼仪，会盟是诸侯间聚会结盟，一般提前约定好时间地点，然后由盟主主持，往往需要缔结契约，"杀牲歃血"，对神发誓，写成盟书。这个过程，也叫盟誓礼。古代盟誓礼仪相当普遍，少数民族中也有类似的礼仪，而后世人与人之间结盟，也会按照此礼仪的程序，甚至人们决定某个原则应该共同遵守时，也会"对天发誓"。

相遇礼，指诸侯没有事先约定时间地点、不期而遇的情况，则行相遇礼。即使事发突然，礼仪的要求仍然是有规定的，要以距离各自国都的距离远近来划分主宾，近距离的为主人，远距离的为宾，按照主宾礼进行较为简单的礼仪活动。后世的官员之间不期而遇，则按照身份尊卑，停止避让或回避绕道，这都是有明文规定的。

关于宾礼，"三礼"中还有天子、诸侯国招待聘问使者、贵族们彼此相见往来等礼仪（即相见礼）。前者的食礼与现代国宴宴请外交使官类似，后者稍微复杂一些，在古代因贵族间身份不同，礼仪也有区别。人与人间初次交往，要有人引荐，必须要有见面礼，叫"挚（贽）"。主人要说自己不好意思让宾客上门拜见，应该亲自去见宾客；如果宾客带来礼物，主人要推辞礼物，宾客要说请一定赐见，主人才将客人迎入家，收下礼物；完毕后将客人送出门外，再拜而分手。客人拜见主人，主人要回见，并奉还客人的贽礼，表示重礼而轻货财。若主人身份高，客人身份低，客人只能把贽礼放在地上，不能亲手交给主人，主人则不用回见；当客人出门时主人叫人把贽礼（或其中一部分）还给客人。

在宾礼中，人们要遵守"自卑而尊人"的原则，态度恭敬，互相谦让，在迎宾仪式中的"三揖""三让"礼节，最能够体现这一点。主人迎宾入门，互相作三次揖才到阶，再彼此谦让三次后再升阶入座，是为了表现尊重友好的交往态度。另外相见，尤其是初次见面，应该携带贽礼。带礼物是为了表明自己对于对方的尊敬，男子一般带禽兽（天子和诸侯带鬯酒和玉器），女子一般带植物果实。如果是不期而遇，则贽礼可以变通，此礼仪大概与远古时候男女劳动分工有关。而中国人最讲究的礼尚往来，或许也与相见礼的回见送还贽礼有关。当然，有一些贽礼是不需要还的，如臣子初次见君、求婚的彩礼、弟子拜师礼等，不还表示同意，还了反而是回绝。后世宾礼的发展变化是比较大的，如上面提到的一些，又如初次相见出现了谒刺（类似后来的名帖、名片）、婚礼中出现了主人接受乡邻道贺的宴饮礼等。

（四）军礼

军礼，指有关军事活动的礼仪，有五种：用兵征伐的大师之礼，计人口、征赋税的大钧之礼，田猎演习的大田之礼，营建土木工程的大役之礼，定疆封土的大封之礼。五种礼仪都是在要出动军队的情况下行使，所以都归入"军礼"。

出入祭告。天子出征、巡幸、狩猎等，凡是需要出动军队，必定先要祭告神灵，称之为"祃祭"，一般在祭祀土地神（社神）的场所举行，祃祭中最重要的就是祭旗礼，称为"祃牙"，"牙"就是牙旗，为主帅仪仗旗。受命出征还要到帝王的宗庙里将太祖的牌位和社神的牌位迁出放在专门的斋车之上，随军行动，每日祭奠。出征时还有誓师仪式，目的是为了让出征将士了解出征的目的和正义性，鼓励其英勇杀敌。回师时，若获胜而归，要奏凯乐唱凯歌，天子要亲帅百官于京郊迎接（或遣人迎接），若天子亲征则百官亲迎，然后视战果情况在太庙和社神处祭告献捷献俘，饮宴于宗庙庆贺并论功行赏；若战败，则以凶礼迎接。这些礼仪，后世都有保留。

四时田猎。田猎，也称畋猎、狩猎、围猎。天子和诸侯每年四季都有田猎活动，称之为春蒐（搜）、夏苗、秋狝、冬狩，是没有战争时为了训练和检阅军队的一种军礼。

另外军礼还有命将礼（君王问卜、斋戒、登坛拜将，授符节、斧钺、敕印于大将，并对答套语）、推毂礼（出征时君王或君王委托的官员推动车轮）、露布礼（公布献捷文书）、受降礼、讲武礼（军训）、大射礼（原来是嘉礼，后来归为军礼）等。

（五）嘉礼

嘉礼，包含饮食、婚冠、宾射、飨燕、脤膰、贺庆等礼仪，这一类礼仪活动，是关乎人与人之间情感和谐亲善的，也是古代政治家们所追求的大同世界的理想的表现，所以，被称之为"嘉礼"，也就是美好、吉庆、欢乐的意思。《周礼》说"以嘉礼亲万民"，就是这种礼仪制定的动机。嘉礼中的一些礼仪与前面的四礼有重复交叉之处，又涉及日常生活的多个方面，其发展过程中有一些其他礼仪又合并进来，所以是古代礼仪制度中内容比较庞杂的一类。

饮食礼，是天子宗族内部为了加强联络和感情的宴饮礼仪，一般在祭祀、节日时才设宴。

飨燕礼，也是天子赐宴，但是与饮食礼不一样，是天子宴请群臣或诸侯聘问使者的宴会礼。飨礼在太庙举行，庄重严肃，仪式大于食物本身，有酒也不能喝；燕（即宴）礼较为随意，主要是为了联络情感，所以可以轻松欢乐些，可以喝酒。

脤膰礼。脤膰指的是祭祀社稷和宗庙的祭肉，脤膰礼是君王将宗庙的脤膰，分赐给诸侯或群臣，以享受福气的一种礼仪。孔子就曾经因为国君故意没有分给他祭肉而失望地离开鲁国，可见其礼仪的象征意义重大。

贺庆礼。专指诸侯国有喜庆之事，天子或其他国家派使者送礼物祝贺的礼仪。脤膰礼与贺庆礼，都是周代联络同姓与异姓诸侯国情感的重要礼仪。后世民间也有类似的礼仪，脤膰礼百姓们分享的是本族宗祠的祭肉，而乡邻之间彼此的贺庆礼仪就更是普遍。

宾射礼。在古代，射礼是竞技和礼仪的结合，有大射、宾射、燕射、乡射等几种。大射，一般在祭祖祭神之前为选拔祭祀人员而举行；宾射，在天子接受诸侯朝觐和诸侯间相会时举行；燕射，在天子与群臣的宴会上为活跃气氛而举行；乡射，是为了增强人们体魄，选拔上进贤德之士的地方礼仪。为了活跃宴会气氛的射礼，后来演变为从容优雅的投壶礼，从朝堂到民间，颇受人们喜欢。

冠礼。冠礼源于原始社会的成丁礼，那时由于氏族人口的增加，不再需要全体成员都加入到艰苦的劳动中，于是就要将未成年人与成年人区别对待，对于已经达到氏族认定的成丁年龄的青年，就要举行仪式，接纳他为氏族的正式成员，开始参与氏族内部事务，并择偶成婚。早期的成丁礼仪式可能比较野蛮和残忍，如黥面、文身、凿牙、跳崖、上刀山等，完成后往往会给身体留下标志，以示成年，而成丁礼发展而来的冠礼，则用象征性的礼仪来肯定成人者的权利和义务，更文明也更具美感。贵族男子20岁就要举行冠礼，举行地点在宗庙。一般先要卜筮，确定加冠的吉日和负责给受冠者加冠的"宾"。加冠的那一天，嫡子要在宗庙堂前东阶受冠，表明他今后可以以主人身份接待宾客了（庶子则在门外加冠），仪式开始后由来加冠的宾客的助手（赞者）为其梳头、挽上发髻，束上黑色帛巾。然后，由宾给受冠者加冠。士要加冠三次，第一次为始加，戴黑麻布帽子"缁布冠"。这种古老的帽子象征着永不忘本，是反本修古、不忘其初的思想表现。始加冠后，受冠者要到房中更换衣服，出来受再加冠；第二次为再加，要摘掉其缁布冠，重新梳头，然后加皮弁，即白鹿皮缝制的皮帽，寓意着受冠者以后能参与政事、能服兵役；第三次为三加，仪式与前面相同，戴爵弁，即夹红色如冕而无旒的黑细布帽子，像爵，所以叫爵弁。这个帽子是祭祀所用，意味着受冠者以后有权参加祭祀活动。三次加冠宾者都要致祝词："令月吉日，始加元服。弃尔幼志，顺尔成德。寿考维祺，介尔景福"，"吉月令辰，乃申尔服，敬尔威仪，淑慎尔德。眉寿万年，永受胡福"，"以岁之正，以月之令。咸加尔服。兄弟具在，以成厥德，黄老无疆，受天之庆"，大致意思是在这个好日子里，给你穿上成人的服饰，希望你去掉孩子气，培养成年人的美德，祝愿受冠者福寿绵延。三加冠后，受冠者要下堂去拜见亲人，最后换上黑色的服饰，拜见尊长。由来宾为其取字，取字就意味着已经是受人尊敬的成年人了，从此除了自己称呼自己以及尊长称呼其名外，其他人只能称呼其字。与男子冠礼类似的是女子15岁的及笄礼。只是仪式不如冠礼隆重。女子15岁以后，就可以订婚，订婚之后就要行笄礼，并取字。也就是说，女子的成人礼是在许嫁之后。如果没有订婚，那么就在20岁完成笄礼。举行冠礼意味着行礼者要肩负起成年人的责任和义务，由孺童成为一个合格的社会成员，因此在儒家看来是礼仪之始，有极高的文化地位。冠礼在汉代之后，除了皇家礼仪隆重繁缛不减，民间程序逐渐简化，至清代由于剃发制度，冠礼基本被湮灭。现代我们常常看到一些成人仪式宣誓礼，实质上就是冠礼精神的遗留。

婚礼。即男女结合为夫妇的礼仪。周礼中的婚礼，有六道程序：纳采、问名、纳吉、纳征、请期、亲迎。在纳采之前，实质上男女双方家庭已经初步达成了一致意见。纳采，即男方派人到女方家正式求婚，纳采当天，使者持活雁为贽礼来到女方家提亲。送雁，取雁为候鸟，秋去春返，讲信用且忠贞，同时雁飞南北，融通阴阳往来之意。纳采结束，女方家正式同意，男方再派人去女方家询问女方姓名年庚，这就是"问名"，周代"问名"的目的是为了同姓不通婚，并且要了解是否符合婚龄，是从人伦和繁衍角度来考虑的，后世则为占卜婚配吉凶，也就是所谓的"合八字"。若卜算结果是凶，则议婚到此为止，若卜算结果是吉，男方会再次登门，将之告诉女方，并再次持雁为礼物，表示正式订婚。这就是"纳吉"（"小定""过定"）。纳征（也叫纳币），即男方给女方送聘礼，主要是玄纁、束帛、俪皮（成对的鹿皮）等物，聘礼一定要双数，表示吉祥。聘礼有漫长的历史，它源自于古老的"买卖婚"风俗，但后来聘娶婚的形式确立后，聘礼就成为了婚姻中的必要程序，是婚约形成的重要象征，也是维护婚约的一种担保方式，有法律的保证，一旦下聘礼，经过繁缛的程序而结合的男女，就是合法夫妇。中国古代实行一夫一妻多妾制，妻妾之间名分谨严，而妻妾之别就在于结婚形式的不同。《礼记·内则》中说"聘则为妻，奔则为妾"，也就是说，妻子是聘娶婚，妾是买卖婚，通过聘嫁，男子对女子只拥有礼法意义上的丈夫对妻子的权力，而买卖婚中男女之间是支配者与被支配者的关系，女子随时有被发卖的可能。所以，周代以降，各个朝代无论皇室贵族还是民间，不管六礼如何简化，婚姻中都有"纳征"这道程序，而现代就叫"彩礼"。接下来是请期，即男方择定婚期，再次持雁去女方家通告，但是要表现得很谦逊，向女家请问日期（当然也有避开女子月信以求新婚之夜就能怀孕之意）。上面的五道程序，都属于婚前礼，而"亲迎"，属于正婚礼。到了成婚之日黄昏，新郎要亲自到女方家里去迎亲，女方已做好准备，乘车跟随新郎而去，新娘的父母则不能送到屋外。到了男方家里，新郎新娘要举行盥洗礼、祭祀礼、同牢礼（同吃供祭祀的肉食）、合卺礼（卺即葫芦分成的瓢，宋代变为喝交杯酒）、解缨礼（新郎解下新娘订婚后及笄时缠上的彩缨），然后撤去蜡烛，正婚礼仪式才结束。婚礼还有一系列的婚后礼，如见舅姑礼（拜见公婆，公婆若已去世则须三个月内在宗庙里祭祀）、馈舅姑礼、舅姑飨新妇礼、飨送亲者礼等。士婚礼礼仪中新郎要用大夫的礼制，车、衣服都要加升一级，后世婚礼也遵循此例，庶民可以穿官服和凤冠霞帔。后世的婚姻六礼，常常被简化为三个程序：纳采、纳征、亲迎，又发展出了很多其他的礼仪，如婚前礼的相亲礼（相看媳妇）、插钗礼（相中就在女孩头上插一钗）、铺房礼（女方到新房铺设帐仪）；正婚礼中又多了下婿（调戏新郎）、催妆、盖头、障车、青庐拜堂礼、持同心结、入新房、坐床、合髻（结发）、闹洞房等礼仪；婚后礼则多了归宁礼（回娘家）等礼仪。结婚是为了"结两姓之好"，"六礼"就是两个家族在缔结姻亲关系中的重要准则和具体方式。婚礼中这种仪式，既体现出了尊重信任的道德原则，又能调节两个家族的具体利益，实现过程中的顺利沟通和协调，因此便相沿成习，约定俗成，在发展演变中一直延续到了今天。现代的婚姻礼仪，则是融合了中西方礼仪的一种民间礼俗，体现出一种包容历史又与时俱进的特征。

除了以上礼仪，嘉礼在后世中还增加了很多其他礼仪，如登极礼、改元礼、朝礼、朝贺礼、上尊号礼、册封礼、经筵礼、皇帝视学礼、圣节礼、赐进士礼、巡幸礼、籍耕礼、学校礼、养老礼等。

三、民间传承的日常礼仪

在古代，除了国家礼制规定的礼仪，如吉凶宾军嘉等五礼，还有大量的民间礼仪存在。这些礼仪，有的源自"五礼"，有的已经很难考证其起源，却广为人知，代代流传，延续至今。这些民间礼仪，一般称为传统礼俗。它的组成非常冗杂，难以详尽，下面择其要做一些介绍。

（一）人生礼仪

人生礼仪，指的是人在一生中的重要环节上举行的具有一定仪式性的行为过程，包括诞生礼、成年礼、婚礼、葬礼以及生辰礼等。按照钟敬文先生在《民俗学概论》中的说法，每个人所经历的人生礼仪，决定因素不仅是他本人年龄和生理变化，而且是在他的生命过程的不同阶段上，生育、家庭、宗族等社会制度对他地位的规定和角色的认可，也是一定文化规范对他进行人格塑造的要求。因此，人生礼仪有强烈的社会性和阶段性意味。

诞生礼包含求子礼仪、孕育礼仪和庆贺生子礼。中国古代将延续子嗣的问题看得非常重要，有"不孝有三，无后为大"的说法，所以婚后求子的礼俗特别多，如参拜送子娘娘，待抽到吉卦后就把事先做好的小衣服给送子娘娘怀中抱着的娃娃穿上，或者把寺庙里神案上专门做的泥娃娃抱一个回家，又如让已婚未孕妇女去摸一下生殖崇拜的神主或塑像等，各地礼俗多有不同。而怀孕后的礼俗则更加讲究，比如祭拜胎神，胎神被认为是专管胎儿的神灵，会保佑胎儿也会伤害胎儿，所以不能触犯，比如在某个月份，胎神位于厨房，孕妇就不能在厨房淋水以免触犯胎神；比如不让孕妇参加祭祀、婚娶和丧葬，不让其采瓜果等。又如胎教，周代开始我国文化中就十分强调胎教，要求孕妇行坐端严、性情和悦，同时，想生男孩，就摩弄弓箭乘公马，想生女孩就多摩弄首饰，不吃兔肉为避免孩子生来唇腭裂，不吃生姜以避免孩子枝指，虽然有迷信的意味，但这种充满了交感巫术仪式的礼仪却一直被人们信奉着。孕育礼仪的主要目的还是为了更好地保护孕妇和胎儿，使之安心待产。生儿育女是家家户户的大事，孩子从呱呱坠地到一周岁期间，有一系列的庆贺生子礼仪。如报喜礼，给岳家送红鸡蛋报喜，或提活鸡去岳家报喜，同时还要在门口挂木弓（生男孩）或挂配巾（生女孩），这个礼仪一则是传达喜讯，一则是为了避邪；又如"三朝礼"（"洗三礼"），是在婴儿诞生的第三天为其进行洗浴，有清除污秽消灾免祸的用意。"洗三"这一天，亲属朋友要携礼物来祝贺，主家要宴请客人，"洗三"的水非常讲究，加入了艾蒿等草药，盆里亲友还要添放一些莲子、栗子、枣子、银钱之类的吉祥物，称为"添盆"，并说吉祥话"连生贵子""早立儿子"，然后由一位福寿双全的老妇给婴儿洗浴，边洗边唱"洗洗头，做王侯"之类的吉祥话，洗完用大葱轻打婴儿三下，诵道："一打聪明，二打伶俐，三打明白"，打完后孩子父亲把葱扔上房顶，洗浴结束后还要给婴儿"落脐灸囟"，护理好婴儿的脐带和囟门；再如婴儿的满月礼（弥月礼），在婴儿出生一个月时举行，一般家庭会举办满月酒，婴儿的女性长辈会给孩子带来小儿衣物；还有婴儿的剃胎发礼，作为人生中第一次剃发,要舅舅参加,剃发的时候要孩子头上还要留一小撮胎发,剃下的胎发要拿来做胎毛笔,称为"状元笔";婴儿满月后有移窠礼,这时候孩子才能抱出房门,出去走走,称为"兜喜神圈子";婴儿满百日,又有百日礼,又称"百岁礼",孩子要穿百家衣,挂百家锁(或五彩线),寄寓从他人那里借来福气、先苦后甜、长命百岁的美好祝愿;周岁礼,则要给孩子穿虎头鞋避邪并进行"抓周"仪式,若是男孩,一般会在孩子面前放置书、印、文具、算盘、吃食、玩具,若是女孩则要放炊具、女红工具等,然后让孩子自行挑选,看其先抓什么后抓什么,抓周仪式在南北朝时就已经有了,有人认为它来源于选拔继承人的占卜仪式,也有人认为是为了测试孩子的教养之人(保姆、乳母等)是否合格,但后来就变成了以此推测孩子将来志向和前途的喜庆仪式。

生辰礼,主要指祝寿礼,在我国历史悠久。不是任何人都有资格祝寿,只有年满60岁,即满一个甲子周期的人,才有资格行祝寿礼。一般晚辈会提前送寿贴给亲友,通知大家来宴会,亲友则准备寿礼,于前一天送到做寿者家中,做寿者家中要张贴或布置寿星像(或麻姑献寿像),宴会上要吃长寿面、喝长寿酒,受晚辈跪拜礼,非常隆重。

成年礼,即冠礼和笄礼(见嘉礼)。

婚姻礼。凡是经过"六礼"的聘娶婚,都是神圣的,不在礼法的许可之内,是不能随意休妻的,夫妻生育的子女是嫡子嫡女,在家族中地位高。然而民间的婚姻实质上还包括多种形态,如买卖婚、掠夺婚、冥婚、童养媳婚、入赘婚、典妻婚、献婚、选婚、罚婚等,并不是所有的婚姻形态都采用"六礼"的程序,但各种婚姻形式都有一定的礼俗仪式,此不赘述。

葬礼,死后礼仪前已具体讲述,此不赘述,需要补充的是,入葬礼仪的形式也是非常多的,除了土葬,还有火葬、水葬、天葬、树葬,有墓葬也有塔葬、悬棺葬等,各有不同的礼俗仪式。

人生礼仪具有标志功能、社会功能和心理功能,宣告人进入了人生的不同阶段,确定其享受的权利和义务,并强化人们进入新角色后的心理或安抚其痛苦与不安。它符合人们的愿望和需求,具有一定的积极作用。

(二)家族礼仪

家族礼仪。周代以血缘家族为中心建立起宗法礼制,因此家族礼仪很早就存在了。封建社会讲究家国一体,以家庭为本位的礼教方式,可以起到稳定整个社会的作用。在《礼记》的《曲礼》《内则》《少仪》等篇章中,可以看到家族内部成员间的各种礼仪。在《礼记》的影响下,后世出现了很多家礼著作,如最早的六朝时期颜之推的《颜氏家训》,又如宋代司马光的《书仪》《温公家范》,又如朱熹的《家礼》等,广为流传,对百姓的日常礼仪产生了巨大的影响。《颜氏家训》是我国历史上第一部内容丰富、体系宏大的家训著作,被誉为"家教规范"。它认为古人的礼仪仪节,是经过精心设计的,有深刻含义,也提出礼仪要与时俱变的想法。《书仪》对古代礼仪进行了简化式的传承,《温公家范》中则对家庭内部各个成员提出了详细的道德要求和礼仪准则。《家礼》是朱熹在《书仪》的基础上制定的一套家庭礼制和礼仪规范,分为《通礼》(日常礼仪)、《冠礼》《昏礼》《丧礼》《祭礼》和附录几个部分,一改以往礼书的繁琐冗杂,内容上贴近平民家庭的实际现状,因此成为平民家庭学习规范礼仪的通行书籍。

家族礼仪有亲子礼、兄弟礼、闺媛礼、夫妻礼、婆媳礼等几个重要的组成部分。亲子礼，主要基于父慈子孝的要求而形成，如晨昏定省——早上要到父母居处问安伺候，服侍父母起床、盥洗、饮食，晚上要为父母安顿床铺，服侍他们就寝，如帮父母抓痒按摩，及时回答父母的呼叫，出入告知父母，不做危险的行为以免父母担心，不坐立长辈的位置，父母有过失，只能和颜悦色的规劝；父母作为长辈，也要慈爱和严格教育儿童，要他们守礼，不偷看别人隐私，不歪眉斜眼与人纠缠，不揭短不戏弄人，教育孩子诚实不欺、与人有礼节的相处等道理。

兄弟礼，主要基于兄友弟悌的要求而形成，如长兄如父，长兄要像父亲那样关爱弟弟，承担起弟弟的教育责任；而弟弟则要把兄长看作自己的榜样，不忘记其教诲，东西要给兄长先吃，活要抢着去干，走路不能走在兄长前面，兄长走过来时，要起立迎候，不能冒犯兄长。

闺媛礼，指未婚女性在家庭中言行的规范礼仪，主要基于对家庭伦理纲常的维护和对女子贞节观的强调，如要求不与男子混坐在一起，不能与男子共用一个衣架、一张面巾和梳子，不混穿男子衣服，7岁以后甚至不与亲兄弟同席吃饭，与男子不能亲手交递东西，女人谈论的事情不能让男子知道，闺房里讲的话也不能拿到外边去宣扬，订婚后不能随意出入家门。古代特别注意男女有别，尤其是大户人家，女子住内宅，男子住外院，中间的门不得随意出入，内外不共井、不共浴室、不共厕所；闺媛礼对于女子的仪态也有具体的要求，比如笑不露齿、行不露趾、外出遮面等。闺媛礼在一定程度上束缚了女性的自由天性，造成女性的病态审美心理。

夫妻礼，指婚后夫妻相处时应该遵循的礼仪。丈夫对妻子应该有责任，如"三不去"，指妻子如果已经无家可归则丈夫不能休妻，妻子如果与丈夫一起为公婆守丧三年丈夫不能休妻，妻子曾经与丈夫共患难丈夫不能休妻；但"三不去"的原则没有法律保障，而对妻子来说，婚后的礼仪要求则更加严苛，如三从四德，如严守贞节，要求已婚女子要端庄柔顺、相夫教子、勤俭节约，不能嫉妒、淫邪、多言、不侍奉公婆或有盗窃行为（私自拿婆家财物给娘家也属于盗窃），否则就会犯"七处"之过，被休回娘家。古代的夫妻礼，更看重男性对女性的夫权，体现了强烈的男尊女卑思想。

婆媳礼。结婚之时新妇拜见舅姑的仪式就是家庭中（公）婆媳礼节的一个缩影。中国古代的（公）婆媳礼，婆婆在媳妇面前有绝对的权威，媳妇要处处小心侍奉公婆，对公婆体贴周到的照顾要远胜过亲生儿子。比如晨昏定省，操持一日三餐，布菜添饭，公婆生病，媳妇则要床前侍疾；媳妇对公婆要绝对顺从，不能有言语和行动上的反抗。婆媳礼既体现了男尊女卑的思想，又以长幼秩序为核心，反映出古代女子在男方家庭中的婚后生活处于弱势地位。

（三）服饰礼仪

服饰礼仪。中国的服饰礼仪深受儒家思想影响。儒家认为，一个人的服饰装扮，与其道德水平层次是紧密相关的，服饰不是个性选择，不是灵性表现，而一种是政治和伦理的设定。自周代起，国家就对服饰的礼制非常看重，奇装异服可能会被惩罚甚至被杀。服装礼仪一是必须符合礼制，二是必须严整洁净。

中国的服装讲究拥蔽全身，将身体遮掩严实，即所谓"被体深邃"，所以华夏民族传承最久的衣服是深衣。深衣上衣下裳相连，腰部缝合，衣长垂到脚踝，象征天人合一，恢宏大度，公平正直；袖口收祛，象征天道交融，领口右衽，直角相交，象征地道方正，背后一条直缝贯通上下，象征人道正直，下摆平齐，象征权衡，上衣下裳象征两仪，下裳腰围为祛口的三倍，下摆为腰围的一倍，上衣用布四幅，象征四季，下裳用布十二幅，象征十二个月，深衣的缘边装饰是否花纹和素色，也要根据自己的长辈是否健在而遵循礼制。深衣在先秦是贵族的常服，也是百姓的礼服，后世的衣制基本根据深衣发展，如袍服衫服、禅衣、襕衫、质孙服、旗袍等，也有上衣下裳分开的衣服，如襦袄、褙子、比甲、马褂、裤装、裳裙等。另外如冠冕、佩巾、帽子、靴子、鞋、袜子、装饰品等，都有一定的礼制要求。

在不同的场合、不同的季节、不同的行业里，对服饰穿戴的要求是不一样的。官员闲居穿常服，戴头巾，办公则穿官服，戴官帽，祭祀则专门有吉服吉服冠；贫民劳动一般穿褐衣（粗布短衣），去拜访正服丧的人家，要穿素色（白黑灰蓝等色）衣服。如清代帽子不分贵贱，都有暖帽和凉帽；僧道与俗人衣服不一样，士农工商衣制在一些朝代也有不同。衣服的用料以及颜色、花纹、装饰，也须遵从礼制要求，如唐制规定百姓只能穿粗葛布，宋制禁止百姓穿紫，元代禁止百姓穿赭黄，明制规定百姓男女不得穿金绣、丝锦绫罗，大红和鸦青色因为是官服颜色百姓禁用等，诸如龙纹、翟饰、十二章纹等，也都不是一般人能够用的。

孔子说："见人不可以不饰。不饰无貌，无貌不敬，不敬无礼，无礼不立。"衣冠代表着人的社会身份和人格尊严，衣冠不整，是一件违背道德礼义的事，所以才有了孔子的门生子路在战争中保冠而舍命的故事。教育孩童的蒙书《弟子规》中说："冠必正，纽必结，袜与履，俱紧切。置冠服，有定位，勿乱顿，致污秽。"强调个人的服饰要冠正衣洁。

妆容礼仪，也有一定的规范，如头发的发型，披发、结发、辫发、盘发、挽髻、垂髻等有身份和年龄的限制，不同朝代发型上也有礼制要求；如女子的妆容、贴饰、头饰、簪花、钗钿步摇等，虽然不如男子的服饰仪表礼制要求严格，但仍遵循了一定的礼制要求和礼俗原则。这一点在现代一些少数民族礼俗里，仍然保存得非常完整。

（四）社交礼仪

社交礼仪，包含人际之间的语言礼仪、称谓礼仪、行礼礼仪、拜访宴饮礼仪、敬老尊师礼仪等，也包括了个人的坐立行走等礼仪。

语言礼仪。人们日常生活交流的主要方式是语言交流，文明的语言是中国古代礼仪的重要组成。主要表现为语气的平和、说话的谦恭、情感的诚挚和倾听的专心。如说话，要口齿清晰慢慢讲，声音要柔和适中；要注意说话时自己的身份、所处的场合和对象，说的话要谨慎而诚恳，为自己的言语负责任，不能急于表达而抢话，也不能该说的时候不说，不能揭他人的短处，背后说人闲话，随便讲人隐私，对他人的过错说出来要委婉妥帖；听别人说话，不能随意打断别人，要洗耳恭听，要及时反馈。这些语言礼仪，从古到今，早已融进了中国人的生活之中。

称谓礼仪则讲究谦称自己，敬称对方。称谓，是人们由于亲属或别方面的相互关系，以及由于身份、职业等而得来的名称，也就是对人的称呼。人际交流一般是从彼此间的称谓开始的。称谓的原则是"自卑而尊人"。人们常常用"愚""敝""卑""鄙""仆""窃""不才""区区"等来称呼自己，隐含自己愚笨、无知、涉世不深的意思。抑制自己的目的是为了能抬高对方的身份，与称陛下、殿下、阁下、麾下、足下差不多，都是以自己处的位置低下突出对方的尊贵。这些谦词加上中心词就可以表达更多意思，如鄙人、愚见、愚兄、窃闻等。谦称在古代数量非常庞大，又如在下、晚生、晚学、小生、老朽、老夫、老拙、下官、卑职、微臣、小人、奴婢、贱妾等，当着外人称呼自己家的妻子儿女，称拙荆、贱内、小儿、犬子、小女等，连皇帝都自称"孤（家）""寡人"，以示谦逊。称呼自己的家庭中辈分较高的人，则为家父（家严、家尊、家君）、家母（家慈）、家叔、家兄、家姐，称呼自己家庭中辈分较低的人，则为舍弟、舍妹、舍侄、舍亲。称呼自己已经亡故的亲友要加上"先""亡"，如先祖、亡友。称呼自己的家为寒舍、蓬荜，称呼自己的东西，为拙作、浅见、献丑等。谦称体现出中国社会谦逊文明的风尚。反之，称呼对方，则要用令（表示美好）、尊、贤、贵、高、大、宝等敬词，如令尊、令堂、令正（对方妻子）、令媛、令郎、尊翁、尊夫人、尊府、贤弟、贤婿、贵地、贵庚、高徒、高僧、大作、宝地等，通行的敬称还有师父（师傅）、夫子、先生、老丈、兄台、岳丈（父）、岳母等。另外，称谓礼仪中还要注意，对成年男子，称字是尊重，对尊者，对君主，则要小心避讳。

行礼礼仪。按照《周礼》的记载，有九种拜礼：稽首、顿首、空首、振动、吉拜、凶拜、奇拜、褒拜、肃拜。稽首一般用于官场，先拜后跪，双手合抱按地，头伏于手前触地，停留片刻起身，规格较高；顿首一般用于地位相同的人，跪地叩首，头触地就起；空首一般是君主对臣子的回礼，动作与前面两者相似，但头只触到手就起身；振动，一般在非正式场合相遇时用到，不跪地，双手合击拱手，身体向前弯曲；吉拜，用在祭祀等场合，男子为左掌包右拳拱手，女子相反，行礼动作与顿首相近；凶拜，用在凶礼等场合，行礼动作与吉拜同，只是男子为右掌包左拳拱手，女子相反；奇拜一说是一腿跪地的跪拜礼，一说是一稽首、一顿首、一拜；褒拜是再拜的意思；肃拜，是妇女的专门拜见礼，跪地而拜，拱手至额部，头部随手下到胸腹位置，身体向前倾。当然，还有站立式拜见礼，如军士的肃揖，随着座椅的出现，人们不再席地而坐，拜见礼出现了作揖（与前面拱手不同，而是推手）、叉手礼、请安礼等，但跪拜礼仍然是最正式和隆重的礼节，在官场和民间重大活动中，仍然存在。

拜访礼仪和宴饮礼仪。在前面的宾礼部分已经提到一些相见礼仪，这里再补充一下其他日常拜访礼仪。如客人在登堂入户之前，必须适当地提高一下说话的声音，以便屋内的人知道，做好准备，而客人入户之时，视线则要下移，以免主人有什么来不及收拾的东西而发生尴尬；入座时，主人要按照屋内座位的尊位安排客人入座（圆桌则尊者和客人坐中间）；在主人家礼，客人行为要有所拘束，不随意翻看别人的东西，不要估量人家的陈设，不胡乱批判人家的东西好坏等；看到主人打呵欠伸懒腰（后来是端茶）等动作，客人应该领悟到这是主人困倦的表示，应该主动提出离开；客人拜别时，主人要委婉相留，客人则执意要走，主人则起身送客，要送到大门外（地位高的主人则派人送客人出）。客人的拜访，主人要回拜，一般拜访的第二天回访。回访者要带着前面的贽礼，表示以德相交，不重财物（现代礼仪中回拜若原物奉还是交恶的表现）。若是拜访礼仪中需要饮宴，则主人要非常注意礼仪的小细节，如碗筷的摆放位置、菜肴的安排和摆放，务必让客人产生宾至如归的感觉，让客人有受到尊敬的心理感受。而客人的吃饭礼仪，前文已有介绍，此不赘述；主客一起饮酒时，晚辈要在旁边侍饮，要听长辈的命令饮酒举杯，不能先饮尽。主人要向客人敬酒，称为"酬"，客人回敬主人酒，称为"酢"，敬酒要说敬酒词。敬酒时，主客都要避席（即离座起立），酒过三巡就要停止饮酒，以免酒酣失态，古人饮酒提倡的"酒礼"，现代社会的酒局应酬上仍然存在，改变得并不多。

敬老养老礼仪，在我国有悠久的传统。据说夏禹开始，就有宴请老人的礼制。《礼记·王制》中也对敬老养老构设了蓝图："五十养于乡，六十养于国，七十养于学，达于诸侯；八十拜君命，一坐再坐"，"九十使人受"，说老人可以参加在各级学校中举行的敬老宴会，八九十岁的时候面见君王可以简化行礼礼节；给老人准备食物，要准备细粮和肉食和随身零食、少食多餐，菜肴精美，子女要给老人备好丧葬用品（以防临时措手不及）；老人可以拄拐杖，官员七十岁退休，退休后，帝王要经常派人来居处问安；五十岁以后不服劳役，六十岁不服兵役，七十岁不参与应酬宾客活动，丧事期间只穿孝服，其他礼数全免，八十岁后可以免去祭祀丧葬之类的事，真正颐养天年。而家有八十岁以上的老人，可免除一人劳役，有九十岁的老人则免去全家劳役兵役。年轻人与老人同行则要为老人减轻负担。后世的敬老养老礼仪，也基本按照儒家的规划在实施，帝王的宴飨老人礼，则变为在各种节日对老人的赏赐和一些特殊的庆典，赏赐有酒食布帛、爵位尊称、手杖等，庆典如千秋节宴和千叟宴等，盛大豪华而隆重。

尊师礼。荀子首先提出天地亲君师是礼之根本，认为国家的兴旺与是否尊师重教密切相关。后世读书人家一般则供奉天地君亲师的牌位，整个古代社会，都有尊师的风气。学生要拜师，首先要向老师行"束脩之礼"，此礼源于孔子，束脩就是干肉（后来泛称各种礼物），即学生的学费，也是学生的贽礼，是学生表达对老师敬意的一种方式。入师门之后，要行释奠礼，释奠，是将祭祀菜品放在神主之前的一种简单祭祀仪式，是祭祀先老、先师的一种仪式，后来发展成为祭孔礼仪的专称。专门的祭孔礼在各地文庙（孔庙）展开（现代的祭孔礼，在孔子诞辰9月28日举行），学生拜师入学后也要对着孔子画像行释奠礼，而国家的太学开学之时，天子（或专派官员）都要前来行释奠礼，表示对师道的尊崇。学生与老师相处时，讲究一日为师终身为父，要处处以老师为尊：跟着老师走路时，不越过老师与他人说话；与老师相遇，则要快跑到老师前面问好，毕恭毕敬与老师对话，老师若不说什么则快退到一旁；若学徒与手艺师傅相处，学徒的礼仪要求更为严格，如同侍奉父母起居。中国传统礼仪中的尊师礼仪，持续长久，全社会都达成共识，体现出一种高度的集体认同性。

行立坐走礼仪，讲究"坐如钟，立如松，行如风，卧如弓"，坐有坐相，站有站相。席地而坐的时代，席是坐具，不能踩脏，所以入室要脱鞋袜；跪地而坐时，两膝着地，臀部放在脚跟上，这是正坐坐姿，身体一般后倾以示恭敬，吃饭则前倾，以免洒落饭菜；臀部不沾脚跟则为跪，长跪则为踞，踞坐表示对他人的尊敬之意，而改坐姿为跪姿，则是起身告辞的意思。胡床胡椅传入中原后，坐礼发生变化，有正坐（踞坐在坐具上）、跌坐（盘腿而坐），至宋代人们才开始垂腿而坐，称为"胡坐"，并逐渐变成日常的坐姿。关于其他行立坐走礼仪，《礼记·曲礼》中说"游毋倨，立毋跛，坐毋箕，寝毋伏"，走路时不摇摇晃晃，站在那里不要一条腿直立，一腿打弯，坐着不能像畚箕一样把双腿叉开，睡觉时不要俯卧。头发要用帛束好，不要让它像假发那样下垂。帽冠不可随便脱下，干活时不要脱衣露体，热天也不要撩起下裳。听别人说话要站立端正，不能歪着身子听，在室内走路不张开胳膊甩着膀子，与别人并排坐着不要横着胳膊，接别人递来的东西，要跟着他人起坐，不能无礼。走路的礼仪是，在室内走动步子要小，不能大幅摆动双臂，堂上可以步子加大，在外面则可以快走，开阔的地方可以跑，面对尊者长辈要快步而趋，如果身体不方便跑动，也要做出快走的样子来表示尊敬……这些细则，一般家里长辈在日常生活中都会灌输给晚辈，一代代传下来，在人的意识里生根发芽，形成了中国人中规中矩之仪态端正美。

（五）节日礼仪

中国传统的节日礼仪很多，此处简要介绍一下一些重要的民俗节日礼仪。

春节礼仪。春节在古代被称为"元旦"（现代的元旦是1949年新中国成立后定的公历1月1日），即农历新年第一天，是汉民族最隆重的传统节日，据说起源于蜡祭。从腊月二十三（小年）到正月十五，有过小年、祭灶扫尘、贴春联年画、除夕团年饭、守岁、放鞭炮、祭祖、正月初一拜年、元宵节看花灯等一系列节日礼仪，另外各地还有其他一些特殊地方过年礼仪。

清明节礼仪。清明节一般在公历4月5日前后，在寒食节后一两天，有禁火寒食、上坟扫墓、踏青游春等民俗礼仪。

端午节礼仪。古人认为端午节五月初五，是阳气运行到顶端的端阳之日，五种毒虫并出，百病滋生，所以称这一天为恶日，因此端午的礼俗一般都是驱邪避恶的，如缠五色丝、门插菖蒲艾叶、熏苍术白芷、喝雄黄酒、沐兰汤（洗药草澡）。端午也称"死日"，传说屈原投江于端午，所以后来礼俗里也有祭祀屈原、祭祀龙神、吃粽子、赛龙舟的传统。

中秋节礼仪。秋天过半，月圆当空，最易引发宗教式的祭祀，中秋节，就是从很早的祭月习俗发展而来的，到了唐代，便顺势发展成为一个固定的节日，祭月变成拜月、赏月，有燃灯、供奉兔儿爷、吃月饼等礼俗。

重阳节礼仪。农历九月九日，双九重合，"九"是阳数，所以称为"重阳"。唐代正式确定为民间节日，重阳已入深秋，是辞青的季节，有远足登高、插茱萸等避邪礼俗，也有赏菊、喝菊花酒求长生的礼仪，后来则演变为敬老礼俗。

另外还有如七月初七的乞巧节礼仪、冬至节庆贺礼仪等，我国民间还有一些与宗教信仰相关的礼仪，如中元节、腊八节等，礼俗活动也相当丰富。

实训环节

【实训1】

请以小组为单位，收集本地传统礼俗资料，以表格形式整理出来。思考这些礼俗在日常生活中的功用和价值，讨论这些礼俗对当代人的意义，以及如何在教育中引导儿童了解中华传统礼俗。

	具体形式	功用	价值意义	教育儿童的礼俗细则
人生礼俗				
家族礼俗				
社交礼俗				
服饰礼俗				
节日礼俗				

人生礼俗（诞生礼、生辰礼、成年礼、婚姻礼、葬礼……）、家族礼俗（亲子礼、兄弟礼、闺媛礼、夫妻礼、婆媳礼……）、社交礼俗（语言礼仪、称谓礼仪、行礼礼仪、拜访宴饮礼仪、敬老尊师礼仪、坐立行走礼仪……）、服饰礼俗、节日礼俗（春节、元宵节、清明节、端午节、中元节、中秋节、重阳节、冬至节、腊八节……）

【实训 2】

近日，某知名主持人因在某节目中调侃一群身着汉服表演的年轻人，称是"哪个洗浴中心的"而遭到批评，认为其不尊重汉服。作词人方文山在微博中指责该主持人"对传统文化知之甚少"；前不久，还有专家建议，可以自行设定代表中国民族特色的汉服系列中国式学位服，并逐步推动在重大场合穿着汉服。而清华大学教授、学者肖鹰在接受采访时表示，"汉服热"不过是能够带来商机的"汉服秀"，是精神空洞、生机倒退的文化表现。

华夏传统节日重阳节当天，孙某穿着曲裾汉服在成都春熙路附近的德克士就餐时，一群大学生模样的人冲到楼上，歇斯底里地要求她把汉服脱下来！原来对方误把汉服当成了日本和服，而且不听解释，在这群人的胁迫下，孙某经朋友劝说，只好到餐厅厕所把汉服脱下。

汉服，即汉民族传统服饰。21 世纪初，随着中国国力的发展，人们开始审视自己传统文化中的优秀部分。一些人通过考据汉服并取其精华去其糟粕，复原了汉族传统服饰，同时通过恢复传统节日，恢复传统礼仪，祭祀先贤，推广传统学说，宣传传统乐器等形式重新宣导恢复传统汉服，并身着汉服进行推广，被称之为"汉服运动"。

对于现在流行的"汉服热"，你是怎么看的？以小组为单位，对这个问题进行资料收集和辩论。

【实训 3】

上海市嘉定区民办斌心学校举办了一次"孝敬文化节"。在祭奠华夏万姓先祖之后，学校还举行了跪拜父母的仪式。数百名学生集中在大厅里，站成四排，父母坐在跟前。全体 800 多名学生在《孝亲敬老歌》和《跪羊图》的背景音乐中，向自己的父母长辈行三跪九叩之礼，然后膝行至父母面前聆听父母教诲。老师还让学生到父母头上寻找一根白头发拔下，放在学校事先制作好的"白发珍藏卡"里，永久留念。老师还指导学生给父母写下了一句肺腑之言。这个环节的活动叫"一根白发，万般情思"。六年级一位发言的学生代表说，平常在家，虽然也能感受到父母的关爱，也感动过，但是从来没有说出来。"感觉很难为情的，不好说出口。今天大家都说，我也就说了。要是平常，感觉很肉麻的。"

不过，许多类似的活动，都受到过专家的指责。有人表示，90 年前一些孝道礼仪就被指为文化糟粕，我们在推广时要有所选择；也有人认为，下跪感恩的礼仪，违背了现代教育理念，如果从小就强化孩子"跪"的意识，唯有"跪"才能表达感恩，就会让原本发自内心的感恩情感和行为庸俗化、程式化和表演化，诱导和助长孩子依附性人格的形成。学校公开提倡"跪文化"，是对公民教育的挑战，极不利于亲子、师生平等关系的构建；同时，如果刚跪过父母，放学还让父母背，吃饭还让父母喂，就是感恩教育的失败，世界很多国家都没有让孩子下跪来体验感恩。

对于专家的看法，也有家长认为是多虑，他们认为孩子向父母下跪是天经地义，仪式本身也有价值，不能上纲上线，把跪拜看成"反教育"的大逆不道。一次下跪不会给孩子人格带来损害，反而能增加亲子感情，强化孩子感恩记忆。

请结合你对"礼仪"与"礼义"的了解，分析以上材料。

【实训 4】

学生分成若干小组，收集各式汉服的资料，掌握一定的汉服知识。研读《朱子家礼》，掌握朱子深衣的制式和穿法。

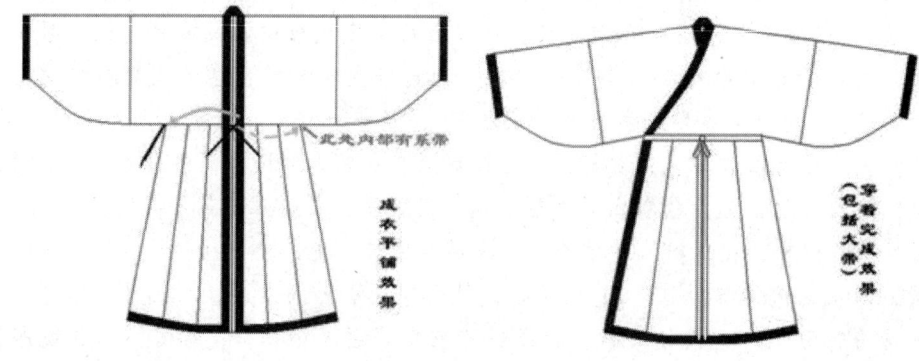

【实训 5】

随着国学热的逐渐升温，很多学校都会在小学生入学仪式上增加传统的礼仪，请按照古代"开笔礼"设计一个一年级小学生的入学启蒙仪式。

参考步骤：

第一步——此仪式学生可身着深衣、头戴儒巾（最好不戴冠）。组织学生站立，自正衣冠，互正衣冠，然后由教师依次为学生们整理好衣冠。"正衣冠"。古人有云："先正衣冠，后明事理。"衣冠反映人的精神面貌，也是礼仪之始。

第二步——"拜师礼"。学生们在教师带领下，先拜孔子先师。拜完孔子，再拜教师，最后学生之间互相鞠躬，表示互爱互帮。

第三步——"净手礼"。学生将手放到水盆中，正反各洗一次，然后擦干。洗手的寓意在于净手净心，去杂存精，希望能在日后的学习中心无旁骛。

第四步——"朱砂启智"。由德高望重的教师手持蘸着朱砂的毛笔，在学生眉心处点上红"痣"，为学童们朱砂开智。"痣"通"智"，意为开启智慧，以此寄托美好的愿望，寓意着孩子从此心明眼亮，一点就通。

第五步——"击鼓明志"。嘉宾敲鼓三响，再由教师带领学生敲鼓三响，并说出自己的志向。"鸣"通"明"，"鸣志"即"明志"，鼓声越响远，意喻志向就越远大。

第六步——"启蒙描红"。教师指导学生用毛笔书写"人"字。"人"字笔画简单而意义深远，希望学生们在人生的启蒙阶段学会做人，知道做人首先要堂堂正正地立身，要像"人"字那样顶天立地。

【实训6】

研读下面《弟子规》摘录部分，思考古代儿童礼仪教育的细则要求，有哪些礼仪可以运用到现代的小学教育中，有哪些需要作出改变？

入则孝：父母呼 应勿缓 父母命 行勿懒 父母教 须敬听 父母责 须顺承 冬则温 夏则凊 晨则省 昏则定 出必告 反必面 居有常 业无变 事虽小 勿擅为 苟擅为 子道亏 物虽小 勿私藏 苟私藏 亲心伤 亲所好 力为具 亲所恶 谨为去 身有伤 贻亲忧 德有伤 贻亲羞 亲爱我 孝何难 亲憎我 孝方贤 亲有过 谏使更 怡吾色 柔吾声 谏不入 悦复谏 号泣随 挞无怨 亲有疾 药先尝 昼夜侍 不离床 丧三年 常悲咽 居处变 酒肉绝 丧尽礼 祭尽诚 事死者 如事生

出则弟：兄道友 弟道恭 兄弟睦 孝在中 财物轻 怨何生 言语忍 忿自泯 或饮食 或坐走 长者先 幼者后 长呼人 即代叫 人不在 己即到 称尊长 勿呼名 对尊长 勿见能 路遇长 疾趋揖 长无言 退恭立 骑下马 乘下车 过犹待 百步余 长者立 幼勿坐 长者坐 命乃坐 尊长前 声要低 低不闻 却非宜 进必趋 退必迟 问起对 视勿移 事诸父 如事父 事诸兄 如事兄

谨：朝起早 夜眠迟 老易至 惜此时 晨必盥 兼漱口 便溺回 辄净手 冠必正 纽必结 袜与履 俱紧切 置冠服 有定位 勿乱顿 致污秽 衣贵洁 不贵华 上循分 下称家 对饮食 勿拣择 食适可 勿过则 年方少 勿饮酒 饮酒醉 最为丑 步从容 立端正 揖深圆 拜恭敬 勿践阈 勿跛倚 勿箕踞 勿摇髀 缓揭帘 勿有声 宽转弯 勿触棱 执虚器 如执盈 入虚室 如有人 事勿忙 忙多错 勿畏难 勿轻略 斗闹场 绝勿近 邪僻事 绝勿问 将入门 问孰存 将上堂 声必扬 人问谁 对以名 吾与我 不分明 用人物 须明求 倘不问 即为偷 借人物 及时还 后有急 借不难

【实训7】

传统的"六礼"婚姻制度包括纳采、问名、纳吉、纳征、请期、亲迎等六个环节。其中"纳征"就是送聘财，就相当于现在所讲的"彩礼"。征是成功的意思，即送彩礼之后，婚约正式缔结，一般不得反悔。若女方反悔，彩礼要退还男方；若男方反悔，则彩礼一般不退。

赠送彩礼是中国传统婚礼程序之一，彩礼又称财礼、聘礼、聘财等。我国自古以来婚姻的缔结，就有男方在婚姻约定初步达成时向女方赠送聘金、聘礼的习俗，这种聘金、聘礼俗称"彩礼"。彩礼的内容数量与时代和地域条件有关，但几乎当代中国各地都保留了这一礼俗。然而现实中却有很多准新人，因为彩礼谈不拢而导致最终分手，或因为彩礼问题导致结婚时两家矛盾重重，婚后生活争吵不休。

有人认为赠送彩礼是一种不适用于现代的陋习，也有人认为赠送彩礼是对女方的一种尊重，你的看法是什么？

【实训 8】

传统文化历来重视对幼儿道德品性的规训，"礼数""幼仪"是中国古代家庭秩序中最为重要的内容。尽管目前我国现阶段的教育观念非常丰富，但在幼儿教育实践上，家长的教育态度、情感倾向与愿望仍反映着传统文化的要求。"恭顺"礼教文化对家庭生活模式的控制仍旧若隐若现，具体表现在：家长对幼儿文明整洁、礼貌友好等外在行为习惯的权威式训导；家庭中零零星星、形式各异地对长幼有序、信奉经典、尊重权威等传统观念的强化等。

审视幼儿教育中的这一现象，根据你对儒家礼义和礼教的思考，提出你的看法和解决之道。

第二章　师范生在校礼仪篇

俄国作家契科夫说过:"人应该什么都美:容貌、衣服、心灵、思想。"孙中山先生曾经指出一个宣传者"身登演说台,其所具风度姿态"应该是"衣着整洁、举止大方,还没开口即使全场有肃穆起敬之心"。他认为,演讲"最忌轻佻状态",显然,孙中山先生对于演讲中的仪态风度非常地重视。

西方的政治家历来非常注重外表的塑造。一个精神饱满、精力充沛、幽默风趣、亲切自然的候选人更能为自己赢得选民的爱戴,而在他们完美表现的背后,是专业团队对候选人精心打造。

美国总统的选举有一个电视辩论环节,顾名思义,当然带有电视文化的特点,所以,候选人除了在辩论中向未做决定的选民阐明自己的政治观点之外,更重要的是要在镜头前向"以貌取人"的选民们展示自己的"总统相",显示自己在领导气质、人格魅力、个人形象等各方面的优势。其实候选人辩论过什么课题,选民往往在事后记不清楚,反正对他们大致的竞选纲领大家都心里有数,但是他们在辩论中所表现的形象却会给选民留下深刻的印象。

曾经的英国首相撒切尔夫人是世界出类拔萃的女性政治家,在她决定涉足政坛,竞选保守党的党魁时,她的仪容顾问、被誉为"撒切尔夫人风度塑造师"的戈登·里斯,为了让她看起来更坚毅,更有说服力,给她设计了一款微曲后梳、类似于头盔式的发型。这一入时的"达拉斯"发型,让撒切尔夫人显得硬朗、精神,又十分有魅力。后来这发型几乎成为女政治家们的经典造型。

撒切尔夫人喜欢穿套装,颜色多为深色,样式大方优美,显得正式、干练、端庄有分量。因此,所有有关撒切尔夫人的图片、影像中,她都是一身干练优雅的套装。为了保持面部的神采奕奕,撒切尔夫人进行了眼睑整容以除去松弛皮肤,换上一副门牙,以免笑起来嘴瘪,笑的时候不张大嘴以免露出牙龈;化妆以"柔和秋色"作为基调,常用珍珠项链、蝴蝶结作为配饰,保持女性魅力。作为政治家要经常进行演讲,她改掉以往高嗓门大声说话的习惯,保持稳重拖腔和适中调门,从容沉着,应答自如。撒切尔夫人经典的造型、极富魅力的形象让她屡屡登上杂志封面,这些经典的穿衣搭配方式便也贴上了"铁娘子"的标签。

人们评价说,撒切尔夫人雍容而又不过度华贵,庄重但不显老相,内心是"铁女人"而谈吐却温善柔和。而这一切与戈登·里斯的打造和撒切尔夫人的注重外表是分不开的。

由此可见,每个人的形象关乎他的人际、事业、前途,使我们不能忽略对形象的打造。领导学形象专家乔·米查尔说过:"形象如同天气一样,无论是好是坏,别人都能注意到,但却没人告诉你。"

"学高为师，身正为范。"是著名教育家陶行知先生的名言，也可以看成是对"师范"这个词最好的解释。作为受过专门教育和训练，将要在学校中向学生传递人类科学文化知识和技能，培养学生高尚的审美情趣，把受教育者培养成社会需要的人才的专业人员，未来的教师——今天的师范生担当着为人师表、教书育人的重任。孔子曰："其身正不令而行；其身不正，虽令不从。"因而教师言行举止的"正"的确意义重大。前副总理李岚清也曾经指出："教师的一言一行无不给学生留下深刻的印象，有的甚至影响学生一辈子。"作为在校师范生，在努力学好文化知识和专业技能的同时，学习掌握相应的礼仪知识，是未来适应社会发展、个人进步的必修功课。

伦敦商学院的著名行为心理学家尼克森教授说："人们用三个概念描述成功的领导者——性格、能力、形象。"这表明一个成功人士在长期努力下获得良好性格和超强能力的同时，还一定要花费时间和精力在自身形象的塑造上，因为良好的个人形象是获得成功必不可少的要素。作为言行举止极具示范性的教师职业，自身形象不但是个人追求事业的要素，更是浸润学生审美形成的参照，其示范意义远远超出了其他职业。

形象包括仪容、体态、举止及通过这些外在形式表现出来的个人气质、修养和风度。作为一个在校师范生，个人的仪容、体态、举止不仅仅代表个人形象，同时也是团体、社会、国家形象的组成部分。

美国形象设计大师鲍尔说："成功男人的风格反映在外表，而优雅来自内在，它是你的自信及对自己的满意，它通过你的外表、举止、微笑展示。"

第一节　塑造完美仪容

在人际交往中，交往对象对自己发自内心的好恶亲疏，往往都是根据其在初次见面对自己仪容的基本印象"有感而发"的，这种对他人仪容的观感除了先入为主之外，在一般情况下往往是一成不变的，起着很大的作用。

仪容仪表美包括三个层次的含义：
- 人的容貌、形体、体态等的协调优美，这是人的自然美。
- 经过修饰打扮及后天环境的影响而形成的美，这是人的修饰美。
- 一个人纯朴高尚的内心世界和蓬勃向上的生命活力的外在体现，这是人的内在美，即所谓"秀外慧中""表里如一"。

俄罗斯著名美学家别林斯基说过："人的外表优美和纯洁，应是他内心的优美和纯洁的表现。"真正意义上的美，应当是自然美、修饰美、内在美三个方面的高度统一。在日常的生活中，自然美来自于遗传，几乎无法改变；内在美则是我们穷其一生的追求：高尚的情操、丰富的知识、美好的道德而形成的丰富的内心世界；而修饰美是我们通过正确合理的方式，将自身的审美观念通过仪容的修饰、体态的塑造、服饰的美化等加以体现，形成良好的气质呈现出来，这一种美是我们可以习得的，也是我们在这里所要给大家传达的内容。

一、仪容美的实现

南开中学各教学楼门口都有一面镜子,上面写着:

面必净,发必理,衣必整,纽必结;
头容正,肩容平,胸容宽,背容直。
气象无傲勿暴勿怠;
颜色宜和宜静宜庄。

这就是著名的"容止格言"。1904年10月17日,张伯苓先生和严范孙先生在严氏家塾的基础上,创办了南开中学。成立时,这一"容止格言"由严范孙先生亲笔写下。周恩来总理少年时期曾在南开中学学习,他一生都在践行这四十字的箴言;共和国另一位总理温家宝也毕业于南开中学,在2003年教师节到北京一所中学看望教师时,对教师们讲到了"容止格言"。南开中学的"容止格言"具有全面、具体、可行且又厚重的文化内涵,注重培养学生具有良好的精神状态、仪表风度,且代代相传,影响深远。它不仅仅是南开中学的传家宝,更是中华民族讲究形象的精华所在。

一个人的仪容,大体受到两个因素的左右。

- 本人的先天条件。一个人的相貌如何通常主要受制于血缘遗传,成年后不会有太大的变化。
- 本人的修饰保养。在任何情况下,一个正常人如果不注意对自己仪容进行合乎常规的修饰和维护,往往在他人心目中难有良好的个人形象。所以我们在平时必须时刻不忘对自己的仪容进行必要的修饰和整理,做到"内正其心,外正其容"。

(一)干净整洁

仪容即容貌,包括头发、脸庞、五官、手指等,是被人第一眼看到的自身面貌。一个人即使天生丽质,如果在某个时刻被发现手指肮脏、体味难闻、头发油腻、口臭阵阵,也一定会让人大跌眼镜、弃而远之。因此在日常的生活中,无论经济条件好坏,讲卫生、爱整洁是形象的第一要求,是自尊的体现,也是美好形象的第一步。

要做到仪容干净整洁,需要长年累月坚持不懈地进行以下仪容细节的修饰工作:

- 坚持洗澡、洗头、洗脸。

- 去除分泌物（包括眼屎、鼻涕等）。
- 定时剃须（包括胡须、鼻毛、汗毛、耳毛等）。
- 保持手部卫生（包括指甲、手掌、手臂）。
- 注意口腔卫生（定时洁牙，防止口腔异味）。

洁净、清爽的脸庞会使人看起来亲切、可爱、精神十足，具体应该做到：

毛发：
- 男士每日剃须、修面是应该养成的好习惯。
- 鼻毛、耳毛应该经常检查，不要外露。
- 女生不但要检查面部，特别是夏天，还要检查四肢或者腋下的不雅毛发，及时修剪。

牙齿：
- 牙齿是口腔的门面，开怀大笑露出发黄或者发黑的牙齿时，会让动人的笑容大打折扣。如果有必要可以到医院口腔科去进行洁牙处理。牙齿不能漂得太白，应与眼白一致。
- 牙齿不能留下饭后的残留物，如菜皮、饭粒等，饭后漱口是保证清洁与健康的好方法。
- 保持口气清新很重要，要出席重要场合不能喝酒，或吃洋葱、大蒜等味道浓郁的食物，即使吃了也要想办法及时去除异味。

眼睛：
- 眼睛是心灵的窗户，眼睛也是五官中最为灵动的器官，因此眼角一定要清洗干净。熬夜、饮食不当容易引起眼睛充血、浮肿、眼神暗、黑眼圈等都容易破坏美感。

耳朵：
- 耳朵在镜子里出现的次数总是少于其他五官，所以保持干净、不藏污纳垢格外重要。耳洞也不宜打太多，否则容易给人另类的印象。

体味：
- 体皮肤上大约有三百三十万个汗腺，平均每平方厘米就有九万多个，因此，每个人都有或浓或淡的体味。如果过于明显，就应该加以掩饰。特别是夏天，勤洗澡勤换衣，或者使用去除体味的产品非常必要。

（二）科学护肤

皮肤是我们身体最大的器官，也是美感、健康和活力的标志。皮肤由表皮层、真皮层、皮下组织构成，其中表皮层由角质层、透明层、颗粒层、有棘层、基底层组成；真皮层由胶原蛋白、弹性蛋白组成，其他则是神经毛细血管、汗腺及皮脂腺、淋巴管及毛根等组织构成。

1. 皮肤分类

根据皮肤油脂分泌的情况，皮肤大致分为干性、中性、油性、混合性。
- 干性皮肤。干性皮肤的特征为毛孔粗大，表面几乎不泛油光，极易形成表情纹，尤以眼部及唇部四周最为明显。
- 中性皮肤。中性皮肤看起来很健康且质地光滑，有均衡的油分和水分，很少有痘子及阻塞的毛孔。
- 混合性皮肤。混合性皮肤看起来很健康且质地光滑，唯在 T 型区，即额头、鼻子、至下巴的区域有些油腻，而两颊及脸部的外缘有一些干燥的迹象。

● 油性皮肤。该皮肤的形成是因为皮脂腺分泌过多油脂，使皮肤油亮，有时在清洁过后数小时皮肤会有粘腻感，油性皮肤其他的特征为毛孔较其他的肤质粗大，较易阻塞，且容易长痘子或出现其他皮肤瑕疵。

● 敏感性皮肤。敏感性皮肤易受环境因素影响，极易过敏，皮肤较薄，容易发红，经常可见微细血管。

2. 健康的皮肤

"宛如凝脂""肌肤胜雪"……古人对好肤质的形容很多，从科学的角度，健康的皮肤应该符合 4S 标准，它们是：smooth，即平滑；shining，即有光泽；soft，即柔润；sexy，就是性感（美感）。

衡量皮肤的健康程度，应从以下几点把握：

● 平滑。在正常情况下，皮肤的真皮层有弹力纤维和胶原纤维，皮下组织有丰富的脂肪，使皮肤富有一定的弹性，显得光滑、平整。而随着年龄增长，弹力减低，透明质酸减少，皮肤就失去弹性，变得松弛，出现皱纹。

● 光泽。健康的皮肤应该是光洁、透亮、富有弹性的，而与之相对的则是暗淡、灰黄、毛孔粗大和松弛的。熬夜、不健康的饮食习惯、心情不佳等都会导致皮肤丧失光泽。

● 柔润。皮肤因为真皮内有丰富的血管及淋巴管，是人体中仅次于肌肉的第二大"水库"，因而健康的皮肤显得水分充足，有"吹弹即破"的效果。因此，护理皮肤基本都把保湿放在第一位。

● 美感。皮肤不敏感、不油腻、不粗糙，且不干燥。颜色白里透红，肤质柔软细腻，富有弹性，清洁干净水润的脂质，紧致的结构，是东方女性最具有美感的皮肤。

3. 日常护肤基本的步骤

我们每个人不一定有天生的好肌肤，但是可以通过科学的护理而改善皮肤的状况，即使天生丽质，长期使用电脑，烟雾、灰屑、紫外光等对皮肤也是不小的损伤，因而皮肤的日常护理就显得尤为重要。

● 正确洗脸。每天早晚各一次的洗脸就是进行皮肤的清洁工作。

用温水湿润脸部，轻轻按摩 15～20 下，然后将洁面乳放于手心，用温水先在手掌心打出泡沫，在泡沫带动下轻轻地在脸上滑动打圈，不要用力在脸上揉搓，以避免拉扯对肌肤造成伤害。同样的动作也可以用洁面泡芙来代替。

也可以使用卸妆油来清洁皮肤。将适量的卸妆油以鼻子为中心线，向两边和额头以及下巴涂抹。在需要卸妆部位用指腹以画圆的动作溶解彩妆及污垢。1 分钟后，用手蘸取少量的水，将卸妆油乳化变白后，再用打圈的手法轻轻地按摩约 30 秒，再用大量的清水将卸妆油打至起泡后冲洗干净。

● 爽肤。把爽肤水倒于手心（一元硬币大小），双手合十后轻轻地拍在脸上，先拍在两颊，再拍到额头和下巴等部位，用双手轻轻地按压，这样使用爽肤水的手法不但可以节省爽肤水，更重要的是对肌肤的补水滋润更有效。另外，将爽肤水浸湿在化妆棉上，以鼻子为中轴线，横向涂抹擦拭全脸，擦拭动作可以帮助脱落老化死皮细胞，令肌肤干爽清洁。

● 润肤。选择适当的润肤露或者面霜，给皮肤补充必需的水分和养分。取出适量的面霜置于掌心，双手合十将面霜均匀地分开于两掌心中。先按压在两颊颧骨处，再按在下巴和额头。轻轻地由两颊开始，将面霜慢慢地轻按压进肌肤。充分滋润皮肤，保持皮肤的柔润光滑。

● 保护。使用隔离霜、粉底可以保护皮肤，避免环境中有害物质的伤害，同时有提亮肤色的作用。在紫外线强烈的时候出门，要记得涂抹防晒霜，防晒倍数可根据平原、高原的不同而选择 15、20、30、50 的防晒指数。除了高原，一般不用防晒倍数太高的防晒霜。

● 皮肤纹理。一星期两次的敷面（做面膜），可帮助剥除表面干燥细胞，使皮肤纹理光滑，及时补充水分和营养，使肌肤呈现清新、光彩的样子。

（三）适度化妆

化妆，亦可以叫化装。是运用化妆品和工具，采取合乎规则的步骤和技巧，对人体的面部、五官及其他部位进行修饰、描画、整理、遮掩瑕疵、调整形色、掩饰缺陷、突出优点，从而达到美化视觉感受的目的。化妆，能通过高超的技艺，扬长避短，表现出个人独有的美感；能改善人物原有的肤质、肤色、增强面部立体感，使得面部更加和谐美丽，甚至表现出独有的精神气韵及独有的感受和心境。

对于师范院校的女生，虽然在校时间不必每天化妆，但是某些场合，比如学校的各种活动、接待来宾、应聘兼职、约会等，都应该适当地化妆，这不仅是对个人形象负责的态度，也是表达对别人的尊重。

因此，每个女生学会化妆显得尤为重要，是女生美化生活、表达情感、自塑形象的重要技能。

1. 五官皮肤的特点

五官化妆的重点是以美容为主。相对而言，五官护肤方法比较简单，而美肤的方法却复杂、困难得多。五官皮肤有以下生理特征，在选用化妆品，施行化妆时，要充分考虑。

● 五官的皮肤都是暴露的，和人的面部皮肤一样，因此，护肤是第一位的。无毒、无刺激的化妆品、面膜都是抵御外部刺激的必要防护。

● 五官皮肤都比较细薄柔软，在不同的季节里，要多注意防止皲裂、浸渍、糜烂。

● 五官各部分的皮肤虽然有很多共同点，但是又各有不同，所以护肤的要求也不同。例如，眼皮很薄，皮脂腺密度很低，而鼻子的皮肤却比较厚实，皮脂腺多而密；眼睑、口唇皮肤薄，而鼻翼、耳郭皮肤里面还有软骨组织；眼周、鼻孔、耳道内都有毛，但只有眉毛和睫毛才是美容修饰的对象。

● 五官都是感觉器官，其中鼻子、口唇还是呼吸道、消化道的入口，要求化妆品纯正、无毒、无刺激、低敏性。

● 人们对五官的审美，尤其对眼睛、鼻子、嘴的讲究和挑剔程度大大高于其他任何部位，因此使用五官化妆品必须照应五官美学的方方面面。

● 与美化相对应，五官的掩瑕化妆也很重要。

2. 化妆的原则

师范院校的女生，化妆的目的是为了美化自己，也是为了表达对他人的尊重。但是，如果不考虑自己的身份，不考虑所处环境，自行其是，就会事与愿违。在一般场合，应该学会化生活简易妆，生活简易妆应该把握以下原则：

- 淡比浓好。淡妆，与浓妆相对，就是指化妆要轻描淡画，不涂厚厚的脂粉，不画很重的眼线，不涂抹太艳的口红，也不要用香气很浓的化妆品，"烈焰红唇""熊猫眼"都应该避免，力求"妆成有却无"，恰到好处即可。一个好的妆容，应该不让观者感觉到突兀，让别人感受到大方、悦目、清新、赏心悦目就好。
- 简比繁好。简，可以理解为简单、简洁、简化；繁，即繁复、繁琐、繁冗。就是化繁为简，简化化妆的步骤，重点处理面部、眉毛、嘴唇即可。如果面部皮肤粗糙或有瑕疵，就可以用遮瑕膏、粉底调一调肤色，遮盖瑕疵，使肤色看上去较为细腻、润泽、肤色均匀；如果眉毛稀疏，应该用眉笔描一描，或者将散乱的眉毛修理整齐，如果有残缺，用眉笔补一补；画口红时不宜选择太艳丽的颜色，要和整个清淡的妆容相宜。
- 庄比谐好。每年的妆容都有流行时尚，但是流行的东西未必适合任何人，特别是师范院校的女生，并不是所有的流行妆容都可以尝试，而应逐渐形成自己端庄、大方的妆容特点。我们要能够甄别最适合自己身份和年龄的妆容。如果盲目追求时尚流行，而不考虑自己的身份和周围环境，容易给人留下不庄重甚至轻浮浅薄的印象。如烟熏妆、印花妆、舞台妆、鬼魅妆、晚宴妆等并不适合女大学生。
- 扬长避短。化妆一方面要突出脸部最美的部分，使其显得更加美丽动人；另一方面要掩盖或矫正缺陷和不足的部分。但一切的妆容都不宜太夸张，太张扬和凸显优点有时候也会不适宜，而要考虑整体的和谐。适当突出是比较好的选择。再将自己面部不太满意的部位，通过化妆的方法进行弥补，达到美好、自然、和谐的整体效果。
- 修饰避人。在对自己的仪容进行整理和修饰时，务必要自觉回避其他人，不要让他人旁观自己对仪容所进行的整理与修饰。如当众表演自己修饰、整理仪容的过程，是不自重、不文明的，也是不尊重在场者的表现。例如，不能当众化妆、整理头发、拉展丝袜等。从总体上讲，在大庭广众之下，既不能修饰自己的仪容，也不允许整理自己的服装、饰物等。

另外，在美化的基础上，还应该注意妆面协调、全身协调、身份协调、场合协调，充分把握脸部的个性特征，使自己容貌迷人，容光焕发。

3. 化妆的正确步骤

脸部化妆有一个复杂的工艺过程。化妆时，必须按基本程序依次进行。在化妆前，先要做一些必要的准备工作：将头发梳顺，然后从发际起结一条宽发带或用毛巾、化妆帽把头发包紧；再在肩上披一块小围巾，以免在化妆时弄脏头发和衣服。准备工作就绪，就可以着手化妆。脸部化妆包括以下基本步骤：

- 清洁皮肤。洁净的皮肤是化好妆的基础，在清洁皮肤的同时可适当加些按摩的指法和力度，舒展皮肤的张力，加快局部血液循环。在这种皮肤状态下化妆，妆面牢固自然，化妆品与皮肤的亲和力强。
- 修眉。除去多余的眉毛，修整基本眉形。修眉可采取拔眉法和剃眉法。拔眉法是眉钳夹住要除去的眉毛，顺眉毛生长方向快速拔掉。剃眉法是用剃刀将多余的眉剃去，操作时持剃刀的手要稳，另一只手绷紧皮肤贴根剃掉。

- 涂拍化妆水。用消毒棉片蘸化妆水涂抹在皮肤上，并用手指轻轻弹拍使其充分渗透。通过营养霜或乳液的使用可使皮肤滋润，在皮肤与有色化妆品之间形成保护屏障，可防止有色化妆品的色素对皮肤的直接侵蚀。
- 涂敷粉底。改善肤色与皮肤质感，使皮肤细腻洁净。选比自己肤色暗一点的，或是与自己肤色相等的粉底，这样的妆会显得透明，没有假的感觉。
- 施粉。用透明蜜粉或与粉底同色的蜜粉固定粉底。减少粉底在皮肤上的油光感，并可防止妆面脱落与走形。
- 画眉。眉是眼睛的门户，眉的描画要与眼型、脸型协调对称。一般画眉要眉头淡，眉坡深，眉峰高，眉尾要清晰。
- 眼部化妆。眼部化妆可分为三个步骤：画眼影、画眼线和涂染睫毛油。眼影的选择要与妆型、妆色、服饰等协调；描画眼线可使眼部轮廓清晰，增强眼睛的黑白对比度；涂染睫毛油可增强睫毛的浓密感，并显得睫毛变长。
- 涂腮红。腮红可使人显得健康精神，并可弥补脸型的不足。腮红的位置、面积的大小应依据脸型而涂刷，腮红的颜色应与口红、眼影色相协调。
- 画唇。先用唇线笔或羊毛唇笔描画唇轮廓，再涂抹与妆色协调的唇膏和上光油。
- 刷轮廓红。可强调化妆效果，并有调整脸型的作用，颜色应与腮红协调一致。
- 修妆。整个妆面完成之后站得稍远一些，看妆的整体效果，看妆形、妆色是否协调，左右是否对称，底色是否均匀，若有不足可作适当修补。

二、发型美的实现

发型，即头发的整体造型。发型是仪容美重要的组成部分，因而修饰仪容提倡"从头做起"。发型是构成仪容美的重要内容。美观的发型能给人一种整洁、庄重、洒脱、文雅、活泼的感觉。根据不同人的发质、服装、身材、脸型选择合适的发型，可以扬长避短，和谐统一，增加人体的整体美。

（一）发质与发型

一般来说，头发发质的种类大致可以分为三种，我们首先要了解自己的发质。

1. 发质分类

- 中性发质。这类发质为标准发质。发丝粗细适中，不软不硬，既不油腻也不干燥。头发有自然光泽，柔顺，易于梳理，可塑性大，梳理后不易变形，可谓健康的头发。
- 油性发质。油性发质即头皮皮脂腺分泌旺盛的头发。这种头发的特点是油脂多，易粘附污物，发丝平直且软弱。一般细而密的头发，由于皮脂腺密度大，常为油性发质。油性发质由于易脏，头皮屑多，需经常清洗。
- 干性发质。干性发质的特点是缺油干枯、暗淡无光泽、柔韧性差而易于断裂分叉，干性发质通常是因为护发不当、皮肤碱化所致。不适宜的烫发、染发、洗发等都可导致头发干枯。

2. 发式与发质
- 粗硬且量多的头发。应做成简单大方的发型，头发宜中长度，不适宜短发。
- 细而柔软的头发。可塑性强，易于梳理，适合梳成俏丽的短发或小卷曲的波浪式发型。
- 直而黑的头发。可梳理成飘逸秀美的披肩长发，也可梳成大髻或圆环，设计发型时得在修剪上下功夫。

（二）脸型与发型

- 椭圆型脸（瓜子脸）：适宜任何发型，最好中分头路，顶部略蓬松，以显示脸型之美。瓜子脸型是所有脸型中最漂亮的一种脸型也是最好配发型的脸型，可以选用多款发型。
- 圆脸型。圆脸型的脸型比较显胖，额头和脸型都成圆型，所以在发型设计方面可以利用两侧鬓发和齐刘海来改变脸型的轮廓，分散原来宽胖头型和脸型的视觉。或者选择头前部或顶部略半隆的发式，两侧略向后梳。
- 方脸型国字脸型。方脸型又称国字脸型，整个脸型成四方型，额头和两腮较大，所以在设计发型应该采用头顶部分蓬松微卷短发和侧分的斜刘海，从而达到修饰脸型的明显方角感。适宜选择自然的大波纹状发型，使整个头发柔和地将脸孔包围起来，脸部圆润一些。
- 三角型脸型。三角形是指下颚比较短，脸颊突出，下部再次收缩的脸型。通常额头比较窄，脸部的骨骼比较突出。倒三角形是指下颚线条细长，在发型设计方面可以通过使下颚的突出或收缩的方法来改变形象。把所有的头发都整出发卷，增加头发的柔和与华丽感。肩膀周围动态的发卷，使下颚看起来比较敏锐。斜分的长刘海，把侧面整出量感来解决。头发比较多时，可以剪出层次感使其显得比较轻快。
- 长脸型。长脸型端庄凝重，比较老成，长脸型很显脸型的棱角，可以选用稍长的顶部与中间收缩的 X 线型轮廓，有小脸功效，同时又使面部轮廓变得更清晰。顶部头发不宜太丰隆，前额的头发可以适当下倾，沿面部轮廓内卷的发型突出美丽的下颚，更能很好地修饰脸型的凌角感。

（三）发型与身材

- 短小身材。小巧玲珑的身材，设计发型时应强调丰满与魅力。从整体比例上，应着重于如何拉长身高，不适合留长发，也不适合把头发弄得很蓬松。可利用盘发增加高度，而且要在如何使头发秀气、精致上下工夫。
- 高瘦身材。这种身材是比较理想的身材，但容易产生眉目不清的感觉，或者是缺乏丰满感，因此在选择发型时，要尽量弥补这些不足。这种身材的人适合留长发型，不适合盘发髻，也不适合将头发削剪得太短。
- 矮胖身体。身材矮胖的人要尽量弥补自身的缺点，在发型的设计上要强调整体发势向上，可选用有层次的短发、前额翻翘式等发型；适合留短发或盘发，因露出脖子可以是身材显得高些，适宜梳淡雅舒展、轻盈俏丽的发式，不宜留大波浪、长直发。
- 高大身材。这种发型的设计上，应努力追求大方、健康、洒脱的美，减少大而粗的印象。以留简单的短发为宜，直长发、长波浪、束发、盘发、中短发式也可酌情运用。切忌发型花样繁复。

（四）发型与季节、服饰

1. 发型与季节

● 春季。符合春意盎然的季节特点，发卡、发带宜于使用，因为春季风较大，故摩丝、发胶必不可少

● 夏季。炎热的气候，发型的特点应该简洁凉爽，易于梳理。轻巧利落的超短直发型、高高的发髻，长发编成发辫再盘上，束发等，均可选择。

● 秋季。与果实累累、色彩淳厚的季节相适应的发式应表现相宜的成熟风韵，风格迥异、俏丽多姿的花样发髻、中分式短发、饱满圆润的直短发等均可选择。

● 冬季。相对于寒冷幽清的天气，女士的打扮以浓艳为佳，发型也应变化多端，中长发、长发有保暖作用，因而首选，但要注意色彩的点缀，彩色丝带、艳丽的发卡、发套均可装饰秀发。

2. 发式与服装

● 与西装相配的发型。无论是直发还是烫发都要梳得端庄、大方，不要过于蓬松。

● 与礼服相配的发型。可将头发挽在颈后结低发髻，显得庄重、高雅。

● 与运动衫相配的发型。可将头发自然披散，给人活泼、潇洒的感觉，也可将长发高束，或者编成长辫，可增加柔美的情调。

● 与皮制服装相配的发型。可选择披肩发、盘发、梳辫子等。

● 与连衣裙相配的发型。

● 如果是露得较多的连衣裙，可选择披发或束发，如果穿"V"字型领连衣裙，可选择盘发。

● 男士头发长度。前发不覆额；侧发不掩耳；后发不及领；面不留须。

（五）科学护发

中医认为，头发与人的肾气和肝血最为相关，故称发为肾之精华、血之余。头发是肾的花朵，是肾的外观，所以，头发黑不黑与肾的好坏有密切的关系。如果人的肾气收敛能力强，头发滋润，不易脱发，反之亦然。而女性的头发更是如此，中医常说"女子以血为本"，显示出气血充盈对于女性来讲至关重要。

● 内在调理。

头发是人体健康美的标志和外在表现。俗话说，"强长发，弱长甲"。人的身体健康，头发就会乌黑繁茂，润泽明亮。这个道理有点像植物，土地肥沃，枝叶才能茂盛。反过来讲，一个人头发的好坏，比较直观地反映了这个人的健康状况。头发好，身体就好。

身体好最重要的就是食物的摄取。有益于健康的饮食应该是维生素和矿物质含量丰富而饱和脂肪酸含量低的食物，如绿色蔬菜、水果以及蛋白质含量高的鱼、家禽、瘦猪肉和牛羊肉等。

● 多吃动物肝脏、蛋黄、黑芝麻、核桃、黄豆等，防止铁、铜等矿物质的缺失；多吃黑豆、蛋、奶、黑芝麻等食物以补充蛋白质及钙、铁、硫等多种微量元素。

● 黑色食品对补肾是非常好的，像黑芝麻、黑豆、黑米都很好。还有板栗、海参、核

桃，都可以很好地滋补肝肾起到滋阴养血的作用。还有一些养血健脾的食物，像大枣、桂圆、桑葚、枸杞。

● 不宜吃过多的甜食或脂肪含量高的食物，这些食物会促使体内血液偏酸性而导致头发干燥、变黄。

● 保证睡眠。好睡眠是养人的精气和元气的，精气神有了，人自然神清气爽。而熬夜、晨昏颠倒的作息、精神紧张导致的失眠等都对身体有不良影响，久而久之会使头发干枯、脱落、稀少、变黄等。

● 坚持锻炼。这是强健身体的要诀，也是保护头发的要诀。因为运动能够促进血液循环，增强自身免疫能力，同时促进睡眠，保持充沛的精力。浑身充满运动的活力，会使头发健康而有光泽。有规律的运动还是消除紧张情绪最好的方法之一，而紧张是造成头发不良问题的重要原因。

● 避免伤害头发。过度的日晒会使头发干枯变黄，因此，夏季外出最好戴草帽或打伞；如果要到海边游泳，更要注意保护头发，因为海水中的盐分是头发的大敌。染发、电烫、卷曲或拉直头发都会对头发造成伤害，因而不宜频繁烫发、染发，间隔时间一般最好半年以上。

【实训】

小李是一名销售人员，工作热情，积极性高，学历也高，但是到公司半年了，销售业绩总是上不去。小李虽然穿着公司统一发的西装，但是，掉了一粒扣子总是忘记补上，指甲缝总会有黑点，而且显得长。喜欢吃葱油饼，葱味刺鼻，牙缝里经常夹着菜皮；爱挽袖子，或者撸袖子。说话风风火火，还夹杂着手势。

请你从礼仪角度分析一下小李在哪些方面存在问题？如何改进？

小组讨论：

据腾讯新闻，肖女士于2015年11月3日与某公司签订了三年劳动合同，做前台工作。但公司却以她上班从不化妆为由，要单方面解除合约。肖女士不服，告到法院。对此，你怎么看？

第二节 重塑优美体态

许多人走在马路上，你注意了其中一个人，而其他人虽然也在那个场合出现，但你没有看到或者没有注意到他们。为什么会出现这样的情况呢？

开始吸引人的可能是衣服、首饰、妆容、发型等，但是接下来你就会感到这个人内在气质的外显，比如我们会感到这个人气质超群，而这种不同的气质的显现在很大程度是从他正确而优美的体态语中传递出来的。

优美的体态，即良好的身体姿势，是形体美的重要因素之一。国外的专家认为身体的状态对女性完美的仪态非常重要。有的人外貌不见得很出众，但气质却非常好。而气质凸显更多地依赖于体态的美好，体态美可以让一个相貌平平的人传达出内在的自信，这种自信能造成强大的气场，让他（她）在一群人之中鹤立鸡群，出类拔萃。

优美的体态是人的美好风度的重要体现，是良好的人格修养的外在形式，它常常会在不知不觉中明确地传达我们的内在气质和感情信息。正如达·芬奇所说："从仪态了解人的内心世界，把握人的本来面目，往往具有相当的准确性与可靠性。"对于女性来说，体态不仅是美好内心的外在表现，也影响着气质。对于男性而言，正确而优美的身体姿态，配上一身结实、丰满发达的肌肉，方能显示出形体潇洒的风度。优美的体态不仅可以与丰富的内涵相得益彰，凸现气质，还充分显示一个人的修养，同时也是充满自信的完美表达。美好的体态，会使你看起来富有活力，还能决定着装效果。

一、体态之美

体形与体态是两个相关但是不一样的概念。体形是身体的形态，指的是身体各部位的尺寸和比例，通俗讲就是人的高矮胖瘦，体形中的身体比例更多的是依赖于遗传；体态是人体的姿态，即一个人站、坐、行时候所体现出的姿势、态势。人体的比例几乎无法改变，但是体态却可以变得很美。

（一）古人眼中的体态美

中国古代的文人对女性之美进行了诸多的描述，其中对女性身姿的描述无处不在。娉婷，姿态柔美的样子，专指美女。古人对女子的形体美追求亭亭玉立、均匀舒展、体态轻盈、婀娜多姿。杨柳细、长、直、轻、柔、软，是最能体现女子优美身姿的喻体，所以自古为文人墨客描画女性时的最爱。由此可见，女性之美中，体态美是多么重要的元素，在一群人之中卓尔不群，体态是最好的诠释。

无端天与娉婷	秦观《八六子》
娉娉袅袅十三余	杜牧《赠别》
人人道，柳腰身	张先《醉垂鞭》
樱桃樊素口，杨柳小蛮腰	白居易《池上篇》
舞低杨柳楼心月，歌尽桃花扇底风	晏几道《鹧鸪天》

作为审美对象的美，是人体在正常状态下的形态结构、生理功能和心理状态合乎目的的协调、匀称、和谐和统一。它是人的自然属性的美。由于人是生命进化的最高产物，故人体美可看作自然美的最高形态，也是医学审美对象的核心。

（二）达·芬奇关于身体的比例

达·芬奇是欧洲文艺复兴时代意大利的著名画家。在长期的绘画实践和研究中，他发现并提出了一些重要的人体比例规律：

- 标准人体的比例为头是身高的 1/8。
- 肩宽是身高的 1/4。
- 平伸两臂的宽度等于身长。
- 两腋的宽度与臀部宽度相等。

- 乳房与肩胛下角在同一水平上。
- 大腿正面厚度等于脸的厚度。
- 跪下的高度减少 1/4。

达·芬奇认为，人体凡符合上述比例，就是美的。这一人体比例规律在今天仍被认为是十分有价值的。

关于人体美的规律最伟大的发现，是关于"黄金分割定律"的发现。即 0.618∶1。

- 肚脐以上的身体长度与肚脐以下的比值。
- 咽喉至头顶与咽喉至肚脐的距离比。
- 肘关节到肩关节与它到中指尖之比。
- 手的中指长度与手掌长度之比。
- 手掌的宽度与手掌的长度之比。
- 牙齿的冠长与冠宽的比值。

二、重塑体态

尽管人体的比例几乎来自于遗传，但是，体形可以控制，体态可以重塑。人的体形是受人的意识管理的，体形的发展如同习性的发展，你管理得好一些，约束得严格一些，体形便也紧凑和有规则一些，体态随之也端庄和挺拔一些；相反，如果你管理松懈，或者懒于管理，那么随着年岁的增长，肥胖、松弛、臃肿、下垂，就会随之而来。在校园里，我们经常看到一些人，尽管身体比例均匀，胖瘦适度，但是看起来弯腰驼背、含胸、斜着肩膀、走路外八字、低头、缩脖子、没精打采，缺乏年轻人的朝气和活力，很难有美感，更谈不上良好的气质了。

仪态包括人的举止和姿态。一个有良好修养的人应该具有大方、得体、优雅的举止。举止，是指人们在外观上可以明显被察觉到的活动、动作，以及在活动、动作之中身体各部分所呈现出的姿态。

人的举止和姿态，可以展现人类所独有的形体之美。平日人们所推崇的风度，其实就是指训练有素的、优雅的、具有无比魅力的举止和姿态。

在现实生活中，人们正是通过身体的种种不同的姿势变化，来完成各项活动的。在面对面沟通中三个因素所占到的百分比，分别为：肢体语言 65%、语音语调 28%、谈话内容 7%，可见一个人的仪态即肢体语言是多么重要。

空姐在人们眼中因其美丽的外貌、优雅的举止而成为美的象征，而事实上，空姐的言行举止是经过持久的训练而培养的。当一个人的举止通过训练固定为自身良好的习惯后，在一举手、一投足之间，气质如影随现。

美貌是天生的，可优雅的体态却来自平时的培养。不用羡慕空姐的美丽与优雅，其实你也可以变得如此美丽。

（一）站姿

典雅的站姿能衬托出美好的气质和风度。古人用"站如松"来形容人站立的姿势要像松树一样端庄挺拔。正确健美的站姿会给人以挺拔笔直、舒展大方、精力充沛、积极向上的印象。

1. 女生站姿

- 身体自然直立，下腹微收，胸脯挺起，双肩向后放平。
- 收腹收臀，提气拎腰，使身体中心尽量向上拔高。
- 双腿并拢，两膝见无缝隙。
- 头正，两眼平视，嘴微闭，面带笑容，颈、后背挺直，胸略向前上方挺起；双肩展开向下沉，使人体有向上的感觉。
- 女性两脚分成"V"字形，脚尖开度为 45~60°，身体重心主要支撑在脚掌、脚弓上，不要偏移。
- 膝盖自然挺直，小腿向后发力。
- 女生四指并拢，虎口张开，双臂自然放松，将右手搭在左手上，拇指交叉。

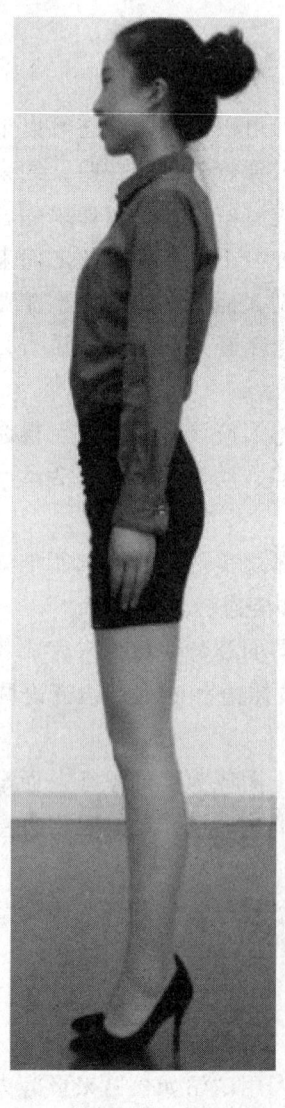

2. 男生站姿

● 站姿要正直，即挺拔、直立、站正。男性两脚与肩同宽，身体重心主要支撑在脚掌、脚弓上，不要偏移。

● 膝盖自然挺直，小腿向后发力。

● 头正，两眼平视，嘴微闭，面带笑容，颈、后背挺直，胸略向前上方挺起；双肩展开向下沉，使人体有向上的感觉。

● 收腹、立腰、提臀。

● 两臂放松，自然下垂，双手可放于身体两侧、腹前或背后，虎口向前，手指自然弯曲。

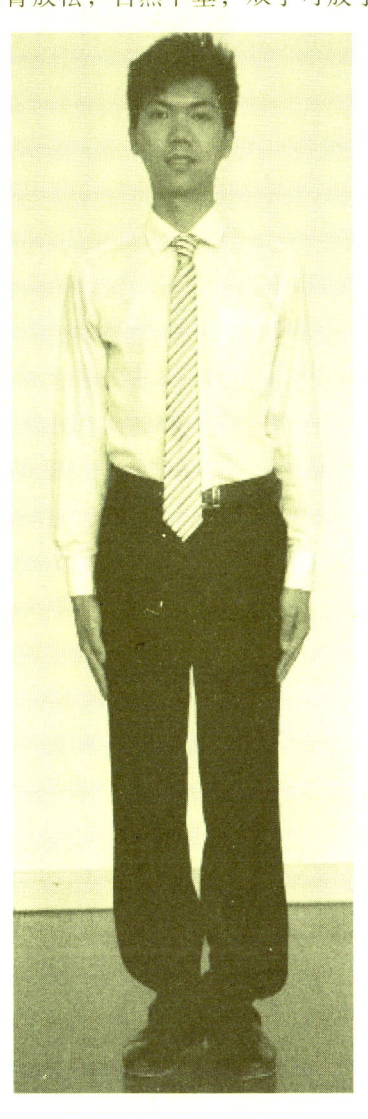 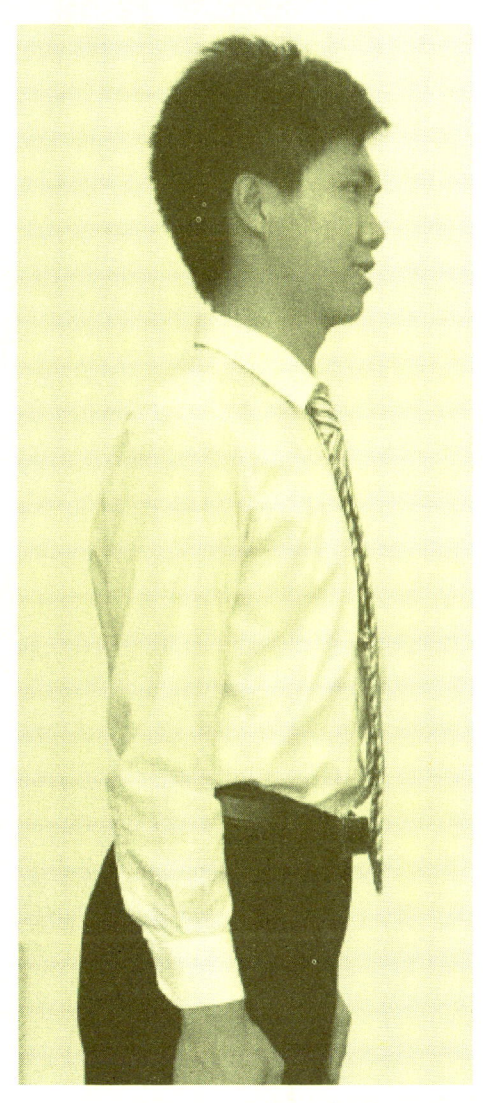

3. 训练要领

● 九点着墙法

后脑（1）、双肩（2）、臀部（2）、小腿（2）、脚跟（2）九点紧靠墙面，身体绷紧，保持20分钟。

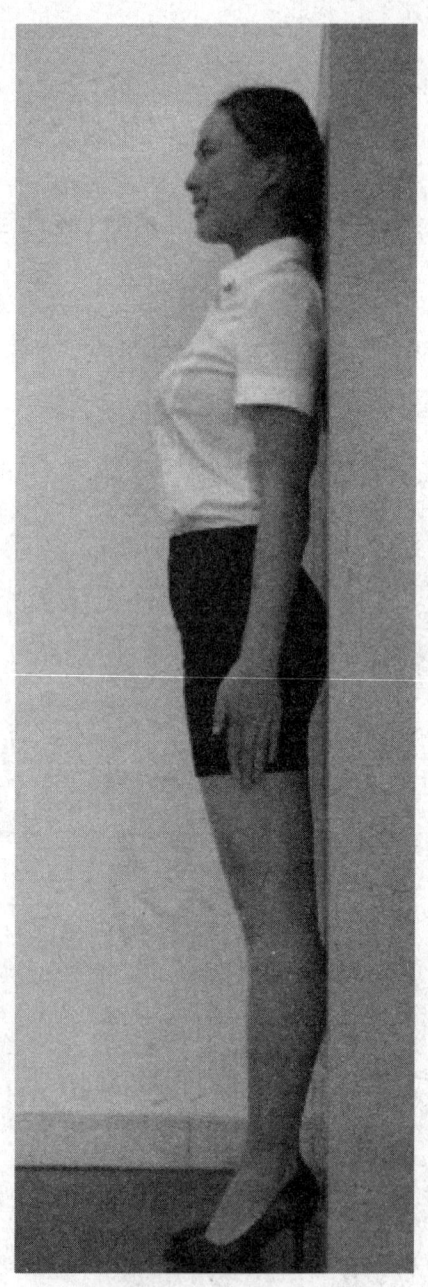 

● 健胸运动

（1）两边腋下各夹一本杂志，抬头、挺胸、手臂用力，每次维持10分钟。

（2）集中力量，指尖向上，双手合并。

（3）双手用力向前伸直，指尖朝前。

● 踢腿提臀法

双手放于椅背上，脚拉直向后踢，慢慢越踢越高，每回做20次，双腿轮流，持之以恒，可防止臀部下垂。

第二章 师范生在校礼仪篇

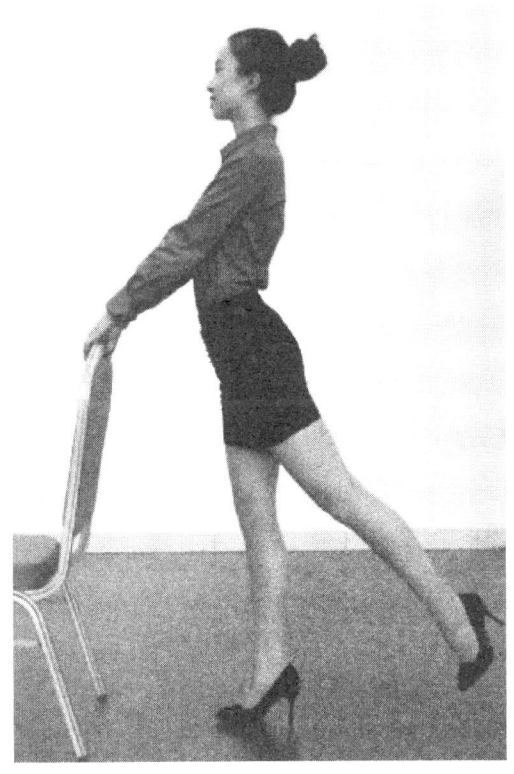 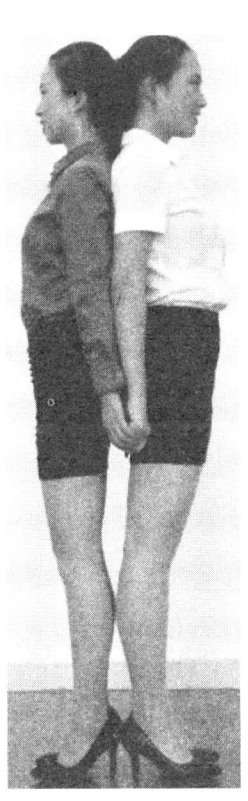

- 双人训练法

选择两个身高相当的两人为一组，背靠背站立，要求两人脚跟、小腿、臀部、双肩、后脑勺都紧紧相贴，保持15~20分钟。

4. 站姿禁忌

在人与人的交往中，站姿代表着你的形象。弯腰驼背、含胸、斜着肩膀、伸脖子、塌腰、弯背、身体斜歪、两腿叉开过大、双臂交叉、双手叉腰等随意的站姿都会给人留下不良印象。

（二）坐姿

坐是以臀部作为支点，借此减轻脚部对于人体的支撑力，坐是日常生活中最为常见的姿态。优雅端庄的坐姿能体现一个人的静态美感。古人用"坐如钟"来形容端庄、稳重的坐姿。

1. 落座三部曲

- 入座：动作轻缓，一般从椅子的左边入座，起立时也从左边起立。
- 落座：轻轻坐下，着裙装的女士落座，通常先用双手拢平裙摆，随后坐下。如果是翻板椅子，则应用手轻轻扶住椅面，避免落座时发出声音。
- 坐定后：坐下后不应满座，通常占据椅面的三分之二位置，若只坐座椅的二分之一，则表示对对方的敬意。

2. 不同座椅的坐姿

- 女生
- 宽大沙发。一般沙发比较宽大，不能坐得太靠里，可以将左腿跷在右腿上，小腿紧紧靠拢，双腿平行，脚尖绷直。注意不能跷得太高，特别穿裙子时不能露出衬裙；也可以双腿并拢，两膝相靠，将膝盖偏向与你谈话的人。
- 带扶手的椅子。挺直上身，头部端正，目视前方，或面对交谈对象。双腿自然弯曲、膝盖并拢，两腿平行；也可两腿并拢斜放一侧，脚掌前后稍稍分开，一只手的手肘轻轻搭在椅子扶手上，呈优雅的"S"型，这是穿裙装时的最佳坐姿。
- 无扶手的椅子。双膝、脚跟必须靠紧，两手半握拳轻放腿上，放在膝上或双手交叉放在膝间，注意由肩到臂，紧贴胸部，胸微挺，腰要直，目平视，嘴微闭，面带笑容，大方、自然。

坐姿于女性而言，则要求是庄重而优雅，而且一定注意衣着的限制。女生并拢双膝而坐，一般是"庄重、矜持"的表现；双腿交叉又配合上臂交叉的坐姿一般是"自卫、防范"。

- 男生

男生在坐姿上相对于女生要随便一些。坐板凳的1/2，上体自然坐直，两肩放松，两腿自然弯曲，双腿平落地上，双膝稍稍分开。

通常男生微微张开双腿而坐，是"稳重、豁达"的表示，而将一只脚架在另一只脚上，即跷二郎腿的坐姿常常是"轻松、自信"的表示。

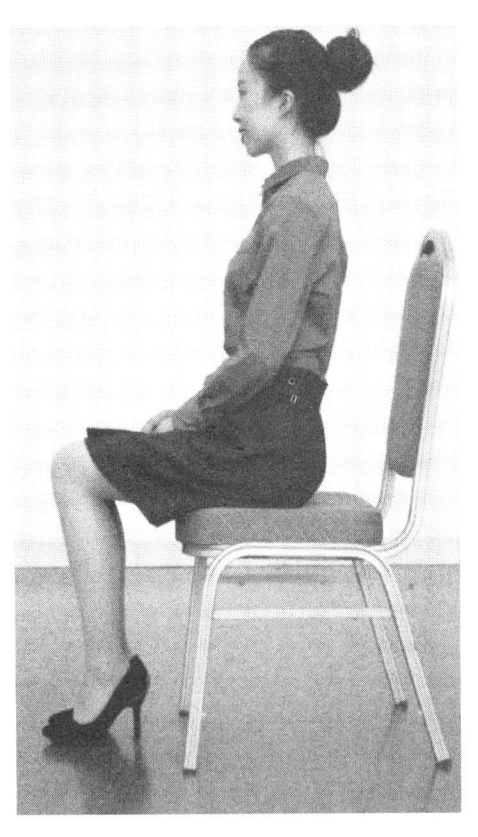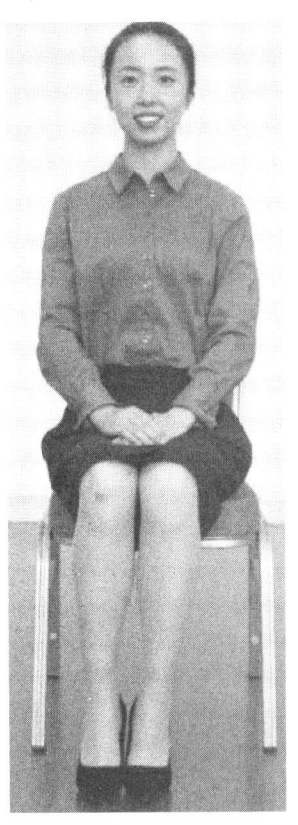

3. 坐姿禁忌

坐姿是生活中常见的姿态，也是学生一天之中时间最多的姿态。落座时上身不直、左右摇晃、猛起猛坐，或者是"4"字形叠腿、双手扣腿、不断摇晃脚尖、双腿分得太开、松弛、塌腰、驼背、腹部松懈、头前拉等不良坐姿不仅会破坏自身整体形象，久而久之还会因此造成腹部堆肉、弯腰驼背、缩头缩脑的恶劣习惯，让自身形象大打折扣。

（三）行姿

行姿最能体现出体态的动态美感。中国古代形容女子的步态为"其形也，翩若惊鸿""飘飘兮若流风中回雪"，行云流水般的步姿，款款而行的步态是女性气质高雅、柔美端庄的风采最好的呈现，优美的走路姿态，给人以风姿绰约、婀娜多姿的感觉，古人用"行如风"来形容走起路像风一样轻盈。足以见得，行姿是何等的重要。

1. 行姿要领

- 抬头，挺胸，收腹，直腰；腰部以上至肩部尽量减少动作，保持平稳。
- 肩膀往后垂，手轻轻放在两边，轻轻摆动，大臂尽量不动，小臂动作轻微。
- 两腿迈步自然、飘逸、轻盈、匀称，女生落地时脚尖先着地，踩出"猫步"，即脚印形成一条直线，男生的脚步走出两条平行线。
- 女生腰胯配合着轻微的扭动是完成柔美行姿的点睛之处。同还要注意步位和步幅。
- 注意行进时前后两脚之间的距离。标准的步幅时前脚迈出一步时，脚跟离后脚恰好一只脚的长度。

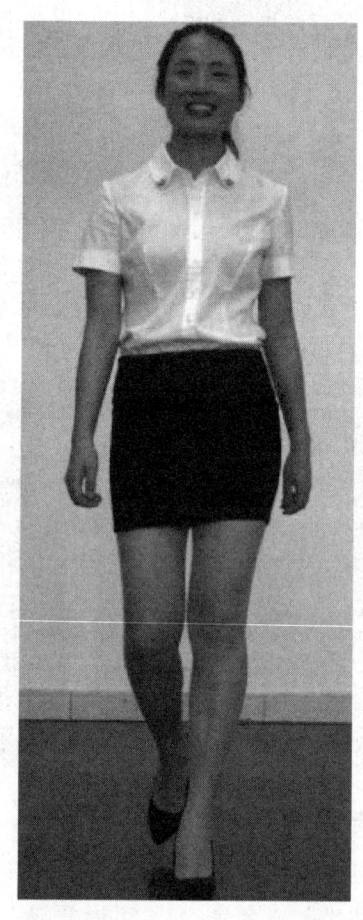

2. 训练方法

● 走路时挺胸收腹，目光平视，双臂自然地前后摆动。

● 在地上画一条直线，不低头看，用余光凭感觉去感受，行走时双脚内侧稍稍碰到次线，即证明走路时两脚是平行的。

● 穿高跟鞋走路可以让自己收腹挺胸，重心下移，是训练步姿最好的方法。

（四）21天法则

21天法则，即通过21天的正确、重复练习，养成一个好习惯的一种方法。据研究，大脑构筑一条新的神经通道需要21天时间。所以，人的行为暗示，经21天以上的重复，会形成习惯，而90天以上的重复，会形成稳定的习惯。

人的体形可能更多来自于遗传，但是体态却可以重塑。如果你使用此法失败了，如果你听过了却没有切实改变，请你别气馁！切记，潜意识只有在习惯成自然之后，才能任你随意驱使，你可能还没有了解持续的力量，你要有耐心，务必坚忍不拔。但是，很多的坏习惯，由于你以前不止90或100次的暗示甚至亲自实践，已经根深蒂固了。所以，你需要花费更大的力气。方法很简单，就是你重做一次，然后不断重复正确的动作。

被誉为"亚洲最有魅力的女性"的靳羽西曾说过:"懂得了什么是正确的体态后,你还需要好好地练习,直到有一天,你不管出入任何场合,都不用再想怎样坐、怎样站、怎样做某些动作,因为你已经完全自如了。优雅大方的动作已经成为你的一部分,成为你气质的一部分。"

这,就是我们努力的目标!

【实训】

以小组为单位,创编礼仪操。

要求:自选音乐,可以使用简单道具(如椅子),将站、坐、行、蹲、手势、微笑等肢体语言作现场秀,录成视频,进行评比。

评判标准:情境设计是否流畅,具有可看性;是否涵盖所要求的礼仪;表演者的肢体语言是否规范得体。

三、保持体形

宋美龄,一直十分注意身材的保养。她对饮食很苛求,也很考究,注意节食,以免肥胖。在台湾士林官邸的卧房,她为自己准备了一台小型磅秤,每天她都要称称看自己的体重是不是增加了,如果超出她的预定标准,她立即开始控制自己的日常饮食,直到体重恢复她的标准为止。

宋美龄一生喜欢穿中式旗袍,在她60多岁时,仍然身材适中,体重始终保持50公斤左右。长久以来,都没有太大的改变。多年来她的旗袍始终很少修改过,这就可以看出她善于保持身材。

村上春树的作品《1Q84》中的主人公青豆说:"肉体是每个人神殿,不管里面供奉的是什么,都应该好好保持它的强韧、美丽和清洁。"这充分说明了每个人应该对自己外貌、体形负责,不论男女,因为美好的体态依赖于良好的体形。

随着人们生活水平的提高,物质日益丰富,生活工作压力增加,运动时间减少,加上不健康的生活方式,肥胖不但成为健康的障碍,也严重破坏了体形的美观。

人的形体美在很大程度上与体重有关系,一个身材臃肿的人很难被人认为是干练的,而一个身材过于干瘪的人也会给人无精打采的感觉。据调查,从2000年开始,女性的平均腰围增加了4英寸,人们开始追求健康美体型。所谓的健康美并不代表丰腴,而是开始希望女性能够腰部没有赘肉,能够勤练肌肉,但不能显得太瘦或太胖,必须有一种体格美。由此可见,体形对一个人的形象有很大影响,及时控制自己的体重不仅仅是健康的需要,更是一种对个人形象负责的态度。

对于男性来说,良好的身材会有助于事业的成功。一位热爱生活、坚守事业的男子汉,往往会拥有健壮的身躯、协调的体型、结实的腹肌。普京、奥巴马那样的政坛明星,运动员般的骄人身材成为他们争得选票的重要砝码,因为他们健康的外形代表了一种积极阳光的人生态度。

而对于女性更是如此，仔细观察一下就知道，生活中很难见到一位聪慧伶俐或优雅高贵的女性是个大胖子，难怪有人说，标准的身材和形象是一个人永久的时装。

形体给他人的感觉远远不只是好看，甚至会影响别人对你品质、修养的判断。因为肥胖容易让人联想到是自我放纵、缺乏自我约束力、不注重个人修养的体现。品质和美貌没有必然的关系，但是修养和体形有某种关联，从某种意义上说，一个肥胖、松弛、臃肿体的体形很难承载高雅的气质，但是一副好的身材和一张干净的脸却可以让你赢得更多人的尊重。

减肥是以减少人体过度的脂肪、体重为目的的行为方式，是指某类体重超标的肥胖人群用改善饮食、增加运动等科学的方法来达到减少身体脂肪堆积的一种主动的行为。但是，不科学的减肥方式不但不能达到目的，还会损害健康。例如，过度节食，以水果代替食物，或服用减肥药，甚至腹泻减肥、呕吐减肥、辛辣减肥等极端的方式。这样的方法会造成恶劣的后果，而且效果也是暂时的。要想改善体质，长期保持匀称的身材，只能通过有效控制饮食，参与运动并持之以恒才是科学而有效的。营养专家提醒大家，依靠极端方式减肥以达到迅速减肥的反弹概率是100%，而培养良好的生活习惯自然减肥的反弹概率微乎其微。要想成功保持体形，一定要改变以往不合理的膳食结构、坚持控制饮食、坚持运动。

（一）建立良好的生活习惯

饮食起居是每一个人不可缺少的生活内容。良好的生活习惯即在饮食起居上建立有序的、科学的理念并形成习惯，良好的生活习惯可以促进人体的健康；反之，则会危害人体的健康。只有拥有健康的体魄，才可能有充沛的精力和挺拔的姿态，一个病怏怏、无精打采、有气无力的人是很难拥有体态美的。食物的摄入是人拥有健康身体中最重要的内容，摄入的食物多少？由什么构成？怎样才算科学？……看看美国人是怎么做的。

1. 美国的膳食结构

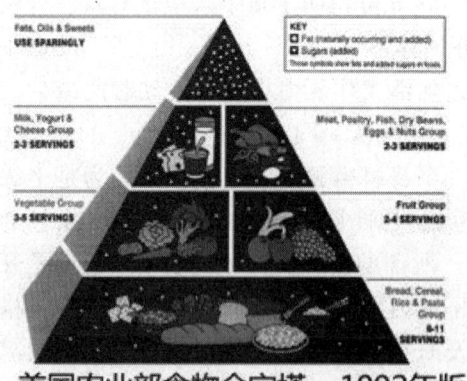 

美国农业部食物金字塔　1992年版　　　2005年版

● 1992年，美国农业部制定了指导大众健康膳食的"USDA金字塔"，以金字塔底座大、顶尖小为比喻，根据食物营养与健康的关系，把日常食物分成"应该多吃"（金字塔底座）、"适量多吃"（第二层）、"适量少吃"（第三层）和"少吃或不吃"（金字塔顶尖）四大类。

"USDA金字塔"建议人们多吃的食物包括大米、面包、谷物和面条；蔬菜和水果适量多吃；鱼、家禽、蛋、干果、牛奶、奶酪和肉类只能适量少吃；脂肪和糖类少吃或者不吃。因为大米、蔬菜被列为应该多吃的主食，故而这个膳食金字塔又被称做"亚洲农夫膳食模式"，这与我国大多数地区的膳食习惯相当接近。

● 2005年4月19日，美国农业部宣布推出新的的饮食指南。新的饮食指南被称作"我的膳食金字塔"，在新的"膳食金字塔"中，不同种类的食物被赋予了不同的色彩：谷物是橙色，蔬菜是绿色，水果是红色，油脂是黄色，奶制品是蓝色，肉类和豆类是紫色。通过不同颜色的宽度，告诉人们主食、水果、蔬菜，这三部分是膳食金字塔中最核心、最主要的部分。其他部分是油脂、奶制品和水果。此外，新的"金字塔"还加入了体育锻炼的内容，这是营养学家第一次在营养宣教的图谱中放进了运动的元素。

● "我的餐盘"于2011年6月2日由美国第一夫人米歇尔及农业部长维萨克所公布，这个圆盘图将饮食区分为五谷类、蛋白质、蔬菜类、水果等四大类。其中，蔬菜和水果占饮食结构的一半，五谷类必须有一半以上为"全谷"（粗粮），奶类，而蛋白质中推荐的食物包含豆类、豌豆、坚果和种子。充分保证膳食平衡，强调水果、蔬菜和粮食等天然食物的摄入。"我的餐盘"成为了美国人健康膳食的新指导，取代了沿用19年之久的"膳食金字塔"，更加直观、细致、全面地指导人们在健康的餐饮中各种食物的最佳配比。（转自："莺声燕语"的博客《饮食平衡——美国的膳食金字塔》）

由此我们看出，美国政府是如此高度重视国民的膳食结构，认为科学的膳食配比可以让人们的身体更健康，同时避免肥胖。我们同样可以参照这些配比，在避免热量超标的前提下，尽量平衡膳食，避免食用过多蛋白质、多吃蔬菜、水果、粗粮等食物，尽量减少盐、糖等的摄入量，这样可以使我们的饮食结构尽量的趋于合理，从而科学而有效地避免肥胖，保持良好体形。

2. 讲究饮食有节

民以食为天，饮食是人类维持生命的基本条件，保持体型不能以牺牲健康作为代价。饮食除讲究营养，合理搭配之外，还要注意饮食有节，通过控制饮食来控制自己的体重是必不可少的。两千多年前管子曾指出："饮食节，则身利而寿命益；饮食不节，则形累而寿损。"节就是节制、适度。一日三餐在时间上、数量上都要做到定时定量。一直就有"早餐吃好、午餐吃饱、晚餐吃少"的说法，是很有科学依据的。控制饮食不能等同于不吃东西，或者饱一顿饿一顿，这些做法不但不能达到控制体重，还可能损害健康。科学而合理的膳食安排加上严格的食量控制，既能保证身体所需营养，又能保持良好体态。

一般来说，吃饭应该掌握在七八分饱，不能到十分，更不能有撑的感觉。传统的中医养生也讲究"食不过饱"，即不能把胃全部塞满是很有科学道理的。合理的方法是胃里装1/2是食物，再有1/4装水和液体，必须留下1/4是空的，这样才便于消化。

同时，吃饭的时候还要放慢速度。最好的方法是细嚼慢咽，因为每次在咀嚼的时候唾液会分泌出一种酶帮助消化，会增长腹饱的感觉；还可以在吃饭前稍微吃一点东西，比如水果或者酸奶，这可以让你早一点有腹饱的感觉。

（二）坚持体育锻炼

英国最为著名的贵族中学——伊顿公学，这所培养出20名首相、37名十字勋章获得者和无数社会精英的名校，一直秉承"体育的本质是人格教育"这一教育理念，他们的教育宗旨是"运动第一，学习第二"。

伊顿公学设有8门必修体育课和27门选修体育课，每周体育课时达23小时，基本每天中的半天都在运动，几乎与文化课时（31小时）平分秋色。伊顿公学注重的是其背后的精神塑造作用。长期的体育运动，除练就学生强健的体魄之外，还培养了学生的公平竞争意识、集体合作意识，磨砺出学生坚忍顽强的意志品质，这是作为"绅士"的基本品质，也是伊顿学生的基本品质。

近600年来，那些11岁的小男孩们走进伊顿，几年的摸爬滚打，完成的是生理、心理、知识、体能、思想和社会责任感的全面成长。

——"鸽子也能变老鹰"的博客《伊顿公学：体育的本质是人格教育》

1. 运动之美

"生命在于运动"是法国思想家伏尔泰著名的格言。它将运动与生命紧密相连，我们可以理解为生命的质量和运动有非常紧密的关联。而且运动会让你身体更加健康、更有活力。这不但会让你拥有形体之美，还会让你拥有健康阳光的心态。

希腊雕刻家米隆作于约公元前450年的《掷铁饼者》，被誉为古希腊雕塑艺术的里程碑式的作品，整尊雕像充满了连贯的运动感和节奏感，传递了运动的理念，把人体的和谐、健美和青春的力量表达得淋漓尽致，充盈着人体的美和运动所包含的生命力，直到今天仍然是代表体育运动的最佳标志；法国雕塑家罗丹的名作《思想者》，这位"思想者"弯着腰、屈着膝，右手托着下颌，紧紧收屈的小腿肌腱和弯曲的脚趾塑造了一个身形矫健，具有运动员体魄的美男子。这些精美的艺术品，无一不传达出运动带给男性阳刚、健硕的人体之美，高大的骨架、魁梧的扇面腰身和凹凸有致的腱子肌肉，很好的体现出男性刚毅、果敢、坚韧、顽强的意志品质。

国际资深教练迪恩一直从事帮助人们塑造优雅体态的工作，他说过："女性想要散发出动人气质的最佳手段之一就是多做运动，运动之后流露的最自然、自信的光芒，是无法用金钱买到的，除了锻炼之外别的东西也做不到。远足、慢跑、拳击、网球、瑜伽、登山、跳舞、伸展、触摸空气……运动之于美容，不是一时的缺陷的掩饰，却是自然美和艺术美的长远结合。"

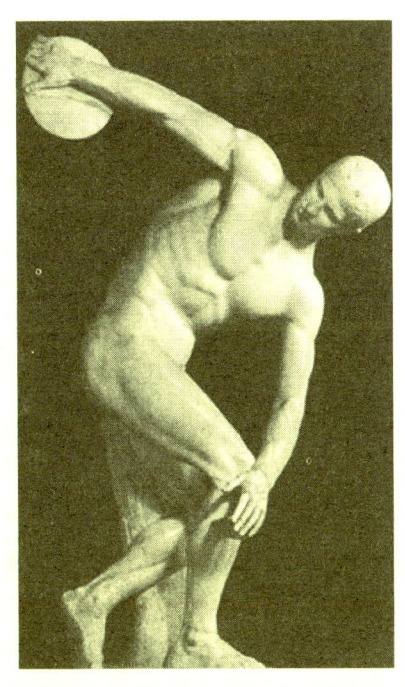 

2. 坚持运动

通过运动可以强健身体、健美身材，保持良好体形，还可以通过一定的有氧体育运动使其消耗身体多余脂肪，促进新陈代谢，达到运动减肥的目的。通常运动量越大，运动时间越长，消耗的糖和脂肪就越多。选择一两项适合自己的运动，并且长期坚持下去，对控制体重是非常有帮助的。将自己的体重控制在一个合理的范围之内，无论男生女生来说都是非常有益的。

坚持运动对于大学校园中风华正茂的大学生，百利而无一害。

运动使你精力充沛，从容不迫地应付日常生活和工作，因为运动可以很好促进睡眠，利于休息；运动可以提高你的免疫力，对疾病具有一定的抵抗力，让你保持健康的体质；运动还可以使你处事乐观，态度积极，乐于承担任务而不挑剔；运动使你应变能力强，能适应各种环境中的变化；运动能让你体重适当，体形匀称，身体各部比例协调，反应敏锐、四肢灵活。

- 慢跑。慢跑是一种有氧运动，目的在以较慢或中等的节奏来跑完一段相对较长的距离，以达到热身或锻炼的目的。通过慢跑，对于保持良好的心脏功能，消耗热量、增强肌肉与肌耐力、增进心肺功能等有很好的效果，而且简单易行。
- 游泳。人在水中运动时，各器官都参与其中，耗能多，血液循环也随之加快，心肌功能能够得以增强；同时使人体新陈代谢加快，增强人体对外界的适应能力，抵御寒冷，不容易伤风感冒。人在游泳时，通常会利用水的浮力俯卧或仰卧于水中，全身松弛而舒展，使身体得到全面、匀称、协调的发展，可以使全身的线条流畅，优美。
- 跳绳。这是一种简单而有效的有氧运动，只需要一小块空地就可以进行了，跳绳只需要几分钟就可以提高呼吸频率和心率了，可以快速有效的减掉体重，而且跳绳还可以锻炼协调身体的灵敏性。每半小时消耗热量四百卡，是一种非常有效的有氧运动，同时也是一项健美运动。它对心肺系统等各种脏器、协调性、姿态、减肥等都有相当大的帮助。

● 爬山。既可以锻炼身体，又可以陶冶人们的情操，是一项很好的健身项目。它不仅可以强筋健骨，还可以提高腰、腿部的力量，行进的速度、耐力，身体的协调平衡能力等身体素质，加强心、肺功能，增强抗病能力。健身减肥的同时又锻炼了身体，一举两得。

● 爬楼梯。这是最为简单的运动，只要你每天少搭电梯，坚持走楼梯。在走的时候踮起脚尖，可以有很好的紧实小腿的肌肉，让你的小腿变得又紧又细又好看。只要每天走上半个小时，又不浪费时间又可以起到很好的瘦身效果。

● 跳舞。跳舞对女生的塑形和气质的培养有很好的作用。它能使人的身体变得匀称和健美，无论是哪种经典舞蹈，比如芭蕾、探戈都要求抬头、挺胸、收腹、展肩，所以舞蹈可以塑造美丽的女人。舞蹈强调身体的协调与平衡，任何一个角度都要求体态美，因而有条件的女生在一生中应该有一段学习舞蹈的经历。

● 瑜伽。瑜伽来自古老印度的瑜伽，是印度六大哲学之一，基于古老印度哲学关于生命的智慧，结合冥想、呼吸法和体式，来调整意识层、能量层和身体层的不平衡，从而恢复健康，因而也是一种养身的方法。

瑜伽传入中国后，被认为是一项时尚的运动。关注自己内心，在宁静的心境下，舒展肢体，抛却杂念，静心修习，注重每一个动作产生的感觉，而不把注意力过于集中在任何一个部位。练习瑜伽对一个人的肌肉系统、神经系统、内分泌系统、消化系统都非常有益，还可以帮助你舒展肌肉线条，是形态更加匀称，线条更加优美。

选择适合自己的运动十分有必要，因为每个人的体质不同，因而运动如同衣服一样，因人而异。没有一项运动是十全十美的，运动是双刃宝剑，运动不足、运动过分、运动方式选择不当都是不好的。每一项运动都有它的长处和缺陷，比如骑自行车对于下肢是非常好的锻炼，但是心、肺锻炼力度就不够，而游泳对于心、肺就有很好的锻炼。任何事物都是综合的，就如同我们不能长期吃一种菜一样，运动也是应当是综合性的、包括方方面面的。如果今天选择慢跑，明天就该试试有氧操运动或游泳，最重要的是定期变换，给身体不同的刺激。根据个人的情况制定合理的运动计划，并持之以恒地坚持，可以很好地控制自己的体重，拥有健美匀称的四肢，精力充沛的投入学习生活中。

3. 说"不"的小细节

生活中有许多不良的小细节会容易被忽略，如果你有良好的运动习惯，有科学的饮食安排，但是却因为这些不好的习惯而有可能事倍功半，功亏一篑。那么，哪些习惯我们应该坚决杜绝呢？

● 边看电视边吃零食。这样会在不知不觉中吃下三倍以上的食物，是导致肥胖的坏习惯。

● 贪嘴吃下过多美食。因为舍不得丢掉吃不了的美食而勉强吃下过多的食物。节俭是好习惯，但勉强放进肚子里危害可能更大。

● 晚上9点以后吃东西。如果你一直有吃夜宵的习惯，尝试以水果、青菜或是高纤维的饼干代替。

● 美味饮品。谢绝饮料，以白开水代替。因为不管含糖分多么低的饮料，热量也是相当大的；同时拒绝冰淇淋和薯条。

● 心情不好时大吃大喝。很多女孩都有这样的习惯，这样的情绪发泄方式不仅不利于健康，还让你的瘦身计划化为泡影。

这些都是日常生活中的小细节，只要稍加注意就能做到。我们可以认为：减肥瘦身是一种生活态度，就看你能否长期坚持。坚持不了，或者半途而废，说明你缺乏自我管理能力，即约束自己行为的能力非常欠缺。为了拥有良好的形象和美好的体态，这样的努力和坚持是值得的。保持好的身材、减肥，也是学习自律的过程，同时也是锻炼意志力的方法。难怪有人说过："看一个人的身材，就大概知道他的修养。"有本时尚杂志的女主编身材极好，有人就评论说："这样的身材，显示了卓越的自我修养。"

【实训】

以小组为单位，建立个人运动计划表格，定期进行小组评价。

姓名	运动项目	运动时间	组内互评

第三节　练就动人表情

德国哲学家尼采说过："口可以说谎，脸透露事情。"这说明了人的面部表情是内心情绪情感的真实反映。随着美剧《别对我说谎》和港剧《读心神探》的播出，人们对心理学名词"微表情"有所了解，实际上也就是脸部会"泄露"出其他的信息这一原理在侦破刑事案件中的运用。

一、人的表情

人类具有非常丰富的表情。达尔文在1872年继《物种起源》之后发表了一篇新的著作《人类和动物的表情》，他延续了生物进化论的思路，认为感觉也是进化论的一部分，人类的表情也是从低等动物中进化而来。我们可以说，人的表情是作为高等动物的标志之一。

最早为人所知的六种基本表情，分别是：喜悦、悲伤、害怕、愤怒、惊讶和厌恶。2014年3月31日，美国俄亥俄州立大学的认知学家历克斯·马丁内斯在美国《国家科学院学报》上发表的最新研究成果表明，人类共有21种表情。也就是说，人的表情非常丰富，可以折射内心各种复杂的情感。而我们中国俗语里有一个众人皆知的说法——"相由心生"，就是说一个人的个性、心思与作为可以通过面部特征表现出来，这个也就说明了人有多复杂，面部表情就有多丰富。

文艺复兴时期最伟大的画家达·芬奇为了寻求描绘人体更理想的方式，希望了解人体结构，对尸体进行了大量解剖，成为现代解剖学的奠基人。他的名作《蒙娜丽莎的微笑》闻名于世，在这个伟大的作品背后，达·芬奇仔细研究了人脸上两百多块肌肉与人表情的关联，每一个表情，都是脸上的某块肌肉与眉毛、眼睛、鼻子的合力作用下产生的。而今天的研究同样证明，人的脸上丰富表情的出现源于人丰富的表情肌肉，这些肌肉收缩的时候可以改变眼裂与口裂的形状，喜、怒、乐的表情就会随这些改变而出现。随着人情绪的变化，脸上的每个细胞、每道皱纹、每条神经都能忠实反映出细微的变化，因而面部表情就能表达某种意愿、某种感情、某种倾向。面部表情是最准确的、最微妙的人的"晴雨表"。面部是思想的"荧光屏"。

一般来说，正常人的脸部有 6 种基本表情，那就是：厌恶、愤怒、害怕、高兴、悲伤和惊奇。画家徐悲鸿则把表情归为喜、怒、哀、惧、爱、厌、勇、怯等几类。

● 高兴。人们用很多词语形容这种表情：满脸笑容、眉飞色舞、喜形于色、喜上眉梢、眉开眼笑……这是人类最美好的表情，嘴角翘起，面颊上抬，眼睑收缩，眼睛尾部会有皱纹，眼睛周围肌肉运动。

● 伤心。人们多用"苦"形容这种表情：愁眉苦脸、苦瓜脸、苦巴巴、蹙额锁眉……面部特征包括眯眼，或两眼无神，眉毛收紧，嘴角耷拉，下巴抬起或收紧。

● 害怕。这种表情常用的成语有：大惊失色、面无人色、目瞪口呆……害怕时，我们常常会嘴巴和眼睛张开，眉毛上扬，鼻孔张大。

● 愤怒。人们常用横眉竖目、面色铁青、咬牙切齿……表现这种情感，这时眉毛下垂，前额紧皱，眼睑和嘴唇紧张。

● 厌恶。常见的词语有眉头紧锁、疾首蹙额……厌恶的表情包括嗤鼻，上嘴唇上抬，眉毛下垂，眯眼。

● 惊讶。常见的词语有惊愕失色、大惊失色。惊讶时，下颚下垂，嘴唇和嘴巴放松，眼睛张大，眼睑和眉毛微抬。

二、微笑最美

心理学家经过测算，得出这样的公式：感情的表达=7%言语+38%语音+55%表情，而表情中最美丽动人的，莫过于微笑。

微笑，是人类最美好的表情。因为人类的笑脸放射着温暖、自信、幸福、宽容、慷慨、吉祥等。心理学家分析，当我们看到一张笑脸时，我们的大脑神经就受到指令，指挥面部肌肉展示微笑，因而会以微笑来回馈对方。美国著名的人际关系学大师卡耐基说："微笑能使接受者更加富有，但不会使施予者变得贫穷；再穷的人也有微笑的本钱。微笑是全世界唯一通用的语言。"

中国古代的文学作品中，不乏对于女性笑容的记载：

"一笑皆生百媚"——李白《清平乐》

"回头一笑百媚生"——白居易《长恨歌》

"巧笑倩兮，美目盼兮"——《诗经·卫风·硕人》

"侵晨浅约宫黄，障风映袖，盈盈笑语"——周邦彦《瑞龙吟》

"认娥眉，凝笑脸，薄拂燕脂"——韩元吉《六州歌头》

"巧笑艳歌皆我意"——贺铸《浣溪沙》

可以看出，一个动人的笑脸总能给别人留下美好而深刻的记忆，因为时常微笑的人，折射出内心的健康、乐观、积极，阳光般的笑容，能够融化冰雪，能够润滑人际，可以将美好的心境传达给别人，是谁也拒绝不了的表情。我们常说，脸是思想的"荧光屏"，好的表情取决于"心"，因而一颗干净明澈的心一定要以明媚灿烂的笑来展现。人们常说，"福临笑家门"，"面带三分笑，礼仪已先到"，一个发自内心的笑容不但表现你的心境，更是表达你的修养、美好，未语先笑，更带给别人愉悦的感受。

卡耐基曾经说过："一个人脸上的表情比他身上穿的更重要。"一位礼仪专家也说过："女性在使用化妆品美容的同时，切莫忘了佩带上微笑这一最美的首饰。"真诚自然、发至内心的笑容能够让分布在眼睛周围的肌肉有所反应，使眼睛放出愉悦的光彩，这种笑容流露出一个人内心世界的幸福、满足与欢乐，只有感受到生活的快乐、成功的人，才具有这种迷人的微笑。这种微笑有着感人的力量，显示了一个人对生活的满意和自信，同时也是弥漫在空气中的香味，能够感染周围所有的人。

美好笑容，是你自己最好的名片，正如德国的萨克森说过的："最高级的社交外衣是：精神奕奕，满面笑容。"

当然，不真诚、不自然、伪装和心怀叵测的笑容，不但不会为形象增光，还会破坏原来坦然的形象。"皮笑肉不笑""笑里藏刀""奸笑""笑面虎"……不仅让人感到不舒服，甚至让人不寒而栗，是我们不应该有的表情。

三、微笑训练

完美微笑是这样的：藏起牙龈，以一定的角度咧开双唇，以一定的比例露出上牙，不能露出下牙，牙齿不能漂得太白，应与眼白一致，才能制造出完美的微笑

微笑是发自内心真实的表情，如果内心没有快乐、平和、喜悦，无论怎样的训练，也是徒劳。面部是心灵的"荧光屏"，积极乐观的生活态度和丰富多彩的人生，是我们时常微笑的底色。好莱坞著名影星朱莉亚·罗伯茨，这位一度创造美国最高票房的明星，长了一张大嘴，她的笑成了一种标志：毫不掩饰的自然、亲切单纯、阳光自信，极具亲活力和魅力，让人感受到一种不随时间和地位改变的纯真无邪，感受到她对生活的自信、热情和活力。

要有好的表情，必然要有好的心境，而好的心境，更多来自于我们对于生活的态度。在我们的生活中，检查一下：

（一）是谁偷走了我们的微笑？

1. 生活琐事偷走了你的微笑

今天真倒霉，早上起床的时候，闹钟没有听到，寝室的人居然没有叫我，洗手间堵了，热水没有了，饿着肚子紧赶慢赶冲进教室，发现书带错了，偏偏这节课要做课后练习，又被巡视的老师撞上，结果挨了一顿怼，你说倒霉不倒霉，我都想哭了。

2. 人际关系偷走了你的微笑

一想到回寝室，就烦人。卓卓总是乱摆东西，昨天还把我的牙膏用完了，森森又是喋喋不休，听到她那难听的方言就心塞。唉，那个对所有人都爱理不理的公主陶陶又不晓得好久又要炫耀她的包包、手机和化妆品了。寝室的卫生不晓得轮到哪个了，唉，巴不得快到周末，出去透透气。

3. 工作压力偷走了你的微笑

令我头痛的是，这次暑期实践报告没有过却算到我的账上，好像是我的过错似的。其他人拖拖踏踏，总体报告当然不行，要是我说这不关我的事，谁都不信，他们都疯了。我这个组长当得够憋屈的啦。

当我们被生活琐事、人际关系、工作压力弄得心烦意乱、心浮气躁的时候，请千万不要将这样的负面情绪表现在脸上，而应该坚信，任何烦恼和困难都只是暂时的，及时寻求解决办法，积极转换心境，调整心态才是解决问题的正确办法。所谓"山重水复疑无路，柳暗花明又一村"，也是人生的一种境界。愁眉苦脸、一筹莫展非但不能解决问题，还让自己和别人感染不良情绪，境由心造，相由心生，我们首先要学会主宰自己的情绪，让微笑常现。

给自己一个微笑，会使自己心情舒畅地去生活；给他人一个微笑，会消除沟通隔阂并且赢得欣赏；给同事一个微笑，会营造一个融洽的工作氛围；给家人一个微笑，会把一个家营造得更温馨！

（二）眼神礼貌

在微笑的表情中，眼神非常重要。眼睛是心灵的窗户。对每个人来说，眼神能够最明显、自然、准确的展示自身的心理活动。如果眼神呆滞、毫无生机，抑或是眼神飘忽、无神，都影响到微笑的真诚。标准的眼神应该柔和、真诚、热忱、温暖。应该注意到以下几点：

（1）注视别人的时候，能正视对方眼睛。在眼睛的语言中，视线向上表现服从与任人摆布，视线向下表现权威感和优越感，视线水平表现客观和理智。

（2）接受对方眼光的承受力。注视，并非"直着眼看"或者"瞪着眼看"，这样是失礼的，坦率而真诚的眼神是自己内心磊落的最好表现。

（3）不要向上翻眼球，即白眼，或者是斜着眼睛、眯着眼睛看人。这些眼神都是不对的，会给人散漫、无礼，或是傲慢的感觉。

（4）一般和对方目光接触的时间是和对方相处的总时间的 1/3，每次看别人的眼睛三秒左右，让对方感觉比较自然。

（5）运用目光的时候，要做到把目光柔和地照在对方脸上，而不是单单注视眼睛；不能从头到脚反复打量对方，不可长时间注视对方；不要随意使用鄙视、轻蔑、愤怒、仇视的目光。

（6）训练灵动的眼神，做做眼球体操：

● 头向左右各旋转 10 次。
● 脸朝正面，眼珠往左五秒，在往右五秒，然后闭眼。
● 张开眼睛，往右上五秒，而后往左下五秒。

- 眼珠子转动，往右转五次，往左转五次。

（三）嘴角训练

什么样的笑容最能为他人接受？除了温暖真诚的眼神外，应该就是微微上翘的嘴唇了。下颚诚恳的注视前方，嘴角微微向上翘，一边看着对方，一边保持愉快的笑脸最为理想。

嘴角两端平均的向上翘起，是笑容美丽的一大要诀。如果你对着镜子微笑时发现你的两嘴角不是平均往上翘，而是一高一低，或者是习惯性的面颊下垂，就会严重影响你的笑容。训练微笑时的嘴唇，应该注意以下几点：

1. 筷子微笑法（图示）

用上下两颗门牙轻轻咬住一根筷子，做微笑表情，看自己的嘴唇是否已经高于筷子；嘴角尽量往上扬起，可以用双手手指按住嘴唇往上推，让嘴唇上扬至最大限度。

2. 提拉微笑法（图示）

伸出双手，把手举到脸前，用两个大拇指分别按住太阳穴，把其余手指放在嘴角并向脸的上方轻轻上提，一边上提，一边使嘴充满笑意；同时双手按箭头方向做"拉"的动作，一边想象笑的形象，一边使嘴笑起来

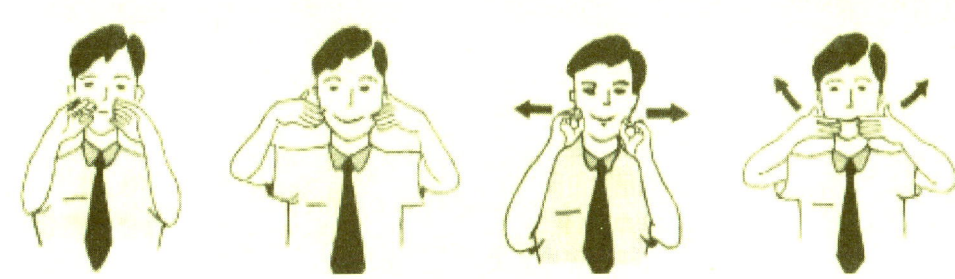

3. 鼓腮法（图示）

用两手将嘴角两端轻轻往上推，同时用力鼓起双颊的肌肉，然后把手放下，保持嘴角两端不下垂，双颊肌肉鼓着不动；保持10秒钟，放松面颊，使肌肉回复到原来的样子。反复训练多次后，可以使面部肌肉习惯性向上拉紧，避免面颊下垂。

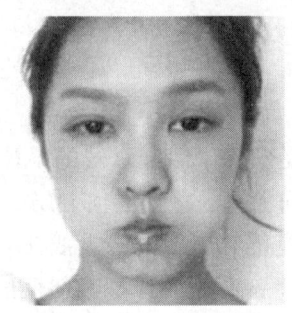

所谓的"八齿微笑",就是笑的时候露出上面的八颗牙齿,这被认为是最灿烂的笑容。有的人因为牙齿有小瑕疵而拒绝八齿微笑,即使笑也尽量笑不露齿,殊不知这样的形象反而影响了整体的美感。请记住,没有人会注意你的牙,当你展颜一笑,整个人自信阳光的状态能够掩饰任何的小瑕疵。相反,如果因为想掩饰某些缺点而绷着脸,可能就会让你的整体形象不自然,甚至失去美感,展现给别人一种不自信的心理状态。

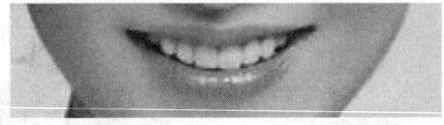

【实训】

(1)下面的照片是上海虹桥机场的一面墙壁。请以"微笑能带给你什么"为主题,进行讨论,请组长做好记录。

(2)面对镜子,找出自己最美的微笑,重点关注:嘴角的开合度,上牙露出几颗,脸上肌肉的调动,眼神的柔和度等,让组内成员互评,定格最美笑容。

第四节　练习说学会听

口头表达能力是一个人整体形象重要的组成部分。同样，倾听能力是常常被忽略而实际上非常重要的个人能力之一。一个人与别人交谈的时候表情亲切、声音悦耳，内容言简意赅、思维敏捷，倾听别人说话时尊重他人、神情专注，显然就能获取好感，从而在与人交往中获取良好的印象分。良好的表达能力和倾听能力是师范生必备的基本素质，是个人魅力不可或缺的组成部分，同时也是社交中的"常规武器"。

一、声音与形象

"音容笑貌"这个成语出自《孟子·离娄上》："恭俭岂可以声音笑貌为哉？"人们常常用这个词怀念故人，指故人谈笑时的声音、容貌和神情。由此可见，一个人给别人留下深刻印象的除了容貌神情，还包括声音。西方沟通学家把声音称为"沟通中最强有力的乐器"，可见在人与人交往中，声音的魅力是不可忽略的。

心理学家研究发现，人与人面对面的交流中，58%通过视觉，35%是通过听觉来实现的，只有7%是我们实际的语言。35%的听觉感受即是语音表达的具体形式，它包括音质、音频、语调、语气、停顿等。而在电话交流中，声音更是占到了交流效果的90%。拥有动人的嗓音，在人际交往中几乎是我们个人形象中无法替代的重要元素。

有调查显示，一个人讲话的说服力，只有30%来自于他说话的内容，而超过70%则取决于他说话的方式，包括声音、表情和身体语言。因此，历届的美国总统在准备竞选之初，竞选班子会请来一个公关顾问，主攻演讲，专门训练总统候选人的演讲技巧，而其中，有一个关键词就是"总统声线"（President's Voice），专指那些抑扬顿挫、无比自信、颇具煽动性和感召力的声音。

美国历史上有许多总统都拥有独特的声音，演员出身的里根总统，得天独厚地拥有一副磁性的、音域宽广的好嗓音，让他轻松地挫败了在音质和形象上都不如自己的对手——民主党领袖杜卡斯；克林顿总统的声音独特、沙哑、浑厚，在大选前，他铿锵有力、朝气蓬勃，让选民信赖这个自信、强大的总统，而任职期间爆出性丑闻时，他那沙哑、疲惫的语调博得了许多民众的同情；现任总统奥巴马有着被誉为肯尼迪以来最有魅力的"总统声线"，20多分钟的就职演说，民众随着他演讲的跌宕起伏而如痴如醉，听过他演讲的人感叹，译文不如原文，原文不如原声。

英国政坛人人皆知的"铁娘子"撒切尔夫人有着优雅的外表和风度，但是说话音质尖细，有时会发出尖刺的声音，非常不悦耳，这大大影响了她的个人魅力。于是她请来了专门的音质专家进行培训，重新练习发声。经过一段时间的训练后，"铁娘子"用深沉、醇厚，散发磁性和迷人魅力的声音代替了原有的尖细的嗓音，这样的声音向民众展示了一个有力量、权威、沉稳自信的女政治家形象。

研究表明，一个人的说话声音强烈地影响着他或她留给别人的印象。得克萨斯州奥斯汀市（Austin）的沟通分析顾问公司 Quantified Impressions 去年研究了 120 名管理者的讲话，发现说话声音的重要性是所传达内容的两倍。研究人员采用计算机软件来分析说话人的声音，然后从一个 10 人专家组和 1 000 名听者那里搜集反馈信息。在听者评价声音时考虑的因素中，说话声音的质量占了 23%的权重，所传达内容占 11%。其他因素是说话人的激情、学识和仪态。

在这个崇尚表达的时代，声音无疑扮演了重要的角色。深厚、宽音域、婉转、磁性的迷人声音能够强化你的美好形象，使人们对你保持积极的注意力，并且乐于倾听，而尖利刺耳的声音在无形中会毁坏你的形象。谁都不愿意让那种高频率、窄音域，或是沙哑含混的声音刺激我们的双耳，扰乱我们的神经系统。据一位医生朋友解释，那种尖利、刺耳声音的频率确实属于噪音的频谱，它诱发人们产生不安的情绪，能够引起我们撕裂般的头痛，让听众产生焦躁不安的心理。

二、包装声音

在我们的五感系统（依次是视觉、听觉、嗅觉、触觉、味觉）中，听觉位居第二，因而声音对一个人的形象当然具有非常重要的意义。美国电影《窈窕淑女》中，两个人打赌，要把一个粗俗的卖花姑娘变成伦敦的贵妇，最先让她做的就是对着留声机不断说话，以纠正乡土气息浓重的口音，训练正宗的伦敦口音。试想，一个体态柔美、容貌过人、气质优雅的女生一旦张口说话，操着听不懂的地方口音，声音像鸭子发出的叫声，会不会使得她的形象大打折扣？因而与人交往时，给人第一印象除了举止仪态之外，便是声音了。一个人的声音是否好听，在人际交往中有着举足轻重的作用。

然而，在生活中，人们却往往忽略了声音的效应而不付诸实践进行声音训练。人们往往错误地认为声音就是天生如此，长久以来形成的发音习惯、语音语调、语速节奏难以改变，因而听之任之。由于错误的认知，对学习普通话不够重视，更不用说主动改变自己的音色、音频、腔调了。师范学院有很多来自于农村的学生，尽管我们没有歧视带有地方口音的倾向，但是，带有浓厚的、难懂的地方口音，确实会影响与他人交流的效率。作为教师的职业语言，普通话是必须掌握的，也是未来走向职场的必备语言。一般来讲，地方口音应该努力克服。

（一）自我检测

你是否知道自己的声音给别人的感受？唯一的方法是用录音机将自己平常说话的声音录下来，仔细听几遍，按照以下方法进行检查：

- 是否太快？

据统计，中央电视台最好的主播在播报新闻时语速可以达到了 300 字/分钟，当然这是为了播报新闻的需要。如果你平常说话语速超过 260 字/分钟，就太快了。语速太快容易让人听不清楚，而且可能给人紧张、神经质的感觉。

- 是否太慢？

如果你说话语速低于 140 字/分钟，那一定是太慢了。说话太慢容易使人着急，或让人疲倦，还可能给听众造成你边说边想，准备不充分的印象。

- 是否支支吾吾，表达不清楚？

这样的表达会让人产生不耐烦的情绪，同时也会暴露说话人缺乏自信、缺少公开场合说话训练的弱点。

- 你的声音是否太尖利？

如果是女生的声音，很容易和嘴尖舌快、说话带钩夹刺的不良形象连在一起；如果是男生，你就有点"娘娘腔"啦。

- 是否显得做作？

这多半是怯场、害羞的标志。

- 你的声音听起来细弱、含混，气息不足？

这多半是不正确的发音导致声音的穿透力不足。可以试着检查韵母的归音或者是动程不好。

- 声音沙哑、微弱、不自然，或者是否带有气息声？

这往往是消极、虚弱、消沉或紧张的情绪导致。

如果发现自己的声音有不足之处，不必着急，可以拜访发音指导老师，在其帮助下纠正这些毛病。要知道，声音可以训练，就像体形的锻炼一样。

（二）气息训练

发音最重要的就是气息的训练，人的坐姿、发音部位的控制不当都会影响到发音的效果。而长久形成的错误的发音习惯会导致气流不畅，从而影响发音的准确性。你可以按照以下方法进行训练：

- 抛却杂念，静心，坐直，挺直腰杆，躯干略前倾，两眼平视前方，肩膀放松，双肩下沉。
- 小腹微收，舌尖抵住上腭，如闻花般地从容吸气，感觉气流好像沿脊柱而下，后腰部逐渐有胀满感。
- 两肋向外扩张，小腹逐渐紧张，吸气至七八成满；控制一两秒，然后缓缓吐气，气息均匀而缓慢地流出。
- 反复进行上述练习，呼气时间要逐渐延长，以达到25~30秒为合格。
- 每天早晨早起练习10分钟，效果更佳。

口部训练。很多人说话时含混不清、吞吞吐吐，是由于口腔的开合、舌尖的伸缩、双唇的闭合不到位，造成吐字不真，发音不准，久而久之养成了不良的发音习惯。要想要自己的发音宽厚，圆润明亮，口腔训练必不可少。

（三）开合训练

张开嘴，像打哈欠一样，闭上嘴，如啃苹果一般。开口的动作要柔和，两嘴角向斜上方抬起，上下唇稍放松，舌头自然平放，反复练习。

- 咀嚼练习

张口咀嚼东西，闭口咀嚼东西，交替进行，舌自然平放。

- 双唇练习

双唇闭拢向前，向后，向左，向右，向上，向下，及左右转圈。
- 舌头练习

舌尖顶下齿，舌面逐渐上翘。舌根与软腭接触打响，以此反复练习舌头的力度和灵活性。抓紧空闲时间反复，长期的练习，定能让口腔的发音器官灵活而易于控制。

（四）好声音标准

俗话说："嗓音你有天赋，嘴里需人功。"意思就是声带的质量是天生的、通过遗传而得，但是，同样也可以通过一定的训练，让天生的嗓音更加完美，或者弥补天然嗓音的不足。通过气息的掌控、语速的调节、口部的训练等达到尽善尽美。就男性而言，中性再带点阳刚味道的声音，很有磁性，切忌太粗、沙哑；就女性而言，清澈、纯净、有穿透力的声音好听，同时带有女性的温柔，显得有亲和力，切忌声音尖细、粗哑。在说话时候，喉部放松避免声音捏、窄、挤、僵，气息下沉，保持声音宽厚，通畅。

【实训】

（1）清晨，在空气清新的地方做深呼吸练习。

做训练时，身体保持直立，双手自然下垂，眼睛平视前方，头正、松肩、舌尖轻抵上腭，用鼻翼缓缓吸气，小腹慢慢收缩，肋骨与腰部慢慢扩张，将一口气吸入肺的最深部。当吸满一口气，开始收缩腹肌和横膈膜开始呼气，把气从口中或者鼻中慢慢自然均匀地吐出，一直到吐干净为止，最后放松小腹。稍停，反复多次练习。

（2）蓄气练习将下列一段文字一口气说下来。

出东门，过大桥，大桥底下一树枣儿，拿着竿子去打枣儿，青的多，红的少。一个枣儿、两个枣儿、三个枣儿、四个枣儿、五个枣儿、六个枣儿、七个枣儿、八个枣儿、九个枣儿、十个枣儿。九个枣儿、八个枣儿、七个枣儿、六个枣儿、五个枣儿、四个枣儿、三个枣儿、两个枣儿、一个枣儿。

这就是一个绕口令，一口气说完才最好。

三、学会交谈

语言是交际的工具，一般分为口头语言和书面语言。在这里我们主要关注口头语言。人们通过语言沟通信息、表达思想、结交朋友、联络感情；语言是一种媒介，它真实地反映了一个人的道德情操和文化素养。科学家指出，语言能力并非人天生所具有，而是后天练习的结果。口头表达能力的完善，实质是长久时间内集思想、语言、思维、情绪、仪态等各个方面综合磨炼的过程，因而是内在修养的练就过程。在言谈之中，言之有礼、谈吐不凡的人往往给你留下美好的印象；如果粗俗不堪，无所忌讳，甚至恶语伤人，这样的人只会让人反感，令人退避三舍。

英国著名作家约翰·高尔斯华绥说过："一个人的眼睛是现在的他，一个人的嘴巴是将来的他。"这已经充分说明一个人的口头表达关乎他的能力、形象、自信程度。作为人际交往和交流的最重要的途径,从能否激起谈话双方在认识上的共鸣来说,个人的谈吐水平显得是多么重要。因而,学会如何与人沟通,如何准确恰当的表达自己的真情实感,在社交中的确有着非常重要的意义。

在社交场合不善言谈会给人以木讷呆板的形象,而迂腐客套会损伤对方交往的热情,闷声枯坐或者如坐针毡,则更是社交场合的大忌讳。当然,社交场合中的表达,并非一个人展示自己口才的场所,滔滔不绝、口若悬河、侃侃而谈、口沫四溅,甚至自说自话,成为"话唠",却会适得其反,让人退避三舍,不利于社交。在社交场合,应该学会察言观色,说话张弛有度,营造良好的交谈氛围,使交谈双方感觉愉悦,达到"相谈甚欢"的良好效果,从而掌握交往的主动权。

(一)注意场合,把握分寸

1. 场合

鲁迅先生在《立论》中曾讲过这样一个故事:

一户人家生了一个男孩,全家都很高兴。按照惯例,满月的时候抱出来给客人看,自然想得到大家的赞扬,得到好兆头。

一个人说这个孩子"这孩子将来要发财"。于是得到大家一致喝彩,主人自然很是高兴。

另一个人说这个孩子"这个孩子将来要做大官"。于是他收回几句恭维。

最后一个人说这个孩子"将来是要死的"。结果他遭到一顿痛打。

尽管所有人都知道前两个人说的是子虚乌有的假话,最后一个说的是真话,但为什么说真话的人反而被痛打呢?原因是那个说真话的人不注意说话的场合,人家的喜庆场合,只能说祝福、吉祥的吉利话,而死亡这样的话题是忌讳的。

1965年11月,美国友人安娜·路易斯·斯特朗女士在中国庆祝她的80寿辰,周恩来总理特意在上海展览馆大厅为她举行了盛大的祝寿宴会。周总理的开场白是:"今天,我们为我们的好朋友、美国女作家安娜·路易斯·斯特朗女士庆贺40公岁诞辰。"

周总理深谙女性怕老这个心理,巧妙利用"公"字是紧跟它的量词的两倍,激起了在场的几百位祝寿者一阵欢笑,斯特朗女士也高兴地流下了眼泪。她在给周总理祝酒时说:"谢谢您,您让我觉得自己还很年轻。"这样的辞令不仅活跃了气氛,更是让寿星在幽默诙谐中感受到兴奋、喜悦。

由此可见,并非所有的真话都可以在任何场合直说,说话的时候要在话题的选择、内容的安排、语言形式的采用上随机应变,根据不同的场合、人群和氛围灵活地加以选择。

大致的场合可以分为以下:

- 正式场合。如上班、谈判、会议等和工作有关的场合,这些场合说话应该尽量严肃、认真、言简意赅、少说废话。这样的地方说过不能信口开河、嘻哈打笑,特别是在领导、德高望重的前辈面前,要更加注意,女生说话不能轻浮和过分活泼,男生更应持重沉稳。
- 非正式场合。如同学、家人、密友、伙伴之间的私人聚会上的交谈,这种交谈可以放松随意一些,天南海北、天上地下,甚至酒后的横扯竖侃,都无伤大雅。但是,如果在座有第一次见面的陌生人,则还是要稍加留意,在不了解别人的情况下,不要随便开玩笑,也要避免给第一次见面的人留下不良印象。

● 半社交场合。例如婚宴、应酬饭局、音乐会、看电影等,这种场合说话不必如正式场合那样公务和严肃,可以选择轻松、活泼的话题,聊一些和生活有关的话题,轻松愉快而不失礼,自然随意而不客套。太随便和太拘谨都要避免。

2. 分寸

除了注意说话的场合外,说话的分寸也很重要。这就像是厨师炒菜时火候的掌握一样,多一份则糊,少一分则生。诚实对人,但不能热情过头,特别是初次见面的人,更应遵循"适度"的原则。说话太少,会让人感到冷漠,话太多,则又让人招架不住。喋喋不休,有时候招来反感,沉默不语,会让对方局促紧张。什么都说,会被认为"傻帽",什么都不说,会让人觉得心机太深。中国语言中的"过犹不及""矫枉过正""欲速则不达"等表达的都是要注意分寸。

说话有尺度,交往讲分寸,适可而止,恰如其分,无论什么场合的交流,都应留心对方的反应,如果自己说的头头是道,对方没有应对,就应该检查自己是否说话"过了头",如果自己的讲话让别人昏昏欲睡,就要反省自己的谈话内容了。总之,与人谈话和与人办事、交往一样,要深谙分寸的玄机。一个人在讲话上把握不好分寸,就说不好话,办不好事,很难愉快地与人交往。

(二)选择话题,学会聊天

在除了非常严肃的正式场合之外,聊天、闲谈是任何人都避免不了的沟通交流活动,是加深人际关系、促进了解、增进友谊和感情的必不可少的手段。对于那些善于寻找话题、掌控谈话内容的人来说,会在看似不经意的闲谈中让谈话双方找到更多的相似之处,不知不觉中融入情感,拉近在严肃、正式的公务场合刻意保持的距离,融洽双方情感,从而建立真诚的关系。

然而并非所有的人都会与人闲聊,许多不善言辞的人总是会有意无意回避与陌生人的进一步交流,特别是当谈话内容一旦离开自己熟悉的内容时,就会显得局促不安,要么被冷落一旁,要么手足无措,出现令人沮丧的尴尬场面。事后他们会找理由为自己辩解:

——哎,他们讲的我真的什么都不知道啊,让我怎么搭话?
——我们才认识几个小时,真不知道聊什么。
——我最怕说话了,我太害羞了哦。
——我就是喜欢听别人说话,害怕别人听我讲话哦。
——我不说话也没有关系,反正他们也刚刚认识我。
……

要知道,这些借口都是站不住脚的。

在与人交往中这样的借口只能说明你是一个不善于社交,同时是一个以自我为中心的人。假如你不积极寻找话题,让气氛一直冷落下去,就会让双方感觉到别扭和不安,也会丧失拉近情感的机会,进而丧失了社交中的主动权。如果你还带着一副谦卑、倦怠的口气,或者是说话小声小气，嗫嗫嚅嚅，那就更是让对方怀疑你的诚意了，这样不但不能融洽气氛，还会给别人留下怯懦、自卑、没有主见的不良印象。

民国时期著名的学者胡适在一次讲话是时这样开头："我今天不是来向诸君作报告的，我是来'胡说'的，因为我姓胡。"话音刚落，听众大笑。这个开场白既巧妙地介绍了自己，又体现了演讲者的幽默风趣，而且活跃了场上气氛，沟通了讲者与听众的心理，一石三鸟，堪称一绝。

胡先生的这番话，展现了他面对观众的得体、自信、幽默，中国的古话常说："听其言，知其人。"这样的言谈确实也是胡适先生学贯中西的大学者智慧形象的生动体现。

（三）聊天中的原则

1. 建立自信

交谈中自信心的建立非常重要。不善交际的人往往会担心自己词不达意，担心没有谈话内容，于是在别人说话的时候绞尽脑汁，想下面该说什么，导致对别人的说话内容不知晓，这样的交谈自然效果极差；另外一种缺乏自信的表现就是不停地说，生怕冷场，结果言多必失。正确的态度是调整心态，不必惊慌，先听后说，沉稳、淡定，不疾不徐，当然这依赖于多次的锻炼。

2. 尊重他人

交谈中应该充分尊重对方，不必太急于发表高见，也不要句句争先，给人以争强好胜的印象；更不要抢别人的话头，打断别人的谈话。遇到自己擅长的话题就滔滔不绝，口若悬河，不给别人说话的机会；别人谈论自己不知晓的东西就面露不耐烦……这些都是不尊重谈话者的表现。发音不必抢先，你的内容有分量和质量，最后说出也不迟，千万记住，不要把自己设置成谈话的中心，在谈话中最好的修养是尊重和耐心。

3. 礼貌用语挂嘴边

礼貌是人与人交往中彼此尊重、相互友好的行为规范。俗话说："良言一句三冬暖，恶语伤人六月寒。"礼貌用语就属于良言之列。礼貌用语在公关活动中起着非常重要的作用。礼貌语的频繁使用就是使用者修养和德行的载体，又是对他人尊重的体现，是彼此友好关系的敲门砖。不论在日常生活中，还是社交场合，礼貌用语常挂嘴边应该成为习惯。

常见礼貌用语：

- 礼貌用语十个字："您好，请，对不起，谢谢，再见。"
- 见面语："早上好""下午好""晚上好""您好""很高兴认识您""请多指教""请多关照"等。
- 感谢语："谢谢""劳驾了""让您费心了""实在过意不去""拜托了""麻烦您""感谢您的帮助"等。
- 打扰对方或向对方致歉："对不起""请原谅""很抱歉""请稍等""麻烦""请多包涵"等。

- 接受对方致谢致歉时:"别客气""不客气""不用谢""没关系""请不要放在心上"等。
- 告别语:"再见""欢迎下次再来""慢走""祝您一路顺风""请再来"等。

4. 多赞美别人

人人都喜欢被赞美,也都喜欢赞美自己的人。被誉为日本"推销之神"的原一平说过:"我发现对赞美的渴望是每个人最持久、最深层的需要。"难怪有人说赞美是畅销全球的通行证,因为懂得赞美的人,肯定是会推销自己的人。

但是在生活中,人们总是吝啬赞美别人,这或许源于中华民族本身是一个含蓄的民族,长久以来形成对喜欢恭维别人的人冠以"油嘴滑舌""油腔滑调"等贬义词,从而让我们羞于启齿的原因吧。不过到了今天这个开放的社会,赞美不仅能让对方产生愉悦的心理暗示,同时是社交中最好的必行之礼。

赞美他人要注意:

- 赞美情真意切。对别人的赞美一定要发自由衷的内心,而不能假惺惺。言不由衷的赞美难免被看成是谄媚,最终会被他人识破,只能招来他人的厌恶和唾弃,更会给人留下虚伪的印象。
- 要赞美对方的长处。例如,对一个胖子,赞美他苗条,或者一个肤色不佳的人,赞美她肤如凝脂,就会让人听出讥讽,反而是适得其反了。
- 赞美要适度。使用过多的华丽辞藻,过度的恭维,空洞的吹捧,只会使对方感到不舒服,不自在,赞美和谄媚,只是一步之遥。
- 赞美要具体。对女性的夸赞一般从容貌、身材、气质、修养,对长辈的赞美要侧重于经验、成就、健康;对领导的赞美侧重于管理能力和体贴下属方面。
- 有时背后的赞美,会取得意想不到的效果。

(四)聊天中的忌讳

形象大师英格丽·张在她的《你的形象价值百万》中,英格丽的朋友、法国古董商皮埃尔被朋友们称为"社交润滑剂"(social smother),皮埃尔曾说道:"我不在任何场所,讲任何人的坏话,不传播任何坏消息,即使是纽约世贸大厦被飞机撞毁的消息,也由新闻记者去传播吧。我只谈那些能带给人们欢乐和他们感兴趣的话题。没有比谈论别人的缺点更破坏自己形象的了!"这段话充分说明了在社交中的交谈应该避免的话题,即聊天中的忌讳。中国人同样讲究谈话不能"哪壶不开提哪壶",应该绕开谈话的"雷区",这些"雷区"有以下一些:

1. 涉及有关政治、宗教的敏感话题

谈话并不是不能谈论国家大事,但要尽量避免敏感的政治话题。如果别人要求评论政治,最好尽量给一个中立的回答,然后巧妙地把话题岔开。特别是社交场所第一次见面的人,谈论敏感的政治话题更是大忌讳。

社交场合的宗教问题也是暗藏陷阱的话题。不论你是否了解谈话对方的宗教背景,都不要轻易谈论。因为宗教话题容易引起强烈的情绪反应,要想弥补因宗教歧视造成的人与人之间的隔阂是相当困难的事情。同样,民族问题在闲聊中也要尽量避免谈论。

2. 喋喋不休谈论自己的生活

在谈话中切忌喋喋不休地谈论自己生活，或是对方一无所知、毫无兴趣的事情。比如反复向现在的朋友谈论自己过去的事情，即使别人表现出兴趣，也注意适可而止。谈话还要忌重复，即使再有趣的事情也经不起重复。注意不要在别人面前"秀"自己的得意之处，这样容易招致反感，也不要把别人当作"精神垃圾桶"，自己的烦恼、抱怨、不满等负面情绪要注意控制，不能过多宣泄而破坏别人情绪和谈话气氛。对于爱重复唠叨的人可以有礼貌的阻止他旧话重提，这样可以控制讲话者惹人讨厌。但是要注意语气，可以说："啊，是的，我刚才听你讲了，听起来多有意思的嘛。"不能在语气上不耐烦，保持始终的和颜悦色很重要。

社交专家告诫我们，要记住"我"是一个最微不足道的词，不要在谈话中无限制地使用它，一个有礼貌的人，不要把"我认为"总挂在嘴上，而应该问"你认为如何？"这的确是我们交谈时应该记住的。

3. 侵犯别人的隐私

个人隐私是指个人生活中不愿为他人公开或知悉的秘密，在西方礼仪中，年龄、收入、种族、收入、住址、婚姻状况、健康状况、服饰价格等都属于个人隐私，在公开场合随意问询，会被认为是对对方的不尊重，同时提问者还会被认为是缺乏修养。在生活中，有时为了表示对对方的关注和热情，喜欢对别人的私生活刨根问底，这是非常不礼貌的行为，容易引起别人的反感，从而让谈话无法进行。过分的关心和热忱，都可能被认为侵犯了别人独立与自由的空间。

尽管聊天是了解对方的好机会，但是，尊重对方、把握交流底线更加重要。这样才能让双方感觉自在。过度的"交心"则可能欲速则不达，反而会破坏自己最初的美好愿望。

4. 纠缠别人忌讳的话题

中国人谈话讲究"逢瘸不说瘸"，意思是避免谈论别人的短处或者是别人忌讳的话题。在初次见面的谈话中，应该尽量避免疾病、死亡、灾祸等话题。这样的话题容易影响情绪，破坏气氛。同时要注意谈话对象的实际情况，例如，在和女性谈话时，称赞对方营养充足，身体壮实，长相富态，你等于说对方长得胖，这是所有女性都忌讳的话题。

同时要注意，男性不要参与女性之间的"闺房"谈话，也不要同第一次见面的异性交谈太久，这样容易引起别人的误会。

5. 帮助传播坏消息

坏消息，哪怕与谈话对象无关，也会引起不好的情绪反应，所以最好不要谈论。例如谈论新闻里的车祸、灾害、凶杀、惨案，或者引起情绪过度波动的事件、人物，在谈话中都要尽量避免。例如，谈论新闻里的刚发生的车祸，你越描述得生动形象，其中的悲惨气氛就可能弥漫在期间，让人情绪低落，甚至郁郁寡欢，让谈话气氛低落，严重影响交际气氛。

6. 不要在背后说别人的坏话

有人喜欢在别人面前津津乐道地谈论他人的长短，或是讨论同伴的家长里短、自己所处集体里的人际纠葛，这些是非常无聊的，而且极易给别人留下自己喜欢搬弄是非的印象。

有时候哪怕你知道别人的坏消息，也传播出去。因为在转述中难免带上个人的情绪，一传十、十传百，可能到时候你就成了谣言的传播者了。

（五）常见的聊天内容

皮埃尔认为："闲谈是建立个人良好形象的最好方式。因为它能够让人轻松、愉快地，以最快、最简捷的方式消除人与人之间的距离。"但是闲谈并不是没话找话说，不负责任的闲话甚至还会导致恶果。如果没有合适的题材，闲谈就难以进行下去，出现闷声枯坐的尴尬局面。而如果能选择很好的谈话题目，就会在愉快和谐的气氛中增进双方情感，缩短在正式场合刻意保持的距离。可以选择以下的一些建议：

1. 别人所擅长的，或者有兴趣的事情

这就要察言观色，在言谈中发现对方的兴趣所在，并设置一下开放性的问题，引发对方的谈话欲望。而根据沟通学家的调查，在谈话中，大多数人最重视或最感兴趣的其实是自己。当开启了对方谈论自己的阀门，你就会发现对于了解对方是非常的有用，在聊完之后，对方会对这次谈话留下非常好的印象。毕竟，在适当的场合表现自己是很多人的潜在愿望。

美国著名主持人芭芭拉·沃尔特斯曾说过："谈话的技巧其实非常简单，带动话题最好的方法就是提问题，而大多数人喜欢谈论的话题是什么呢？就是他们自己。"

2. 安全话题，如天气、运动、电影、交通、收藏、音乐体育新闻等话题

这些都是可以信手拈来的好谈资。例如，天气，这是人人都可以接受并且内容丰富的闲聊题材；交通也是让大多数人深有感触的话题，询问别人如何到达目的地，或者是旅途中的种种，都可以自然拉近彼此的关联。近期上映的电影、喜爱的音乐、近期的体育赛事等，都是安全有趣的话题，还可以了解个人的兴趣爱好、个人修养、生活品位等。

3. 任何鼓舞人心的、积极的消息

无论是与个人有关，或是毫不相关的事情，都选择高兴的、积极的、阳光的东西来谈论。令人鼓舞的好消息、让人搞笑的趣闻、别人的好消息等，都可以当做好的闲谈内容，这样可以让谈话气氛轻松和谐，让谈话双方心情愉悦。

4. 别人的优点

在背后说别人优点是一个很好的习惯。俗话说"没有不透风的墙"，在背后说人家的好话，比当面说好话效果要好得多。一个多看到别人优点的人，必然是一个心胸开阔、心态良好的正面形象。因而这种谈论就会让自己的社交形象增色。

（六）注重谈话中的仪态

交谈的艺术不仅仅就是言辞和谈话技巧。与人谈话，其实是你整个人的大脑、身体、声音的全体总参与，因而，要成为一个很好的谈话者，要营造好的谈话气氛，脸部、眼神及其身体姿态都非常重要，有时甚至直接影响谈话的效果。

1. 眼神的专注

与人交谈时，眼神的专注非常重要。要保持视线的专注，让对方感觉到自己很重要。通过直视对方眼睛，向他传达出你非常重视他的信息。很多大人物都会有这样一个好习惯：与人握手时让自己的视线在对方的脸上停留一、二秒的时间，这是在瞬间让对方感觉自己非常特别的绝招。

而在与人谈话的时候左顾右盼、低眉顺眼、东张西望都是说话时的大忌。还有就是死盯着别人也是不礼貌的。专家建议，交谈中眼神交流的时间不要超过谈话时间的三分之二，剩下的三分之一时间可以将视线移开。

2. 得体的坐姿

要表现出对对方谈话的兴趣，应该有相应的身体语言。当你坐在桌子旁边时，要让自己的身体前倾，与椅背成"V"字形。这样的坐姿能够自然而然的让你集中注意力，同时显示你的专注。

不能让自己的身体往后仰，这样太放松，显得漫不经心，不够专业。而且一定要注意双手放在你前方的桌子上，切忌手放在膝盖上或者衣兜里，这是很不礼貌的行为。

3. 稳健的双脚

在交谈中还要注意无论男女都应该把双脚稳稳地落在地板上，女性可以把双脚从右往左稍微倾斜着放。这样的坐姿能显示你的认真、专心、专业和专注，同时也能表达出的对象和谈话内容的尊重。

不能在交谈中抖动双腿、跷二郎腿，或者将脚从鞋子中移出来，这都是失礼的行为，会显示对谈话对象的不尊重和自身修养的欠缺。

4. 适中的声音

说话时音量太大会让人感到咄咄逼人，不仅会惊骇到谈话者，同时会严重损害自己的形象。许多政治家包括美国总统到语言专家那里上第一节课，专家给他们的要求就是降低声音，哪怕声音已经很低。这样使被培训者发现，声音从腹腔里面发出才会有力度而不做作，浑厚而富有磁性。

但是说话声音太小会让别人听起来费劲。嗫嗫嚅嚅、吞吞吐吐等说话方式还会让人觉得缺少自信，没有权威感，同样使人不舒服。

5. 语速不要太快

说话时的语速应该不徐不疾，娓娓道来。说话时语速太快，不但让人听不明白，还显得你不稳重或者是操之过急，而且容易出错。而将语速降下来，听起来有磁性，而且显得比较深沉。希腊哲学家奇伦有一句名言："愚蠢总是在舌头跑得比头脑还快时产生的。"太慢了会让别人昏昏欲睡，缺少语言的感染力，从而失去倾听的兴趣和耐心。无论如何，诚恳的态度、谦逊的语言、优雅的举止，在任何场合，都是一张备受欢迎的通行证。

【延伸阅读】

巧妙应对刁钻问题

有记者曾经采访被软禁几十年后获准访美的张学良将军:"此次离台,是不是准备回大陆东北老家看看?"面对这个突兀而敏感的问题,张学良说:"军人处处为家。我91岁了,在我有生之年,哪儿都想去一去。"这个回答地修正了问语的指向,用模糊语言巧妙作答,取得了很好的效果。

鲁迅先生在原北师大校董会上为爱国学生辩护时,校长打断他的话,说:"学校是有钱人办的,还是听听有钱人的高见。"鲁迅从兜里掏出一块银币,砰然放在桌上,说:"我有钱,我可以说话!"鲁迅巧妙的别解"有钱"这个概念,变被动为主动,这是高明的应对策略。

【实训】

1. 以"我讲我"为中心话题,设计一组涉及个人方面的快问快答题。一人问一人答,由浅入深,问句步步紧逼,由稍慢到逐步加快,然后问答的人互换,组内的人记录并互评。

2. 看下面的案例,小组讨论:

有一位经理写信骂他的供应商,让秘书把信发出去。没过几天,经理对此事很后悔,觉得不应该写信骂人。于是又写了一封信表示道歉,让助理发走。但是助理对经理说:"上次您写的信欠冷静,我并没有把信发出去,所以这封道歉信也不必发了。"

助理这样做对不对?如果是你,你会怎么做?

3. 看下面案例,小组讨论:

张晓敏是某公司办公室的行政助理。这一天上班,港商廖先生准备来洽谈合作事宜,王总经理交代她,"我先去会客厅,在那里准备一下,你去一楼接他,他来了就要他直接过来。"

见到了廖先生,张晓敏迎了上去,却突然紧张得找不到合适的词,一着急,就把王总经理的原话搬了出来:"王总现在在会客厅,他要你直接过去。"

"要我过去?!"

廖先生看了看张晓敏,一点没有开玩笑的意思,"那要他来我住的宾馆谈吧。"

张晓敏听出来了,廖先生的"要"字咬得特别重,显得很不耐烦。

如果是你,见到廖先生应该怎么说?张晓敏说错话了,她该如何补救?

四、学会倾听

倾听在社交中是一项和讲话同样重要的技能。如果你想在对方面前表现出良好的形象,就必须在谈话中学会认真倾听。心理学家强调,懂得倾听的人,最有人缘。难怪曾经一位哲人说过:"大自然赋予人一条舌头和两只耳朵,为的是让我们多听少说。"另一个关于哲学家芝诺的故事谈到,一个年轻人夸夸其谈,芝诺便警告他:"你的耳朵已经滑下来同你的舌头融为一体了。"

香港的华人首富李嘉诚16岁的时候曾经在一家茶楼当伙计,在这家茶楼里一泡就是两年。后来他回忆起这段经历，他说，茶楼是三教九流聚会的地方，各种各样的人，各种各样的事，都能看到听到。这练就了他倾听别人的好习惯。久而久之，慢慢地通过多听勤观察，他练出了察言观色的本领，一个人是从事什么职业的，他的性格特征、生活习惯、为人处世，一见面就能猜出个八九不离十，也知道了该怎样与这样的人相处。

在17岁那年，他辞职去了一家塑料厂当推销员。有人认为，推销员一定要能说会道，李嘉诚却不以为然。他不喜欢高谈阔论，讲话也是不快不慢，没有那种所谓外交家的口才。但是他非常注意市场和消费者使用这类商品的情况，他耐心倾听客户对产品的使用情况和意见，并作出详细的记录，因而他知道哪些产品应推销到哪里最合适。短短一年以后，李嘉诚推销商品的数量超过了厂里那些老推销员。

李嘉诚日后铸成了庞大的商业帝国，他过人的经商能力其实也包括善于倾听在内诸多值得后辈细细学习的能力。

据社会心理学家统计，我们有50%~80%的时间在与人沟通，而在这沟通的时间内，有一半的时间是在倾听。倾听不是一言不发、闷声枯坐，或者沉默不语、呆若木鸡，它是一种积极的身体心理的活动，在倾听过程中，思维、注意力、眼神、身体全方位地参与其中，并能够用有效的方式激起谈话者的情绪、思维，甚至开阔谈话者的创造力，它不仅是在用双耳和大脑吸收、消化、分析讲话的内容，还要细致入微地观察对方的情绪、表情、姿态，并运用自己的语言、身体语言、面部表情等给对方积极的回馈，让谈话者畅所欲言，如沐春风。

重视演讲的古希腊哲学家们，把"听"看成与演讲一样重要的技能。有一个年轻人曾经拜师苏格拉底，求教演讲的技能。为了表示自己生来具备的、出色的口才，他滔滔不绝地对苏格拉底讲了起来。苏格拉底打住了他的讲话，要他交双倍的学费，那年轻人惊诧道："为什么要我加倍呢？"苏格拉底说："因为我得教你两样功课：一门课是先学会怎样闭口；另一门课是学习怎样开口。"

【教你学会倾听】

（一）身体参与

作为一名听众，适当的体态语意味着你采取一种积极投入的态度：通过身体态度或姿势，向讲话者表明你在听他们讲话，并且给予重视。研究表明，以下几个因素在身体参与中最为重要：

- 与谈话者面对面，神情专注。
- 保持良好的目光接触，眼神温和，可以尝试看对方的鼻尖或额头等部位。
- 坚持一种开放的姿态，双手微微打开，如果有桌子，上手应放在桌子上。
- 身体微微前倾，面带微笑，保持适当放松。
- 伴随着对方的谈话内容相应地变化，不时地点头，表示赞同。
- 根据内容的变化作出相应的动作，如微微的点头、专注的神情、闪烁的目光、会心的微笑、牵动的嘴角，乃至掐灭一个烟蒂、击掌等，都能使谈话人看到你的真诚，获得鼓舞。

（二）心理参与

心理参与不仅是指倾听者说了些什么，而且要注意到非言语行为中，如演说的方式，以及讲话者通过面部表情、体态语言、手势和其他的身体表征等所传达的信息内容。

进行心理参与首先应该培养全神贯注听别人讲话的能力和愿望，并注意到：

- 说了什么，记住关键词，我们只要在自己提出来的问题或感想中，加入对方所说过的关键内容，对方就可以感觉到你对他所说的话很感兴趣或者很关心。
- 它是怎样被说出来的。
- 谈话者主要的表达方式。
- 表达了怎样的感受和情绪，或者没有表达怎样的感受和情绪。

（三）言语参与

作为听众，当你不能理解别人的意思，或者有不清楚的地方，你应该向他提问；抑或赞同对方观点时，也可有言语的附和。言语参与当中，提问是最好的参与方式，本身也就表明你在倾听。

- 根据所说内容提问，可以是细节或是过程等。"能说得明白一些吗？""你的意思是……"这样可以让人觉得你对他的谈话内容很感兴趣，"那么，发生了什么事情呢？后来如何？"鼓励别人继续往下说。
- 复述别人话中的重点内容或关键词。透过关键词，可以看出对方喜欢的话题以及说话者对人的信任。"按我的理解，你的计划是……""你是说……"及"所以你认为……"等句式。这些说法表明你在倾听，并明白对方的意思。重复的重要性在于让你尽早发现有无曲解对方。
- 建立在别人已经说过的话的基础上。不要简单重复别人说过的话，而是应该用自己的话，简要的述说对方的重点。寻求更多的信息，如："还有呢？上次怎么处理的呢？"
- 了解别人的感受。如："你怎么看？"
- 表明自己的观点或者阐明所说的话。如："看起来像是……"
- 附和别人的观点用"嗯"和"真有意思"等中性评价性语言能表示你对谈话感兴趣，并鼓励对方继续说下去。
- 总结试着用"你的主要意思是……"和"如果我的理解没错的话，你认为……"等说法。不要第一个下结论，先听他人的结论可能更有价值。

在倾听时，你也可利用无声的体态语言来呼应，如微微的点头、专注的神情、真诚的目光、会心的微笑、牵动的嘴角，乃至掐灭一个烟蒂等，都能使谈话人看到你的真诚，获得鼓舞。需要注意的是，眼睛要注视对方，保持适当的目光接触，当然不是盯着对方的眼睛看，那样会给自己也会给对方造成压力。身体适当前倾，这是一种集中精力积极倾听的姿态。保持自然微笑的表情，同时用眼神传达给对方温和、诚恳的态度。

沟通心理学强调，一个善于沟通的人首先应该是一个听众。当他需要开口时，要先用眼睛来观察别人的非语言的反应，然后，才能够决定沟通的内容和形式。

【实训】

听辨注意力训练：

1. 选择一段会议讲话录音，音量放在最低档，听 15 分钟，说出听的内容，力求详细，然后放大音量对照听，反复练习。

2. 请一位说话快的朋友说一段话并录下来，听录音后向这位朋友复述内容，看看是否语义完整。

第五节　服饰大方得体

2013 年 3 月 26 日，彭丽媛首次随国家主席习近平出访俄罗斯，当她从机舱出来，立刻聚焦了全世界的目光。深蓝色双排扣风衣配合习近平的西装，深色的整身造型用丝巾点亮，简约典雅，优雅大气。彭丽媛身着本土服装品牌亮相世界，被全世界的各大媒体竞相报道。

英国《每日电讯报》这样报道："她选择了穿中国本土品牌，优雅黑色双襟、带腰带大衣和女性化的包包。这身打扮，搭配她盘起的头发、清爽的妆容和低调不张扬的配饰，即使出现在巴黎高级定制时装秀的头排也绝不失礼。"

美国《纽约时报》："彭丽媛，中国新任的第一夫人，魅力出众、时尚体面。"

美国《华尔街日报》："新任国家主席习近平夫人彭丽媛优雅的举止、得体的穿着打扮和在国际舞台上的成功亮相，让该国网民为之疯狂。"

美国《基督科学箴言报》："彭丽媛没有公开发言，但已利用她的时尚品味展示了中国的软实力。她所穿的完全是中国的设计和制造，有些甚至带有明显的东方特色。这和大多数富有的中国女性青睐西方名牌形成鲜明对比。"

彭丽媛随后的所有亮相，都沿袭了她一贯的穿衣风格：温婉秀美、简约时尚、端庄优雅、大气沉稳，其穿衣风格被世界誉为"丽媛 Style"，很好体现了中国女人对美丽的追求和品味，为新时期中国崭新的形象增加了一抹亮丽的颜色，提高了中国人的自信心。

这就是服装对于一个人形象的重要性，也是服装的魅力所在。服装是一种无声语言，如何着装可以从一个侧面真实的传递出一个人的修养、性格、气质、爱好与追求。

在人类文明史上，服装的发展一直带有它的审美功能、社会功能。人类服装出现的历史不过两万年的时间，穿衣服实际上是人类摆脱蒙昧的标志之一。服装最原始的功能是保护身体、抵御寒冷、遮羞。茹毛饮血、而衣皮革的原始时期，人的衣服直接取于大自然。兽皮、树叶是人类初期的服装，即使这样，原始人的文身装饰、兽骨挂饰等无一不传达出人类对于美的追求，使得服饰在它产生之初，就具备审美的功能。

在中国，据传神农氏教民种植葛麻谷物，我们的祖先开始学会在葛和麻中提取纤维制成衣服，人类的服装开始摆脱对自然界的依赖，服装进入了人们的生活。

传说中的黄帝时期，出现了养蚕、缫丝、织绸的生产技术，开始了人类文明史上的一个重大发明创造：丝绸。丝绸价值昂贵，只是有地位和身份的人才有可能穿戴，老百姓只能穿麻布衣衫，称为"布衣"，在尧、舜、禹时期以后，在漫长的奴隶和封建社会中，服装在审美功能之外开始有了尊卑、贵贱、等级之分，其社会功能逐渐强化。

时至今日，服装已经成为个人形象最重要的元素。"佛靠金装，人靠衣装"，衣着从某种意义上讲就是个人的名片，大多数人对另一个人的认识，多半是从服装开始的。在西方政治家竞选时，竞选人的幕后策划班子里四个最重要的专业人才之一就是形象设计师。

而在社交领域，服装被认为是非语言交流的重要媒介。大方得体、整洁体面的服装能很好地衬托出个人形象，往往带给别人阳光、积极、向上、乐观的感觉；相反，衣冠不整、蓬头垢面在破坏自己形象的同时，传递给别人一种落魄、邋遢的失败者的信息，而奇装异服、穿着暴露则传递出不懂礼仪、缺乏修养的信息。人们普遍喜欢那些穿着得体，为人热情、友好、宽厚、祥和的人，而厌恶那些穿着破衣烂衫，表现得缺乏修养、尖刻、好战、征服欲望强烈、自私自利的人。

讲究着装，并且遵守相关礼仪，是现代社会文明进步的重要表现，也是个人修养重要的组成部分。因而在校的师范学院大学生，必须要懂得基本的穿衣之道，才能很好地培养自己良好的气质，打开交际的大门。

莎士比亚说过："服装往往可以表现人格。"加拿大形象设计师凯伦女士认为："穿着成功不一定保证你成功，但不成功的穿着保证帮助你失败！"

一、着装原则

（一）TPO原则

国际上通行着装遵循的原则，TPO原则的概念是由日本男装协会于1963年提出的。Time（时间），Place（地点），Occasion（场合），这三点称之为TPO原则，即着装与时间、地点、场合相配的原则。该原则的基本含义是要求人们要弄清着装的时间、地点和目的，使着装与环境气氛相协调，与不同国家、区域民族的不同习惯相吻合，与不同交往对象和不同交往目的相适合，以达到服饰搭配得体、文明大方的整体美和协调美。

● 时间原则包括三个含义：一是指一天中时间的变化，二是指一年四季的不同，三是指时代间的差异。一年春、夏、秋、冬四季的交替，一天有24小时变化，服装的流行有年代的不同，显而易见，在不同的时间里，着装的类别、式样、造型应因此而有所变化。

在社交场合，应该应季节的变化而变化自己的穿着，冬暖夏凉、春秋适宜，要配之以相宜的服饰。不能反季节穿着。如果别人都穿衬衣的时候，你还裹着厚厚的冬装，或者大家都穿大衣时候，你穿着纱衣，不但让人觉得奇怪，还会让人产生不舒服的感觉。服装的时代感很强，穿着应注意顺应时代的潮流和节奏，过分的落伍或是过分的新潮，在社交场合都是不对的。

● 地点原则。地点原则是指环境原则，不同的环境需要与之相协调的服饰，以获得视觉和心理上的和谐感。

室内或室外，闹市或乡村，国内或国外，单位或家中，高档餐馆或苍蝇馆子，星级酒店或乡间客栈……在这些变化不同的地点，着装的款式理当有所不同，切不可以不变而应万变。

如果一个人在户外游玩是脚蹬高跟鞋，在夜总会穿旅游鞋，会让人觉得不可理喻；在家里穿的睡衣如果穿到公园散步，或是到超市购物，就是可笑的行为；到街边大排档就餐的时候西装革履，自己会感到别扭，在听交响乐时候穿着吊带和热裤，估计是会被拒绝入内的；女孩子到伊斯兰国家旅游如果穿得过于暴露，就是对当地文化极大的不尊重……这些都是没有考虑着装地点的失礼行为，应该尽量避免。

● 场合原则。场合原则是指服装要与穿着场合的气氛相和谐。着装要有目的性，人们的着装往往体现着一定的意愿，应适合自己扮演的社会角色。

衣着要与场合协调。应聘、参加会议、出席集体活动等，衣着应庄重大方；听音乐会或看芭蕾舞，则应优雅、美丽；节假日的郊游踏青，则可以着运动、休闲装；在家中，宜穿舒适、随意的家居服；朋友聚会，可以穿得活泼、时尚……人们的社会生活是多方面、多层次的，在不同的社会场合，每个人都扮演不同的社会角色，而不同的角色有着不同的社会行为规范，与之相适应的，就是不同的穿衣风格。

主要的场合分为：

● 公务场合指人们置身于工作地点，用于上班的时间。着装的基本要求：庄重、保守、传统，符合的款式有制服、套裙、套装、工作服等。

● 社交场合此处特指人们置身于交际地点，用于上班之外，在公共场合与熟人交往、共处的时间。聚会、拜访、宴请、舞会、音乐会等都是典型的社交场合。着装的基本要求：典雅、时尚、个性，符合的款式有时装、礼服、民族服装，以及个人缝制的个性化服装等。

● 休闲场合指人们置身于闲暇地点，用于在公务社交之外，一人独处，或是在公共场合与不相识者共处的时间。如居家、健身、旅游、娱乐、逛街等，着装的基本要求：舒适、方便、自然。

（二）着装应遵循的原则

● 整体性原则。服饰的整体美包括人的形体和内在气质、服装饰物的款式、色彩、质地、加工技巧乃至着装的环境等。着装的整体美是由服饰的内在美与外在美构成。也就是说，良好而得体的着装是一个人内在气质用合适的外在服饰所表现，并与所出席的场合相得益彰，取得和谐一致的整体效果。正如培根所说："美不在部分而在整体。"穿着中的任何一个细节都要从整体的搭配考虑，而不能孤立地评判它的好坏。

● 个性化原则。着装的个性化原则不单指个人的性格，还包括一个人的年龄、身材、气质、爱好、职业等因素在外表上的反映所构成的个人的特点。各式服装由自己的风格和内涵，理解服装如同理解自身一样。只有服饰与个性协调时，才能更好发挥其效应。

在今天这个彰显个性的时代，着装的个性就是代表着个性的张扬。就如同世界著名奢侈品牌香奈儿的创始人 Coco Chanel 所说："潮流瞬息万变，唯有风格永存。"

● 符合"社会角色"原则。在社会活动中，人们的仪表、言行必须符合他的身份、地位、社会角色，才能被人理解，被人接受。社交场合的着装某种程度就是自己的名片，如果这张名片出现了问题，可能就会传达错误的信息，影响别人对你的识别。例如一个知名企业家，在正式的商务场合穿着浅色的休闲服，那就会给人太随便、不重视该次商务活动的感觉，很难让人相信他的实力和诚意。

（三）配色原则

● 三色原则。这是选择正装色彩的基本原则。它的含义，是要求正装的色彩在总体上应当以少为宜，最好控制在三种色彩之内。这样，有助于保持庄重、保守的总体风格，并使正装在色彩上显得规范、简洁。正装的色彩若超出三种色彩，一般都会给人以繁杂、低俗之感。

● 三一定律。这是男士出席正式场合的时候，色彩方面的搭配技原则。男士在正式场合穿西服套装时，应当使自己的鞋子、腰带、公文包的颜色相同或者相近。黑色应该是首选，这样显得专业或成熟稳重。

二、男士西装

韩国《DDANZI 日报》社长金语俊在"青春 Festival"节目上做过一次演讲，其中谈到他年轻时候背包到欧洲穷游，因为一件西装改变命运的故事。

他在巴黎街头看到一个名牌西装店，里面的西装实在太诱人，他忍不住试了其中的一件，当他把衬衫、领带、皮鞋统统穿上了后，一照镜子，他觉得镜子里的那个人简直帅呆了，和平常的自己判若两人。这个改变使他简直没法脱下衣服，于是一咬牙，花了 120 万韩币买下，他感叹，自己平生买的所有衣服加起来都赶不上这件的价格。

当他几乎身无分文的在旅店里醒来，开始为下一顿饭吃什么和明晚住哪里发愁的时候，一个念头出现了。他和旅店老板谈条件，如果他能为旅店拉来 3 个客人住宿，老板就免费让他住一晚，如果拉来 5 个客人，就按照人头给他提成。老板答应了。

不到一个小时，身着名牌西装的他就为旅店拉来了 30 个客人。

商机从此产生，经过不断的运作，一个月后他离开捷克的时候，轻松赚到了人生第一桶金——1 000 多万韩币。

多少年后金语俊感叹："我的命运被一件西装改变。"

（一）西装的起源

西装的结构源于北欧南下的日耳曼民族服装。他们终年与海洋为伴，在海里谋生、着装散领、少扣、捕起鱼来才会方便。十七世纪的时候，法国贵族流行的穿着是紧领子、多扣子，式样繁复。法国一个叫菲利普的贵族在一次随渔民出海钓鱼的娱乐中，发现自己紧领多扣的衣服很不方便，而渔民却行动自如，于是从渔民的衣服上得到灵感，回去设计了新的衣服。它与渔夫的服装相似，敞领、少扣，但又比渔夫的衣服挺括，既便于用力，又能保持传统服装的庄重。新服装很快传遍了巴黎和整个法国，以后又流行到整个西方世界。它的样式与现代的西装基本上相似。

领带的产生也是一个演化过程。传说住在深山老林里的日耳曼人身穿兽皮，以狩猎为生。为了使兽皮不致脱落，他们就用草绳把它扎在脖子上。据说，这就是领带的雏形。1670 至 1675 年间，克罗地亚轻骑兵作为路易十四的近卫兵在巴黎服役，他们被称为"克拉巴特近卫兵",其脖子上系一条亚麻布引起人们的模仿而成为男装领口不可缺少的装饰物,这就是现代领带的始祖。一般认为,现代的活领结就是这样经过不断演变,到1850年前后才定型的。

19世纪40年代前后,西装传入中国,来中国的外籍人和出国经商、留学的中国人多穿西装。1911年,民国政府将西装列为礼服之一。1919年后,西装作为新文化的象征冲击传统的长袍马褂,穿西装成为西方文化的标志,被称为"洋装";20世纪30年代后,上海、哈尔滨的西装制作在世界都享有盛誉,西装成为上流社会、达官贵人的着装。

新中国成立以后,占服饰主导地位的一直是中山装。改革开放以后,随着思想的解放、经济的腾飞,以西装为代表的西方服饰以不可阻挡的国际化趋势又一次涌进中国,中国人对西装表现出比西方人更高的热情,穿西装打领带渐渐成为一种时尚,显示着日益和国际接轨的中国人的生活方式。

西装一直是男性服装王国的主打,"西装革履"常用来形容文质彬彬的绅士,成为公务、会议、谈判等正式场合中公司企业从业人员、政府机关从业人员、商务人员在较为正式的场合的首选服装。西装的主要特点是外观挺括、线条流畅、穿着舒适。若配上领带或领结后,则更显得高雅典朴、严肃庄重。

西装之所以长盛不衰,很重要的原因是它拥有深厚的文化内涵,主流的西装文化常常被人们打上"有文化、有教养、有绅士风度、有权威感"等标签。

(二)西装的选择

西装是男士必需也是最为重要的服饰之一,这是男性社会性的一种外在体现。既是正式场合的礼仪表达,更是穿着者品位的标志,因而西装被誉为"男人的另一张脸"。只有一套合身得体的西装才能彰显男性阳刚有型的外在气质,因此,西装的选择尤为重要。

1. 颜色

● 藏蓝这男士西装永恒基本色,也是男士出席正式场合的首选。代表性的款式有单色和条纹两种,单色给人感觉比条纹更加正式。条纹虽然不像单色那么正式,但能带出西装整体的效果,让身形看起来更挺拔,也能在视觉上显得身材较瘦。

● 灰色这种颜色也是男士穿着频率极高的。灰色西装在花纹、材质上都有着相当丰富的变化,是难以取舍的主流样式。要突显英式风格的话,一定是穿灰色西装,通常灰色被当做较保守的颜色,带有温和的气质。

● 褐色是继藏蓝、灰色之后的西装颜色。但要注意的是,跟藏蓝色、灰色西装比起来,褐色西装的休闲感较强,所以在出席重要商务活动时最好不要穿,一般的商务场合则可选择深褐色西装。

● 黑色是过于肃穆的颜色,一般商务场合不宜选择。黑色能给人流行和时髦的感觉,近年来受到20岁到35岁的年轻人的喜爱。黑色西装一般可以当做礼服穿着的,因而出席婚丧喜庆场合时,最适合的服装就是黑色西装。

2. 大小

男士在选择西装尺寸的时候,大小尺寸的合适最为重要。大一号的西装显得松垮而没有精神，而小一号则勒紧身体，给人不舒服的感觉。

● 肩膀。一定要合肩，西装上衣肩线应该刚刚好包住肩膀，垫肩不能超过肩线。肩过宽的西服会看起来垮垮的，很没精神。

● 长度。上衣的长度是当你把双手垂下时，衣长刚好到臀部下缘为宜，袖长则刚好到手掌虎口，衬衣的袖子一般超出西服袖口，衬衫袖应比西装袖长出 1~2 厘米左右；裤管的中折线一定要自然地垂到鞋面，让中心折线撑出裤管英挺的质感。裤子的长度从后面看应该刚好到鞋跟和鞋帮的接缝处，如果想让腿看起来更修长，那么裤管的长度也可以延伸到鞋后跟的 1/2 处。这样的尺码才是最适合自己的。

● 胸围线。扣上扣子后将上衣往前拉，如果拳头刚好可以放进外套里，就可以了；或者在衬衣里面套一件毛衫，扣上扣子刚好合适就是最好的胸围大小了。

3. 面料

正装西装一般都是纯毛面料，或者是含毛比例比较高的混纺面料。这种面料悬垂、挺括、透气，轻、薄、软，是高档西装的标志，显示出西装的高档、典雅。而生活中的休闲西装可能有皮、麻、丝、棉等多种面料，在正式场合不宜选择。

4. 领带

西装的领带被誉为是"打破单调和沉闷"的首饰，体现男性的深沉、稳重和品位。在公务或是正式场合必须要打上领带，休闲场合则不需要。打领带时，要掌握正确的方法，让领带结挺括、端正，呈倒三角形状。

有时候为了使领带保持贴身、下垂，要使用领带夹。领带夹应该别在从上往下数，在衬衫的第四与第五粒钮扣之间，扣上西服上衣的扣子，从外面一般应当看不见领带夹。

（三）西装的穿法

1. 拆除商标

穿西装前一定要将西装袖口上的商标去除，这就等于宣告西装已经正式启用，要不然的话会让人感觉非常无知而贻笑大方。

2. 保持平整

西装穿着之前一定要熨烫平整，使其线条笔直、挺括整齐。任何一点的污渍、褶皱都会影响西装的整体效果。同时在穿着时要注意不卷不挽，里面的衬衣和外面的西装的衣袖不能挽上去，也不能把两手随意插在口袋里。保持西装的平整非常重要。

3. 关于纽扣

根据西装着装惯例，单排扣式西装，扣上面一扣，最下面那颗扣不能扣；单排三扣的，可只扣上面的两扣或只扣中间一扣；双排扣的西装，必须全部扣上。

4. 毛衫的使用

要想把西装穿得有型，除了衬衣和背心以外，只能穿上一件"V"领子的单色羊毛衫或者羊绒衫，而不能穿两件毛衣或是其他领型的毛衣。

5. 口袋和皮带

西装的口袋尽量不装东西，最多只能在西装上衣左侧的外胸带上放一张用于装饰的手帕；而内侧的胸袋只能放钢笔或轻薄的名片夹，太重的东西会影响西装的版型。其他的口袋更多的是装饰功能，不能用于装东西。

皮带上不能挂任何东西，如钥匙链、汽车钥匙、手机套等都不能出现在皮带上。

6. 鞋袜的搭配

穿西装的时候一定要配皮鞋，而且黑色是首选。袜子应为黑色棉袜，而不能是化纤、尼龙的袜子；颜色应该与裤子相近，因此最好是选择黑色，至少也要是深色的。如用黑皮鞋配白袜子，会给人留下不懂时尚、也不绅士的印象，让人贻笑大方。

三、女士套裙

（一）套裙的由来

套裙，是对西装套裙的简称，是职场女性在公务场合主要的着装。套裙实际上是男性西装的变种，是女士服装借用男装最成功的案例之一。

十七、十八世纪，欧洲众多国家的男士们都已经普遍流行穿着西装作为他们日常工作的服装，那时候女性的社会地位还没有得到解放，仍然没有外出工作、男女平等的概念。直到二十世纪开始，女权运动蓬勃开展，一些专职家庭主妇纷纷离开家庭走向社会。女性逐渐接受更高的教育，越来越多的女性在各个岗位崭露头角，在工作中显示出不输于男人的能力与才华，有的甚至身居要职。随着妇女地位的提高，她们需要能够体现尊严、尊重，并且表现扎实能干、沉稳干练职场形象的服装，于是纷纷仿效男性穿潇洒的西装。为了体现出女性特色，设计师将男士西装的裤子改为裙子，成为了西装套裙。西装套裙的产生，是妇女走向社会的标志，也是妇女解放的必然产物。西装套裙也作为职业女装中的经典模式被固定下来。

最初的套裙几乎是男装的改版，甚至衬肩的宽度和男士西服一样，显得宽大、生硬。后来，随着人类文明的进步和品位的提高，女士西服套装在面料上更为轻柔，裁剪也开始贴合身型，让女人优美的曲线也能通过西装展现出来，成为今天看到的优雅、得体的套装。

而随着女性在社会地位上越来越高，直到后面"女强人"越来越多之后，不少女性开始改用裤子代替裙装。女士西服套装，让女人显得更为独立自主，也颇受女性工作者的喜爱。

不过，西方社会一直以女性着裙装更为正式，在西方礼仪中，西装套裙依然是女性在公务场合唯一的得体穿着。

（二）套裙的穿着

套裙是职场女性在正式场合最得体的着装。在工作中身着套裙，可以塑造出女性干练、端庄、大方、优雅的职业形象。它既有职场的严肃，又体现女性的特质，极好地将男士西装的庄重与女性服装的柔美完美结合在一起。女士套裙以其严整而不死板的形式、含蓄而不杂乱的颜色、典雅而不陈旧的款式，成为职场女性的首选。

1. 色彩

应当以冷色调为主，借以体现着装者的典雅、端庄与稳重。藏蓝、深灰、茶褐、土黄、炭黑等冷色调的颜色都可以，尽量不要选择过于鲜亮和抢眼的颜色，如粉红、翠绿、嫩黄、纯白等。套裙颜色要含蓄、沉稳的冷色，而不能与花哨、亮丽相联系，同时还应与此时此刻正在风行一时的各种"流行色"保持一定的距离，以显示自己的传统与持重。

套裙的上衣和裙子的颜色一般是一致的，也可以是渐进色，上浅下深或者是上深下浅，这样在色彩上即保持一致的风格，又有一定的变化，并不影响套裙的整体形象。

通常套裙以纯色为主，不带任何图案，但也可以采用以方格为主体图案的格子呢套裙。

2. 大小

套裙的穿着应该以"合体"为原则，过大或者过小都会影响着装的效果。太大，会给人以没有精神的感觉，而过小则让衣服和裙子紧绷在身上，会让人产生不好的联想，也会影响工作效果。

通常，套裙之中的上衣最短可以齐腰，上衣的袖长以恰恰盖住着装者的手腕为好。衣袖如果过长，甚至在垂手而立时挡住着装者的大半个手掌，往往会使其看上去矮小而无神；衣袖如果过短，动不动就使着装者"捉襟见肘"，甚至将其手腕完全暴露，则会显得滑稽而随便。

"裙短则不雅，裙长则无神"，套裙的裙子要以窄裙为主，并且裙长要及膝或过膝。一般认为在正式场合裙子的长度应为能遮住膝盖为佳。最长不能长于小腿中部，即小腿部最丰满的地方，而最短不能短于膝盖以上15厘米。

3. 鞋袜

用来和套裙相配的鞋子应该是高跟鞋、半高跟等船式皮鞋，一般是黑色。系带式皮鞋、丁字式皮鞋、皮靴、皮凉鞋等，都不适合采用。

袜子的颜色浅于或略同于鞋和裙子的色彩，整体看上去才会和谐。一般和肤色接近的肉色最为常见。黑色、浅灰色等颜色的长筒连裤袜也是常见的选择。艳色、带有花纹的、镂空、网眼的袜子和职场庄重、严整的气氛不协调，还暴露出着装者缺乏服饰味又是失礼的表现，当然不能选择。

穿女士职业装套裙时还应该注意不要暴露袜口，因而要选择材质细腻、质地良好的连裤袜与套裙搭配，中筒袜和低筒袜则不太合适。脱丝或者破损的袜子更不能穿，这样会贻笑大方。

4. 配饰

"宜少不宜多，宜精不宜糙，宜简不宜繁"是职场女性选择配饰的原则。在工作岗位之上，可以不佩戴任何首饰。如果要佩戴的话，则不应超过三种，每种也不宜多于两件。不仅如此，穿套裙的职业女士在佩戴首饰时，还必须兼顾自己职业女性这一身份。以含蓄、低调、不张扬为原则，切忌炫富，也不宜佩戴彰显自己"女人味"的耳环、手镯、脚链等首饰。

一般而言，不要同时佩戴耳环、项链与胸针。三者皆集中于齐胸一线，若同时出现，显得过分张扬，且繁杂凌乱。

丝巾是配饰中不错的选择。丝巾的轻盈飘逸和柔亮光泽可以衬托女性柔美的气质，在严整的职业套裙搭配一款丝巾，能够平添女性的妩媚，又暗含时尚气息，在职业装的端庄之中凸显个性化的亮色，是职业套裙中的点睛之笔。

5. 妆容

就化妆而言，职场女士在穿套裙时的基本守则是：必须化妆，但不可以化浓妆。穿套裙时，商界女士必须维护好个人的形象，因此是不能够不化妆的。化妆可以增强自己的自信，也是对工作对象的尊重和重视。而之所以要求不可以化浓妆，则主要是因为职场女士在工作岗位上要突出的是工作能力、敬业精神、业务能力，而非自己的性别特征和靓丽容颜，浓妆艳抹只能破坏自己的职业形象，甚至让人怀疑以姿色取胜。所以淡妆上岗是唯一选择，清新淡雅的日妆最为适宜，做到"妆成有似无"，恰到好处即可。

6. 仪态

套裙裁剪合体，最能够体现女性的柔美曲线，这对着装者的仪态就有更较高的要求。如果着装者举止不雅，在穿套裙时对个人的仪态毫无要求，甚至听任自己肆意而为，则会破坏套裙自身的美感，从而破坏着装者自身的形象。

- 站得挺拔。穿上套裙之后，要抬头、挺胸、收腹，保持上身的端正直立，站得又稳又正，不可弯腰驼背，不可以双腿叉开，东倒西歪，或是随时倚墙靠壁而立。
- 坐得端庄。落座前，轻抚裙子后摆，轻巧落座，就座以后，肩膀自然下垂，双腿的膝盖靠拢，大腿和小腿或成直角，或是优美的"S"形，切勿双腿分开过大，或是翘起一条腿来，脚尖抖动不已，更不可以脚尖挑鞋直晃，甚至当众脱下鞋来。
- 走得轻柔。一套剪裁合身或稍为紧身的套裙，在行走之时，有可能对着装者产生一定程度的制约。由于裙摆所限，因而在行走时候一定注意往中间落脚，即走"一"字步，以小碎步疾行，穿套装者走路时切忌大步流星地奔向前去，并且步子以轻、稳为佳，避免高跟鞋走得"通通"直响。
- 蹲得优雅。如果有需要蹲下捡东西，下蹲时要一条腿在前，一条腿在后，然后一只手自然挡在裙缝中间，起到一个自我保护的作用；两腿向下蹲，前脚全着地，小腿基本垂直于地面，后脚跟提起，脚掌着地，臀部向下，同时你要保证上半身的挺拔。不能撅臀部上身俯下，更不能双腿分开，像蹲马桶一样下蹲。捡了东西迅速起身，不能蹲在地上休息。

【实训】案例分析

1. 张小姐在一家国企上班。有一次上级派她前往南方某城市参加一个大型外贸商务洽谈会，为了这次会，张小姐特意穿了一件粉色上衣和蓝色裙裤。然而，她的这身打扮让许多人对她敬而远之，最终，张小姐没能完成公司派给的任务。

试着分析张小姐穿着上的失败，并给出出席这种外贸商务洽谈会的着装建议。

2. 公司派丽丽去参加一个商务会议。为了在这次会议上出彩，丽丽精心打扮：带一条金项链，两个颜色不同的圆形大耳环，并分别在食指、中指、无名指上戴上戒指。但是很遗憾，虽然她在会上的确很抢眼，但是没有人和她谈业务。

丽丽在配饰的搭配上违反了什么原则？有什么建议？

3. 写字间，三男三女在忙于工作。甲男，西装配布鞋；乙男，花T恤；丙男，短裤。甲女，无袖超低上装；乙女，透视装；丙女，紧身装。

一西装革履的男士敲门进入，环视，愕然，退出门外，看了看写字间的标牌，自言自语：这是一家公司吗？

敲门的男士为什么会产生这样的疑问？请从企业形象与着装的角度解释一下，并给出合理化建议。

四、生活着装

男士西装、女士套装和裙装是公务场合的着装，庄重、保守、传统是其基本的着装准则和要求，这是即将踏入社会的大学生应该了解的着装规则。而在生活中，风华正茂、青春正好的大学生应该在了解自己的身材、气质、风格的基础上拥有一定的对服装的审美鉴赏能力，建立自己的一套穿衣风格，在舒适、自然的基础上追求时尚、个性，用服饰传达出自身内在修养和外在气质完美结合的形象。

能够给我们留下深刻印象的着装者，是因为他们创造了自己的风格。一个人应该有自己的审美品位并通过服饰表现出来。而要做到这一点，就不能被千变万化的潮流所左右，而应该在自己所欣赏的审美基调中，加入时尚元素，融合成个人品位。融合了个人的气质、涵养、风格的穿着会体现出个性，而个性是最高境界的穿衣之道。

"形象如同天气一样，无论是好是坏，别人都能注意到，但却没人告诉你。"领导学形象专家乔·米查尔曾经这样说过。因而，最好的形象设计师就是自己，了解自己的肤色、掌握基本的搭配原则，让自己在任何场合都打扮得体，是每一位师范院校大学生的必备知识。

（一）肤色与服装颜色的搭配

设计师伊迪丝·里德说过："也许在取得衣着成功方面，色彩是最有帮助的要素。色彩可以是您最好的朋友，也可以是您最凶恶的敌人。"由此可见颜色对于服饰的重要性。由颜色所带来的愉悦，是一种最为直观的美感，着装颜色搭配和谐相宜会给人带来强烈的视觉享受，从而给人留下美好而深刻的印象。反之，不和谐的颜色选择对于服装是致命的破坏，甚至会毁坏整个形象。因此色彩专家都说，色彩是一个魔术师，它可以使人的美丽锦上添花，有时也会落井下石。

因此，正确选择属于自己的"个人色彩"显得尤为重要。

1. 肤色的分类

用服装的配色来调节自己原本的肤色，让服装颜色最大程度与肤色相宜而不是相冲，会取得扬长避短的效果。中国人的肤色，总体属于略带橙的浅黄色，由于皮肤黑色素含量的不同、日晒吸收紫外线的差异、遗传、生活习惯和方式的不一样，大致有以下三种的肤色：

- 白净肤色。白净者，即俗称的白里透红，是东方人得天独厚的肤色，这样的肤色，几乎可以作任何色彩的搭配，适合穿各色服饰。特别是高明度的浅色调，例如，粉红、浅绿、浅紫等都适合皮肤白净的人穿，纯色系列中的绿色、紫色可以让肤色更加白皙美丽。而在色调上，无论是彩色调还是浊色调，都可以和肤色构成良好的对比效果。

- 偏黄。这是亚洲人较为常见的肤色，这种肤色如果搭配衣服不当会给人一种不健康的感觉。所以搭配好适合自己的衣服颜色尤为重要。黄色的皮肤比较适合搭配浅色，例如蓝色或浅蓝色，能较好提亮肤色，应避免绿色、与自己肤色太接近的黄色、灰色调的衣服，因为这样会显得皮肤更黄甚至显出"病容"。

- 黝黑黝黑。是指肤色比较暗沉，这样的肤色不能与太鲜亮的颜色相配，例如白、红、黄、绿、蓝、紫等颜色，这样会让自己的肤色与衣服产生鲜明的对比；正确的选择是冷色系，而装饰色可采用较暖的颜色。冷色系是指灰色、褐色、陈色、黑色、深蓝、深绿等。深色的衣服和皮肤的颜色不会造成过多的跳跃，所以显得搭配很自然，可以最大程度减轻黑皮肤的劣势。

2. 色彩搭配的基本法则

在确定了自己的基本肤色后，服装上下与鞋子、围巾颜色的搭配，显得非常重要。常言道："色不在多，和谐则美"，从理论上讲，从来没有不美的颜色，只有不美的搭配而已。我们在这里讲的搭配，主要是上衣和下装（裤装或者裙子）的常见搭配。

- 同色系相配指的是深浅、明暗不同的两种同一颜色的相配，例如深蓝与浅蓝、红色与浅红、深紫与浅紫等，这种搭配会增加色彩的层次感，而且还可以采用同色系而不同质地的面料进行搭配，如上衣为针织衫，裙子为皮革，这样虽为同色系，因面料质感的不同更有视觉效果。同色系的服装显得文雅、柔和、协调。

- 邻近色相配指两个比较接近的颜色相配。例如红色与橙色或是紫红相配，黄色与橙色或是草绿色相配等，但这种相配要注意色彩的纯度和明度相互映衬的关系，应该有主次、虚实和强弱之分，例如衬衣是鲜艳的绿色，裙子就应是含灰的蓝色，而不能二者都是明亮耀眼的绿和蓝，这样才会有整体的协调的感觉。

- 对比色相配。对比色也称为补色、撞色，是指两个相隔较远或相对的颜色的配合。例如红色与绿色、白色与黑色、黄色和紫色等，这种搭配会产生强烈的视觉效果。这种对比色首先要注意面积比例的关系，例如，当对比的两个颜色面积比例为1∶1时，对比效果最为强烈，但是对比面积变为1∶10时，对比的效果就会减弱许多；其次要考虑明度和纯度，一般而言，面积大的颜色其纯度和明度要低一些，而面积小的明度和纯度要高些，例如，整套服装呈黑色，那在领口或是袖口就用白色，或用围巾、包、首饰来构成对比关系，这样就会让服装在统一中又富于变化，取得很好的着装效果。

正确的配色方法，应该是选择一两个系列的颜色，以此为主色调，占据服饰的大面积，其他少量的颜色为辅，作为对比。

3. 基本色常规搭配

在色彩的世界里，有五个被穿衣达人奉为"基本色"的颜色，被誉为是衣服搭配中的"掌门人"——黑色、白色、灰色、米色、驼色，它们"一专多能"，无论是干练优雅的职场丽人，还是活泼可爱的邻家小妹，抑或严肃庄重的商务场合，或者轻松愉快的生活场景，这五种基本色都是衣橱中的得力干将，时尚流行中的不变经典。能够掌握这些基本色的常见搭配，并将这些常识运用自如，就能够在瞬息变化的潮流中胜券在握，不至于被流行左右，达到以不变应万变的自如境地。

● 白色的搭配。白色可与任何颜色搭配。例如白色下装配带条纹的淡黄色上衣，是柔和色的最佳组合；下身着象牙白长裤，上身穿淡紫色西装，配以纯白色衬衣，不失为一种成功的配色；象牙白长裤与淡色休闲衫配穿，也是不错的组合；白色褶折裙配淡粉红色毛衣，给人以温柔飘逸的感觉。红白搭配是大胆的结合，上身着白色休闲衫，下身穿红色窄裙，显得热情潇洒。对于男士，白色印花 T 恤，配上休闲牛仔裤，给人清爽舒服的视觉享受。

● 黑色的搭配。黑色是百搭百配的色彩，无论与什么色彩放在一起，都会别有一番风情：黑色跟红色，高贵典雅的感觉；黑色跟卡其色，内敛低调又利索；黑色跟酒红色，低调的奢华；黑色跟橘黄，可以使人眼前一亮；黑色跟白色，永远的经典；黑色跟玫红色，凸显了玫红的活泼；黑色跟嫩绿，掩藏不住的活力凸显。不要把沉着色彩，例如深褐色、深紫色与黑色搭配，这样会和黑色呈现"抢色"的后果，令整套服装没有重点，而且服装的整体表现也会显得很沉重、昏暗无色。

● 灰色的搭配。灰色是白色与黑色的中间色，所以搭配白色黑色都是经典的绝搭。从理论上说，同一色系不同明度的色彩会给人颜色逐渐变化的层次感，产生优雅、庄重的感觉。灰色和黑色、白色同属于无彩色系，因此灰色与黑色、白色这两种色彩最为相配。如果与彩色搭配，所形成的强烈对比有利于突出各种色彩本身的特性，但所用的彩色不能过多。比如：粉色、绿色、红色和浅蓝色都是灰色比较经典的搭配色，还有暖色系的红色与灰色搭配，粉橙色系搭配灰色更柔和。一般来说，东方女性的黄色皮肤不太适合黯淡的灰色，因此，喜爱灰色的女性最好化个鲜亮的彩妆来弥补这一不足。

● 米色的搭配。米色给人的感觉比较柔和，是内敛而含蓄的颜色。在冬天，若是米色大衣，下半身不妨选择深色系的裤装来一起搭配穿着，像是牛仔蓝、黑色等都是不错的选择。还有一种适合肤色白净、年龄小一点的女孩子，用米色配上淡偏暗一点的绿色，含蓄而不失活泼，会让人感受到青春四射的活力。用米色穿出一丝严谨的味道来也不难，一件浅米色的高领短袖毛衫，配上一条黑色的精致西裤，穿上闪着光泽的黑色尖头中跟鞋子，将一位职业女性的专业感觉烘托得恰到好处。米色因其简约与富于知性美而成为职场着装的常青色，其纯净典雅气息与严谨的现代职场氛围相吻合，因而深受职场女士的青睐。

● 驼色的搭配。在许多的场合，驼色总是能够让人很容易地散发出一种含蓄的都市感，时髦而高贵。驼色和白色搭配，显得经典而含蓄；驼色和黑色，简单而稳重；驼色和橙色，被认为是创意十足的配色，含蓄内敛的驼色和新鲜活跃的橙色相遇后，会呈现出一种奇妙的效果，极具时尚感；驼色和酒红色，华贵的酒红色能够增添驼色的权威感，同时不失活力，比如驼色套装加酒红色衬衫，就显出典雅与庄重，非常适合在办公场合或商务场合出现；驼色和墨绿色，是具有异国情调的配色，驼色和墨绿共有的沉稳、大方的气质相得益彰。

（二）形体上的扬长避短——女生篇

女士理想体型为肩窄臀丰满的正梯形。但是这只是一种理想，现实中有各种优点和缺点共存的体形，了解自己的体形，是正确着装的重要前提。

1. 身材的分类及着装建议

（1）西洋梨型身材。指女性身材像西洋梨一般，下半身比较丰满、背窄、腰细，上半身较小，臀部较为宽大，且臀围线又低又圆，整体上瘦下胖。这通常被认为是健康的体型。

着装建议：

- 避免穿着长及臀部最宽处的夹克和宽松的蓬蓬裙；合体的西装裙与直筒裤较好。
- 臀部避免图案、贴口袋等设计元素。
- 佩戴首饰应位于身体的上部，使视觉注意力上移。
- 垫肩、肩章、收腰、胸部贴口袋、胸部褶皱、宽大的领子都是适合的设计。
- 泡泡袖的款式不但能增强甜美的感觉，还能提升人的气度。

（2）草莓型身材。指女性身材像草莓，肩宽、背厚，臀部和大腿部相对较窄，下肢纤细修长，但是腰腹却突出而浑圆，腰粗而短，臀围线较高且扁，腿相对长且直，整体看上胖下瘦。

着装建议：

- 上衣的结构线和装饰线设计多为简洁的斜线或垂直线。
- 为了在视觉上减小肩部加宽臀部，插肩袖或无肩缝的衣袖设计，较为有效。

- 避免穿着有垫肩、肩章或扩大肩部的衣服。
- 腰部适当收腰，适当合体。
- 下身因较瘦，可以落出修长双脚。

（3）沙漏型身材。指身材如同沙漏的形状特征：上下半身宽厚、结实，肩膀与臀部基本同宽，胸部丰满，腰部纤细，臀部圆润，腰胯及臀部较大，胳膊与腰部之间有明显的缝隙。整体曲线明显，是女性感最突出的体型，丰满中不失性感。

着装建议：

- 腰部曲线明显，可以选择剪裁合身、样式简单的上衣与 A 字裙，发挥腰部的魅力。
- 如果身材纤细，身高中等，那么几乎所有的款式都可以穿着。
- 如果身材比较丰满，那么应该注意身体与服装的合适度。

（4）竹竿型身材。指肩部、腰部、臀部、大腿部位宽度大致相同，臀围与腰围的差值小于 15CM。上下身比较匀称，脂肪均衡地分布在身体各个部分，或者在腹部周围，整体呈直线条，没有腰身，缺乏曲线美。

着装建议：

- 应避免巨型、较短或贴身的上衣。
- 如果身材属于比较瘦，可以利用加宽肩部与臀部的设计来修正体型。
- 如果身材属于比较胖，那么在适当加强对肩部与臀部设计的同时，可以选择一些有腰线设计的服装。
- 最适宜走优雅简约路线，穿得简单、整齐，高腰裤子或束带风衣能强调体形曲线，看起来更灵动，还可以大胆穿上方格或线条图案，拉伸视觉效果。

（5）圆苹果型身材。通常圆形体型的人都较为肥胖，胸围、腰围、臀围、腿围等较大且较圆。脂肪更多的堆积在腰腹部，整体因为肥胖成圆形。

着装建议：

- 选择腰部、腹部设计简洁的服装。
- 避免插肩袖与底摆收紧的夹克衫。
- 避免穿小一号的裤子勒紧腰部且过于贴身的服装。
- 有垫肩的简洁合体的服装看上去较好。
- 上下身颜色一致，垂直线的设计，合体的西装裙或长裤较好。

2. 扬长避短

每个人的身材都或多或少存在缺陷，现实生活中完美无缺的身材几乎是没有的，因此，了解自己的优势和缺陷，在衣服的选择上最大程度地遮蔽体形的缺陷、突出优点是每个人最重要的功课。会穿衣服的人，一定是最了解自己，巧妙扬长避短的人。

找准自己的身材缺陷，然后用有效的方法加以掩饰和弥补，例如：

- 腰粗。时尚专家 Alberta Ferretti 说过："如果你腰粗的话，就不要放太多细节在腰间处引人注意。其一改善办法就是穿质地柔软的连身裙。"直线剪裁的裙子或是裙摆有流苏设计的裙子，也可以转移视线，千万不能选择太粗太硬的面料或腰部抽褶的裙子。

- 腿粗、腿短。这是亚洲女性常常遇到的问题，这种又肥又短的腿不适合穿迷你裙，更不能穿紧身裤，而及膝裙是不错的选择。裙长一定要盖过小腿腹，并且设法将腰线上移，比如在腰部加一根漂亮的腰带，当然别忘了穿上高跟鞋；还可以选择宽长裙，既可以遮掩肥腿，还可以有修饰修长的功能。
- 臀部肥胖。对于臀部太过丰满的人，一般不宜选择下摆宽松的衣服，而应该选择下摆收缩的衣服，例如，下摆有松紧带的短上衣配上马裤，会让臀部显得较小；也可以选择小小的 A 字裙，最好前片有门襟、口袋等装饰，切忌百褶裙或过于包臀的弹性面料。
- 短脖颈。巧妙利用发型和领型来改变颈部的外观，例如，选用长至双肩的发型，可以在视角上减少颈部的宽度，产生颈部削弱的效果；穿衬衫时，将领口扣子松开 2~3 颗，领型上一般选择 U 字型或者 V 字型的低领较合适。高领、领口较窄小的款式则不宜选择。
- 小腹突出。对于小腹突出者，选择不会紧贴腹部的硬质面料，如果只是直筒型身材，可以选择裙摆稍稍蓬起的裙子，而不能选会随腹部起伏的柔软面料的裙子；短 T 恤、低腰裤、低腰裙都要避免，更不能把衬衣扎在裙子和裤腰里。复古的花衬衣或是 T 恤，配上背心或是外套，A 字窄裙等，都是不错的选择。

（三）形体上的扬长避短——男生篇

男士理想体型为肩宽臀窄的倒梯形，美的体形包括身体健康、身高适度、比例匀称、线条流畅。在现实生活中，由于遗传、饮食习惯、运动等的不一样，男性的体形大致可分为以下几种：

- 健美型。肩宽厚、结实、健壮，腰明显较细，大腿部的肌肉很发达。这种体型比较完美，穿衣服无需太多限制，只需要注意上衣肩部合适为准就行了。
- 高胖型。个头高大，体胖腹部凸出，这种体型宜选择宽松式的款式，上衣应略长一些，为了看上去苗条，可选择带有垂直线条的款式，使视觉上有延伸和狭窄感，色彩以深色为宜。皮鞋宜黑色，以增加下部的重量感。
- 矮胖型。个矮体胖，腹部凸出，着装宜选择宽松式的样式，上衣不宜过长，面料的花纹不宜太明显，不宜选粗纺花呢面料。可选择采用平肩的肩部样式，"V"型领和竖式领的配饰安排，能使肥胖的感觉减轻。款式选择上不宜有太多的装饰；不适合戴帽，否则会有压迫感；皮鞋的色度不宜过亮。
- 瘦高型。体型又高又瘦，不宜太紧身；着装上有一定的宽松度，同时，切忌有肥大的裤裆，以肩部合适为基准，不宜穿瘦细的裤子。
- 矮瘦型。体型又矮又瘦，宜选用色彩清淡些或中灰明度的服装，使得身材显得匀称丰满些，宜穿收腰上衣，衣长不宜把臀部全部盖住，尽量避免穿穿黑、藏蓝、深灰色等深色调的衣服。

（四）正确搭配饰品

1. 饰品的起源

饰品，常常称为饰品、饰物，指用各种材料（金属、宝石、玉等）以及仿制品制成的，起装饰人体作用的装饰。

人类佩戴饰品究竟起于何时，恐怕很难精确地考证。但是我们不难推想，从人类开始意识到装饰与美化自身的时候起，人类也就与它结下了不解之缘。人类最原始的饰品，大概可以追溯到遥远的石器时代。

从收集世界各地发现的旧石器时代的资料和现代原始部落的资料中，人们可以发现，早期原始饰品主要为：项饰、腰饰、臂饰、腕饰、头饰等几种，而材料以动物牙齿、羽毛、石珠为主，最早的人体饰物无论是何种材质，它们均有十分显著的共同特点：光滑、规则、小巧、美观。而这也充分体现了饰品最初产生与自我美化、自我炫示、吸引异性等心理息息相关的。"人体美化"功能是饰品最原始最根本的功能。

后来在饰品的发展过程中逐渐产生了另外两个功能并逐渐强化，一是宗教功能，二是社会功能。例如，在中国石器时代的各种文化中，玉一直是被视为一种有着丰富灵性的自然崇拜物，广泛地使用于巫术仪式中，并为史前人随身携带，一则作为美化自身的装饰，另则作为一种避邪去灾、逢凶化吉的吉祥物。在西方古老文明中，人们认识有色宝石的历史十分久远，它们在被熟悉和利用过程中同样被赋予了某种神秘的宗教力量。

随着社会的发展，饰品设计中强调美的共性，追求审美的共鸣，而审美心理是随社会文化和生活方式的发展而不断变化的，因此饰品设计也必须不断地创新，紧跟时代发展的需求。饰品的材质多用贵重金属、稀有材质（宝石、钻石等）做成，因而自然和财富画上等号，无形中成了身份、地位的标志。

2. 佩戴饰品的原则

饰品的意义在于"饰"，即点缀，因而恰当地选择佩戴饰品会起到画龙点睛的作用，相反，过多使用饰品，或者不恰当的使用，不但会影响穿戴的效果，更会让饰品成为画蛇添足一样的累赘。

（1）女性饰品。

女性饰品泛指耳环、项链、手镯、戒指、手链、胸针等，它是女性最典型、最重要的饰物。女生在饰品的使用中应该遵循以下原则：

● 与服装相协调。一般而言，服装艳丽花哨就不用佩戴饰品了，即使佩戴也与色彩淡雅的饰品相配；深沉单色的服装可配一些色彩明亮、款式细巧的饰品，例如，职业装用精致、小巧、含蓄的饰品相配，切忌夸张、粗犷和太个性化的饰品。

● 与形体相貌相协调。选择饰品要考虑戴者的年龄、体型、发式、脸型等个性特点，例如，脖子粗短，就不要佩戴繁复的项链，最好选择不戴项链；饰品的形状不要重复你的脸型，圆脸就不能带圆形耳环，否则就是三个圆圈的效果；脸型较短的人，最好选择垂形的耳环。

● 饰品之间协调。所佩戴的饰品应该质地、款式一致，如选择了黄金戒指，那么其他的饰品也应该是黄金的；珍珠项链、宝石戒指、黄金耳环因为款式各异，放在一起就很不协调。

● 佩戴饰品要少而精，力戒繁杂。戴一种以上饰品时，颜色、外形、风格要协调，最好配套一致。一般说来，颜色不能超过三种。

- 与环境相协调。佩戴饰品得考虑季节和场合。

（2）男性饰品。

男士的饰品除了项链、戒指、领带夹外，还有皮带、打火机、手表等。这些物品的恰当选择与佩戴，能充分体现出男性的风度、气质、身份以及修养。男士在饰品使用中应该遵循以下原则：

- 饰品要尽量少，一般选择1~2件即可，多则不宜，否则会给人女性化的印象。
- 色彩和样式简单、稳重、保守，不宜太花哨和夸张。
- 戴表要注意场合，正式场合佩戴比较传统的机械表，不宜选择时髦的石英表、电子表，更不能佩戴广告表、时装表、珠宝表、特种表等。

（3）饰品物语。

一些饰品的佩戴形成了约定俗成的表达，因而我们在佩戴饰品的时候要知道，以避免不当的佩戴传达错误信息。

- 手镯。一般戴在右臂上，表明佩带者是自由而不受约束的；如果戴在左手腕或左右两手腕同时戴，表明佩带者已经结婚。一般来讲，一只手不宜同时戴两只或两只以上的手镯和手链，也不要一只手腕既戴手表又戴手镯。
- 戒指。戴在食指上，表示无偶而寻求恋爱对象或者求婚；戴在中指上，表示已在恋爱中；戴在无名指上，表示已经订婚或者结婚；戴在小指上，表示独身或者终身不嫁或不娶。

（五）香水的使用

人类使用香水的历史源远流长，大概可以追溯到公元前三千年左右，古埃及人发明的可菲神香。但因当时并未发明精炼高纯度酒精的方法，所以这种香水准确地说，应称为香油，是由祭司和法老专门制造的。香水的使用是人类不断完善自我、追求自身完美的文化态度的体现。

时至今日，香水的使用已经成为现代女性提升自己个人魅力和风采的必需品。有着丰富历史积淀的香水是女性彰显自身魅力和个性特质的最好表现。

1. 正确使用香水的方法

"抹"香水，英语是以wear（穿）来表示，香水是一件看不见的华服，所以抹香水要涂抹在适当的位置，才能发挥香水的最佳效果，让你举手投足都能散发迷人的香气，在以下这些部位抹香水，能达到最佳的效果：

- 耳后擦香水。通常最普遍的地方就是这个部位，体温高，易于香水的发散。
- 后颈部。如果是长发，可以用头发盖住避免紫外线的照射。但是后颈部属于皮肤较敏感的部位，须视个人的状况而定，慎重使用。
- 手腕。把香水擦在静脉上，这个部位的体温较高，又经常活动，是香气很容易散发的地方。
- 手肘内侧。手肘内侧属于体温高的部位，只要移动手肘就会散发出芬芳的香气。

使用喷雾器。穿衣前,距身体 10～20 厘米,喷出雾状香水,范围越广越好,随后立于香雾中 5 分钟,或慢慢走过香雾,留下淡淡清香。

2. 使用香水禁忌

使用香水并不是必须的,而是一种个人喜好。香水和衣服一样,并非所有香水都适合自己。只有适合自己的个性,并和自身身体特质暗合的香水,才是看不见却无法拭出的个性标记,成为你个人形象极为生动的组成部分,挥之不去,萦萦袅袅。

在公共场所使用香水应该注意这些禁忌:

● 过于浓郁。在上班时间切忌使用气味浓烈的香水,这是不礼貌的行为,如果工作中的同事对酒精过敏就更应当注意了。另外在夏天,气候炎热潮湿,气味浓烈的香水混合汗味,味道就可想而知了。

● 注意距离。与喷洒香水的女士站在 50 厘米至 80 厘米的亲密距离内,可以闻到香味,而 80 厘米至 1 米的距离间,可以若有若无地闻到香水味。1 米至 1.5 米的距离,如果不仔细闻,感觉不到香味袭人,这就是香水使用的得体距离。如果站在 1.5 米到 2 米就香气扑鼻,香水的用量就过多了,显得不够礼貌。另外同一款香水使用在不同人的身上,因为基础体温的不同而香味的散发距离各异,更要加以注意。

● 不能混用。两种不同系列或者不同香型、不同牌子的香水,不能同时使用;使用香水穿着带樟脑丸气味的衣服,会让变成难闻的异味,一定要注意。

● 喷洒位置。香水不能喷洒在汗腺发达的部位,如腋下、心口上,有人认为可以遮掩汗味,而结果是适得其反,不但气味怪异,而且还可能引起堵塞毛孔,引发炎症。

● 不能喷物。决不能将香水喷洒在珍珠饰品、毛衣、皮衣、白衬衣上,因为香水中的酒精成分可能破坏这些东西的质料,而且会留下痕迹。

【实训】案例分析

小何在同学中以穿着时尚出名。大学毕业到一家外企应聘秘书,为了面试,她对自己进行了精心打扮:身着时下最流行的牛仔套裙,脚蹬一双白色羊皮短靴,橘色的拎包。为和这套打扮相配,她还化了彩妆。

到了应聘现场,在众多的应征者中与众不同。小何正自鸣得意。正在这时,她遇见了到公司办事的从前的学姐丽玲,丽玲说:"你来约人喝茶的吗?"

"哪里,我是来应聘的。"

"啊?"

随着丽玲疑惑的眼光,小何扫描了一下四周,发现其他应聘的人都穿着素色的套装。小何一下子就变得别扭起来,当见到面试官的时候,结果可想而知了。

请从着装场合的原则出发讨论小何同学这次失败的原因,并给出到外企应聘秘书的合理化着装建议。

第六节　掌握社交规则

一、称呼他人

称呼，指的是人们在日常交往应酬中，所采用的彼此之间的称谓语。在人际交往中，选择正确、适当的称呼，反映着自身的教养、对对方尊敬的程度，甚至还反映着双方关系发展所达到的程度和社会的风尚。

人们在日常生活和社会交往中，经常要与各种年纪、性别、身份的人交往和相处，如何称呼别人显得非常重要。由于各国、民族、风俗、场合等的不一样，在称呼上会有很大差别。如果称呼错了，不但显得没有礼貌，可能让对方不高兴，还会给自己与他人的交际带来不利影响。

根据社交礼仪的规范，选择正确、适当的称呼，应注意以下几点。

（一）公务场合的称呼

在公务场合，无论称呼与被称呼者是否认识、关系怎样，一律要称呼对方的职衔、职称、学衔或者利用性的称呼。

一位参加工作不久的公务员，因为她是单位招考的副局长，有一次与下属的一个事业单位负责人见面，对方笑脸相迎，她就直呼对方名字，准备握手。未想，对方脸上一变，把手收了回去，"呵呵"道："这个名字叫得好。"周围的人也都尴尬一笑。

后来她才明白，行政工作很讲究"论资排辈"，有职位的公务员都不喜欢别人直呼名字。这个负责人年纪大，在下属单位是一把手，直管业务，虽然身为副局长的她虽然级别更高，但对方是单位负责人，而且更加年长，因此称呼他时应该谦卑一些，称呼对方的职位才能体现对对方的尊重。

一个在校大学生，到父亲的企业实习。为了让他得到真正的锻炼，他们隐瞒了父子关系。一天，儿子到父亲办公室汇报工作，见周围没有其他人，开口就叫"爸爸"，他父亲说："这里没有父亲，只有王总。"

从以上的两个事例可以看出，在不同的身份、不同的场合、不同的环境应该有不一样的称呼，切不可随随便便，否则会让被称呼者不悦甚至尴尬。

- 职务性称呼。以被称呼者的的职务相称，以示身份有别、敬意有加。例如，张经理、王校长、李处长。如以校长的称呼为例，"校长""王校长""王某某校长"这三种称谓的正式程度是递增的。例如，在平时遇到校长，采用"校长""王校长"不但表达敬意，还有亲切、和谐的意思，但是正式场合介绍时，就应该说"这位是王某某校长"，才显得郑重其事。
- 职称性称呼。对于有职称者，尤其高级职称者，直接以职称相称，也可以在职称前面加上姓氏或者名字，显出尊重。如教授、李教授、张工程师、张某教授、李总编等。
- 学衔性称呼。以学衔作为称呼，可增进被称呼者的权威性，有助于增强学术气氛。

例如，刘博士、张某博士、李某硕士等。

● 行业性称呼。这种称呼一般是有一定社会地位的职业可以直接称呼其职业，如教师、教练、律师、警察、会计、医生、记者、法官等。

（二）礼仪性称呼

在交际场合，或者是国际交往中一般用礼节性的称谓。礼节性称呼有"先生""小姐""女士""夫人""太太"等。

一位五星级宾馆服务员捧着顾客订的蛋糕，轻轻敲门。门开了，一位60岁左右的外国女士面带微笑地出现了。

服务员微笑着说："太太，这是您昨天订的蛋糕，今天四点钟前送到。请您收下。"

女士的脸一沉，冷冷地说："你送错了，我没有订蛋糕。"

门"砰"的一声关上了。

服务员掏出地址，仔细核对，发现并没有送错，于是再次敲门，耐心地说："太太，确实是您昨天中午订的蛋糕，您想起来了吗？"

门没有打开，里面传来不满的嘟囔声："这里没有太太，只有小姐。"

这个事例中，服务员认为60岁左右的女士一定是已婚的，出现了冒犯客人的错误。在女士婚否的判断上，个人的猜测和感觉是靠不住的，因为是否结婚和年龄没有必然联系，在没有确定的情况下，不能贸然使用已婚女士专用的称呼。在涉外场合，对女性的称呼一般都要称呼女士，这体现着对女性的尊重。要注意：

● 先生适用于所有男性。
● 小姐一般适合于未婚或是外表特征比较年轻时尚的女性。
● 女士一般用于已婚或者不清楚对方婚姻状况的女性。
● 夫人、太太适用于已婚女性。

（三）称呼中的禁忌

● 混淆公务场合与生活场景。即使是私人关系很好的朋友之间，在正式场合时必须使用公务场合的称呼，例如，直呼其小名，绰号，或者直呼其名等，都是错误的；将私下小范围的称呼用于正式场合，例如，将领导称呼为"老大""头儿"，将同事叫做"哥们儿""姐们儿""妹儿"，将女性称为"美女"男性称为"帅哥"等，都是错误的。

● 混淆同性与异性。一般关系或是第一次见面的异性之间称呼一般不能省略姓氏，可以省略名，比如，王女士；但在这种情况下不能省略姓氏而直呼其名，如果一位男士称呼一位女士为"梅"，显然不妥当，容易让人以为他们有亲密的关系。而同性之间则要随意些，可以连名带姓，也可以直呼其名。

● 误读姓名。在任何场合，读错他人的姓氏和名字，往往给人带来不受重视的感觉，而且会让被称呼者尴尬，因而一定要在事先弄清楚，以免闹笑话。例如"区"在姓氏的时候念"ōu"，"解"在姓氏中读"xiè"，千万不要想当然而导致读错。

二、介绍礼仪

介绍，就是人际交往中与他人进行沟通、增进了解、建立联系的一种最基本、最常规的方式，它是经过自己主动沟通或者通过第三者从中沟通，从而使交往双方相互认识、建立联系的一种社交方法。也可以说，介绍是人与人进行相互沟通的出发点。介绍一般分为自我介绍和他人介绍。

（一）自我介绍

在社交活动中，如欲结识某个人或某些人，而又无人引见，如有可能，即可自己充当自己的介绍人，自己将自己介绍给对方。

台湾著名艺人凌峰在一次电视台春节联欢晚会上，幽默的自我介绍堪称经典：

在下凌峰……这两年，我们大江南北走了一道，男观众对我的印象特别好，因为他们见到我有点优越感，本人这个样子对他们没有构成威胁，他们很放心，（大笑）他们认为本人长得很中国，（笑声）中国五千年的沧桑和苦难都写在我的脸上了。（笑声、掌声）一般说来，女观众对我的印象不太良好，有的女观众对我的长相已经到了忍无可忍的地步。（笑声）她们认为我是人比黄花瘦，脸比煤球黑。（笑声）

这段自我介绍轻松、幽默，抓住长相的特点，用形象的夸张，调侃自己，即活跃了气氛，又让观众在笑声中留下深刻印象，平易近人，拉近了观众和演员之间的距离。

自我介绍要注意以下几点：

- 时间得当。选择适当的时间进行自我介绍，不能在别人谈话中插话，也不要打扰别人正在进行的工作。内容上力求简洁，节省时间，以半分钟左右为佳。
- 讲究态度。自我介绍最佳的态度包括以下几种：充满自信，落落大方，笑容可掬，态度友善、亲切、随和，内容清楚，语气自然，语速正常，语音清晰。
- 实事求是。所表述的内容，一定要真实可信。没有必要过分谦虚甚至自贬，但也不可自吹自擂，夸大其辞，在自我介绍中掺杂水分。

（二）他人介绍

他人介绍，又称第三者介绍，它是经第三者为彼此不相识的双方引见、介绍的一种介绍方式。在社交场合，这种介绍与自我介绍同样重要。

1. 谁充当他人介绍

在社交活动中，充当他人介绍的通常是社交活动中的东道主，家庭聚会中的主人，公务交往中的礼仪专职人员，正式活动中地位、身份较高者等。如熟悉被介绍的双方，又应一方或双方的要求，也可充当介绍人。

2. 介绍顺序

介绍时应遵守"尊者优先了解他人"规则。在为他人作介绍前先要确定双方地位的尊卑，然后先介绍位卑者，后介绍位尊者，这样做可以使位尊者优先了解位卑者的情况，以便见机行事，在交际应酬中掌握主动权。

例如，介绍长辈与晚辈认识时，因为长辈为尊，应先介绍晚辈给长辈，再将长辈介绍给晚辈；同样的道理，介绍老师与学生认识时，应先介绍学生给老师，然后再将老师介绍给学生；介绍同事、朋友与家人认识时，应先介绍家人给同事、朋友，然后再将同事、朋友介绍给家人；介绍女士与男士认识时，应先介绍男士给女士，然后再将女士介绍给男士。

【范例】

办公室新来一位大学生，人事部的小李带着他来到办公室。先将大学生介绍给部门主任："张主任，这是你们办公室新来的大学生，名叫李嘉，财大毕业的。"然后，再将李嘉介绍给张主任："李嘉，这是张主任，以后他就是你的领导了。"

在期待与他人相识的时候，不能贸然提问："你叫什么名字？"最好请求他人介绍，如果不得已要询问时，应该采用委婉的言语，如："对不起，能问一下怎么称呼您吗？"

三、握手礼仪

2014年1月14日，台湾当局"陆军"下士洪仲丘在退伍前被虐待致死一事在岛内引发民怨沸腾。马英九出席洪家于2013年8月4日举行的遗体告别式，当他上完香，想与洪仲丘的姐姐洪慈庸握手时，却"意外"地遭到拒绝。尴尬之下，马英九只能勉强将手搭在洪慈庸的手臂上，以示自己的"诚意"。

在正式场合中被拒绝握手，既是一种排斥抗拒，更是一种不屑和羞辱，此时马英九的尴尬难堪可想而知。这时，作为社交礼仪的握手，生动地表现了它的复杂性——在不同的情境下，握不握手、如何握手、握手有哪些注意事项等，都有着丰富而微妙的讲究。

——《新周刊》2013年第19期　郭小为《握手史》

在交际应酬之中，相识者与不相识者之间往往需要在适当的时候向交往对象行礼，以示自己对对方的尊敬、友好、关心与敬意。这种仪式，即所谓会面礼，也就是人们会面时约定俗成互行的礼仪。当今在我国乃至世界各国最为通行的会面礼就是握手。

（一）握手的由来

握手的历史可以追溯到人类"刀耕火种"的年代。那时，人们在狩猎和战争时，手上经常拿着石块或棍棒等武器。遇见陌生人时，如果大家都无恶意，就要放下手中的东西，并伸开手掌，让对方抚摸手掌心，表示手中没有藏武器。这种习惯逐渐演变成今天的握手礼节。

一种更为普遍的说法是，欧洲中世纪战争期间，骑士们都穿盔甲，除两只眼睛外，全身都包裹在铁甲里。如果表示友好，互相走近时就脱去右手的甲胄，伸出右手，表示没有武器，互相握手言好。后来，这种友好的表达方式流传到民间，就成了握手礼。

美国著名女作家海伦·凯勒也说："握手，无言胜有言。有的人拒人千里，握着冷冰冰的手指，就像和凛冽的北风握手。有些人的手却充满阳光，握住它使你感到温暖。"

（二）握手的原则

握手时谁先伸出手，应该遵循"尊者决定"的原则。在两人握手时，各自首先应确定握手双方彼此身份的尊卑，然后以此而决定伸手的先后。应由位尊者首先伸出手来，即尊者先行。位卑者只能在此后予以响应，而决不可贸然抢先伸手，不然就是违反礼仪的举动。

例如，年长者与年幼者握手应由年长者首先伸出手来；长辈与晚辈握手应由长辈首先伸出手来；老师与学生握手应由老师首先伸出手来；女士与男士握手应由女士首先伸出手来；已婚者与未婚者握手应由已婚者首先伸出手来；社交场合的先至者与后来者握手应由先至者首先伸出手来；上级与下级握手，则应由上级首先伸出手来。

握手双方一般距离1米左右，双腿立正，上身略向前倾，伸出右手，四指并拢，虎口相对，拇指张开与对方相握，握手时用力适度，时间两三秒为宜，随即松开手，恢复原状。与人握手，神态要专注、热情、友好、自然，面含笑容，目视对方双眼，同时向对方问候。

握手时不能戴着手套或戴着墨镜，另一只手也不能放在口袋里。只有女士在社交场合可以戴着薄纱手套与人握手。坐着与人握手是不礼貌的，只要有可能，都要起身站立。握手时不宜点头哈腰，过分客套，这样会让对方不舒服。

四、电话礼仪

在现代人际交往中，电话已经成为人们生活必不可少的通讯工具。在这种不见其人只闻其声的交往中，双方的声音与态度，能让对方感觉到。电话礼仪不仅仅反映了每位接听者的情绪、文化修养和礼貌礼节，同时也反映了一个单位、公司员工的整体素质。在日常生活中，人们可以通过电话粗略判断对方的人品、性格。因而，掌握正确的、礼貌待人的打电话方法是非常必要的。电话仿佛是个琢磨不透的宝贝，运用得体，它会带来成功，运用不得体，它又会成为人们交往中的绊脚石。

（一）通话时间

给别人打电话，如果是工作上的事情，一般选择上班时间比较合适。往办公室打电话，以上午十点左右或下午上班以后为好；午休时间，即中午12点半到下午上班时间，一般不要打电话，以免影响别人午休。

休息时间一般不给别人打电话，如果有事，也不要在晚上10点以后，早上7点之前给别人打电话。一般往家中打电话，以晚餐以后或休息日下午为好，因为这些时间比较空闲，如果有万不得已的急事打电话，你第一句话要说："抱歉，事关紧急，打搅你了。"

打电话时，应礼貌地询问："现在说话方便吗？"要考虑对方的时间。如果正在处理事情，或者很多人在场的时候有来电，则应该对旁边人说："抱歉，接个电话。"然后到一旁接听。如果三言两语说不清楚，则应该对对方说："抱歉，现在正忙，待会儿处理完了给你打过去。"不要让旁边人等待你过长的时间。当然，事情完了一定记得回复电话。

从互相尊重的角度，通话时间是宜短不宜长，长话短说，废话不说。电话礼仪有一个规则，叫做电话三分钟原则。就是你跟别人通话的时候应该控制在三分钟之内，把最重要的事放在前面，简明扼要，言简意赅。

（二）规范用语

电话接通后，主动问好，并问明对方单位或姓名，得到肯定答复后报上自己的单位、姓名。不要让接话人猜自己是谁（尤其是长时间没见的朋友、同事），避免使对方感到为难。接电话语气："喂"的声调最好为上升调，这样显得你愉悦，温柔，礼貌，没有特别的事情这个"喂"最好省略，直接说"你好"。

- × 你找谁？　√ 请问您找哪位？
- × 有什么事？　√ 请问您有什么事？
- × 你是谁？　√ 请问您贵姓？
- × 不知道！　√ 抱歉，这事我不太了解。
- × 我问过了，他不在！　√ 我再帮您看一下，抱歉，他还没回来，您方便留言吗？
- × 没这个人！　√ 对不起，我再查一下，您还有其他信息可以提示一下我吗？
- × 你等一下，我要接个别的电话　√ 抱歉，请稍等。

（三）电话仪态

打电话过程中绝对不能吸烟、喝茶、吃零食，即便是懒散的姿势对方也能够"听"得出来。如果你打电话的时候，弯着腰、躺在椅子上，对方听你的声音就是懒散的，无精打采的。若坐姿端正，所发出的声音会亲切悦耳，充满活力。接听电话时要把对方当成面对面的交谈，因为你愉快的情绪可以通过你的声音传递给对方。因此打电话时，即使看不见对方，也要当作对方就在眼前，尽可能注意自己的姿势以保证声音清晰，同时面带微笑，保持愉快的情绪，语调明快、温和，态度友好。

打电话要尽量避免在公众空间，例如影剧院、会议中心、餐厅、公交车、公交车站台、地铁、商场等，在这些场合旁若无人地讲电话对别人就是噪音骚扰，任何一个有教养的人都会避免在公众场所打电话的。

当通话结束，谁先挂电话？标准的做法是地位高者先挂，以显示对地位高的人的尊重。例如，晚辈和爷爷通话结束时，爷爷先挂；老师和学生通话结束，老师先挂；领导和员工通话结束时，领导先挂。当然，绝不能在对方还没有把话说完就挂掉电话，这是非常不礼貌的行为。

如果拨错电话，请务必道歉。

五、餐饮礼仪

就餐是生活中重要的环节，同时也是在公务场合之外，拉近彼此距离、沟通情感、融洽关系、建立联系的最佳场合。因而，就餐不能简单理解为吃饭，而是一种半应酬的场所。所以，通晓餐饮的礼仪显得尤为重要。

莎士比亚说过："在宴席上最让人开胃的就是主人的礼节。"这就是说，让人酒足饭饱远不是就餐的全部，其中的餐饮礼仪与餐桌上的菜品同样重要。餐饮礼仪是指人们在赴宴进餐过程中，根据一定的风俗习惯约定俗成的程序和方法，在仪态、餐具使用、菜品食用等方面表现出的自律和敬人的行为，是餐饮活动中需要遵循的行为规范与准则。

（一）中餐

中餐宴会是中国固有的宴饮聚会，有其浓郁的东方特色。其特点是提供中式菜点，使用中式家具、餐具、茶具和提供中式服务，基本按中国人传统方式进餐。

1. 入席的安排

中餐非常讲究座位的安排，因为座位的安排体现了地位的尊卑。因此在中餐的宴席上，首先得确定最重要的位置，即首席，然后才能安排其他的座次。正规的中餐一般使用圆桌。首席，进门对面的位置。据说古代皇帝总是坐北朝南，所以朝南的位子为尊。而通常的民宅是坐北朝南盖房子，因此座位正对门，就是朝南，后来沿袭下来，就以朝门为尊了。中餐宴会的座位，一般正面对大门的是首席，首席右旁位子为主宾，左边为次宾，剩下的依此类推。在宴会入席时，大家都得等主客在首席坐定后才好就座。

2. 席间的注意

筷子、汤匙、碗、盘是中餐里主要的餐具，使用时应该各司其职。筷子用于夹菜；汤匙舀取流质的羹、汤；碗主要用于盛放主食、羹汤；盘子，稍小一点的盘子，称作碟子。盘子在中餐中主要用于盛放食物，或者盛放残渣、骨头等。

进餐过程中不要将碗端起来进食，尤其不要双手端起碗来进食；食用碗里盛放的食物时，应以筷、匙加以辅助；不要用自己的筷子给别人夹菜，这样不太卫生；吃东西的时候闭嘴细嚼，不发声响；当遇到不知道怎样吃的东西时候，不要贸然行事，而先观察别人怎样吃的，以免闹笑话。

就餐过程中，不要闷头吃，而要注意和邻座的人有一些交流，以增进感情。

（二）西餐

西餐是对西式饭菜的一种约定俗成的统称。在一般人的眼里，西餐除了与中餐在口味上有所区别外，还有两个鲜明的特点：一是它们来自于西方国家；二是它们的取食工具是刀叉。

1. 座次安排

不同于中餐的圆桌，最常见、最正规的西餐桌当属长桌。西餐的座次不同于中餐的规则。在西餐礼仪里，座次安排有这样的特点：

● 女士优先。为体现女士优先，在排定用餐位次时，主位一般应请女主人就座，而男主人则须退居第二主。主位一般是面对门的中间，男主人则是背对门的中间，男女主人相向而坐，也可以男女主人在长桌中央对面而坐。

● 以右为尊。在排定位次时，以右为尊依旧是基本指针。就某一特定位置而言，其右位高于其左位。例如，应安排男主宾坐在女主人右侧，应安排女主宾坐在男主人右侧。

● 交叉排列。座位的交叉排列，是指男女交叉、生人与熟人交叉排列，因此，一个用餐者的对面和两侧，一般是异性，而且还有可能与其不熟悉，这样排位的优点是可以广交朋友。

2. 餐具的使用

右手持刀，左手持叉：右手用刀切割食物，时常需要左手的叉子将食物固定，然后左手持叉将切好的食物送入口中。也可以右手持刀将食物切成小块后，把刀放下，右手持叉送食入口。一般而言，正式宴会时候常用前一种方法，一般的便餐可以使用后一种。一般来说，女主人拿起自己的叉子之后，客人才可以正式进餐。

3. 离席餐具的摆放

在用餐过程中，一般不离席，除非有不得已的事情，例如，出去接电话，上洗手间或是有事情要处理等，这时候要将手中的刀口向内，叉齿向下，摆成"八"字形状放于餐盘上，如图，这是暗示服务生客人只是临时离席，才还没有吃完，请不要撤掉餐具和刀叉。

如果用餐完毕，准备离席了，应该将刀口向内，叉齿向上，将刀叉放在餐盘右边成"四点钟"的样式，刀表示服务生可以在客人离开后将刀叉与餐具同时撤掉，用餐完毕。

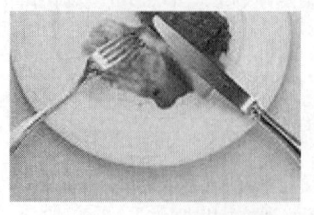 

西餐的菜序（正餐）

- 开胃菜。也叫前菜,由蔬菜、水果、海鲜、肉食所组成的拼盘。一般而言是为增进食欲供应的小菜。通常带有地方色彩,以时令菜为主。
- 面包。一般是切片面包,目的是让客人垫底。
- 汤。西餐中的"开路先锋",喝汤表示正式开始吃西餐了。常见的有白汤、红汤、清汤等。
- 主菜。主菜有冷、热两种,一般以热菜为主角。大体上是两个热菜一个冷菜,有时还会加上一个海鲜。主菜往往代表此次用餐的档次、水平。
- 附餐。包括点心、甜品、水果、热饮,目的是让没有吃饱的客人填饱肚子。点心诸如蛋糕、饼干、吐司、馅饼、三明治之类的小点心等;甜品,常见的有布丁、冰淇淋;还有被称之为"压轴戏"的热饮,一般是红茶和黑咖啡,二者能选其一,不能同时享用。

通常,一顿西餐便餐的标准菜序应当是方便从简,有五道菜肴构成:开胃菜、汤、主菜、甜品、咖啡。

4. 西餐的细节

西餐源远流长,十分注重礼仪,讲究规矩,在吃西餐的过程中,一些小的细节如果不知晓,就可能闹笑话,就是非常失礼的行为,严重影响的自身的形象。

- 切割食物时候,要两肘下沉,这样既优雅同时又不妨碍他人。如果两肘高高架起,则可能挡住别人,同时也很不雅观。
- 食物一定要小块切,小口吃,一次一口。不能将牛排整个切成两半,然后在依次分切下去,而是吃多少切多少。切忌把嘴塞得鼓鼓囊囊的。
- 切食物是要尽量轻巧,不要弄得叮当作响。
- 吃鸡、龙虾时,经主人示意,可以用手撕开吃,或用刀叉把肉割下,切成小块吃;切带骨头或硬壳的肉食,叉子一定要把肉叉牢,刀紧贴叉边下切,以免滑开。
- 席间谈话时,可以不必将刀叉放下。但如果你必须做手势,就应该把刀叉放下,不可拿着刀叉在空中比划,也不能将刀叉竖起来拿着。
- 进餐时候和邻座的人轻声交谈,不可大声喧哗。
- 吃东西时应细嚼慢咽,嘴里不要发出很大的声响,如咀嚼时的"吧嗒吧嗒"和喝汤时候"咕噜咕噜"的声音都要避免。
- 吃西餐坐姿要正,身体要直,脊背不可紧靠椅背,一般坐于座椅的四分之三即可。不可伸腿,不能跷起二郎腿,也不要将胳臂肘放到桌面上。

5. 牛排小知识

在西餐中牛排生熟一般有四种:

一分熟牛排,带血牛肉,表面稍有一点焦黄色泽,里面完全是鲜红的生肉状态。

三成熟,下刀切开后,看到的是火腿肠般的暗红色,品尝起来,入口只需轻轻嚼动便温润即化,汁水较多。

五成熟,肉中心为粉红色,整个牛排都很烫。

七成熟,表面焦黄,中心已熟七八分。

熟透的牛排为咖啡色乃至焦黄色，牛排内部为褐色。在法国，几乎没有人会点这种牛排，据说某位名厨甚至会把点这种全熟牛排的客人请出他的餐厅。

（三）自助餐

自助餐，有时亦称冷餐会，它是目前国际上所通行的一种非正式的西式宴会。它与正式的西餐相比，更加自由、方便，因而受到越来越多人的喜爱。

自助的含义是与正餐相对，没有固定的座位安排，就餐者自作主张地在用餐时自行选择食物、饮料，然后自由地与他人在一起或是独自一人地用餐。至于它又被叫作冷餐会，则主要是因其提供的食物以冷食为主。当然，也可以有少量的热菜。

自助餐中应该注意以下几点：

- 排队取菜，循序取菜。

自助，就是自己照顾自己，但是依然要遵守秩序。先来后到，排队取食，礼让别人，不能插队、乱挤，也不要在取食时犹豫不决，让别人等待太久；取菜标准的先后顺序，依次是：冷菜、汤、热菜、点心、甜品和水果，不能任由自己的喜好自行其是，例如一来就吃水果或者是甜品，这样显得不懂规矩，让人笑话。

- 多次少取，力戒浪费。

"多次"指用餐者在自助餐上选取某一种类的菜肴，可以再三反复去取。每次应当只取一小点，待品尝之后，觉得它适合自己的话，再次去取。这样所取食物既可以让自己吃好，又避免了浪费。千万不能为了省事而一次取用过量，装得太多，这样会招致别人笑话，还可能因为不对胃口而浪费。取菜时建议不要将多种食物混杂在一个盘子里，这样有可能导致食物味道互窜，影响食欲。

- 照顾他人，适度交际。

尽管是"自助"为主，但并不意味着只顾自己，而对他人不管不问，相反，对同伴、熟人，要关心照顾，比如，主动介绍菜品，以及给出选取菜肴的建议，但是切不可以自作主张地为对方直接代取食物；参加商务性质的自助餐时，其实吃东西往往属于次要之事，而与其他人进行适当的交际活动才是最重要的任务。一个人埋头大吃，吃完即走是非常失礼的行为，当然一味忙于交际，甚至不顾及别人进餐的需求，也是不妥的行为，而应该在轻松适当的进餐中适度交谈，同时注意多进入几个交际圈，但是不要来去匆匆，而应在每个圈子选择适当的话题并作适当的停留。

（四）咖啡

长期以来，咖啡一直是欧美国家诸多饮料之中的主角，咖啡不仅用来提神、解渴，还频频现身于各种各样的社交场合。因此，饮咖啡在很大程度上是一种礼仪活动。

据史料记载，1884年咖啡在台湾首次种植成功，从而揭开了咖啡在中国发展的序幕。我国内地最早的咖啡种植则始于云南，在20世纪初，一个法国传教士将第一批咖啡苗带到云南。随着改革开放，作为西方生活方式的一部分，咖啡正式进入中国人的家庭和生活；有数据表明，中国的咖啡消费量正逐年上升，有望成为世界重要的咖啡消费国。城市的咖啡馆伴随着咖啡文化的成长也如雨后春笋般出现，成为青年人如今的消费时尚，装点着都市风情。

喝咖啡的礼仪：

1. 拿杯

在餐后饮用的咖啡，一般都是用袖珍型的杯子盛出。咖啡杯的正确拿法，应是拇指和食指捏住杯把儿再将杯子端起。

2. 加糖

给咖啡加糖时，砂糖可用咖啡匙舀取，直接加入杯内；也可先用糖夹子把方糖夹在咖啡碟的近身一侧，再用咖啡匙把方糖加在杯子里。如果直接用糖夹子或手把方糖放入杯内，有时可能会使咖啡溅出，从而弄脏衣服或台布。

3. 咖啡匙

咖啡匙是专门用来搅咖啡的，饮用咖啡时应当把它取出来。不能用咖啡匙舀着咖啡一匙一匙地慢慢喝，也不要用咖啡匙来捣碎杯中的方糖。

4. 杯碟

盛放咖啡的杯碟都是特制的。它们应当放在饮用者的正面或者右侧，杯耳应指向右方。饮咖啡时，可以用右手拿着咖啡的杯耳，左手轻轻托着咖啡碟，慢慢地移向嘴边轻啜。不宜满把握杯、大口吞咽，也不宜俯首去就咖啡杯。喝咖啡时，不要发出声响，添加咖啡时，不要把咖啡杯从咖啡碟中拿起来。

5. 点心

有时饮咖啡可以吃一些点心，但不要一手端着咖啡杯，一手拿着点心，吃一口喝一口地交替进行。饮咖啡时应当放下点心，吃点心时则放下咖啡杯。

6. 禁吹

刚刚煮好的咖啡太热，可以用咖啡匙在杯中轻轻搅拌使之冷却，或者等待其自然冷却，然后再饮用。用嘴试图去把咖啡吹凉，是很不文雅的动作。

【友情链接】

咖啡的传说及发展

"咖啡"一词源自希腊语"Kaweh"，意思是"力量与热情"。传说衣索比亚高地一位名叫柯迪（Kaldi）的牧羊人在放羊的时候，偶然发现他的羊蹦蹦跳跳手舞足蹈，仔细一看，原来羊是吃了一种红色的果子才导致举止滑稽怪异。他试着采了一些这种红果子回去熬煮，没想到满室芳香，熬成的汁液喝下以后更是精神振奋，神清气爽，从此，这种果实就被作为一种提神醒脑的饮料，且颇受好评。

古时候的阿拉伯人最早把咖啡豆晒干熬煮后，把汁液当作胃药来喝，认为可以有助消化。后来发现咖啡还有提神醒脑的作用，同时由于伊斯兰教严禁教徒饮酒，因而就用咖啡取代酒精饮料，作为提神的饮料而时常饮用。十五世纪以后，到圣地麦加朝圣的伊斯兰教徒陆续将咖啡带回居住地，使咖啡渐渐流传到埃及、叙利亚、伊朗和土耳其等国。

咖啡进入欧洲大陆当归因于土耳其当时的鄂图曼帝国。由于嗜饮咖啡的鄂图曼大军西征欧洲大陆且在当地驻扎数年之久，在大军最后撤离时，留下了包括咖啡豆在内的大批补给品，维也纳和巴黎的人们得以凭着这些咖啡豆，和由土耳其人那里得到的烹制经验，而发展出欧洲的咖啡文化。

咖啡文化成熟于欧洲。无数的咖啡沙龙内，新的文学、哲学与艺术皆因而出现，期间诞生了无数的思想家及哲学家，如卢梭等。文化人不断齐集，并以齐聚于知识性的咖啡沙龙内高谈阔论而闻名。不久在意大利浓缩咖啡开始出现，引起咖啡饮用方式的变化。咖啡越来越受到大众的喜爱。

【实训】案例分析

王先生和三位同事到英国洽谈业务。他们到一家餐馆进餐，点完菜之后，他们开始到处拍照，大声说笑；进餐时，杯盘刀叉的撞击声，嘴巴咀嚼的声音始终不断；用完餐之后杯盘狼藉，地毯上沾满油污。周围人对此非常不满，向侍者提出了抗议。

请你根据西餐礼仪，指出他们有哪些失礼行为？应该怎样做？

纽约的一家大公司以年薪60万美元的待遇招聘一位重要的工程师。该公司有关部门经过三轮考核，最终筛选出两位候选人。这两位候选人各方面条件都旗鼓相当，公司难以定夺。最后由老板亲自面试。

两位候选人先后进来，握手后，简单聊了几句，然后，老板当即表态，决定录用第一位面试者。事后，人力资源部的经理问老板录用的理由，老板说："我是通过握手的感觉做出选择的。第一位和我握手时，我感到他的手比较温暖，握手时用力适当，再加上他谈吐自然，给人以充满自信、具有亲和力、身体健康的感觉；第二位和我握手时，他手冰凉、出冷汗，握手时无力，稍带颤抖，给人的感觉是拘谨矜持，身体不够健康。"

俗话说"细节决定成败"，请从握手礼的角度谈谈两位应聘者的得失。

第三章　幼儿教师职场篇

第一节　幼儿教师礼仪的重要性

一、礼仪之于普通人

英国人威廉·赫兹里特在其《论礼仪》中说："礼仪之于社会犹如衣裳之于个人。人无衣裳则赤身裸体有失体面，必然导致道德堕落。没有礼仪的社会，其境地可悲可叹，因为民众之必要交往必然受到冒犯和纠纷的无端侵扰。"中国是一个礼仪之邦，对"礼"的教育相当重视，上下五千年，从西周视礼为"国之大柄"到现代的"五讲四美"；从荀子的"国无礼而不宁"到今天的精神文明建设，礼仪一直是中华文化的核心。在日常生活与人交往中不仅要做到语言美、形态美，还要做到谦卑有礼，彰显礼仪对社会和个人发展的重要性。

著名画家陈丹青在一篇随笔中曾写到两件发生在自己身上的小事，并以此来说明礼仪和教养的重要性。

我到罗马旅游，找到两条专卖古董的大街，一家一家进去看。有一家进去后，我就埋头看小雕塑、小文物，然后向一位老先生问价钱。问了几件，老先生都说不卖，我说："为什么不卖呢？"他就说实话了，他说："这是我的店，你进来了，不跟我打招呼，就在那里看，然后问我卖不卖，我不卖。"在罗马，在文艺复兴的故国，不经意之间，小时候"文革知青"那种没教养，那种粗鄙的人格，就露出来，这位老人把我点醒了。

有一次在大学厕所里正撒尿，一个仪表堂堂的青年，二十四五岁的样子，是个研究生，非常帅的小伙，立刻跑过来站在我后面大声说："你是不是陈老师？我是从江西来的，你在江西插过队，我要跟你照个相。"我非常尴尬，因为我正在撒尿。出了厕所，他早已准备好了照相机，把我像人质一样一把夹住，不由分说就拍照。这种情况我不止一次遇到——虽然并不是每次都在撒尿——但一上来就拍照，拍完就走，然后跟人说，你看！我跟陈老师合影。我们小时候，所有大人都不许我们这样对待人，可是如今变成大学里司空见惯的事情。不是对我一个人，所有他们认为有价值的或必须认识一下的，都这样，行话叫做"混个脸熟"。

可以说，在每个人的一生当中，礼仪都是必需品，那么礼仪之于幼儿教师又有什么独特的价值和意义呢？

二、礼仪之于幼儿教师

古往今来，人们往往会赋予教师以崇高的敬意和期待，因而从不缺乏对教师的礼赞。著名的教育家夸美纽斯曾说，"教师是太阳底下最光辉的职业"，杜威在《我的教育信条》

一书当中也深情地赞颂道:"我认为教师总是真正的上帝的代言者,真正天国的引路人。"而这种高尚的身份是基于教师工作的特点——"教师不是简单地从事于训练一个人,而是从事于适当的社会生活的形成"。如果说,教育是社会进步和社会改革的基本方法,那么美好社会的建构将很大程度依靠教师和学生来共同完成。从事着最光辉的职业,与儿童共同建构美好社会的教师不仅要有专业的学识、丰富的教育经验,还应该具备与专业身份和专业工作相匹配的个人修养与行为,养成良好的礼仪。与学龄前阶段的儿童共同生活的幼儿园教师,有必要形成良好的礼仪。

(一)推进教师专业化的进程

随着教育改革的推进,越来越多人认同没有教师参与的教育改革成效甚微。密西根大学教育学院教育政策研究专家大卫·科恩教授就曾撰文指出,在谈及教育改革时,我们更多考虑的是投入经费和自上而下的政策,但真正影响教育实践成效的是教师。因此20世纪中后期的教育改革越来越重视教师的作用,教师专业化的浪潮也渗透到各级各类学校当中。联合国教科文组织和国际劳工组织在1966年发布的《关于教师地位的建议》提出:"应把教师工作作为专门的职业,这种职业要求教师经过严格地、持续地学习,获得并保持专门的知识和特别的技术。"

随着对教师专业化认识的不断深化,人们普遍认识到教师不仅要由专门的知识和特别的技术,还需要有专业的理念与师德。教育部2012年颁布出台了《幼儿园教师专业标准(试行)》〔2012〕1号文件(以下简称《专业标准》),旗帜鲜明地提出,幼儿园教师要以师德为先,要"热爱学前教育事业,具有职业理想,践行社会主义核心价值体系,履行教师职业道德规范,依法执教。关爱幼儿,尊重幼儿人格,富有爱心、责任心、耐心和细心;为人师表,教书育人,自尊自律,做幼儿健康成长的启蒙者和引路人"。在专业理念与师德下,对幼儿园教师个人修养与行为提出了明确的要求,指出"衣着整洁得体,语言规范健康,举止文明礼貌"。由此可见,只有成为一名有礼仪的,注重个人修养与行为的幼儿园教师,才有可能成为专业的幼儿园教师。只有当幼儿园教师队伍整体的礼仪、修养与行为得到充分的重视和积极地提升以后,幼儿园教师才能被称为专业的教师队伍。换言之,前者是后者实现的前提条件之一。

(二)发挥教师行为的示范作用

家庭是幼儿的第一个重要环境,父母是第一任教师;而当幼儿迈出家门,进入到社会当中,加快社会化的进程时,幼儿园和幼儿教师起到了至关重要的作用,幼儿园教师是儿童成长的重要启蒙者。幼儿园教师不仅通过给儿童创设环境、设计组织教学活动、评价幼儿来影响儿童的发展,他们还通过潜移默化地示范来影响幼儿的发展。我国古代思想家荀子就曾说过"礼者,所以正身也;师者,所以正礼也。无礼何以正身?无师吾安知礼之为是也?"意思是说:人的行为受礼仪规范,教师的职责是修正礼仪,没有礼仪又怎能修正人的行为?没有教师,又怎能了解礼仪正确与否呢?一个拥有良好形象的幼儿教师,总能吸引幼儿的目光,使幼儿乐于亲近老师模仿老师的行为举止,从而形成强大的向师性。这种向师性对于塑造幼儿以后健康的道德品质、行为习惯具有深远影响和积极意义。

心理学史上有一个非常著名、非常有影响的实验，它阐述了儿童是怎样习得攻击行为的。这项研究是阿尔卡特·班杜拉和他的助手多萝西娅·罗斯以及希拉·罗斯于 1961 年在斯坦福大学完成的。班杜拉被称为"社会学习理论"心理学派的奠基人之一。社会学习理论家认为：学习是人格发展的主要因素，并且这种学习发生在与他人的相互作用之中，比如，在你的成长过程中，父母、老师等重要人物强化某一行为而忽视或者惩罚其他行为。班杜拉认为除直接的鼓励和惩罚之外，行为的塑造还有一种重要的方式，既可以通过简单地观察、模仿其他人的行为而形成。他指出人的一切社会学行为都是在社会环境的影响下，通过对他人示范行为及其结果的观察学习而得以形成的，不依赖于直接的强化。那些仅仅通过观看暴力殴打玩具娃娃影片的儿童，在随后也表现出了殴打行为。幼儿园教师，不仅每天和幼儿接触的时间长，而且在幼儿心中往往是一种外在的"权威"，而在观察学习的过程当中，往往倾向于注意和模仿"权威""偶像"的行为。因此，教师的个人行为修养如何，是否在日常的生活、工作中能恰当地待人接物，都会在潜移默化中影响幼儿的言行。《3~6岁儿童学习与发展指南》也明确指出："幼儿在与成人和同伴交往的过程中，不仅学习如何与人友好相处，也在学习如何看待自己、对待他人，不断发展适应社会生活的能力。""幼儿的社会性主要是在日常生活和游戏中通过观察和模仿，潜移默化地发展起来的。成人应注重自己言行的榜样作用，避免简单生硬的说教。"因此，要想幼儿养成良好的礼仪，首先教师应身先示范，教师的身教胜于言传。

（三）助力家园工作的顺利开展

幼儿园教师的工作内容繁杂丰富，既要着眼于为幼儿提供适宜的课程，满足儿童身心发展的需要，又要做好家长工作，通过家园沟通和家园合作，实现家园共育。在和孩子交往，特别是和幼儿家长交往的过程当中，塑造教师的健康形象，非常必要。

首先，有健康形象的教师才能有威信，而有威信的教师才能让家长放心，也才能让家长信服。教师威信是一种巨大的教育力量，它的形成不仅与教师的知识、能力等密切相关，同时也受教师外在形象的影响。举止文雅、穿着朴素、仪态端庄、作风正派的教师形象，有助于在幼儿及家长群体当中建立起威信；反之，不注意个人仪表风度、衣衫不整、蓬头垢面、浓妆艳抹、行为不检等形象欠佳的教师，往往成为家长背后议论的对象，从而使教师威信的树立大打折扣，家长往往会对幼儿园整体的教育质量也会产生疑问。

其次，有礼仪的教师在和家长工作中更懂得沟通的艺术，不仅仅时刻将微笑挂在脸上，更重要的是对家长的要求和需要耐心倾听，懂得站在家长的角度，理解他们的抱怨和指责。如此一来，教师的沟通和交流才更容易被家长接受，才更容易解决教育中的争议问题，形成幼儿教育的合理，共同作用于儿童的发展。

（四）营造和谐健康的园所氛围

互动是一种普遍的社会现象，广泛存在于人与人之间的交往活动中。在幼儿园中，园长与教师、教师与教师、教师与家长、成人与儿童之间的良好的互动，注重交往的礼仪，有利于建立融洽的园所氛围以及幼儿园工作顺利开展。交往的礼仪在大多数场合施礼并非纯粹的礼仪之举，而是借以表达情意。交往中，人们常常有意无意地由他人对自己的礼遇来分析和判定，这其中折射出的对方的感情意向，产生一定的情绪体验。交往中，由社交礼仪产生的情绪体验，主要表现为两种情感状态：一是感情共鸣。当交往双方对所交流的信息有相同的情绪体验，交往对象感情符合自己的心理趋向，彼此之间感到双方是互相尊重的，就产生了感情共鸣。在交往最初的印象中，如果一方或双方都注意自己仪表整洁、仪态端庄、举止文雅、言语文明，就会产生良好的"人际气候"。使交往双方互相吸引，导致良好和谐的人际关系的建立和发展。二是感情排斥。与感情共鸣状态的表现相反，如果你衣冠不整、精神不振、举止粗俗、傲慢无礼、都可能导致感情排斥。被对方视为骄傲自负、缺乏教养，从而对你产生反感形成排斥，并拒绝与之交往。所以我们应该懂得美德是精神上的一种宝藏，使之生辉的则是良好的礼仪修养。正所谓"文雅客来勤"，以礼相交久而敬之。在园所当中，如果幼儿园教师都能掌握良好的交往礼仪，就能够在同事之间形成一种共同的积极的情绪体验和情感联结，也能引导家长和幼儿的交往行为，从而营造出和谐健康的园所氛围。

（五）保持积极向上的个人心态

当幼儿教师注重自己内外在礼仪时，就会关注对自身的印象管理，期望给他人留下良好的印象，或者说在与他人的交往当中调节自己的行为有意识地控制别人对自己形成印象的过程。幼儿园的工作繁琐复杂、头绪众多，幼儿教师同时承担着教师、母亲、女儿、妻子等多重社会角色。在日常的工作和生活当中难免有不如意的地方。强调和关注幼儿教师的礼仪，能够让教师对自己的言行举止有所自觉，懂得以恰当的方式来应对工作和生活的压力，以恰当的方式来调节和派遣负面的情绪，而不是以与教师身份不符合的方式来表达。当一个人经常微笑时，心情也会更加舒畅。而教师的情绪具有积累的效应，即当负面情绪积累时，更容易对此后发生的事情产生负面的情绪；而当正面情绪积累时，也更容易积极地来看待此后遭遇的事情。因此，以礼仪的要求管理自己的个人印象，调节自己的情绪和行为，有利于幼儿园教师保持健康、正面、积极的心态。

三、关注幼儿教师礼仪教育的现实需要

当前，随着学前教育的价值和重要性不断受到政府和公众的关注和承认，幼儿园的数量和规模持续扩大，幼儿园教师队伍也不断壮大。新增的幼儿园教师既有从小学转岗的教师，也有从各类师范院校毕业的学生。随着越来越多"80后"和"90后"学生进入幼儿教师队伍当中，幼儿教师群体显得更有年轻的活力。这一年代出生的幼儿教师普遍思想活跃、不拘小节、追求个性和时尚、敢于挑战权威和规则。这些心理特点往往有助于他们工作的创新，但同时也会带来一些问题，例如，在人际交往时，往往比较注重自我的感受，不太站在他人的角度思考问题；往往强调个人利益和权利的表达，不太愿意服从集体的利益；在穿着打扮上面，更追求时尚和前卫，容易忽视自己的职业特点；在人际交往当中不太注意细节，欠缺沟通的技巧；强调规则的合理性和合法性，不愿意盲目地遵从规则的要求。这些特点都是客观存在的，为帮助幼儿教师塑造更有利于各项工作开展的职业形象，为促进幼儿全面的健康发展，适时的礼仪教育显得尤为重要。

第二节 仪表得体

捷克教育家夸美纽斯说:"教师的职务是用自己作榜样教育学生。"幼儿教师就要发挥榜样的作用,用规范的行为做幼儿的表率。因为教师的每一个表情,每一个动作,每一句话都给幼儿传递着信息,得体的仪容仪表会给孩子留下潜移默化的影响。加里宁认为:"一个教师必须好好检查自己,他应该感觉到,他的一举一动都处于最严格的监督之下,世界上任何人也没有受到这样严格的监督。"这就是强调教师要求幼儿崇尚的行为,自己应当行之。

幼儿教师所教授的对象是2~6岁的幼儿,这个年龄阶段是建立幼儿社会性发展的关键时期,他们通过认识外界环境并逐渐同周围的人、事、物进行交往,有了自己对社会的认识,同时,随着年龄的增长,幼儿的自我意识、人际关系、社会行为都在发展。因此作为幼儿教师,不仅要有扎实的专业技能,还要有大方得体的教师形象,这就要求教师要塑造美丽大方、朝气蓬勃的外在形象。

就幼儿而言,婴班(2~3岁)幼儿的学习以模仿为主,老师举手投足间的规范性尤为重要;幼儿班(3~6岁)幼儿自我意识在逐渐发展,对周围的人、事、物都有自我的初步认识,开始出现爱美的心理,教师的衣着服饰会直接影响幼儿的审美观。教师保持清新、大方的外在形象以及和蔼可亲的言行举止能与幼儿建立良好的情感联系,使幼儿的情绪愉悦,还能激发幼儿学习的积极性。

比如,要求幼儿穿着干净整洁的服饰,自己就要先做到,并随时保持自己的着装整洁;要求幼儿每周修建指甲,自己也不能留长指甲,正所谓孔子的名言:其身正,不令而行;其身不正,虽令而不行。那么怎样才能体现幼儿教师的仪表得体呢?

一、女教师仪容仪表礼仪

(一)自然淡雅的仪容

著名教育家加里宁曾说过:"教师仿佛每天都蹲在几百面镜子前面,因为课堂上有几百双精锐的、富有敏感的、善于窥视你的优点和缺点的孩子的眼睛,在不断地盯视着你。"这就要求教师塑造一个良好的形象,做孩子的榜样。作为一名幼儿教师,怎样体现出自己的仪表美呢?保持清新、大方、富有朝气的外表应该是幼儿园女教师的追求。若是利用医学去刻意改变自己的容貌,甚至去割双眼皮、隆鼻、纹眼线,会因为你的过于做作而显得失去了自然的美感,这是不值得提倡的。

1. 头发

一个人的仪容仪表首先要从头做起,头发体现出一个人的精神面貌。作为一名幼儿教师,头发的清洁和造型的美感,给人留下舒适、亲切、随和的感觉是最基本的要求。女教师的头发应保持干净整洁,选择适合自己发质的洗发水,一周至少洗头两至三次;在造型方面，应给人干练优雅、舒适大方的感觉。追求时尚的造型，是每个女人的天性，但是幼儿教师在造型方面应注意，头发的颜色以自身颜色为佳，刻意染发、烫发不仅会散发不利于幼儿健康的药水味，也会让幼儿的审美产生偏差；有的教师长发随意披散，在教学中，会分散幼儿的注意力，幼儿的注意力都在你的飘飘长发上，对于你的教学目标就很难达成，还会让幼儿过分关注你的外貌忽略你所言所行，而且在幼儿进餐中，披散的长头发容易掉进幼儿饭菜里，影响幼儿的健康。

请遵循以下原则：
- 额前的刘海长度以不遮住眼睛为适合，超过肩膀的头发应盘起或束起。
- 头发的颜色以黑色最为得体、自然，不提倡教师染发、烫发。
- 造型的选择要符合教师身份，不能盲目追求时尚潮流，提倡活泼大方、富于朝气，不留夸张、怪异的发型。

2. 眼睛

诗人泰戈尔捕捉到的纯真是这样的："孩子都是无忧无虑的，他们的眼中没有忧愁只有快乐，没有悲伤，只有幸福，天真的孩子的眼睛中能找到天堂般的感觉。"眼睛作为心灵的窗户，能透露出你的真诚与友善，在和孩子交流中，看着孩子的眼睛，目光平视，眼部的清洁也就非常重要。如有小朋友给老师取名为"小白兔老师"，是因为老师眼睛充满血丝，红红的，像小兔的眼睛。如果你戴眼镜，需要注意保持镜片的清洁。镜片发黄、有指印会分散幼儿的注意力，从而降低你们沟通的质量，同时也会影响到你对幼儿行为的观察。

请遵循以下原则：
- 保持眼部周围的清洁。
- 不带美化瞳孔的隐形眼镜。
- 保持良好的睡眠和作息习惯。

3. 鼻子

作为一名教师，要注意鼻孔的清洁，当你想要拥抱幼儿以做表扬时，幼儿会因为你鼻孔脏、鼻毛外露而不愿意和你亲近，疏远了你们之间的情感。幼儿喜欢模仿是他们的天性，老师挖鼻孔、擤鼻涕这些细小的行为在幼儿看来，会十分感兴趣，立即模仿。殊不知老师小小的动作，会让孩子逐渐养成坏习惯。

请遵循以下原则：
- 保持鼻子的清洁。
- 切忌当众挖鼻孔。
- 擤鼻涕需使用纸巾。

4. 指甲

幼儿教师的手在日常活动中随时都与幼儿的肌肤有亲密地接触，对指甲的要求尤为重要，过于长的指甲，在牵孩子手时会伤害到幼儿稚嫩的皮肤。从幼儿的健康和爱模仿的特点出发，不提倡教师涂指甲油。在美术课上，我们常常发现幼儿用彩色笔、油画棒在自己的指甲上涂颜色，每根手指的颜色还会根据自己的审美加以变化，这些行为说明幼儿会模仿美甲的成人,这样,有害物质随之侵入幼儿的身体。所以,教师要起到良好的示范作用,给幼儿树立健康美、干净美的形象。

请遵循以下原则:
- 不留长指甲,每周修剪 1~2 次。
- 保持指甲清洁卫生。
- 不涂指甲油。

5. 配饰

女人佩戴项链、手链、戒指借此美化自己。但是幼儿教师在工作中,是不能佩戴首饰的。因为幼儿教师经常要和幼儿进行亲密地接触,譬如牵手、拥抱、给幼儿擦汗等。如果佩戴戒指,拉幼儿的小手时会伤到幼儿稚嫩的皮肤;如果教师佩戴外形夸张或过长的项链,容易引起幼儿的兴趣,幼儿的注意力会被鲜明的物体吸引,甚至在你们近距离接触时幼儿可能会去触摸甚至抓扯你的项链。在实际工作中,有一名婴班教师佩戴了手链,早上晨接的时候幼儿情绪不好,老师抱过哭泣的孩子,但是幼儿在老师怀里挣扎,手拉扯老师的时候抓断了老师的手链。也有中班的幼儿在情绪不好时,因为老师的言语让他感受到不被认可,伸手抓扯老师过长的项链。幼儿对自己行为的自控能力较差,因此受到挫折后会出现攻击性行为,教师要避免因自己的配饰不当伤害到幼儿和自己。

请遵循以下原则:
- 不佩戴夸张的耳环、项链。
- 不佩戴戒指。
- 简洁自然的外形最佳。

(二)妆成有似无

早在古代人们就在面部和身上涂上各种颜色和油彩,表示神的化身,以此祛魔逐邪,并显示自己的地位和存在,这也是最早的化妆技术。现代女性化妆,主要是追求美,满足女性对美的需求,通过使用化妆品加以人工的技巧来增加美。得体的妆容能够让人的容貌扬长避短,神采奕奕,增加自信和魅力。

幼儿教师在日常工作中妆容要求自然、大方、淡雅,符合自己职业身份,杜绝浓妆艳抹,推崇自然妆容,注重整体的协调美,不能露出太浓的化妆痕迹。自然清新的淡妆就可以了。妆容上杜绝烈焰红唇、浓重的眼影、太白的粉妆、太长的假睫毛等,流行的烟熏妆、印花妆、舞台妆、鬼魅妆、晚宴妆等均不能出现在上班时间。同时切忌使用有刺激性味道的化妆品,比如浓烈的香水味,甚至会让少数酒精过敏的幼儿打喷嚏,幼儿的健康受到影响,和你的亲近感会渐行渐远,出现不愿意和你亲亲、抱抱这样的肢体接触。

化妆后,要经常检查自己的妆容,特别是吃饭后、出汗后,防止自己的妆容出现残缺。但要注意,补妆要避开幼儿的视线,例如在教师休息室或者洗手间,如果被幼儿看见,幼儿极易模仿。

请遵循以下原则:
- 眉形自然不夸张,以黑色眉毛为佳。

- 眼睫毛自然、本真，不使用假睫毛。
- 不使用眼影。
- 口红颜色贴近唇色。

（三）简洁大方的着装

从礼仪的角度看，着装不能简单地等同于穿衣。在幼儿园里，教师的着装应简洁大方、色彩柔和，既体现为人师表的一面，又有助于营造宽松和谐的学习、游戏氛围。老师和孩子一起跑跑跳跳，走走蹲蹲、追逐嬉戏是幼儿园一日活动中最常见的游戏形式，有的教师打扮趋向于"白领"，衣着紧身、华丽，这样的装扮会减少幼儿教师与幼儿拥抱、游戏、互动的机会，因为紧身装不便于老师下蹲、弯腰，华丽的服饰，老师自己会顾虑到服装的整洁因而减少与幼儿的互动；而穿着低胸、短裙、高跟鞋，不利于开展户外活动，作为幼儿教师，着装要遵循以下要求：

1. 衣着适时

要根据当前的季节选择衣服，有的孩子在冬天要求穿裙子，因为看见老师穿裙子很漂亮。孩子想要和老师一样的美丽，所以要求父母给自己穿纱裙，幼儿生活经验的缺乏，加上爱美的心情，不愿意听取家长的意见，执意要求，导致幼儿在冬天穿上纱裙配棉裤来到幼儿园。教师的着装重点是展示自身所长，修饰不足，应保持自己的风格，但不要过于时尚，注意带给幼儿榜样示范的作用。

2. 搭配和谐

穿着符合体形的着装，不要过紧或过于宽松，色彩的搭配要和谐。根据调查，一个人服装的色彩如果超过三种，会让人视觉疲劳，并显得花哨，你在组织活动时，幼儿的注意力全部都在你服饰上，用手指指你衣服上的花纹，或是故意走到你身边摸摸你的衣服，让活动无法继续。

3. 干净整洁

服装要干净，不皱不折。注意衣服不能有污渍、破洞，扣子齐全。特别是在运动后，老师要注意不留汗味和体臭。在任何情况下，都应该保持服装的干净整洁。一位老师在进餐后裤子上残留了饭菜油污，幼儿看见后对老师说："你的裤子好脏哦。"也有老师在户外运动后，去抱幼儿，幼儿说："老师你身上有味道。"出现让人尴尬的情景。

请遵循以下原则：

- 衣着宽松、便于运动，色彩鲜亮，尽量与教学内容匹配。
- 衣着平整、干净，扣子扣好，拉链拉好。
- 不穿背心、拖鞋，不暴露胸部，不暴露肩部，不暴露大腿。
- 当班时穿平底鞋，不穿裙装、短裤。不戴戒指，不戴夸张的耳环、项链、手镯。

二、男教师仪容仪表

随着时代的发展，越来越多的男性进入了幼儿教师的岗位。男性具有勇敢、坚强、自信、富于进取精神，幼儿在男教师的带领中会不自觉的学习男性的说话语气、行为动作。因此，男教师要保持阳刚、坚强的形象，千万不能被女教师同化。

职业的性质，工作的环境，要求男教师要穿着实用又便于活动的服装，给人整齐划一之感。男教师的社交服装分为正装和便装。正装主要是西装，便装则以休闲装和运动服为主。

很多男教师不注重自身的服饰、容貌的修饰，认为化妆都是女人的事情，与他们无关。而作为幼儿教师，幼儿都是直观思维的方式，对于不修边幅、蓬头垢面的老师产生不愿意接近的心理。所以男教师应当遵从面不留须的原则，发型要干净整洁，前不遮眉，侧不遮耳，后不遮领，塑造干净、整洁的形象。应该特别注意的是，男教师除了戴手表以外，项链、手链、戒指、夸张的皮带都不能带入教室。

男教师着正装时，要注意色彩、款式、面料、图案、尺寸、造型和做工等各个方面的细节。一般说来，三件套西装（一衣、一裤、一件背心）比两件套西装（一衣一裤）要显得更加正式、庄重一些。建议在开学典礼或毕业典礼还有家长会时教师们要着正装，穿法上要重视西装的规范穿法。如果你肆意妄为，给人违背礼仪的无知印象，也给幼儿带来坏的示范作用。

幼儿男教师穿西装要遵循以下几点：

- 拆除商标。
- 系好纽扣。
- 保持平整。
- 大小合身。

男教师着便装或运动装时，要突出舒适、大方、自然，在选择上，除了要注意本人对色彩的偏爱和色彩的流行之外，还要使其在色彩上统一或呼应，风格上也要力求一致。建议在组织幼儿活动时着运动装。夏季可以穿 T 恤衫，长裤。冬季上衣三件最佳，忌穿臃肿的外套，会带给人以无精打采的感觉。

幼儿男教师穿便装要遵循以下几点：

- 体育老师一定要穿运动装。
- 穿便于日常教学的运动装、休闲装。
- 袜子与裤子鞋子颜色保持和谐，尽量选择相同色调。

【思考与练习】

1. 某实习女教师着装新潮，上身穿着露脐装，下面穿着破洞牛仔裤。孩子们总是悄悄伸出手指摸女教师的肚脐，和裤子破洞处露出的肉，摸完就对身边朋友说："我摸到老师了，你也去摸摸。""老师的裤子好多洞洞，就像马路边乞丐穿的一样。"女教师在组织活动时，孩子们都没有听她讲话，忙着和同伴说"老师有个圆圆的肚脐。"并把自己的衣服拉起来，对着自己的肚脐比划着。对此，你怎么看？

2. 女教师仪表有哪些要求？试以冬天为例，搭配一套上班的着装。（可以加上图示）

3. 如果你是一名男教师，请试着搭配一套适合体育课的着装。

【知识链接】

英国人的礼仪

仪表礼仪在英国：英国人的穿衣方式受到世界许多人的推崇。尽管英国人讲究衣着，但十分节俭，一套衣服一般要穿十年八年之久。一个英国男子一般有两套深色衣服，两三条灰裤子。英国人的衣着已向多样化，舒适化发展，比较流行的有便装夹克，牛仔服。

仪态礼仪在英国：人们在演说或别的场合伸出右手的食指和中指，手心向外，构成 V 形手势，表示胜利；在英国，如有人打喷嚏，旁人就会说上帝保佑你，以示吉祥。

相见礼仪在英国：当婴儿出生时，父母亲朋一般依婴儿的特征、父亲的职业为婴儿取名，有的母亲家庭显赫，就用娘家的姓作为婴儿的第二个名字。英国老人讲究独立，不喜欢别人称自己老，走路时不必搀扶他们。

第三节　举止言谈规范

一、体态礼仪

1. 站姿

我们常用"亭亭玉立"来形容女人身材细长、形体挺拔。挺拔的姿态展现了人的内在精神。良好的体态，对健康也非常重要。当你抬头挺胸时你会感觉到胸口会变得开阔，呼吸也会顺畅，身体得到足够的氧气，会更加有精神，同时你的注意力比较容易集中。一个人的站姿能充分体现人的精神、气质。优雅大方、挺拔的站姿是教师在日常生活中引人注视的第一姿势。有这样的案例：晨接时间，老师要站在教室门口迎接幼儿和家长入园，等待孩子和家长时，教师站得挺拔，双手自然下垂，班级里每天有两个值日生和老师一起迎接同伴，孩子们见到老师站的直直的，日常喜欢倚靠门边的儿童，慢慢开始模仿老师的姿态，逐渐也养成挺拔的站姿。

要体现出自己的风度、气质需要遵循以下要点：

（1）站立自然，挺胸收腹，面带微笑，双目平视，两臂自然下垂，双脚并拢。

（2）站立时，不可倚靠在墙上、门上或其他的物体，身体不可歪斜或弓腰驼背，给人精神不佳的感受。

（3）双手自然下垂，或右手在上左手在下交握在腹部。不要将手放进衣服、裤子口袋里，双手不要交叉抱于胸前，不要摸身体任意其他部位，给人不真诚、懒散的感觉。

（4）双脚最好并拢，两腿之间的距离不可超过肩宽，距离越小越好，一般情况下，双脚呈平行角度站立，与领导、家长对话时，可采用"V"字形或"丁"字型，突出你的正式感，给人严谨、尊重的感觉。站立时切忌不可内八字，或一只脚踩在另一物体上，给幼儿做坏的示范。

（5）站立时，身体不可前后左右的晃动，或抖脚。

站姿训练小要素：面对镜，头顶书，双肩臀部靠着墙；脚后跟并拢，贴着墙壁一条线。

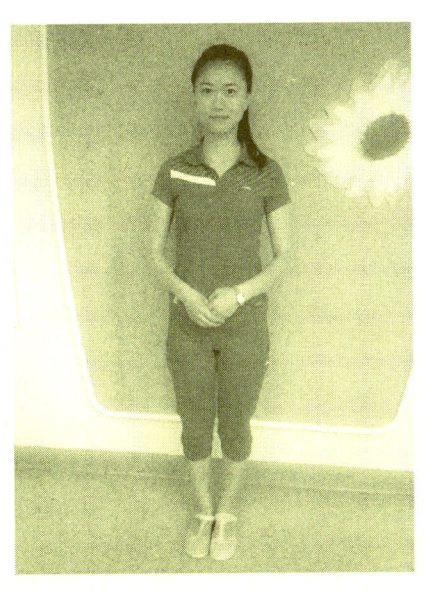
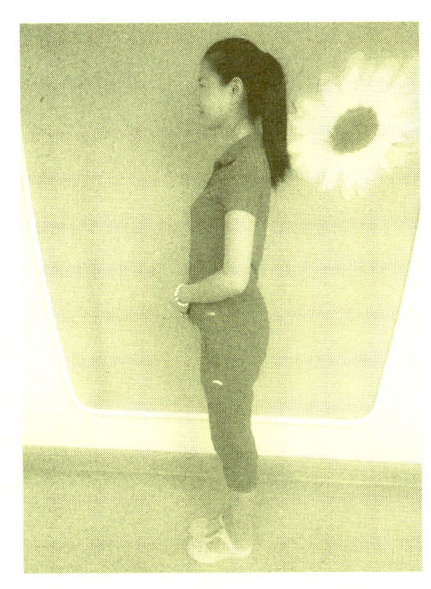

2. 行姿

行姿能展现出一个人动态的美。保持正确的行姿，男性可以展现出你的风度，女性能展现出你的气质。T台上模特大方、自信的步伐给人英姿飒爽的感觉。幼儿教师，行走的姿态，是孩子日常见得最多的，如何体现你的韵味、气质，如何从视觉上给人美的感受，如何给幼儿榜样示范的作用？有这样的案例：一名教师带幼儿户外散步时，为了让每个孩子在自己的视线范围内，随时注意幼儿的安全，老师采取倒退走路的方式，有个别幼儿也开始模仿老师倒退行走，因为幼儿平衡协调能力弱，很容易摔倒。这样的模仿常有发生，因此，教师在行走前，要告诉幼儿，自己为什么要倒退走，让幼儿理解你这样做的道理，避免随意模仿。同时，班级里两名教师要相互配合，最前面的教师倒退行走，另一名教师要在队伍中后段面朝前面正常行进，并提醒幼儿眼睛看着前面一个接一个走。

请在行走时遵循以下要点：

（1）在行走前，注意明确行进方向。出脚和落脚时，双脚尽量应与前进方向近乎一条直线，避免"内八字"或"外八字"。

（2）教师独自行进时，两眼平视前方，挺胸收腹，腰背挺直。自然抬起，轻轻落脚，要以脚跟首先着地，双臂在身体两侧一前一后自然摆动。

（3）有幼儿跟随时，教师面对幼儿，保持微笑，腰背挺直，倒退行走，速度不宜过快，让每个幼儿都在老师的视线范围内，保障孩子的安全，同时行走中，注意观察身后有无障碍物，及时躲避。

（4）上下楼梯时，应保持上体挺拔，不弓腰驼背，脚步轻盈平稳，不可发出"咚咚咚"的声响。并随时注意观察后面跟随的幼儿，速度适中，幼儿在视线范围内为佳。

（5）行进时，步伐的速度可以有所变化，一般应当保持相对稳定，较为均匀的步伐，切忌过快过促或者忽快忽慢。在幼儿较多的场地中，切忌横冲直撞，东张西望。

行姿训练小要素：面带微笑、两眼平视、挺胸收腹、步伐稳健。双手自然摆动，速度均匀适中。

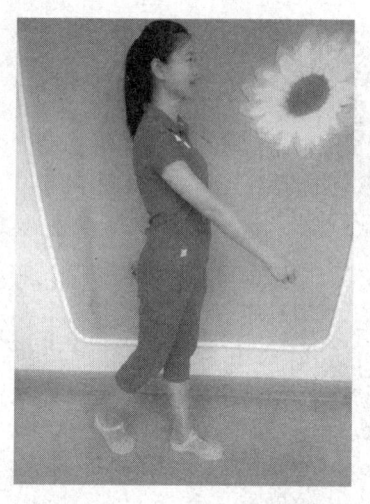

3. 坐姿

坐姿是幼儿教师和幼儿交流、教学的主要姿势。如果不正确，除了看起来没精神外，也容易腰酸背痛，甚至影响脊椎、压迫神经。教师可以这样练习，慢慢地走到座位前，握住椅背轻轻拉开（若是成人高椅子，请双手将椅背抬起，往身边拉出），走到椅子前，上身前倾，坐下。如穿裙装，落座时，双手要在身后从上往下把裙子整理一下再坐，避免裙子打折或裸露过多的大腿。在实际园内生活中，我们看到女教师都喜欢穿裙子，但是落座时都是自然坐下，裙子没有遮住自己的臀部与大腿是常态。男孩坐下时，大腿总是会向外分开，有时还会踩住旁边幼儿的椅子脚。这些不规范、不雅观的姿态需要教师每次在落座时用语言提醒、用动作示范，让幼儿养成良好的坐姿习惯。

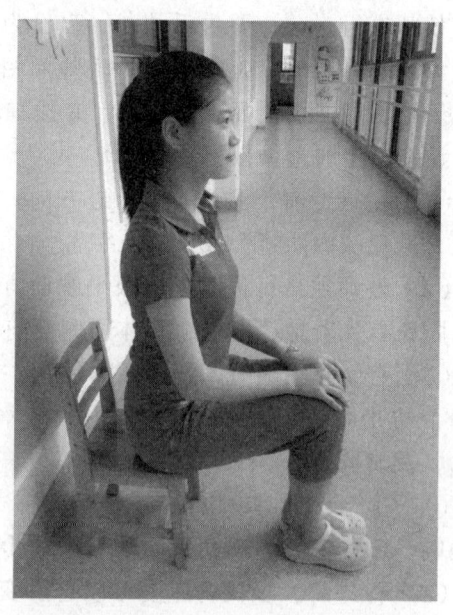

正确的坐姿需要遵循以下要点：

（1）保持上半身挺直的姿势，也就是颈、胸、腰都要保持平直。坐时不靠椅背，落座时，在椅子的1/3到2/3处。双腿并拢，右手掌轻贴左手，放于大腿处。

（2）落座后，切忌斜身、后仰、抖脚、晃动椅子、跷二郎腿、双腿叉开，这些都是不雅观的姿态。

（3）双脚自然弯曲收回，不可伸直双腿，会妨碍幼儿或他人行走。

（4）落座在桌子前，双手放在桌上、双脚都应放在桌下。一脚在桌下，一脚在桌外容易绊倒旁边的人，也显得不雅。

坐姿训练小要素：最好坐在镜子前，对着镜子检查自己的坐姿。也可同事之间相互纠正。

4. 蹲姿

一日教学中，教师和幼儿交流时，常会蹲下或弯腰来降低自己的高度，带给幼儿平等、亲切的感觉，从孩子的视角出发，还能发现日常你所看不到的事物。一次，大班幼儿在操场上进行踢足球比赛，教师带领小班幼儿在安全区域观看，教师的站位能清清楚楚看到比赛，但是个子稍矮的幼儿却要垫着脚尖伸长脖子看，久了就不愿意看了，各玩各的。发现问题后教师也蹲下身来，和幼儿处于同一视线水平，看到的是前面种植区较高的植物，于是细心的教师调整了孩子们的站位，一起观看足球比赛。由此可以看出，教师要时时从幼儿的角度出发，蹲姿就尤为重要。

正确的蹲姿需要遵循以下要领：

（1）下蹲时，身体保持直立，一脚在前，一脚在后，前脚掌全着地，小腿基本垂直于地面，后脚脚尖着地脚跟提起。

（2）女性下蹲时，不宜穿较短的裙装，胸口较低的衣服。双腿尽量靠拢。

（3）下蹲时，与幼儿保持一定的距离，过近给孩子造成压力，过远让孩子感觉不到你的关注。

（4）男性下蹲时，保持上身直立，双脚可适度分开。

5. 手势

3~6岁幼儿在学习中，对直观、形象的事物更容易接受。因此，教师除了语言表达外，肢体的动作也十分重要。可以说教师的手势是教学中运用最方便、灵活的多功能教具。当孩子表现好时，教师会给孩子竖起大拇指，表示"鼓励"。当孩子做出危险动作教师不能及时到幼儿身边时，老师会边左右摇晃手掌，表示"不可以"，同时跑向幼儿身边制止幼儿的不当行为。用手势配合讲解图像，能给人更加生动的感觉。学习数学时，手势的运用最多，一般用手臂大幅度地画弧线表示圆形，用双手掌心相对，用双手之间的距离表示长、短等。在讲解故事时，也常常用到手势，如何使自己的手势做到指引的作用又不让幼儿过度关注你的手而非教学内容呢？

在使用手势时需要遵循以下要领：

（1）持图片时，物体在身体侧面，双手呈对角线抓握物体。

（2）持物体时，双手并拢掌心向上，五指合拢，物体平放于手掌上。

（3）介绍人时，切忌用一根手指指着对方，请伸出靠近介绍人一侧的手掌，五指合拢，掌心向内侧倾斜。

（4）指示方向时，掌心向上，五指并拢，以肘关节为轴心指向目标。

（5）工作时，不要双手交叉抱臂在胸前，或者双手交叉背在身后，给人不礼貌、冷漠的感觉。

【训练材料】

1. 结合教学活动练习教师常用手势。
2. 教师的站、走、坐、蹲姿的姿态是怎么样的？和同学一起练习。

二、教师的语言礼仪

教师的语言应该口齿清晰、富有情感。在教学中，老师要使用标准的普通话，发音清楚，语言要规范，不能使用方言或其他语言。语言速度适中，富有感染力。如果老师说话的语调没有变化，幼儿会没有兴趣继续听下去，自顾自地玩，如果老师说话的时候抑扬顿挫，语音随着内容时高时低，富有感情，会让幼儿感到十分的有趣。同时有助于培养幼儿的倾听习惯。

1. 一日生活中老师常用的礼貌用语

问候语：你好！早上好！

  答谢语：谢谢你！非常感谢！不用客气！这是我应该做的！

  道歉语：对不起！实在抱歉！请你原谅！真抱歉，你受委屈了。

  需要帮助：请问？可以打扰一下吗？

  请您帮帮我？

  拜托您帮忙，好吗？

询问语：你好，需要我帮忙吗？

  我能为你做些什么吗？

  请让一让，行吗？

  你能和我交朋友吗？

  你愿意和小朋友一起玩吗？

慰问语：您辛苦了！祝您早日康复！好好休息，注意身体！

祝贺语：恭喜你！祝您天天快乐！祝你节日快乐！

赞美语：你太棒了！

  你真能干！

  说得太好了！

  你是个爱劳动的好孩子。

  你动了脑筋，讲得真好。

  你愿意和老师一起收拾干净，对吗？

  你的衣服穿得很整洁，我真喜欢你。

  你能和朋友商量，画一幅漂亮的图画，真棒。

鼓励语：老师相信你一定能行。

  摔倒了，没关系，勇敢地爬起来。

  你再试一下，好吗？

  别害怕，我来帮助你。

  别担心，说错了也不要紧。

暗示语：你明天一定会高高兴兴上幼儿园的，对吗？

  他很伤心，你愿意去安慰他好吗？

  我知道你一定会原谅他的。

  你一定很想跟他道歉，是吗？

  你能和圆圆一样，热情地招待客人吗？

  你把鼻涕擦干净后真漂亮。

2. 日常生活中与幼儿交流的技巧

新教师在工作中，常常会说："我讲的故事好不好听呀？""我们一起唱歌可以吗？""要不要玩滑滑梯呀？"等，这些封闭式的提问不能有效发展幼儿的想象力和创造力，所有的答案都属于固定模式，"好不好？""好。""可以吗？""可以。""要不要？""要。"都是具有暗示性的提问方式,而好的提问,是站在幼儿的角度出发,引导幼儿说出自己的意愿,倾听幼儿的心声。

【范例分析】

(1)教师:"今天我们要到户外去玩,你们想带什么玩具出去玩?"

幼儿:"皮球""圈""粉笔"……

点评:

上述案例中,教师以开放性的提问方式询问幼儿,给予幼儿充分自主的权利,让幼儿有表达自己想法的机会,教师应该多使用开放性的语言和孩子沟通。如:你是怎么想到用这个方法游戏的?你为什么喜欢使用红色?你愿意告诉我有什么事情让你伤心吗?你们能不能告诉我这个玩具可以怎么玩?

(2)教师在讲完故事后问幼儿:"这个故事的名字是什么?""里面都有谁?""他们是怎么解决问题的?"幼儿根据老师的问题一一作答。

点评:

上述案例中,老师讲完故事摒弃了固有的模式:我讲的故事好听吗?这个故事好不好听?而是运用提问的方式帮助幼儿回忆故事情节,在追问中让幼儿理解故事的内容,丰富幼儿的词汇量。连续性的提问方式能让你知道孩子们对故事理解程度,以及是否仔细听了故事。

3. 表扬的技巧

莎士比亚曾说:"赞赏是照在人心灵上的阳光。"在日常生活中,经常表扬幼儿能增强他们的自信心,恰当地运用表扬,对孩子的思想、行为给予肯定的评价,让孩子认识什么是对什么是错,建立幼儿的是非观念。作为新教师,由于没有工作经验,对幼儿心理活动认识不够充分,因此在表扬幼儿时一般使用的句式是:"你真棒!""你太乖了!""你很聪明!"然而这样的表扬是空洞、无益的,幼儿对这样的表扬理解起来很模糊的,不清楚自己哪里棒,哪里乖,没有起到调动幼儿积极因素,发扬优点的作用。所以教师在表扬的时候一定要具体,比如:

"果果站得真直,像解放军一样,真棒!"

"嘟嘟的眼睛一直看着老师,眼睛真漂亮。"

"嘉嘉画的画和别人都不一样,真好看。"

这些具体的语言会提示其他的小朋友该做什么,该怎么做。

【范例分析】

孩子们都在自由玩耍,老师要组织幼儿一起听故事,需要幼儿安静下来。老师说:"安静!请坐好。谁还没有坐好?""都没坐好。"此时,只有少数离教师近的孩子坐好了,看着老师,而其他孩子都继续玩耍、说话。教室里都是孩子的说话声,没有安静下来。

点评:

上面的案例中教师的语言"谁还没有坐好?""都没坐好。"是负面的引导,教师的语言对于幼儿的行为提醒是无效的,如果换为:"我喜欢坐好的小朋友,可可坐好了,真棒!

东东的小手放在腿上了！豆豆的嘴巴没有声音哦！"在积极的语言提示下孩子们能明白听老师具体的指令，这样的话语具有指引性，而及时的表扬听了要求的幼儿，能增强他们的自信心，能更加注意听老师的话。幼儿都喜欢受表扬，被表扬就会有快乐的心情，快乐的心情对幼儿有好的影响，因此，对其他幼儿也是一种提醒的作用，想要得到老师表扬的幼儿也都跟随老师的指引语言去要求自己。

【思考与练习】

1. 区角游戏结束，幼儿把玩具都放回了原处，你应该怎么讲评幼儿今天在各区的游戏情况？并说明理由。

2. 绘画活动中，一名幼儿运用鲜艳的色彩绘画出色彩丰富、画面干净的画，请设计出有针对性的表扬话语。

第四节　表情礼仪

一、微笑

法国作家罗曼·罗兰曾经说过："面部表情是多少世纪培养成功的语言，是比嘴里讲得更复杂到千百倍的语言。"马卡连柯也说过："做教师的一定不能没有表情，不善于表情的人不能做老师。"确实，脸部表情是最生动的，也是变化最大的，喜怒哀乐都可能出现。

教师要善于用表情说话，微笑给人温暖、亲切的感觉，初次见到你的家长或孩子，你甜美的微笑可以缩小你们之间的距离，逐渐破除你们之间的陌生感。笑容是交往中除了语言以外最能给人留下深刻印象的一部分。

1. 发自内心的微笑

微笑最重要的是真诚，发自内心的微笑能建立你和孩子之间的信任感。当孩子入园第一眼看到教师的笑脸，能够最大程度地安抚他的情绪，让孩子能开心、愉快地上幼儿园。相反，一个成天板着脸的教师会让孩子有心理的距离，孩子天天哭着不愿意上幼儿园，也许就是教师的亲和力不够。而微笑，是最能拉近教师和孩子之间距离的。孩子都是直观视角，看到教师笑，她会回应一个纯真的笑容。

家长在和你沟通中，无论你们对问题的看法有多大的分歧，你一直用微笑的表情看着他的眼睛，用温和的语言和家长沟通，也能让家长慢慢接受你的教育理念，让人感受到你的专业素养和由内散发出的自信。

面对领导，你的微笑会让他感受到你心情是愉悦的，能快乐的参与到工作中，孩子们也能更加快乐。有一句名言：要让孩子快乐，首先要让老师快乐，也就是说，你开心了才能感染你身边的孩子。

2. 善意的微笑

3岁的幼儿就会从你的面部表情来推测教师对自己的态度。当孩子不小心摔倒时，他很紧张地看着你，教师回以微笑，孩子会马上微笑着站起来，放松心情。可以如果你板着脸，冷冷地说:"怎么回事?叫你不要跑,这下摔倒了吧?"孩子的表情会更加紧张,极可能马上就哭出来。一个宽容的教师,理解孩子内心的教师常常用微笑化解孩子的紧张和焦虑。教师在孩子眼中具有至高无上的权威,正因为如此,我们更要把自己温和的微笑带给孩子,我们不是高高在上的教师,我们是孩子游戏的伙伴,是孩子成长的引领者,是培养幼儿健康人格的人。有这样的案例:中班有两个孩子因为争抢玩具未果,都来给教师告状,教师听着他们相互指责对方的不是,并没有生气,而是微笑着引导他们换位思考,如果自己听到这样的指责心理感受是什么?孩子看到教师面带微笑,听着温和的话语,心里很放松,把自己内心所想都告诉给了教师。接着教师告诉他们,大家都是好朋友,遇到问题要宽容对待,教师请孩子们相互理解,都想玩这个玩具,怎么办?可以用什么办法让你们都能玩?他们一起想出了办法,并手拉手开心的游戏起来。他们还去劝其他有争执的朋友:"教师刚刚教了我们要宽容,要互相理解,你们不要吵了。"因为你的微笑让孩子能真实表达自己内心想法,并当起了小教师解决其他同伴问题,让整个班级和谐、团结。

3. 适度的微笑

笑容有很多种,与人交往中常用的是"自然微笑",在沟通中听到愉悦的事情,会"哈哈大笑"。请注意,公众场合,切忌"哈哈大笑"。古有笑不露齿之说,遮住面部掩住嘴部,体现出你的涵养。比如,有一个孩子在听教师讲故事时,突然哈哈哈哈地裂开嘴大笑。所有的朋友都看着她,然后一起跟着她哈哈哈哈大笑。教师说:"温柔一点,轻轻地笑,好吗?"幼儿回答教师:"你就是这样笑的啊。"这就是教师在日常生活中没有注意到自己的言行,被幼儿模仿,出现了这尴尬的一幕,教师想再引导就很困难了。作为一名幼儿教师要时刻注意自己的表情和言行。

二、微笑练习

(1)准备材料:一面全身镜子。
(2)要点:面部肌肉请放松,嘴角微微向上提,心里想着开心事。
(3)反复练习:保持微笑的表情几秒后,放松肌肉,再次寻找自然的微笑表情反复练习。

【知识链接】

有这样一个关于微笑的故事

一位冶金行业的老板去拜谒一位禅师,他想请禅师帮助自己的心灵解锁。他问:"禅师您好,我想问一下,我兢兢业业,吃苦耐劳,用最好的人才,聘请最优秀的 CEO,拿出收入的一半用来给员工发工资,为什么我的事业还是做不大呢?"听了老板的话,禅师也学着老板的腔调,眉头紧锁,一脸木然地把问题的皮球推给老板:"是啊,为什么呢?"老板一脸痛苦状,哭笑不得地说:"禅师,都这时候了,你就别再捉弄我了。"禅师两眼圆睁,一脸铁青,表情像僵滞的油彩一样说:"我捉弄你了吗?"老板慌忙回答:"你还说没有,你看看你的表情,都拧巴成什么样了,还说没有捉弄我啊?"禅师爽朗大笑,然后从背后的书架上取出一面铜镜递给老板说:"我不是在捉弄你,我是在学你啊!"

老板对镜一照，旋即捶胸顿足，原来禅师刚才的表情，和自己现在的表情一模一样。禅师开示道："心头压着冰川的人，脸上始终敷着冰，任何人都会拒你于千里之外；然而，心里装着炉火的人，所有的块垒扔进来，也都会冶炼成明晃晃的真金！"

老板恍然大悟，原来禅师是在批评自己待人处世的方式和风格啊！老板回到公司以后，立即给自己的团队定了这样一条企业管理格言："一个优秀的人，他的脸上始终在用微笑冶炼着金子！"原来，微笑才是最高明的冶金术，冶炼出人们心灵的璀璨真金。

第五节　礼仪在幼儿园工作中的运用

现在我国幼儿教师越来越重视对于幼儿礼仪的培养，《幼儿园教师专业标准（试行）》《3~6岁幼儿学习与发展指南》中都提到了礼仪教育。其中《3~6岁幼儿学习与发展指南》在第一子领域"身体状况"中提出"注意儿童的体态，帮助他们形成正确、自然站立、坐和行走姿势。如，经常提醒儿童坐时要坐直、坐正，走路时要抬头、挺胸。"在第四子领域"生活习惯与生活能力"中提出"成人以身作则，并提醒儿童遵守交通规则；走路要走人行道；过马路时不闯红灯、走人行横道线等。"第二部分的"语言与交流"中提出"通过多种方式引导儿童学习交谈的礼仪。"第三部分的"社会性与情感"中提出"为儿童创造与人交往的机会，支持、鼓励他们与人交往，学习交往的基本礼貌。""当孩子做了不礼貌的行为（如模仿盲人走路、嘲笑小朋友的缺点）时，应及时制止，并引导儿童设身处地体验别人的感受。"等等。

通过学习《幼儿园教师专业标准（试行）》《3~6岁幼儿学习与发展指南》教师使用礼貌用语贯穿在与人交往中，把行为举止礼仪渗透在一日教学中，把交往礼仪整合在一日教育各环节中。教师知道蹲下身来和幼儿交流，保持平等的姿态；还会运用故事引导幼儿使用礼貌用语，学习礼貌地与人交往。教师的榜样示范作用无处不在，如教师和孩子一起排队洗手；教师坐下时，双腿保持并拢状态，绝不跷二郎腿；教师与幼儿交流时用温柔、和蔼的态度，等等。

一、幼儿园活动中的礼仪

幼儿园活动包括了一日活动各环节，分为：教育活动、生活活动、区域活动、户外活动。学前儿童时期，幼儿可塑性强，他们的思维特别容易受外界的影响，因此，幼儿期是各种行为能力养成的关键期，教师要根据幼儿年龄特点，有计划的培养幼儿礼仪习惯，并灵活运用多种形式开展礼仪教育活动。让幼儿通过观察、模仿学习成人的礼仪行为，逐渐内化后进行亲身实践，养成礼仪行为。

《纲要》中指出："幼儿园的教育内容是全面的、启蒙性的，可以相对划分为健康、语言、社会、科学、艺术等五个领域，也可做其他不同划分。"其中，健康教育在日常生活中对幼儿礼仪培养内容包括：进餐、洗手、解便、穿脱衣服、坐、站、行走姿势等；语言教育在日常生活中对幼儿礼仪培养内容包括：使用文明礼貌用语、安静的倾听、不打断别人讲话等；社会教育在日常生活中对幼儿礼仪培养的内容包括：尊重关心他人、不打人骂人、爱护公物、遵守交通规则等；科学教育在日常生活中对幼儿礼仪培养的内容包括：爱护动物植物、保护环境卫生等；艺术教育在日常生活中对幼儿礼仪培养的内容包括：感受音乐、美术作品的美、正确使用文具等。

1. 面带微笑，辅之以动作

教师与幼儿交往中的姿态、语音、动作，都会直接给幼儿心理造成一种直观的影响，让孩子感受到你的关爱、尊重、平等，这是一名幼儿教师应该做的。教师的一个微笑，轻柔的动作，能让幼儿感受到你的和蔼、亲切真诚，从而快速拉近你们的距离。自然的微笑和温柔的爱抚，能对幼儿的情绪产生安抚作用，使幼儿对你产生信任感。

【范例分析】

婴班刚入园的幼儿，因为和亲人分离，产生焦虑的情绪，幼儿会一边拉着你的手，一边重复哭诉："我要妈妈，我要回家，我不要上幼儿园。我要回家，我要妈妈，我要妈妈，我要妈妈。"作为老师的你会怎么做？

A. 你以站立的姿态看着这名幼儿，嘴里用温和语言说："别哭了。"

B. 你以站立姿态，对着孩子，声音尖锐地说："不要哭，烦死了，你太吵了。"边说边单手左右摆动。

C. 你以蹲姿抱住孩子，看着孩子的眼睛，用手轻拍孩子背部，面带微笑温柔地说："我知道你想妈妈了，我们一起给妈妈打电话，不哭了，好不好？"

点评：

应该选择 C。许多教师常常忽略自己的情绪带给幼儿的影响，因为你的疲累，你冷漠的表情表露在外，幼儿对你说话，你也不做任何回应，殊不知，幼儿比我们想象中更能察言观色，他们会根据你的表情、语气、动作来判断你的对他自己的情感。从你的冷漠中，幼儿读到了"教师不喜欢我的潜台词"。这样不仅不利于幼儿的成长，也对你以后的教学产生影响。幼儿教师，请不要吝啬你的微笑，多对孩子们自然、真诚的微笑吧！

2. 声音柔和

对幼儿说话时，注意语音、语调。语速适中，语调有高有底，语音不要过大，能更容易让幼儿接收你的信息。相反，大声、急促的语音使幼儿不能明白你的要求，同时给幼儿产生一种压抑的感觉。比如中班幼儿，每天总会听到很多告状的声音，A："老师，他没有坐好。"B："老师，他在玩水。"C："老师，他没有排队。"作为教师你会用什么方式来处理这些问题呢？由于本年龄段幼儿思维以自我中心化为特点，总是从自己的感觉出发考虑问题，因此常用告状的行为解决问题。老师需要用温柔的语言、耐心的回应引导幼儿找到解决问题的方法，因为过大的声音会让幼儿害怕，造成一个恶性循环。有这样一个案例，一位妈妈来告诉教师，孩子昨天回家裤子是尿湿的，问孩子为什么没有告诉教师，孩子说："老师不喜欢我，她经常说，我不想听。"教师听完后脸一下就红了。平时这位老师常常不注意自己的语言，孩子们有问题找到她，她就会说："我不想听。"也就发生了面对家长的尴尬局面。

【范例分析】

户外活动前，教师组织幼儿排队，几个男孩在排队时聊天，老师走到那几个男孩身边大声地说："大家都在排队，你们在说什么啊？"男孩看看教师的眼睛，面部表情很紧张。都闭上了嘴巴。教师离开后，这几个男孩又悄声的说起话来，还不时看看教师有没有发现。

点评：

教师采用的是权威型教育方式，用严厉的语言去制止幼儿说话的行为。但是当教师离开后，幼儿又开始讲话，说明幼儿从内心不接受教师的干预。长期如此，幼儿对老师的干预就会形成应付的心理，即教师说的时候，幼儿改正，老师离开，幼儿会重复自己的行为。幼儿之所以不接受，是教师没有从幼儿的心理发展和思维特点角度去处理问题，教师应该调整自己语言方式，用幼儿能接受的方式，温柔的提示幼儿，如，女孩今天排队一点声音都没有，我们听听看男孩排队有没有声音；又或是，悄悄地、温柔地对说话的几个男孩提示：小朋友都在等你们，你们可以把话留着，出去玩的时候再聊吗？

通过提示的语言和商量的口吻让幼儿接受你的建议，才是幼儿愿意接受、愿意做的。

3. 多鼓励

教师常用的语言中，以鼓励的话语为主。比如，"加油！""你能行的！""没关系，再来一次！"等积极的语言。比如，幼儿第一次学习使用剪刀，有的孩子因为怕受伤，有的孩子因为剪刀的握法不当，所以不敢尝试。此时作为教师的你，试试多用鼓励的话语，温柔地跟孩子沟通，注意语气要平和，不要把急躁的情绪带给孩子，你可以说：你看看老师，先用大拇指和食指分别穿过剪刀的两个洞洞，然后大拇指、食指用力分开，剪刀就打开了，另一只手拿纸，剪刀对着纸的边缘往下剪，来老师握住你的手，一起试试，老师会保护你的，不会受伤。孩子在你的鼓励下，会鼓起勇气尝试使用剪刀。

【训练材料】

1. 幼儿在练习投掷沙包时，尝试了5次都不会使用腰部的力量,你可以怎么鼓励幼儿？
2. 在活动课中，萱萱每次都绕过攀爬架，不敢尝试，你可以怎么鼓励她？

4. 忌语言冷暴力

语言冷暴力带给幼儿不仅仅是精神上的压抑，在心理上也会受到不同程度的影响。切忌把自己的不满情绪发泄到幼儿身上，特别注意不要使用："你太笨了！""你真讨厌！""我不想听！"这些消极的语言会伤害到孩子。而且使用负面的语言带来的后果往往和教师想要的结果相反。经常受到批评，孩子就会感到自己像个失败者，长此以往，孩子不仅可能失去自尊和缺乏自信，更会损害孩子对你的信任。幼儿园是孩子成长的摇篮，在成长过程中犯些错误，是天经地义的事，没有人生下来就什么都会，什么都做得好，正是因为孩子没有生活经验，所以才会犯错。作为教师，我们不能因为孩子犯错就讽刺，打击孩子，更不能小题大做，大惊小怪，恶言恶语伤害孩子。给孩子犯错的机会就是给孩子总结、积累生活经验的机会。教师要用善意的提示，而不是责骂，挖苦的语言。

【范例分析】

小班孩子常常看到别人在玩什么他们就想玩什么，一个幼儿看见别人在玩布玩偶，她也想玩，就用手去抓别人手中的布玩偶，两个孩子都用力争抢玩偶。作为教师你会怎么做？为什么？

A 教师站立在两个幼儿身旁，用手指着孩子，声音很大地说："都放手，要抢都不要玩。"收走布玩偶。

B 教师蹲下来，对两个孩子用高声调的声音说："你们在干嘛呀！放手。"

C 教师蹲下来，模仿布玩偶的声音说："好痛啊，谁在扯我的手，请你们放开，轻一点。"

点评：

案例中 A 教师使用语言冷暴力的处理方式，简单、粗暴的语言让你在幼儿心中树立了权威的形象，在以后与幼儿交往中，孩子会惧怕你的权威，和你保持距离，致使你无法真正了解孩子内心所想。B 教师蹲下来的动作对幼儿是一种尊重，但高声调会惊吓住幼儿，让幼儿在对同伴说话时也会出现高声调的模仿情况。C 教师，运用布偶与幼儿交流，缓冲幼儿激动的情绪，同时把教师的权威全部收藏起来，并运用拟人的话语让幼儿换角度思考问题，矛盾和冲突一下就化解了。

【训练材料】

1. 根据下面的语言发表自己的看法，如果不妥，该怎么说？

（1）"我刚刚讲完不要跑，你就在教室里跑，你今天没带耳朵来呀！"

（2）"厕所不是给你玩耍、讲话的，快点拉完出来！"

（3）"大家都在睡觉，你唱歌干什么？要唱出去唱！"

2. 户外体育游戏中，一名幼儿不敢独自过独木桥，作为教师你应该怎么做？

二、与家长的交往

家长有不同的文化背景、职业、年龄。与家长交往时，要体现出你的专业素养、文明礼貌。让家长放心把孩子交给你，让家长接受你的教育理念是最基本的要求。然而，与人交往中，你的外在形象会给人留下第一印象，适宜的穿着能烘托出你的专业素养，对你们的沟通会起到加分作用。

有一位教师，常常浓妆艳抹，每次和家长交流，大红的唇色，黑黑的眼影总是让家长担心，作为一名教师，天天化着浓妆看着小朋友，对幼儿的审美和成长都有不利的影响。家长们都去找领导希望能换一位教师。

1. 与老年家长的交往礼仪

（1）换位思考。

现在幼儿的主要照顾对象，基本都是老年人。老人带孩子基本都是溺爱型，满足一切幼儿提出的要求，在幼儿园里，不能让自己孩子受到一点伤害、委屈。如何做到让老年人放心呢？教师要注意尊重老人，遇到问题换位思考。同时，交往中要遵循以下几点：

- 面带微笑，用柔和的声音主动招呼："婆婆好。""爷爷好。"在招呼的同时，轻点头以示尊重。

- 家长有疑问时，耐心解答，在不违背幼儿园规定的前提下，尽量满足家长的要求。

- 站在长辈的角度出发，去进行沟通，可以说："婆婆真辛苦，对孩子的爱可以付出全部，请放心，我们会像妈妈一样爱您的孩子。"
- 意见不统一时，采取绕道策略，先和家长的父母沟通，然后请父母和爷爷奶奶沟通。

【范例分析】

一位爷爷接孙女时对教师说："你们怎么回事，我孙女上了一天幼儿园就受伤了？"作为教师你会怎么回答？

A. 教师板着脸，翻着白眼看家长说："我一天看几十个孩子，受伤很正常，你这是什么态度？"爷爷更加生气，和老师大声的理论起来，引来很多家长围观。

B. 教师当没听见，弯腰拉着孩子手，把孩子带进教室，不理爷爷。爷爷看老师没有回应，只好去园长办公室问清楚情况。

C. 教师抬头挺胸，面带微笑，温和地说："爷爷别着急，孙女受伤我们也很难过，看着她受苦，我们心里也不好受。昨天我们一起出去玩，她太开心了，跑得很快，自己摔倒了，我们及时送到幼儿园医务室，让医生检查并擦药，医生说是一般擦伤，没有伤到骨头，擦药，减少大运动，很快就会好的，也不会留下疤痕。"爷爷听了对教师说："就是，看到孩子受伤，我们太着急了，没关系，谢谢老师了！"

点评：

以上案例 C 教师的回答成功运用了换位思考的方法，站在家长的角度思考问题，首先表示教师心里也很难过，然后运用医生专业的诊断说服家长，让家长明白教师很重视这件事，处理问题也很及时，化解了误会与矛盾。

（2）平等对待每一位家长。

不因家庭的贫富、地位的显赫而有所区别的对待家长和孩子。对于老年家长和残疾家长更应该加倍耐心、细心地帮助他们了解孩子的在园情况。比如，视力不好的家长，把通知的内容抄个小纸条给家长带回家看。

2. 与年轻家长的交往礼仪

年轻家长的教育理念更新比较快，有时候会提出他们自己的教育观，在教育孩子时根据文化背景和家庭环境有各种差异。教师在沟通中，表现出来的亲和力、文化素养、大方仪态都是家长能否对你放心的关键要素。家长大致可以分为专制型、放任型、民主型。在交往中，需要遵循以下几点要求：

（1）尊重家长，大方的举止。

家长和教师的关系是完全平等的，不应该有尊卑之分，教师必须要尊重家长的人格，遇到孩子的问题，要客观地分析问题原因所在，公平的对待每一个孩子，和家长共同商量解决问题的方法。比如，在幼儿园里看见家长，要面带微笑，主动迎接，并用甜美的声音跟家长打招呼："萱萱妈妈，早上好！""浩浩爸爸，你们来啦。"离园时，不因家长来接孩子晚了，而面露不悦、态度冷漠、指责家长。要宽容、理解家长的难处。

（2）面带微笑，运用专业知识和家长沟通。

沟通中，面带微笑能体现出教师的自信心、亲和力，容易使人接纳。有时候用方言与家长聊天能更快拉近你们之间的距离。用专业的知识给家长提供先进的教育理念，从而达到家园共育。让家长了解、接受、运用适合于孩子的教育才是最有效的幼儿教育,因此在与家长交谈前,要对幼儿的优点、缺点加以分析,公正客观的与家长沟通,并建议家长对孩子加强哪些方面的教育。

(3)以孩子的发展为核心的交流。

如果与家长的意见不一致,或是家长的情绪不好,语言语气过重,教师要始终保持礼貌的用语,不宜出现僵持的交谈。可从幼儿的发展为核心对家长说:"无论怎样,我们都会对孩子负责,请你冷静一点。""这个问题我们有不同的见解,但都是为了孩子,我们试试过一段时间再来解决。""今天就谈到这里,我们都再想一下有没有更适宜幼儿发展的方法,下次再交流好吗?"切不可与家长斗气,更不可将气撒在孩子身上,对孩子进行报复。

【范例分析】

家长:老师,我家孩子天天都想穿裙子,今天天气冷,穿裙子要生病,不穿她就哭,不上幼儿园,你看该怎么办?

教师:爱美之心人皆有之,开始有自主意识是这个年龄段孩子的特点,这是可以理解的,她们只有对美的追求,对于是否适宜没有概念的,不要呵斥她,可以和孩子一起看天气预报,然后和孩子一起寻找不同的温度适合穿什么的衣服,比如3度,很冷我们穿什么?27度,比较热,我们穿什么?交给孩子自己看天气预报并寻找适合衣服的方法,既锻炼孩子逻辑思维能力,又培养了孩子的自理能力。

点评:

案例中教师运用专业的知识分析了幼儿的心理状态,从而让家长明白,孩子不是无理取闹,只是缺乏生活经验,随心所欲的想穿什么就要什么。经过老师专业指导,家长明白了如何处理相关的问题。

【训练材料】

1. 给年老的家长介绍幼儿园一日活动。
2. 给年轻家长沟通幼儿倾听习惯不好的问题。
3. 征求家长对教师工作及幼儿园工作的意见、建议。

3. 家长会中的礼仪

幼儿园教育与家庭紧密相连,家长会一是让家长了解孩子在幼儿园的生活、学习情况;二是了解教师的工作内容,从而让家长理解支持教师的工作;三是传授正确的教育观,让家长更科学地教育子女。家长会中教师需要遵循以下几点:

(1)服饰得体,言谈亲切、举止文雅。

开家长会时,裁剪合身的服饰,优雅的举止,容易赢得家长的信任,让家长放心把孩子交给你。一个染着流行色彩发型,穿着暴露又举止粗鲁的老师,会让家长产生反感、厌恶的情绪。

(2)关注细节。

家长会前,用邀请函的形式提前告知家长会议时间、地址、流程,并提供地点指示牌。先到的家长安排观看班级幼儿照片、视频。同时提供茶水、开水,便于家长饮用。从细节中让家长感受到你是在精心准备本次会议。对于有事不能出席家长会的家长，教师要另行约见，让每位家长都清楚我们的会议内容。家长会中，要做好充分的准备，明确开家长会要达到什么样的目的，了解家长想要听什么。

（3）平等的关系。

在交流幼儿情况时，以正面的案例为主，切忌点名批评某位幼儿。注意先表扬孩子的优点，再说孩子的问题，并用商量的口气一起解决问题，从幼儿的发展需要去让家长明白老师这样做的用意。切忌用命令的口气指挥家长。比如，先举出详细的案例说：您的孩子在本期生活自理能力有很大的提高，学会了自己叠被，每天都很快地脱下衣裤，躺在床上，如果入睡前能不和朋友讲话就更好了。这样的方式家长更容易接受。如果直接开门见山的就说：你的孩子每天中午睡觉都找朋友讲话，影响所有的人入睡，要好好管管了。会让家长觉得没有面子，很有压力，跟这个老师不好沟通。

【知识链接】

日本人对孩子的礼仪教育，首先是从家庭开始，自孩子稍稍懂事，父母就要教孩子礼仪用语、鞠躬和餐桌礼仪等，而且还要手把手地教孩子一些必须学会的行为规范。在日本人的家庭里，孩子要向父母鞠躬，弟弟要向哥哥鞠躬，女孩还要向男孩鞠躬。孩子向长辈或社会地位比较高的人鞠躬时，要等对方抬头以后才能把头抬起，有时甚至要鞠躬多次，甚至见什么人鞠躬多少度都有明确的说法。在日本，餐桌礼仪也是幼儿的必修课，日本的父母从小就向孩子详细地讲解餐桌礼仪，比如饭前必须洗手，上桌坐下后要先双掌合十说"いただきます"（意思是"我就吃了"，但这个"我就吃了"却是包含有领受、拜领父母及上天恩惠之意在内的。）后才能开始吃饭。除去这些，像自幼培养孩子自己收拾自己的卧具、玩具、打扫卫生也都是父母从小必须教给孩子的。一般而言，日本幼儿进入保育园后就要接受正规的礼仪教育了。

值得一提的是，从幼稚园、保育园到小学，孩子们从登校那一天开始，他们就是大包小裹肩背手拎来上学的，家长不会帮他们拿包，孩子跌倒了亦不会去扶，从小培养孩子的自立能力和独立意识。还有，学校的考试，从不排榜也不发榜，更没有留级一说，充分地保护了孩子们的隐私和自尊。

【思考与练习】

1. 如何向新入园的幼儿家长了解幼儿的生活习惯和在家的表现。
2. 新生第一次家长会，你作为教师讲一段话。
3. 大班幼儿离园去小学前的最后一次家长会，你作为班主任讲一段话。

三、与同事的交往

1. 听的艺术

美国著名主持人林克莱特一天访问一名小朋友，问他说："你长大后想要当什么呀？"小朋友天真的回答："嗯……我要当飞机的驾驶员！"林克莱特接着问："假如有一天，你的飞机飞到太平洋上空所有引擎都熄火了，你会怎么办？"小朋友想了想："我会先告诉坐在飞机上的人绑好安全带,然后我挂上我的降落伞跳出去。"当在现场的观众笑的东倒西歪时,林克莱特继续注视这孩子,想看他是不是自作聪明的家伙。没想到,接着孩子的两行热泪夺眶而出,这才使得林克莱特发觉这孩子的悲悯之情远非笔墨所能形容。于是林克莱特问他说:"为甚么要这么做?"小孩的答案透露出一个孩子真挚的想法:"我要去拿燃料,我还要回来!"

别人说话时,你听懂他要表达的意思了吗?如果不懂,请不要任凭自己的猜测,听别人说完吧。这就是"听的艺术":① 听话要听完整;② 不要把自己的想法,强加到别人所说的话上。

2. 说的艺术

尊重别人是沟通中最重要的一点。向有经验同事学习时,要虚心请教,常用:"××老师,我有疑问,想请教你。"听完以后,要礼貌地说:"谢谢,您的话对我启发很大。"在办公室,不高声谈话、说笑,避免影响到幼儿和教师的正常游戏。与人沟通中,无论别人与你的意见有何不同,都不批评、不抱怨、不攻击、不说教。与同事沟通中不打听别人的隐私也是很重要的。

3. 不要带有私人情绪

生气时说出的话,往往带刺,会伤害到同事,也会给同事留下你是一个不容易沟通,或者沟通不了的坏印象。而说出去的话像泼出去的水,无法收回,很难弥补。所以,当你情绪不好的时候,有同事来和你探讨工作中的事情,可以说:"请等一等,一会我来找你,我们接着谈,好吗?"自己找一个空间,冷静一下,缓和自己的情绪。有效的沟通,才能建立互通的人际关系。

4. 互相关心

把单位当做你的家,同事当做你的家人,善意的关心身边每一个人,特别是当同事生病不舒服时,主动帮助同事换班,做事不怕苦、不怕累,多做一点,勤快一点,并且以电话的形式关心同事的病情,同事住院要去医院看望,让他们感受到温暖。新教师在单位里,要不计较个人得失,帮助年老同事分担更多的工作,比如,年长的同事不会使用电脑,而需要交文档资料时,主动利用自己的时间帮助年长同事完成工作。

四、与领导的交往

1. 尊重领导,谦逊有礼

对各级领导要一视同仁,不管你和领导的个人关系如何,在工作中,领导就是领导,与领导沟通,要尊重有礼。工作中积极认真、主动以踏实的工作态度赢得领导的认可。面对面站立时,距离在60厘米左右,太近不够尊重,太远会听不清或很大声讲话。如果采用坐姿,请以侧坐的方式,坐2/3的椅子,上身挺直。沟通时,要不卑不亢,平等相处。说话时,面带笑容,先听后讲,不要抢话。

2. 有效的沟通

有效的沟通,就是要有明确的沟通目标,不仅自己要知道沟通什么,还要让听别人明白你要沟通什么,并掌握沟通的几种简单方法,达到你的目的。和领导沟通时,要尊重领导提出的建议或意见，遇到有分歧的问题，不要激动，慢慢把自己的想法说出来，避免过于直接或强硬的语气。表达自己想法时，理清思路，抓住重点。比如，领导提出的建议与你的想法不同时，不要急着马上回答领导说："这样做不行，我们的幼儿做不到。"或者是"我不是这样想的，你的方法不行。"可以试试这样说："谢谢你的建议，我先试试。"在你尝试了以后，根据班级幼儿需求和具体的矛盾点做一个分析，再跟领导谈你的想法和解决问题的办法。

【训练材料】

与同事的交往：

1. 同事遇到困难，家中有急事，需要和你换班，你会怎么进行交谈？
2. 同事生病你如何安慰？
3. 同事授奖、晋升职称你去贺喜，说什么？

与领导的交往：

1. 假如你是班主任，要给领导汇报班级近期的学习情况，你该怎么汇报？
2. 领导给你分配一个有难度的任务，你感到棘手，你怎么跟领导交谈？
3. 班级幼儿受伤，需要送到医院诊治，你怎么跟领导交谈？

五、一日活动中教师的礼仪

幼儿园一日活动包括：教育活动、生活活动、区域活动、户外活动。教师在活动中的行为是为幼儿学习礼仪做出榜样的行为，因此每个环节教师的眼神、语言、动作都会是孩子们模仿的对象。以下每个环节中对教师的言行举止作出了规范可供新教师作为参考。

环节名称	教师礼仪
入园	提前到教室，做好物品、环境的消毒工作 孩子入园时，微笑地招呼孩子和家长："早上好萱萱，萱萱妈妈你好！"
早餐	穿上围裙、戴上口罩，为幼儿分发餐点 蹲下来，用温柔地语言、动作帮助不会吃、吃得慢的幼儿
室内游戏	尊重幼儿，让幼儿自由选择游戏区域进行游戏 老师以玩伴的身份参与到幼儿游戏中与之互动 用温柔、善意的语言化解幼儿的矛盾，提醒幼儿爱护朋友爱护游戏材料
早操	着运动装、运动鞋 示范动作规范，语言简洁 随时鼓励、表扬幼儿
盥洗	帮助幼儿挽袖子，用温和的语言提醒幼儿用正确步骤洗手，不指责幼儿 幼儿在解便时，保护幼儿的隐私
喝水、吃水果	用语言引导幼儿排队接水喝，注意语言温柔，面带笑容 公平分发水果，并引导幼儿接物时说："谢谢老师。"

续表

环节名称	教师礼仪
户外活动	幼儿发生矛盾时，要用善意的语言和微笑的表情化解幼儿内心的恐惧、紧张抱抱幼儿、拍拍幼儿的背安抚幼儿受伤的心灵
餐前活动	抑扬顿挫的语调给幼儿讲故事，让幼儿逐渐安静下来 提醒幼儿进餐时不讲话、大口吃饭、不挑食
午餐	穿上围裙、戴上口罩，为幼儿分发餐点，细心照顾不会吃、吃得慢的幼儿
午睡	帮助幼儿脱衣物，用轻声的语言提醒幼儿安静入睡，个别入睡困难幼儿，侧坐在幼儿床边，轻拍幼儿背部，帮助其尽快入睡
起床	老师用轻声的语言，轻拍幼儿背部唤幼儿起床
午点	老师公平的为每个幼儿分发点心
户外活动	幼儿发生事故时，要用善意的语言和微笑的表情化解幼儿内心的恐惧、紧张，安抚幼儿受伤的心灵
盥洗	帮助幼儿挽袖子，用温和的语言提醒幼儿用正确步骤洗手，不指责幼儿
餐前活动	抑扬顿挫的语调给幼儿讲故事，让幼儿逐渐安静下来
晚餐	穿上围裙、戴上口罩，为幼儿分发餐点，细心照顾不会吃、吃得慢的幼儿
离园	有礼貌的招呼家长，用温和的语言简短的与家长沟通幼儿今天的活动情况

【友情链接】

四川省直属机关实验婴儿园教师日常行为规范：

教养员行为规范：

微笑多一点，举止雅一点。

常规细一点，责任强一点。

反应快一点，手脚勤一点。

声音轻一点，嘴巴甜一点。

视野宽一点，内涵深一点。

其实优秀就在这一点一点中，点点的汇聚，让每一个幼儿尽情地享受快乐！

保育员行为规范：

微笑多一点，态度好一点。

耐心多一点，沟通深一点。

声音轻一点，动作快一点。

站位准一点，细节注意点。

护理细一点，清洁勤一点。

大家都会快乐点！

第四章 幼儿礼仪教育篇

第一节 幼儿礼仪的重要性

1978年,全世界诺贝尔奖获得者在法国巴黎聚会。有记者问当年的诺贝尔物理学奖得主卡皮察:"您在哪所大学、哪个实验室里学到了您认为是最主要的东西?"出人意料的是,这位白发苍苍的老人回答道:"是在幼儿园。"记者愣住了,又问:"您在幼儿园学到了些什么呢?"老人如数家珍地说道:"把自己的东西分一半给小伙伴们,不是自己的东西不要拿,东西要放整齐,吃饭前要洗手,做了错事要表示歉意。午饭后要休息,学习要多思考,要仔细观察大自然。从根本上说,我学到的全部东西就是这些。"

这则传诵甚广的故事往往用来证明学前教育的重要性,或者更进一步,用来说明学前阶段对人终身发展和成就的作用。当然,认真分析这个诺贝尔奖获得者所说的话,我们还不难发现,他所提及的幼儿园所学的东西,不是知识,而是学习的习惯和兴趣,更重要的是日常生活中的行为习惯。当我们的家长都在担心自己的孩子输在了起跑线上的时,殊不知,学龄前的儿童,最重要的不是知识学习的抢跑,而是良好的行为习惯的养成,学龄前是儿童社会性发展的关键时期。

一、何为幼儿礼仪

在阐述幼儿礼仪的重要性之前,有必要对幼儿礼仪的内涵进行阐述和分析,以防止实践当中对幼儿礼仪的歪曲和滥用。如前所述,礼仪既有外在的表现,又包括内在的体验,它应该是内外的有机统一,是道德体验和道德行为的有机统一。在强调幼儿礼仪时,切忌忽视幼儿心理发展的规律和特点,提出超出幼儿发展水平的要求;切忌以教条的方式要求幼儿无条件地服从外部的礼仪规则,忽视幼儿学习的主体性和主动性。实际上,只有幼儿真正将礼仪的外在规则内化为自己内心的需要以后,良好的行为习惯才能真正养成。我们可以从《3~6岁儿童学习与发展指南》(以下简称《指南》)中找到基于科学的心理学研究基础之上的,对于3~6岁幼儿礼仪的合理期待。例如在社会领域,《指南》指出,社会领域的三个发展目标分别是"能与幼儿同伴友好相处""关心尊重他人""遵守基本的行为规范",具体而言:

社会交往之目标2——能与幼儿同伴友好相处

3~4岁	4~5岁	5~6岁
1. 想加入同伴的游戏时，能友好地提出请求；2. 在成人指导下，不争抢、不独霸玩具；3. 与同伴发生冲突时，能听从成人的劝解	1. 会运用介绍自己、交换玩具等简单技巧加入同伴游戏；2. 对大家都喜欢的东西能轮流、分享；3. 与同伴发生冲突时，能在他人帮助下和平解决；4. 活动时愿意接受同伴的意见和建议；5. 不欺负弱小	1. 能想办法吸引同伴和自己一起游戏；2. 活动时能与同伴分工合作，遇到困难能一起克服；3. 与同伴发生冲突时能自己协商解决；4. 知道别人的想法有时和自己不一样，能倾听和接受别人的意见，不能接受时会说明理由；5. 不欺负别人，也不允许别人欺负自己

社会交往之目标4——关心尊重他人

3~4岁	4~5岁	5~6岁
1. 长辈讲话时能认真听，并能听从长辈的要求；2. 身边的人生病或不开心时表示同情；3. 在提醒下能做到不打扰别人	1. 会用礼貌的方式向长辈表达自己的要求和想法；2. 能注意到别人的情绪，并有关心、体贴的表现；3. 知道父母的职业，能体会到父母为养育自己所付出的辛劳	1. 能有礼貌地与人交往；2. 能关注别人的情绪和需要，并能给予力所能及的帮助；3. 尊重为大家提供服务的人，珍惜他们的劳动成果；4. 接纳、尊重与自己的生活方式或习惯不同的人

社会适应之目标2——遵守基本的行为规范

3~4岁	4~5岁	5~6岁
1. 在提醒下，能遵守游戏和公共场所的规则；2. 知道不经允许不能拿别人的东西，借别人的东西要归还；3. 在成人提醒下，爱护玩具和其他物品	1. 感受规则的意义，并能基本遵守规则；2. 不私自拿不属于自己的东西；3. 知道说谎是不对的；4. 知道接受了的任务要努力完成；5. 在提醒下，能节约粮食、水电等。	1. 理解规则的意义，能与同伴协商制定游戏和活动规则；2. 爱惜物品，用别人的东西时也知道爱护；3. 做了错事敢于承认，不说谎；4. 能认真负责地完成自己所接受的任务；5. 爱护身边的环境，注意节约资源

由此可见，幼儿礼仪中"与同伴友好相处""关心尊重他人""遵守基本的行为规范"的要求是具有层次性的，对各个年龄阶段的儿童是也有差异的。我们要遵循儿童发展的客观规律，不能跨越年龄阶段去要求幼儿；同时，幼儿发展也是存在个体差异的，有的幼儿发展快一些，有的幼儿发展慢一些，要正视和允许幼儿发展中的个体差异性，切忌拿一个标尺去对幼儿进行衡量和横向的比较；另外，认真阅读指南，我们还会发现，指南在总则当中也明确指出，"儿童的发展是一个整体，要注重领域之间、目标之间的相互渗透和整合，促进幼儿身心全面协调发展，而不应片面追求某一方面或几方面的发展"。在社会领域内部，也要关注这些礼仪要求与其他发展目标的关联，如儿童愿意与人交往，具有自尊、自信、

自主的表现，切忌因追求外在的礼仪规范而导致儿童自尊、自信、自主受挫。

二、幼儿礼仪教育缘何重要

《国家中长期教育改革和发展规划纲要（2010—2010）》指出，"学前教育对幼儿身心健康、习惯养成、智力发展具有重要意义。"

（一）当前存在重认知发展轻礼仪教育的倾向

随着经济生活水平的提高和独生子女政策的落实，很多家庭都呈现出"6+1"模式，即六个大人围着一个幼儿，对孩子的需要百依百顺，对西方"自由"的理解出现偏狭，认为自由就是想干什么就干什么，幼儿规则意识较差，与人交往中自我中心非常严重。更重要的是，很多家长以为早期教育就是智力开发与培养，只关注儿童认知发展，对社会性发展缺乏足够的重视。

在幼儿园里，我们经常会看到这样一些现象：有的孩子只为一点小事，就对家长们大发脾气，甚至对爷爷奶奶拳打脚踢；有的孩子还会坐在小椅子上，跷着二郎腿，一甩一甩的；有的则把鞋子脱了，整个人蹲在椅子上；随地吐痰、乱扔饭菜、公共场合大喊大叫。

又如这样的场景：

某天早晨七点左右，正值上班上学的高峰期。公交车上坐着不少小学生和学生家长。出于情愿或者被迫，所有学生都拿着本书看。一个二三年级模样的女生在大声背单词，不时被旁边的妈妈把正确的读音纠正成错误的。坐在她前排的家长听了一会回过头来对着初次见面的陌生人大谈教育经验，不时赞扬坐在旁边苦读故事的儿子的优秀成绩。女生的妈妈不甘示弱，要求闺女现场背一段英文课文，女生一开始是拒绝的，却也顺利的背下了整篇，起了兴致干脆站到座位上，宛如歌星开演唱会似的前后示意，"谢谢叔叔阿姨，谢谢爷爷奶奶"，前后座几个爷爷奶奶辈儿的却根本不知道背的啥，却交口称赞这位家长的教育了不起，孩子将来一定有出息，众人一齐鼓掌，司机也跟着叫好。然而没人教会她公共场合大声喧哗不合适；没人告诉她座位是公共物品踩在上面会影响别人使用；没人告诉她开车时站立在座位上的危险性，似乎这些都不重要。被这样教育长大，会成为一个怎样的人呢？

（二）学龄前是儿童社会性发展的关键时期

如前所述，幼儿所需要养成的礼仪大多属于社会性发展的目标，如遵守基本的礼仪规范、关心尊重他人、能与同伴友好相处等。而学龄前是个体终身社会性发展的关键时期。俗话说，"三岁看大，七岁看老"，说的就是幼年时期的发展对后继学习和终身发展的持久而深刻的影响。著名的教育家约翰·洛克指出，幼儿阶段是培养孩子正确礼仪的重要时期。心理学上诸多理论都说明儿童早期是个体社会性发展的关键时期。例如精神分析学派的代表人物弗洛伊德就认为，我们往往由于注意祖先的经验和成人生活的经验，却完全忽视了儿童期经验的重要。因为儿童期经验发生于尚未完全发展的时候，更容易产生重大的结果。他认为，成人的人格模式是从很早就开始形成的，并且在5岁左右就完全定型了。因此，儿童的人格发展是否正常，和5岁以前的经历有很大的关系。

著名教育家陶行知也曾经说过:"六岁以前是人格陶冶最重要的时期。这个时期培养得好,以后只需顺着他继长增高的培养上去,自然成为社会优良的分子;倘使培养得不好,那么,习惯成了不易改,倾向定了不易移,态度决了不易变。这些儿童到学校里来,教师需费尽九牛二虎之力去纠正他们已养成的坏习惯、坏倾向、坏态度,真可算为事倍功半。"这说明幼儿期不仅是智力早期开发的重要阶段,更是塑造良好道德品质的关键时期。良好的礼仪教育,对幼儿塑造良好的道德素质有着重要的作用。根据《幼儿园教育指导纲要》的规定:向幼儿进行道德教育是培养他们团结友爱、诚实、勇敢、不怕困难、有礼貌、守纪律等优良品德、文明行为和可爱的性格,这是根据我国的教育目的、品德形成和发展的规律,结合幼儿的年龄特征制定的。由于幼儿的学习能力强,特别是他们主要通过直接感知、实际操作、亲身体验来学习的能力较强,如果能够在这个阶段以适宜的方式逐步帮助幼儿建立起良好的行为习惯,对他们是终身受益的。能逐渐培养幼儿良好道德素养,有助于促进幼儿文明素质的形成,有助于构建幼儿完美人格,促进其身心和谐发展,为幼儿终生发展奠定良好基础。

(三)提高公民素质和弘扬礼仪传统

礼仪是人们生活交往的准则,是一个国家的风俗习惯和民族习惯的总结,是民族文化的重要标志之一。礼仪涉及人的修养,涉及人际关系,它不仅对本人起作用,还对他人、对集体、对社会、甚至对自然界起作用,也可以说良好的礼仪习惯对国家的安定团结、对社会的稳步发展起促进作用。中国素有"文明古国,礼仪之邦"的美称,中华民族自古以来就非常崇尚礼仪,礼仪传统源远流长。几千年的礼仪传统,是构成中华民族传统文化的重要组成部分。作为中华民族的子孙,继承和发扬祖辈流传下来的优良传统文化是我们的责任。原国家教委副主任柳斌在论述素质教育时强调文明礼貌的重要性,指出:"文明礼貌的传统不能在新一代人中丢失了,一旦丢失了,小而言之,会带来社会秩序的混乱,大而言之,会给国家、民族带来灾难,带来耻辱。礼仪是调节人们行为的一种规范,调节人际关系的一种规范,有礼仪规范,才能使社会生活井然有序。"要保持国家的安定团结,使社会经济稳步发展,必须抓紧人们礼仪习惯的培养和训练。学前儿童时期是一个人个性、品德开始形成的重要时期,这个时期所形成的习惯是非常牢固的,往往会影响一生而成为个人行为准则的组成部分,正如歌德所说:"一个人的礼貌就是一面照出他肖像的镜子。"礼仪教育是时代的需要,是培养二十一世纪接班人的需要。儿童是未来的社会公民,他们的素质决定了未来公民的素质,他们的礼仪习惯直接关系到千家万户,关系到我们的社会风气。

第二节 幼儿礼仪教育的内容

幼儿礼仪教育是最基本的教育活动,它对于弘扬我国优良的传统礼仪,建立和谐社会,塑造幼儿完美人格,有着十分重要的意义。幼儿是祖国未来的接班人,是民族的未来和希望,肩负着建设祖国的光荣使命。从小养成良好的礼仪习惯,直接影响着社会的风气。我们在大街上可以看到，孩子将垃圾扔进垃圾桶；在公交车上，主动给老奶奶、老爷爷让座。从身边的小事感染社会。现在我们给予孩子最科学、最有效的教育，将来他们回报我们一个伟大国家和民族。

幼儿礼仪教育的内容包括：基本礼仪、幼儿园礼仪、家庭礼仪、公共场所礼仪四个部分。基于3~6岁幼儿身心发展规律与学习特点，以适合幼儿学习的儿歌、游戏对幼儿进行礼仪教育，培养他们乐观健康的心理；培养他们与人交往、合作的能力，构建幼儿的完美人格。在学习中，幼儿的发展水平、个人能力、生活经验和学习方式都存在个体差异，需要指导者尊重、接纳每个幼儿，以鼓励、支持为主帮助幼儿朝各年龄段的指标方向进步，逐渐养成良好的行为习惯，避免不恰当的评价伤害到幼儿。小班幼儿礼仪目标：初步了解、学习日常生活中常用的礼仪知识；中班幼儿礼仪目标：逐步运用日常生活中的基本礼仪知识；大班幼儿礼仪目标：逐步养成良好的行为习惯。

一、基本礼仪

幼儿的基本礼仪包括个人卫生、学会倾听、礼貌用语、进出礼仪、物品取放和与同伴的交往。在教育方法上，教师要善于运用游戏情景为载体，把身份转化为幼儿的同伴，并利用儿歌、歌曲激发幼儿学习的兴趣。如小班幼儿在学习如何擦嘴时，老师可以利用手帕进行擦嘴步骤演示。把教育内容游戏化、情景化，是针对小班幼儿直观形象的思维特点。切勿使用生硬、死板的说教形式，这种方式既不能吸引幼儿的注意力，又不能达到教育的目标，而且会让幼儿产生逆反的心理。

1. 个人卫生

（1）干净的脸蛋。

坚持每天早晚洗脸，包括眼睛周围、耳后、脖子的清洁。干干净净的小朋友，教师也爱抱抱、亲亲他的小脸蛋，小朋友们都愿意和他做朋友。有这样的案例：一个幼儿早上来到幼儿园，和朋友打招呼的时候，朋友指着他的眼睛说："你的眼屎还在，你都不洗脸的吗？好恶心啊！"这个小朋友一下脸就红了，然后大声地说："我洗了的，我早上洗的脸！"如果你遇到班级里有不洗脸的幼儿，你会怎么做呢？请不要伤害幼儿的自尊心，单独悄悄地告诉他，并用镜子给他看看："你今天眼睛里有什么啊？你快洗掉哦，这样就不漂亮、不帅气了。我再给你讲个小秘密，天天早上洗脸，你的眼睛会亮亮的哦！"教师可以给幼儿提供镜子，让他们看着洗脸。

活动中可以加入以下的儿歌：

小班儿歌：花毛巾，亲亲脸，揉揉眼睛，亮晶晶，擦擦耳朵，听得清，洗洗脖子，真干净。

大班儿歌：花毛巾，擦擦脸，对折一下擦擦眼，再对折擦耳朵，照照镜子白又白。

【训练材料】

1. 设计一个小班健康活动"干净的小脸蛋"。
2. 请和你的同伴相互练习，用儿童能明白语言向对方介绍洗脸、擦香香的步骤。

（2）白白的牙齿。

坚持早晚刷牙，保护牙齿。给幼儿提供镜子和喜欢样式的牙刷，喜欢的牙膏激起幼儿想刷牙的愿望，培养幼儿天天刷牙的习惯。可以和幼儿一起阅读经典绘本《牙医怕怕鳄鱼怕怕》，通过学习让幼儿学会保护牙齿的方法，并针对6岁换牙期幼儿心理开展教学工作，如，为什么我们要刷牙？牙齿上黑黑的是什么？为什么我们会掉牙齿？掉了还会长出来吗？掉牙齿痛吗？还可以利用家长资源和幼儿进行互动活动，邀请牙科医生家长到班里和幼儿一起认识、了解牙齿。

活动中可以加入以下的儿歌：

小牙刷，变魔术，上下刷牙泡泡来，里里外外刷一刷，白白牙齿变出来。

【案例分析】

早上入园，齐齐妈妈告诉教师："今天早上齐齐不愿意刷牙，好话说完了都不听，只有请老师帮忙了。"家长从幼儿书包里拿出了牙刷、牙膏递给教师。教师蹲下来，拉着齐齐的手说："齐齐我闻闻你的嘴巴香吗？"齐齐张开嘴巴，教师夸张地闻了闻："不香，你的嘴里今天没有吐出泡泡吧？"齐齐说："吐什么泡泡？"齐齐用口水变成泡泡要吐。教师赶紧制止，说："是牙膏泡泡哦。"齐齐说："没有，我不想吐牙膏泡泡。"教师："吐了牙膏泡泡，你的牙齿又白又干净，嘴里还香香的哦，你就是我们班今天的香宝贝！"齐齐听了，眼睛都睁大了，说："香宝贝？我要当香宝贝！"教师："但你没刷牙怎么当？"齐齐："我现在就刷。"齐齐拿着自己的牙刷，和教师一起按照刷牙步骤刷完，教师闻了闻："真香。你就是香宝贝。"齐齐赶紧跑去跟朋友们说："我是今天的香宝贝。"

点评：

针对不爱刷牙的幼儿，教师充分尊重了幼儿的心理特征，没有用讽刺的话语或是命令的语言让幼儿刷牙，而是巧妙的根据幼儿认知水平，提出"吐泡泡"的疑问。要吐泡泡，幼儿就必须借助牙膏才能完成，在这个思维过程中，幼儿很快知道教师在说他没有刷牙的事，因此一口否定掉，教师第一次运用的策略和谈话，就变得无效了。接着老师用激励的语言"香宝贝"，抓住幼儿喜欢被表扬的心理，顺利引导幼儿完成刷牙。

【训练材料】

1. 请和你的同伴相互练习，用儿童能明白语言指导对方刷牙的步骤。

2. 遇到一名不愿意刷牙的幼儿，你会怎样引导他？

（3）洗头、洗澡。

坚持每周至少洗澡、洗头三次，夏季坚持天天洗澡，保持身体和头发的干净，平时要把头发梳理整齐，女孩齐肩的头发需要扎起来。如何培养幼儿勤洗头、修剪头发的习惯呢？必须要顺应幼儿心理需求，因为水进入眼睛或耳朵幼儿会非常不舒服，也就不会配合成人洗头，从而导致紧张的情绪一直延续，遇到洗头就会东躲西藏。可以给幼儿提供洗头帽或游泳眼镜等，防止水进入幼儿的眼睛。同时要每月给幼儿修剪头发，特别是男孩，因为男孩的运动量较大，运动完后头发都湿湿的，也有滴水的情况，容易滋生细菌。所以定期给幼儿清洗头发是非常重要的，男孩超过耳部的头发需要修剪，修剪头发时，幼儿会害怕理发师的剪刀，可以用幼儿喜欢的玩具转移他们的注意力，避免因为害怕而乱动导致受伤。

幼儿洗澡时,可以给幼儿提供塑料玩具、播放幼儿喜欢的音乐、提供浴缸和泡泡浴,让幼儿在游戏中洗澡,逐渐喜欢上洗澡,并养成勤洗澡的习惯。

洗澡儿歌:小黄鸭,嘎嘎嘎,快来陪我玩游戏,水儿洒到我身上,泡泡上下抹一抹,喷喷香的就是你。

洗头儿歌:神奇泡泡放头上,黑色头发变白发,左抠抠,右挠挠,水儿快点来帮忙,黑色头发又出现。

【训练材料】

1. 夏季,你班上有一名头发长长的女孩,每天都披着头发来园,不愿意扎头发,你该怎么跟她讲?

2. 一名幼儿哭哭啼啼来到幼儿园,妈妈对你讲,孩子都三天没有洗澡了,怎么劝都没有用,你该怎么办?

(4)香香的小手。

幼儿的手喜欢到处摸,喜欢随地拾起他们眼中的宝贝,又不时放进自己的嘴里,这些举动是因为他们正在认识这个社会。如何既满足幼儿的兴趣又做到清洁卫生泥?在室内,可以提供干净的生活用品,特别要注意墙角、地板的清洁,要根据幼儿身高和常触碰的位置进行消毒和保洁。在室外,要提醒幼儿清洗干净手,才能吃东西、摸脸等,可以给幼儿提供湿巾纸或是离水源近的地方组织户外游戏。通过讲故事让幼儿明白,保持手部的清洁对健康很重要,要养成爱干净、讲卫生的好习惯,如,户外游戏完、上完厕所后、进餐前都要洗手,要学会正确的洗手步骤,洗完手要用自己的毛巾擦手。指甲的保护也很重要,幼儿经常啃食自己的指甲,导致不良习惯的形成,教师要注意引导幼儿爱护双手、爱护指甲。幼儿的指甲的长度不要过长,一般情况一周修剪1至2次为宜。

洗手儿歌:

开小水,冲冲手,抹泡泡,搓手心,搓手背,手指尖(在掌心)转一转,手腕左右转一转(一手握住另一只手的手腕),泡泡泡泡快冲掉,最后水池甩三下。

【案例分析】

户外活动后,教师:"小朋友们,看看你手上有什么?"幼儿:"黑黑的、脏的、细菌……"教师:"我们一起去把小手变干净,看看我是怎么变的。"教师走到水池边,边说边做:"打开水龙头，开小水，五个手指头朝下放在水里浸一浸，然后关上水龙头，涂上肥皂，我们一起来念洗手儿歌：搓手心，搓手背，手指尖（在掌心）转一转，手腕左右转一转（一手握住另一只手的手腕），打开水龙头，手心面对面，搓搓搓，搓搓搓，泡泡泡泡快冲掉，关上水龙头，对着水池甩三下。最后拿毛巾擦干手上的水。看看我的手变白白了吗？再闻闻，香吗？"

现在请小朋友也来把手变白、变香吧。教师："先怎么样？"幼儿："……"教师："肥皂在手上轻轻抹一下就够了。""脏的地方要用劲搓哦。""洗完了要怎样？对，对着水池甩三下，甩到别人身上就不好了。"好，我们手都洗干净了，运动完、解便后、吃饭前都要洗手哦！

点评：

案例中，教师先用提问的方式引起孩子的注意，然后用语言提示加上动作示范洗手的步骤。当幼儿洗手时，教师针对幼儿容易疏忽的步骤再次做强调。不仅教会了幼儿洗手还在反复的语言提示中加深了幼儿对洗手步骤的印象。

【训练材料】

1. 请和你的同伴相互练习，用儿童能明白的语言向对方介绍洗手的步骤。
2. 美术活动结束，你发现个别女孩用彩色笔在指甲上涂颜色，你会怎么做？

（5）衣服、裤子干干净净。

要保持衣裤的干净、平整，勤换衣裤，爱干净。在幼儿园里常常看到孩子们在草坪上打滚玩游戏，或随地坐下、跪下、趴在地上观察蚂蚁，早上入园还是干净的衣服，放学时就脏脏的，家长也常常说孩子的衣服穿一天就要洗了。教师要提醒幼儿不随意坐在地上游戏，不在地上打滚，如游戏需要打滚，请提供干净的地垫，干净的草坪地。教师还可以运用讲故事的方法、手偶剧的方法引导幼儿要爱干净、讲卫生。并提醒幼儿在每一次便后整理好衣物再出厕所。

要让幼儿快乐健康的成长就必须注意对幼儿的安全保护，除了幼儿在游戏中对自身和朋友的保护不相互伤害外，幼儿的服饰安全、睡眠习惯安全同样重要。这些安全是成人需要为幼儿营造的。

【训练材料】

1. 户外活动中，男孩都趴地上玩打枪的游戏，你看到后会怎样引导他们爱干净？（满足幼儿游戏兴趣还是打断幼儿的游戏？）
2. 夏季，大班有一名幼儿，每天午睡起床都要换一身干净的衣服、裤子，对此你怎么看？

【知识链接】

宝宝衣服隐藏的安全问题

一、连帽衫、发卡、丝巾

潜在危害：

1. 穿着连帽衫的孩子，因为幼儿自己的玩耍或朋友拉扯衣服上的带子，很可能会造成意外伤害。曾有报道：一个3岁小男孩在幼儿园玩滑梯时，衣服上的绳子扭结在一起勒住脖子，结果窒息死亡。
2. 多数女孩喜欢用可爱的发卡装饰自己，也有因为修剪了头发参差不齐，或者挡住眼睛，而使用发卡。但是因为幼儿的皮肤稚嫩，发卡会在幼儿奔跑、跳舞、游戏中出现掉落、松垮等现象，这样就很容易刮伤自己的皮肤；有的幼儿在睡觉时，玩弄自己的发卡，导致挫伤头皮、面部皮肤等情况。

3. 秋季，家长担心幼儿受凉，会给幼儿系上丝巾，殊不知幼儿因为年龄小，不会自己系丝巾、解丝巾，当幼儿感觉不舒服的时候就会自己拉扯丝巾，导致丝巾越拉越紧，造成窒息等危险。

建议：

1. 教师应建议家长尽量避免给幼儿穿着带绳带的衣帽，如买了，最好把绳带取下来或剪掉后再给孩子穿。

2. 入园时检查幼儿的着装，对于装饰物特别多的衣物建议幼儿更换，尤其有颗粒状珠子的衣物。

3. 教师给孩子穿衣服时，认真查看纽扣、各种饰件的牢固性，防止脱落被孩子误食；丝巾能不系就不系，需要系时别留太长的剩余，别系死结。

二、紧身内衣

潜在危害：

1. 有的家长会给幼儿穿着较紧的衣物，这会让幼儿产生呼吸困难的症状。

2. 较紧的内衣和内裤会影响幼儿骨骼的发育，较为严重的还会引起局部湿疹或皮炎。紧内裤对幼儿生殖系统发育有不利的影响，严重的会诱发生殖系统疾病。

建议：

1. 给幼儿穿着纯棉衣物是最佳选择。

2. 要根据孩子的生长情况选择合适的衣物尺寸，可以穿稍微宽松的。

3. 有刺鼻异味的衣物不能给幼儿穿。

4. 鞋子的选择以运动鞋为最佳选择，对于幼儿年龄段的幼儿鞋子不要使用系带的或是靴子，因为幼儿自己不会系带，如果幼儿走路或奔跑时鞋带松掉，就会出现安全事故。另外幼儿穿靴子会不利于足弓的发育。

三、背带裤

潜在危险：

1. 对于自理能力正在逐步建立的幼儿来说，背带裤难以穿脱给孩子上厕与建立自己穿脱衣物的习惯都有很大的负面作用。

2. 穿背带裤就必须要成人的帮助，会剥夺孩子自主学习，自己锻炼的机会。因为穿脱总是落后于别的小朋友，容易让幼儿产生自卑感。

建议：

1. 衣服选择直接套头的为佳。

2. 上中班的幼儿，可逐渐增加扣扣子的、拉拉链的衣物。

3. 裤子的选择以宽松易穿脱的为佳。

四、夏季的短裤和冬季又长又厚的羽绒服

潜在危险：

1. 冬天天气寒冷，幼儿要通过运动增强自身的抵抗力，适应环境。而选择特别厚、特别长的羽绒服，会阻碍幼儿的运动，衣服厚，幼儿手臂多几次弯曲都会感觉累，衣服长，幼儿不能迈大步。

2. 幼儿随时都在运动，奔跑、嬉戏是幼儿的天性，夏季的短裤对膝盖缺乏保护，幼儿摔倒时很容易擦伤皮肤。

建议：

1. 冬季上衣着两件半为适宜，尺寸可以比实际尺码略大一个，这样运动更方便。

2. 夏季裤子的选择，可以穿宽松的长裤。冬季外裤可以穿加厚运动裤或棉裤，里面穿薄秋裤。

（6）餐后擦嘴、漱口。

引导幼儿餐后用毛巾擦干净嘴巴，双手握住毛巾两端，左右来回擦嘴的周围。餐后坚持漱口，清洁嘴里残留饭渣。教师要给幼儿提供漱口水，由于幼儿的年龄特点，会忘记水是用来漱口的，为了防止幼儿喝下生水，建议使用冷开水给幼儿漱口。同时要告诉幼儿为什么要漱口，漱口的好处。

漱口儿歌：嘴里一口水，左右晃一晃，弯着腰，吐出来。

【训练材料】

1. 请和你的同伴相互练习，用儿童能明白的语言向对方介绍用毛巾擦嘴的步骤。
2. 请和你的同伴相互练习，用儿童能明白的语言向对方介绍漱口的注意事项。

2. 学会倾听

良好的倾听习惯是对别人的尊重，也是学习语言的前提条件。我们经常发现，教师在对幼儿讲游戏要求时，幼儿经常插嘴；教师在讲故事时，幼儿听到他们感兴趣的词或句，就开始发表自己意见，不能继续认真仔细地倾听等。因此，讲故事时可以采取这样的方式：第一遍讲故事前，告诉幼儿故事讲完后，你们要告诉我故事的名字和出现的人物，听故事时不要提问。第二遍讲故事前，让幼儿先回答刚才问题并问问幼儿有什么问题？第三遍讲故事前，告诉幼儿故事讲完后，你们要告诉我故事告诉了我们什么道理？每一次讲故事的重点不一样，幼儿的倾听注意力就会逐渐提高，良好的倾听能力和习惯对孩子来说十分重要。那么，怎样培养孩子的倾听习惯呢？

游戏是幼儿学习最快、最主动的方法。按幼儿的年龄特征，创设有趣的游戏。

3~4岁幼儿适合的游戏："听指令做动作游戏"，如，教师："食指食指变出来，（教师伸出一根食指）鼻子的上面是什么？"幼儿回答："鼻子的上面是眼睛"，并用食指指着眼睛。念儿歌时注意音量，由大到小，逐渐减弱音量幼儿能更加专注的倾听。

4~5岁幼儿适合的游戏："找错误游戏"。辨别出老师讲出的错误句子，如，一个大西瓜，皮是红的，果肉是绿的。故意说错，让幼儿分辨，需要注意的是，幼儿要听完整教师的话才能回答。

5~6岁幼儿适合的游戏："传话游戏"。游戏的难度由易到难，从简单的词语开始，然后是短句。游戏的人数5人一组为适宜。

儿歌：别人讲话时，小嘴闭闭好，耳朵仔细听，听完你再问。

【训练材料】

1. 请试着创编一个培养大班幼儿倾听习惯的游戏。
2. 请和你的同伴交换扮演教师和幼儿的角色，试"玩"上述的各年龄段游戏。

3. 礼貌用语

见到邻居、长辈或老师，小朋友要主动问好，说"陈老师好""刘老师早上好"；分别时说"小朋友再见""王老师明天见"。得到别人帮助后，要说："谢谢你。"需要得到别人帮助时说："请你帮帮我好吗？"同时，教师还可以利用日常的生活环节培养幼儿使用礼貌用语的习惯。比如，教师给孩子盛饭，引导孩子在端饭时对教师说："谢谢！"教师一定要给每一个孩子回答："不用谢。"

【案例分析】

笑笑没有带画笔，坐在座位上看别人画画。教师对笑笑说："你没有想好画什么吗？"笑笑说："我没有笔。"教师牵着笑笑的手，带他去找朋友琳琳，引导笑笑向朋友求助并教笑笑说："琳琳，你可以借笔给我用吗？"琳琳："你不能把笔给我弄坏了。"笑笑："我会保护好，不弄坏的。"琳琳借给了笑笑笔，笑笑说："谢谢！"琳琳说："不用谢。"

点评：

案例中，笑笑向教师求助，教师没有直接拿笔给她，而是带她去借笔，引导笑笑寻找朋友的帮助，并用礼貌用语示范如何借笔。授人以鱼不如授人以渔，教会幼儿解决问题的方法比直接给予答案更重要。

4. 进出门礼仪

幼儿常常把开门关门当做游戏，喜欢重重的关门，听到关门时发出巨大的声响，会发出开心的笑声，但是这个游戏，往往容易压伤自己或同伴的手，还会对门造成损坏。教师要提醒幼儿轻轻关门、轻轻开门，手指不要放在门缝。语言以正面为主，幼儿会对负面语言感兴趣，往往只听一半就开心起来，关键的后面没有听到，造成坏的示范作用。

【案例分析】

1. 有一位教师在引导幼儿不要玩耍门时用了这样的语言："轻轻开、轻轻关，门缝有个大嘴巴，啊呜一口咬手指。"孩子们听了，每次走到门边，都会重复说："啊呜一口咬手指。"教师自编了一首儿歌来告诉幼儿，这样更容易让幼儿接受和记住。

2. 一位教师看见果果在玩门，另一位男孩的手就放在门边，教师赶紧大声急促地说："不要关门，要压到手。"并走到门边，果果还是继续把门关上了，另一名幼儿，痛得哇地哭了起来。老师赶紧打开门，看了看男孩的手。

点评：

幼儿常常会对自己不能做的事情感兴趣，提醒不能做，他们就越是想要做。幼儿存在逆反心理，同时也是因为生活经验缺乏，因此听到教师说"不能关门"还继续的关门。因此教师要注意使用引导性语言，忌用命令的语言。

5. 物品取放

需要提醒幼儿，取放物品时动作要轻。传递物品时，要双手递给别人。不是自己的东西,不能拿。没有经过主人的同意,不能翻看他人的书包或拿别人的物品。需要特别注意的是,传递物品时不可抛出,接到物品的幼儿要使用礼貌用语"谢谢"。可以跟幼儿做传递物品的游戏,类似于"击鼓传花",请幼儿手持物品,双手递到旁边朋友手中,反复练习让幼儿养成良好的习惯。

【训练材料】

1. 请和你的同伴围坐成圆圈,一个接一个传递剪刀,并用语言总结出怎样传递剪刀最安全。

2. 班级里的幼儿要取高于自己身高的物品,你会怎么引导?

6. 与同伴交往

为幼儿创造与人交往的机会,如创设室内角色游戏区域时,设置"医院""理发店""娃娃家"等,鼓励幼儿通过扮演医生、理发师、妈妈、爸爸等角色主动与人交往。当扮演"医生"时,体谅扮演"病人"的疼痛,能使用安慰的话语"别着急,我来帮你检查。""很快就会好的,别担心。"当幼儿与同伴之间发生冲突的时候,鼓励幼儿采用协商、交换、轮流等方法解决冲突。

交往中,同伴有困难时,主动帮助他人,不给朋友起绰号。学习朋友的优点,学会赞美同伴:你真棒、你真聪明。

【思考与练习】

下面的活动中教师对刷牙方法的教育策略好吗?好在哪里?

活动名称:健康活动"小猪学刷牙"。

活动目标:

1. 懂得保护牙齿的重要性。
2. 掌握正确的刷牙方法。
3. 养成每天早晚刷牙的好习惯。

活动准备:

1. 小猪头饰,并请一位教师扮演小猪。
2. 幼儿听过《小猪拔牙》的故事,会念刷牙儿歌。
3. 牙齿模型,每位幼儿一把牙刷、一支牙膏、一个杯子。

活动过程:

1. 开始部分:

教师:小朋友们,今天有一位客人来了,看!(小猪出场)

(小猪的出现活跃了课堂气氛,孩子们有了很大兴趣。)

小猪:小朋友,你们好。今天,我要和你们一起做游戏。

2. 基本部分:

① 引导幼儿讨论不保护牙齿的害处。

和幼儿一起回想故事《小猪拔牙》,知道一些不保护牙齿的害处。

教师:小猪因为乱吃零食,不爱刷牙,没有保护好牙齿,牙齿就生病了,只能拔掉。

你们想想，不保护牙齿还有哪些害处？

幼儿自由讨论，交流。

教师小结：牙齿如果生病了，会影响我们吃东西。牙疼得睡不着觉，吃不下饭，会影响我们的身体健康。如果牙齿坏掉，就要拔掉，拔了牙话说不清楚，而且也不好看。

小猪：现在我知道要保护自己的牙齿，不乱吃零食和糖，每天早上和睡觉前都要刷牙，牙齿就会很健康。可是，我不会刷牙怎么办呢？

② 幼儿讨论正确的刷牙方法。

教师：小朋友会刷牙吗？你来教教小猪你是怎么刷牙的？

幼儿根据自己的经验自由交流，教师与幼儿共同讨论正确的刷牙方法，并帮助幼儿总结刷牙的每个步骤。

（预设问题，幼儿知道刷牙的方法，但是只能用动作表示，不知该如何表达。教师请幼儿用动作示范，教师用语言总结。）

③ 教师示范讲解正确的刷牙方法。

刷牙需要什么？（提醒幼儿刷牙前的准备工作）

教师边讲边示范：先在牙刷上挤牙膏，然后在杯子里盛满水，接着用水漱一下口，我们就可以开始刷牙了。

教师利用模型，边示范，边用刷牙儿歌配合讲解。（利用模型讲解更为直观）

教师：上面的牙齿从上往下刷，下面的牙齿从下往上刷。两边的大牙齿要由里往外来回刷。

组织幼儿徒手模仿练习。（练习的基础上再通过语言小结，加深印象。）

④ 集体练习刷牙。

老师强调刷牙方法：

① 做好刷牙前的准备；

② 用刷牙的儿歌提醒幼儿刷牙的步骤。

放音乐，集体练习刷牙。（音乐活跃气氛，更增添幼儿兴趣。）

3. 结束部分。

小猪小结刷牙方法。

教师：小朋友的牙齿都刷得很干净。小猪，你有没有学会刷牙的方法呢？

小猪：学会了。

教师：那你给小朋友讲讲吧。

小猪：刷牙是先要在牙刷上挤上牙膏，在杯子里盛满水。然后，用水漱一下口。接着，开始刷牙。上面的牙齿从上往下刷，下面的牙齿从下往上刷。两边的大牙齿要由里往外来回刷。对了，小朋友一定要坚持早晚刷牙，吃饭以后要用水漱口。

二、幼儿园礼仪

1. 入园、离园礼仪

幼儿园里的常用礼貌用语有：早上好、谢谢、请你帮帮我、再见等。

婴小班幼儿入园时，教师采用蹲姿，抱抱幼儿，给以安全感让其尽快适应幼儿园的生活并主动大声地和幼儿问好："嘟嘟，早上好。"引导幼儿说："李老师，早上好。"中大班幼儿入园时，教师采用站姿，摸摸幼儿的头表示喜欢并主动向幼儿问好。离园时，老师可以摸摸孩子的头，鼓励表扬幼儿今天有进步的地方，并微笑着和幼儿道别。"明天见。""老师在幼儿园等你哦，明天早点来。"

2. 生活活动礼仪

一日活动中，教师帮助幼儿倒水、盛饭时，引导幼儿说："谢谢"。午睡起床时，可以引导幼儿互相帮助穿鞋子、扣衣服，不会穿的幼儿，可以对朋友说："请你帮我穿鞋子。""你可以帮我扣衣服吗？"朋友给予了帮助后，请说："谢谢"！

3. 教学活动礼仪

参与活动中，要学会倾听教师或同伴讲话，有问题要举手，经过教师允许后再发言，不随便插嘴或和同伴聊天。坐下时，双手放在腿上，脚放进桌下，站立时，双手放身体两边，不要依靠身边任何物体。根据幼儿的年龄不同，教师在组织活动之前提醒幼儿集体解便，以免活动中幼儿交替上厕所。

4. 户外活动礼仪

户外活动，要培养幼儿排队一个跟着一个走的习惯，告诉幼儿跟着教师走，不能随意到处跑。在上下楼梯时，靠右行走，不大声喧哗，注意不推挤他人，以免在楼梯上滑倒。在游戏中，引导幼儿与他人分享玩具或合作完成游戏。游戏结束要把玩具送回原处。

5. 盥洗礼仪

幼儿认识这个社会，多是用手触摸感知，手是孩子们接触外界最多的部位，也就最容易沾染细菌的部位，这样很容易把病菌带到嘴里，所以我们要经常提醒孩子，养成饭前便后要洗手，手脏了要洗手的习惯，并保持小手的干净。同时要让幼儿学会正确的洗手方法。可以用洗手儿歌提醒幼儿，教师还要在幼儿每次洗手时，用语言提醒并动作示范。开小水，不玩水，洗完及时关上水龙头，并用自己的毛巾擦手。

入厕时，知道排队解便，引导幼儿学会保护自己私密部位不给别人看。便后能主动冲厕所。小班幼儿不会自己擦屁股，教师要引导其学会用礼貌的语言告知教师寻求帮助。

6. 进餐礼仪

古语有云：养其习，于童蒙。幼儿正处在个性发展形成的重要时期，这时他的高级神经具有很大的可塑性，极易接受外界各种刺激，并在大脑中留下深刻的印象，这一时期养成良好的习惯比较容易，即使有了不良习惯，纠正也比较容易。根据这一特点，餐饮礼仪应从小抓起。

我们常常看到，幼儿进餐时，会和同伴讲话、玩勺子、遇到不喜欢吃的就不愿意进食。遇到这样的情况，老师要引导幼儿安静进餐，可以运用故事《香喷喷的饭菜》和表扬法鼓励幼儿自己吃饭，不挑食、不说话。

【知识链接】

在美国，幼儿的礼仪教育始于餐桌。从孩子上餐桌的第一天起，家长就开始对他进行有形或无形的"进餐教育"，帮助孩子学会良好的进餐礼仪。美国孩子一般2岁时就开始系统学习用餐礼仪，4岁时就学到用餐的所有礼仪，稍大一些，5岁左右的孩子都乐于做一些餐前摆好所有餐具、餐后收拾餐具等力所能及的杂事。这一方面可以减轻家长的负担，另一方面也让孩子有一种参与感，对于礼仪教育来说，这更使他们学到了一些接待客人的餐桌礼仪。在这样的教育下，美国10岁以上的孩子吃饭时，就很文雅了。

对于这种餐桌教育，美国一位叫鲍尔的教师说："文明礼貌对个人事业的成功极有帮助。大的商业交易或爱情往往是从餐桌上开始。"

7. 午睡礼仪

良好的午睡是幼儿生长发育的必要保证。为了营造安静的睡眠环境，提醒幼儿进入寝室要小声说话。逐渐学会自己脱掉衣服、裤子、鞋子。为了幼儿的安全，注意把女孩的发夹、头绳收放到教师处。入睡慢的幼儿，会在床上玩弄被子，有的幼儿会把衣服缝口的线拉出来缠在手臂上玩，有的会把衣服包里的卫生纸揉成团放进鼻子里、耳朵里，这是非常危险的，幼儿会因为无法呼吸导致死亡。所以教师要检查幼儿被子内有无异物。

同时要培养幼儿保持正确的睡姿，以右侧卧姿势入睡，注意不蒙头。

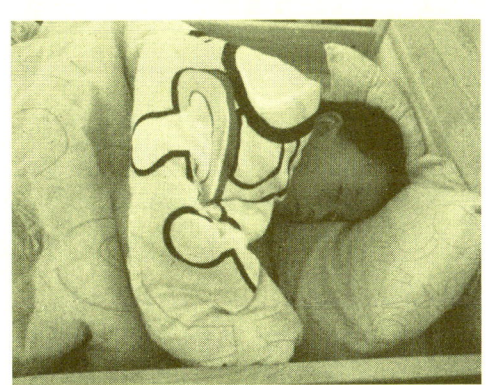

起床后，能逐渐学会自己穿好衣物，并主动帮助朋友穿衣。成人要教给幼儿自我服务的方法，如穿脱衣物、叠被子的方法，提高幼儿的自理能力。

【知识链接】

午休中应该注意哪些问题

2012年3月21日下午,成都的5岁小女孩罗丹梅在幼儿园午睡后,巡视老师突然发现她全身抽搐,陷入昏迷。幼儿园随即通知家长,将孩子送往医院。但经抢救无效,罗丹梅于第二天凌晨死亡。随着幼儿园的发展,孩子越来越多,孩子们各式各样的问题也随之而来,午休中应该注意哪些问题?孩子出现意外状况时如何处理呢?

幼儿园午睡时,常有一些入睡比较困难的孩子,他们躺在床上无聊,就会找东西玩,会趁教师不注意,把小纸团、发卡、小的乐高玩具、被子里的棉花、小珠子、豆粒等东西塞进鼻孔里、耳朵里。一旦塞进鼻孔引起呼吸困难就很有可能会窒息。

预防及处理:

1. 入睡前检查:幼儿在进寝室时,教师要逐一检查孩子的衣服、裤子兜里是否有"异物",收走女孩的发卡、皮筋。引导幼儿逐渐学会自觉把这些物品放到教师处。

2. 入睡后巡视。幼儿对周围物体的好奇促使他撕扯被子里的棉花、枕巾上的线头,这些都成为幼儿的"玩具"。教师在幼儿入睡后要加强巡视,及时发现避免危险发生。

3. 若发现孩子将异物塞进鼻孔,要马上帮助孩子按紧无异物的鼻孔,并叫幼儿用力擤鼻,将异物排出。如果幼儿吸入较深,可能会落入气管引发危险。如若发生危险要立刻到医院就诊。

【案例分析】

进寝室入睡环节:

教师:"请解完便的小朋友轻轻地走进寝室。寝室是睡觉的地方,我们要保持安静,来一起进来吧!"

教师用很轻的声音提醒幼儿:"先把被子打开,有花的地方(窄的那条边)对着枕头,然后坐在床边脱鞋,鞋子要摆放在床头,放整齐哦。接下来坐在床上脱裤子,(教师根据语言提示做示范动作)双手捏住裤腰使劲往下拉,拉到膝盖下面,手握住裤脚,往外拉裤子就脱出来了。被子盖住腿,脱掉外套,不会的举手,老师来帮助你。脱完外套请躺下,头要睡在枕头上,侧身睡,闭着眼睛、嘴巴、不动,很快就会睡着的。"

点评:

教师在引导幼儿入睡环节中,运用幼儿能听懂并接受的提示语言,并有逻辑的一步步提示幼儿,语言简单并有重点,不啰唆,不重复。

【训练材料】

1. 请设计一段起床指导幼儿穿衣裤的语言。

2. 如果你班上的幼儿在午睡时玩耍卫生纸,你应该怎么做?

3. 和你的同桌相互扮演教师或幼儿,模拟入园、离园环节教师用什么姿态、语言与幼儿的对话?

三、家庭礼仪

家庭是孩子第一个学校，父母是孩子第一任教师，父母的文化素养，家庭的环境氛围对幼儿的影响是根深蒂固的。目前我国家庭教育的现状是6个大人教育1个孩子，二胎政策放宽后，6个大人教育2个小孩，孩子之间还有相互的影响。常常看到，父母对待孩子是百依百顺，幼儿常享受衣来伸手，饭来张口的生活，自理能力几乎为零。刚入园的2岁半的新生中，不会独立穿脱鞋子、进餐、解便的比例占到了40%，入园一年后3岁半的幼儿中，不会独立穿脱外套、管理自己物品的幼儿占到了35%，家长缺乏对幼儿行为技能的培养。在入园后，幼儿第一次面对社会，对于相互谦让、分享、合作的意愿更是不足，在家里习惯所有人都谦让于他，家里6个大人没有人会和他争抢玩具，自己的任何要求也都全部满足，这样的教育让幼儿无法在幼儿园这样一个小型的社会中顺利的社交。

家庭教育要为幼儿适应社会、与同伴友好交往并养成良好的行为、技能习惯打下基础。这样幼儿才能在幼儿园里顺利成长，才能积极地面对人生中的各种挑战。不要让自己的爱束缚了幼儿学习的权利。

准备入园时，家长应交给幼儿基本的自理能力，如，独立进餐、解便、穿脱鞋子的技能，能清楚的表达自己的意愿，能用语言寻求成人帮助的技能。入园后，家长要以身作则，看见教师主动问好，离园主动和教师告别。帮助幼儿适应幼儿园的生活，以积极的教育方式为主，如，今天你开心吗？你交了几个朋友？你最喜欢的玩具是什么？通过这样的提问来了解幼儿在园内的生活是否顺利。进入中班，家长要教会幼儿使用筷子的技能，以及日常的待人接物的礼仪，让幼儿用正确的方式抒发自己的情感，寻找排解不开心、伤心的办法。大班，要让幼儿学会独立管理物品，逐步计划如何安排自己的休息时间，为小学生活打下基础。

1. 尊重长辈

看见长辈主动打招呼，不可直呼其名。要主动帮助父母做自己力所能及的事，如端茶、摆放碗筷、洗自己的毛巾、袜子。回家和离开家的时候主动告诉家人，你回来了或你要走了。与长辈乘车时，主动让位给长辈坐。

2. 保管自己的物品

学会收放自己的物品，物品用完以后放回原处。爱惜物品，不浪费、独占，学会与人分享，与他们和谐相处。不乱翻抽屉或别人的东西，只玩自己的玩具。成人要把不安全的物品收放好，避免幼儿接触到。

3. 客人来访

家中有客人来，要礼貌问好，热情地请客人就座，并为客人端茶。如收到客人的礼物，要主动致谢。客人走时，送客人到门口，并欢迎他们下次再来。

四、公共场所礼仪

● 行走在公共场所，要遵守交通规则，过马路不闯红灯，走斑马线。在过天桥时，不往下扔物品，不随地吐痰。看见长辈或残疾人要主动给他们让路。成人要为幼儿提供安全的生活环境和保护措施，保护幼儿的生命安全。同时，要以身作则，并提醒幼儿遵守交通规则。

儿歌：红灯停，绿灯行，斑马线，靠右走。

小小垃圾桶，胃口真不小，看我分类扔，干净又卫生。

- 乘车

车站等车请排队，上车不拥挤，先下后上有礼貌，看见老、弱、病、残要主动礼让。上车后主动购票，不争抢座位，不在车厢内打闹。手和头不伸出车外，不向车外丢垃圾。下车前提前准备，有人挡住你的路，请说："请您让一下"。

儿歌：先下后上，排排队。看见老人，请让位。头手放好，不乱动。提前准备，下车去。

- 乘地铁

乘坐地铁时，不带危险物品上车，主动配合安检叔叔阿姨的检查。在站台上候车时，不乱跑，在黄线后排好队，先下后上，不倚靠门。坐在椅子上，不乱动，不踩椅子。不在车厢内大声喧哗。下车时，带好随身物品。

儿歌：候车时，不乱跑。黄线后，排排队。人先下，我再上。坐坐好，守秩序。

- 乘电梯

乘坐扶梯时，排队等待，手扶扶梯，靠右站立。乘坐电梯时，应先让里面的人出来，外面的人再进去，并主动给别人让出空地。如果人太多，请等下一趟，不要强行挤进电梯。

儿歌：电梯升降速度快，上下大楼靠它载。电梯按钮别乱按，出现故障有危险。独自不要乘电梯，小心电梯夹身体。如果电梯门不开，求救别慌等人来。

儿歌：妈妈牵手坐扶梯，一脚跨出站稳脚，不要随意到处动，快到楼口注意了，一脚跨出站稳脚，乘坐扶梯真方便。

- 到公园

到公园玩是孩子和父母的主要活动之一，教师要引导家长教育幼儿爱护公共设施，爱护花草，不乱扔果皮纸屑，紧跟随行的大人以免走丢。

- 逛超市

逛超市时，喜欢的物品要轻拿轻放，不能随意品尝、试用商品。付账时，自觉排队，主动向收银员问好道谢。

【训练材料】

1. 试创编适合大班幼儿过马路遵守交通规则的故事。
2. 试用游戏情景模式和幼儿模拟乘坐公交车的礼仪。

第三节　幼儿礼仪教育指标

幼儿的发展水平、能力、经验、学习方法等方面都存在着个体差异，教师要尊重和接纳幼儿的发展，幼儿需要得到成人肯定，感受成人带来的安全、鼓励、支持。幼儿礼仪教育指标是在了解幼儿发展水平的基础上，指导教师应该做什么，应该怎么做。幼儿是在逐步积累经验、尝试练习中养成这些行为习惯，教师在教育过程中，不宜操之过急的让幼儿达到指标，要给予幼儿学习、练习、巩固的机会，尊重每个幼儿的学习差异，帮助幼儿在原有基础上得到应有的发展。

一、仪表仪态礼仪

3~4岁指标	4~5岁指标	5~6岁指标
1. 在教师的帮助下，保持仪表的整洁 2. 在教师的提醒下，举止雅观 3. 在教师提醒下学会正确的坐姿、站姿	1. 能自觉主动的保持仪表整洁 2. 懂得当众不做不雅观的动作 3. 能保持正确的坐姿、站姿	1. 养成仪表整洁的习惯 2. 养成举止大方的习惯 3. 养成良好的坐姿、站姿、书写姿势的习惯

支持性策略：

（1）成人要树立榜样，保持自身仪容仪表规范，为幼儿做表率。

（2）利用各种机会引导、帮助幼儿学习规范的姿态。

（3）及时鼓励幼儿良好的行为表现。

二、交往礼仪

3~4岁指标	4~5岁指标	5~6岁指标
1. 能在成人提醒下向教师、朋友问好说再见。 2. 初步学习礼貌用语 3. 有初步与同伴分享玩具的意识 4. 能在教师提醒下注意倾听别人讲话	1. 能主动向教师、朋友问好、说再见 2. 能使用礼貌用语 3. 能与同伴分享玩具、友好游戏，发生冲突时，能接受成人或同伴的建议 4. 能安静倾听别人讲话	1. 能礼貌地称呼人，见到熟人主动打招呼 2. 能灵活运动礼貌用语 3. 能与同伴友好游戏，发生矛盾，能用简单的办法解决 4. 养成良好的倾听习惯

支持性策略：

（1）为幼儿创造与人交往的机会，并利用多种途径引导幼儿学习交往技能。

（2）与幼儿交往时，态度和蔼，不说伤害幼儿的话。

（3）当幼儿与他人分享玩具时应及时鼓励，当幼儿做出不礼貌的行为时要及时制止。

三、进餐礼仪

3~4岁指标	4~5岁指标	5~6岁指标
1. 学习餐具的使用方法 2. 在教师提醒下，进餐不发出声音，保持桌面干净 3. 在教师的引导下不偏食、不挑食 4. 在教师帮助下饭后擦嘴、漱口	1. 能正确使用餐具（勺子） 2. 就餐时，能吃完自己的一份饭菜，不发出声音，保持桌面干净 3. 东西细嚼慢咽 4. 吃完饭后能主动擦嘴、漱口	1. 能正确使用餐具（筷子） 2. 养成文明进餐的习惯 3. 教导幼儿不吃油炸和不利于健康的食品 4. 养成饭后擦嘴、漱口的习惯

支持性策略：

（1）提供营养均衡的食品，帮助幼儿了解各种食物的营养价值，养成不挑食、不浪费的习惯。

（2）幼儿吃饭时，不过分催促，提醒幼儿细嚼慢咽。

（3）为幼儿提供漱口水。

四、午睡礼仪

3~4岁指标	4~5岁指标	5~6岁指标
1. 在老师帮助下脱掉衣裤、鞋子 2. 在教师提醒下保持正确的睡姿 3. 逐步养成安静入睡，不玩物品的习惯 4. 在教师的帮助下穿衣裤、鞋子	1. 逐步学习自己脱衣裤、鞋子 2. 保持正确的睡姿，安静入睡 3. 逐步学习穿衣裤、鞋子 4. 老师帮助下叠自己的被子	1. 快速脱掉衣裤、鞋子 2. 养成正确睡姿的习惯 3. 快速穿衣裤、鞋子 4. 主动叠好被子

支持性策略：

（1）为幼儿提供安静、舒适的睡眠环境。

（2）帮助幼儿养成良好的作息时间。

（3）鼓励幼儿自己的事自己做，培养幼儿的生活自理能力。

第四节　幼儿礼仪教育方法

幼儿的天性就是玩，他们是游戏高手，游戏已成为幼儿的主要活动，在满足幼儿兴趣的同时，要选择适合幼儿年龄特征的游戏形式，激发幼儿学习礼仪的兴趣，让幼儿在模仿实际生活的游戏中学习、练习、重复使用礼仪行为，并形成习惯。

幼儿礼仪教育方法有：情景感染法、榜样示范法、积极教育法、随机教育法。

一、情景感染法

《3~6岁幼儿学习与发展指南》提到，幼儿是在生活和游戏中学习的。爱游戏是幼儿的天性，游戏是幼儿的基本活动，幼儿正是通过各种游戏进行学习和获得发展的。

教师要把礼仪教育渗透到幼儿园一日生活中，最直接、最容易让幼儿接受的方式就是游戏。通过玩的方式，把礼仪内容融入到各个环节中，教师根据幼儿的年龄特征给予幼儿具体的行为指导。因此，为幼儿创设适宜的主题情景是非常重要的，幼儿通过情景演练，获得情感体验，加深对礼仪行为的印象，是对礼仪教育的复习、运用和巩固的过程。

小班阶段，幼儿情绪易激动，注意力易分散，以直觉行动思维为主，常常是看见什么玩什么，因此游戏区物品摆放应尽量低矮，且平铺于幼儿视线范围内。情景设置以娃娃家、小餐厅、建构区、木偶表演区等为主，多给他们提供成型的玩具，创设具有吸引力和趣味性的游戏环境，激发幼儿参加游戏的愿望，让幼儿将良好的生活行为习惯迁移到游戏中，在游戏中得以练习和巩固。中班阶段，幼儿已培养了初步的礼仪行为，可以创设"小医院""理发店""小吃店"等交往为主的情景游戏，让幼儿在模仿中再现生活经验，幼儿在交往时练习使用礼貌用语。通过情景还可以练习礼仪教育中的人际交往、礼貌用语、个人习惯等方面。大班阶段，幼儿在5~6岁之间，他们的规则意识逐步形成，幼儿在规则的实践方面以自我为中心游戏，因此，游戏中矛盾冲突是最常见的。教师可以引导幼儿学习与朋友商量解决问题冲突的办法。比如在投放游戏材料时，投放比幼儿总人数少1/3比例的游戏材料，幼儿在游戏中自然生成矛盾，当发生争抢玩具时，教师可以引导幼儿使用商量、猜拳、交换游戏等方法来解决矛盾。这一阶段可以为幼儿创设"建构区""表演区""小餐厅""图书区"等情景。

【案例分析】

小班：娃娃家游戏中，教师以玩伴的身份参与到幼儿游戏中，扮演洋娃娃的妈妈，与孩子们进行交流："你好，我的宝宝叫莉莉，你的宝宝叫什么名字？我们可以一起玩吗？"

点评：

小班幼儿在游戏中，多数是与材料互动，与同伴互动的社会交往还在逐渐习得中，因此老师以玩伴身份加入游戏，把礼貌用语夹在交流中，可以提示幼儿和同伴交往并学习使用礼貌用语。

小班：娃娃家游戏中，幼儿把洋娃娃扔在地上，去拿奶瓶。教师看到后说："哎哟，好痛啊，你把宝宝摔痛了，宝宝喜欢你轻轻地放下来，快抱起来看看，受伤没有。"

点评：

小班幼儿在游戏中看见什么玩什么，随意性很强，因此常看到随地有乱扔的玩具或双手抱着各种玩具游戏。教师可以用拟人的语言，模仿被摔的玩具，让幼儿知道物品要轻拿轻放，不可随意乱扔。

中班：一名幼儿在"小吃店"扮演"厨师"，看见客人来了，主动向客人打招呼："你好，你想吃什么？"客人说："请帮我煮一碗面条，谢谢。"厨师："好的，您请坐，一会就好。"

点评：

上述案例，幼儿在参与游戏中自然的使用礼貌用语与同伴进行交流，这样的角色扮演游戏有助于幼儿反复练习礼貌用语的使用，并逐渐养成习惯。

大班：游戏中，扮演病人的幼儿到了医院总是大声叫嚷："医生，快给我开药。""医生，我发烧了，要输液"……整个教室里都闹哄哄的。

点评：

上述案例中，幼儿自己是病人又把自己当医生给自己诊断了要吃药、要输液，是对游戏规则的不熟悉，大声地叫嚷是没有养成轻声说话的习惯，在大班，制定游戏规则时，教师和幼儿一起讨论并制定规则，幼儿就比较容易理解和遵守。

【训练材料】

根据下面的情景,设计有针对性的礼仪引导话语:

1. 小班娃娃家里,一名幼儿穿着拖鞋直接踩在低矮的洋娃娃床上,弯腰把洋娃娃放在床上,转身走了。你应该怎样引导幼儿?

2. 小班幼儿在建筑区里,把朋友搭得高高的房子推到,你怎么做?

3. 中班医院里,扮演病人的幼儿对扮演医生的幼儿大声说:"快给我开药,快给我打针。"你会怎么引导幼儿?

4. 大班图书区里,幼儿A拿了一本书翻了几下,随意放在离自己近的桌上,又去拿另一本书,把书卷起,透过中间的圆孔往外看。你该怎么引导幼儿?

二、榜样示范法

3~6岁幼儿常以模仿成人的行为来认识周围的世界,获得更多的认知经验。模仿,能激发幼儿的创造力。常言道:"身教胜于言传。"不管是父母还是教师,你的一举一动都是孩子模仿的范本。而幼儿期,幼儿的模仿行为是随意为之,由于幼儿没有形成辨别是非的能力,自身的经验不足,只要自己感兴趣的就会去学去做,所以教师随时都要注意保持良好的形象,否则会起到反作用。对幼儿进行礼仪教育需要家园配合,二者相辅相成,缺一不可。家庭是孩子的第一个学校,父母是孩子的第一任老师,应相互结合,共同参与到孩子的文明礼仪教育中,在对幼儿进行礼仪教育时,如果家庭教育没有跟上,就会出现教育断层。随之而来的是幼儿分不清正确的礼仪是什么,便随意模仿导致不良习惯的养成。

幼儿的学习方法还来源于同伴的模仿。幼儿不仅会学习同伴积极的语言和具有榜样性的示范动作,还会学习到消极的语言,错误的动作。作为教师要善于发现幼儿的优点,并具体地进行表扬,对于不好的行为,教师要及时制止并告诉幼儿为什么不能这样做,这样做的后果是什么,而不是简单的一句"不能这样说,不能这样做"。这样反而会让幼儿产生逆反的心理,越不让做,就越想尝试。如何发挥同伴的榜样作用呢?需要教师有一颗善于发现幼儿美的眼睛。当幼儿双手拿杯喝水时,要及时肯定表扬,当幼儿轻拿轻放物品时,可以让幼儿成为施教者,让同伴一起学习。发挥同伴的榜样作用能增强幼儿的自信心,增强幼儿的主动性。

【案例分析】

某位教师，在幼儿洗手时常常提醒他们："请排队洗手，不要拥挤。"有一次户外活动回来，幼儿正在排队等待洗手，这位老师直接伸手到水龙头下，与一名正在洗手的幼儿一起洗手。有一名幼儿说："老师你怎么不排队。"

点评：

这种只用语言教幼儿要排队，自己却不遵守排队礼仪的老师，被幼儿问红了脸。幼儿也开始模仿教师挤在一起洗手。这种错误的示范让教师每天的提醒教育显得格外的苍白，所以在礼仪教育中教师要以身作则为孩子树立榜样。

【案例分析】

在幼儿园老师引导幼儿垃圾扔进垃圾桶，但是幼儿和父母在一起时，父母却随地乱扔垃圾，而幼儿受到与父母亲情关系的影响，对来自家庭中的教育因素接受得更快，使幼儿养成了模仿家长乱扔垃圾的坏习惯。

点评：

教师要经常与家长沟通，让家长了解幼儿园教师礼仪教育的内容，了解幼儿在家的活动与表现，以便采取有效的教育措施。同时，要向家长介绍幼儿学习礼仪教育的意义，促使家长能给幼儿树立榜样。

【训练材料】

1. 在家长会上，你要给家长宣传榜样示范的重要性，请确定内容。
2. 当你发现某位幼儿礼仪行为的闪光点，应该怎样让全班幼儿学习？
3. 家长牵着孩子边走边吐痰，从你身边走过，你会怎么做？

三、积极教育法

新教师在刚刚工作时，由于对幼儿年龄特点把握不准确，与幼儿沟通中往往出现无效的语言、无效的沟通。如，教师说："请排队！"但幼儿没有排好队。新教师就会紧张、慌张，消极的语言也随之而出："你们不排队就不要玩了，全部罚站。"这正是新教师组织策略上最大的不足。如何把握幼儿的年龄特点，如何用积极的语言对幼儿施教是新教师的必备的专业技能。

在幼儿园也常看到这样的情景，教师对刚刚吃完饭的幼儿说："慢慢走，不要跳。"幼儿紧接着就开始蹦蹦跳跳。当遇到这样的情况，可以试试换一种引导的语言："千千慢慢地走，真棒！露露走路轻轻的，没有一点声音。"试着多给予幼儿肯定，多用表扬的语言来代替"不要……不要……""不能……不能……"试想，你的老师常用否定的句式开始对话，你会细心听取意见吗？作为幼儿同样如此，他们更喜欢教师的鼓励和表扬，希望得到教师的肯定。因此积极的教育方法对于幼儿在学习和固化习惯过程中尤为重要。

【案例分析】

幼儿在游戏后，教师发现幼儿今天用胶泥制作的蛋糕颜色艳丽，但是没有收放玩具材料。教师对幼儿称赞地说:"你今天做的蛋糕真好看,我看着上面红红的豆豆可想吃了,下一次你做给我吃好吗?"幼儿:"好,下次我给你做。"教师就可趁热打铁说:"你今天没有收胶泥,会干、没有黏性的,下一次就不能做漂亮的豆豆了,你说怎么办?"这时幼儿满脸笑容的开始收放玩具材料。

点评:

在教育过程中,教师要及时肯定幼儿的优点并在同伴面前表扬幼儿。把批评变为表扬,把消极的语言变为正面的指导,幼儿的好习惯也就会随之养成。教师运用积极的语言肯定幼儿的优点,能激励个体自强不息的内在动力。使幼儿充满正能量,就会更加自信的参与到各项活动。

【训练材料】

1. 户外活动中,幼儿在指定范围内奔跑,互相拉扯,请用积极的语言引导幼儿注意安全。
2. 请设计一段引导幼儿一个接一个有序行走的话语。

四、随机教育法

教师要抓住教育契机巩固幼儿礼仪教育,强化幼儿形成自然的礼仪习惯。在游戏、盥洗、进餐等环节中反复提醒,加以强化,能有效促进幼儿交往礼仪的养成。如,来园时引导幼儿主动与教师、朋友们打招呼说"早上好",离园时说"再见"。利用晨间游戏活动和安静活动时间,与幼儿一起说说有关交往礼仪方面的知识,或根据礼仪内容和幼儿表现出来的案例,进行故事创编、儿歌创编等方式进行教育。还可以利用盥洗、进餐、户外活动等环节引导幼儿有序排队、学会等待。在户外活动中,玩滑滑梯时,孩子们你争我抢是常常发生的,教师要抓住幼儿喜欢玩的兴趣,满足能人人参与,不出安全事故的要求,和幼儿共同商量解决上下排队的问题,游戏中不小心碰到他人时说学会说"对不起""没关系";游戏中有人摔倒,要帮助他人,把小朋友扶起来或请教师帮助等。通过交往规则的正确引导,幼儿懂得了不少交往礼仪,从而变得更加文明礼貌了。

【训练材料】

运用积极的语言处理以下情景:

1. 午睡时,所有孩子都躺在床上准备入睡,一名幼儿突然边拍手、边念儿歌。面对这种局面,你认为用什么语言和幼儿进行沟通?
2. 幼儿洗手时,你反复跟幼儿讲:"轻轻抹一下肥皂,就会有泡泡了。"但是幼儿还是拿着肥皂不停地抹。你的耐心已经到达极点,你就要对幼儿说出消极的话了,此时,你应该怎么做?

【知识链接】

日本教师们自觉率先垂范的自我意识及行为有利于孩子社会化

幼儿园教师是影响幼儿社会性发展的重要因素,其对幼儿社会性发展起着直接、重大的影响。教师对幼儿社会性发展的指导在相当大程度上影响、决定着幼儿社会性发展的性质与水平。在幼儿园社会性教育活动的过程中，教师是具有重要影响的他人。在许多规则面前，我们许多教师充当的是一个说教者角色，而不是一个实践者角色。在这一点上，日本立中之町幼稚园教师们为我们上了非常生动的一课。在参观的过程中。我们和园长及其他教师一样，穿着袜子走在木地板上。参观一圈回到进口处时，笔者发现，进去时随脚脱下的还算摆放整齐的鞋子，正像我们平时要求幼儿做的那样，一律鞋头朝外整齐地排列在门口，一位教师静静地站在一旁微笑着恭候我们。

第五章 小学教师职场篇

第一节 小学教师礼仪的重要性

教师是学校工作的主体，不仅是科学文化知识的传播者，而且是学生思想道德的教育者。教师在传播知识的同时，以自己的言行举止、礼仪礼貌对学生产生着潜移默化的影响，从而对学生的行为礼仪发生作用。因此，教师要十分注意自己给学生留下的印象，要使自己从各方面成为一个优秀的、学生能够仿效的榜样。

礼仪是尊重自己、尊重别人的一种规范的表现形式。小学教师礼仪即是指小学教师在工作岗位上待人接物、为人处世等方面的规范化的做法。

小学教师所教授的对象是6至12岁的少年儿童，他们的生理、心理发展，从一年级到六年级，大致有三个明显不同的阶段，即我们常说的小学低年级段（一、二年级），小学中年级段（三、四年级），小学高年级段（五、六年级）。

小学低年级学生最显著的特点就是对教师有特殊的依恋心理，几乎无条件地信任教师，他们对教师的信任超过了对家长的信任，所以一、二年级的教师应充分利用学生对自己的信赖感，成为学生学习的榜样，在行为礼仪方面对学生进行潜移默化的熏陶和教育，在这个重要的时期培养深厚的师生感情，建立牢固的信赖感，为中高段的教育奠定坚实的基础。

三、四年级小学生最明显的心理特点是自我意识突然萌发并逐渐增强，其主要表现是，对外界事物有了自己的认识态度，开始尝试自己做出的判断。他们不再无条件地信任教师，而且特别关注教师是否"公平"。所以教师在说话用语的礼仪上要特别注意尊重与平等，理解与共鸣。真正地由内而外地成为学生信任的榜样，成为学生真正信服的对象。

随着年龄的增长，进入高段的小学生独立意识进一步发展，他们开始倾向于对偶像明星的崇拜，如果教师彬彬有礼、温文儒雅、风趣幽默的形象深入其心，那他们更容易敞开心灵，被教师的个人魅力所折服，进而将教师作为自己模仿和学习的榜样。高段的小学生审美情趣也在阅读中提升，性别意识悄悄萌芽，他们不仅看重自己的外在打扮，也非常注意教师、同学的穿衣品味，所以，教师要把握住此年龄段学生的心理特点，在行为礼仪上起到示范和引领作用。

小学教师应从哪些方面塑造良好职业形象？本章将从穿衣打扮要规范、行为举止要得体、说话用语要艺术三个方面逐一阐释。

第二节 穿衣打扮要规范

何为规范？规：尺规；范：模具，合用为"规范"，是指群体所确立的行为标准。规范不是老气横秋，不是死气沉沉，不是墨守成规，不是刻板乏味，而是学生的榜样，学生的典范，学生的楷模。总的说来，教师的着装打扮应让看者赏心悦目，如沐春风，应向学生传递儒雅庄重，讲述自尊自信。

一、着装基本要求

美国著名设计大师罗伯特·庞德说："服装是视觉工具，你能用它来达到你的目的，向人们展示你的整体面貌。"一个人的服装影响着外界对他的态度，也展示着自己对待生活、工作、世界的态度。就小学教师而言，其服饰还与学生的发展息息相关，所以教师应重视服装的色彩、图案、款式和整洁度。

（一）服装的色彩

美国学者研究发现：悦目明朗的色彩能够通过视神经传递到大脑神经细胞，从而有利于促进人的智力发育。在和谐色彩中生活的少年儿童，其创造力高于普通环境中的成长者。若常处于让人心情压抑的色彩环境中，则会影响大脑神经细胞的发育，从而使智力下降。

据心理学家研究儿童色彩感受结果表明：6岁之后的儿童对色彩的喜好表现出性别差异。男孩最喜爱黄、蓝两色，其次是红、绿两色；女孩则最喜爱红、黄两色，其次是橙、白、蓝三色。充满童趣的女孩们钟情于浅色调，而男孩们认为深色或稳重色调较适合他们。此外，心理学家们很早就发现了颜色对人心理活动的调节作用。一般说来，红色容易使人兴奋，橙色容易使人心情舒畅，蓝色容易使人安静，绿色容易使人具有活力，白色具有镇静、安定的效果，黑色对烦躁激动的人而言可起到恢复安定的作用。但白、黑色是视觉的两个极点，研究证实：黑色比较容易分散人的注意力，使人产生郁闷、乏味的感觉。

根据以上研究，小学教师的服装色彩以大地色系为宜。棕色系、褐色系、杏色、藕荷

色等温暖、淡雅的颜色都属于大地色系，不仅适合亚洲人偏暗淡的肤色，而且能塑造温雅稳重的小学教师形象。既没有太强烈个性的夸张调性，又能营造教师最优雅的一面，给人留下完美的印象。而落叶色系和大地色系是最好、最安全的搭配色系。落叶色系包括明黄色、活力橙色、沉稳酱色等层次丰富的颜色，这样的服装色彩会带给学生温暖、安定、平和。

除此之外，教师在色彩搭配上应把握基本的原则是全身不超过三种颜色，全身的色块搭配要避免1∶1的组合，约为5∶3或类似3∶2或2∶1，都是好看的比例。

（二）服装的图案

低年级小学生无意注意占主导地位，他们的注意力基本是被动的。他们兴奋抑制的产生比较迅速，第二信号系统的抑制作用较弱，容易受外界新鲜、突变和运动的事物所吸引，从而容易分散注意力。尽管随着年龄的增长，学习任务的增多，小学生会由无意注意转向有意注意，但就整个小学阶段而言，无意注意仍起着重要的作用。因此，小学教师服装的图案应简洁、明快、淡雅，避免分散学生的注意力而影响授课效果。

【案例分析】

2015年暑假，电影院上映了《小羊肖恩》这部电影，学生们都被动画片里的主角肖恩的聪明机灵所深深吸引，他总是冒出各种古怪新奇的想法，平时喜欢带领一群大小胖瘦的绵羊们做各种恶作剧。刚好一位小学教师也看了这部电影，被电影里的英式幽默逗得哈哈大笑并从此爱上了肖恩，当即购买了一件印有肖恩图案的T恤衫并穿着这件衣服走进了课堂。小朋友们肯定会对教师衣服上的图案充满兴趣并纷纷谈论假期所看的电影情节。注意力集中的学生可能会在几分钟或十几分钟后从电影情节中回到课堂，但是注意力不容易集中的学生则会整整一节课盯着教师衣服上的图案沉浸在自己无限的想象之中。

此外，教师在挑选服装时应特别注意上面的文字信息。一般来说，人们对服装上的汉字意义是比较注意的，但如今越来越多的外文词语出现在了服装上，教师一定要弄懂其涵义，避免传递负面信息，避免引来不必要的误会和麻烦。

（三）服装的款式

关于服装的款式各地区各学校基本都有自己的"家规"，各家规虽有细节差异，但在很多方面的要求是基本一致的。

- 男教师不得穿背心、短裤、拖鞋。
- 女教师不得穿吊带装、细带裙、低胸、露背装、露脐装、无袖装、超短裙及短裤（有些学校允许女教师穿不短于膝盖以上5cm的裙装，但有些学校要求女教师的裙装在膝盖以下），不能穿过透或很薄的服装，不穿拖鞋或过高过细的高跟鞋。

设想一下，当一个穿着暴露的女教师转身抬手书写板书时，从讲台下射来的目光很容易就能探视到教师不经意间露出的腰身或是内衣，非常尴尬。教师若露着肚脐上课，不仅有损教师形象，还会分散学生的注意力，进而影响其学习成绩。教育心理学非常强调学生注意力的集中,因教师自身形象的问题导致学生注意力的分散,就意味着教学的失误。总之,教师在检查自己服装款式是否适合走进校园的一个基本方法是:既可举手摸天亦能弯腰摸地。

但小学教师也不用选择千篇一律的职业装,据调查,小学生更愿意与漂亮的教师接触,更愿意向赏心悦目的教师敞开心扉,而小学生的性格也多活泼开朗,所以小学教师的服装款式应时尚、大方且具亲和力,整体感觉可以活泼一点。

(四)服装的整洁

教师的衣着,既要为个人,也要为学生,为社会,将其作为展示学校形象、社会形象、沟通师生关系、人际关系的一种文化载体。《弟子规》:"冠必正,纽必结,袜与履,俱紧切。"衣着不整、纽扣不齐、衣裤发黄带异味等都会影响教师在学生心目中的形象。比如,教师牵着小学生的手放学,走在路上,学生通常会闻闻老师的衣服,把小脸蛋贴在老师的袖子上。试想,如果教师衣服脏且散发出异味,会给学生留下什么样的印象呢?小学阶段是小学生养成良好卫生习惯的重要时期，如果教师都无法做到穿戴整齐洁净又如何以身示人？所以，教师除了要关注自己衣着的色彩、图案和款式，还更应该注意服装的整洁，做到夏季每日更换衣服，冬季至少隔两日换一次衣物，身体力行，成为学生的榜样。

【延伸阅读】

2010年9月14日，南京市教育局下发了一份《给南京市中小学教师15条礼仪建议》（以下简称《建议》），《建议》里指出，教师着装要"忌脏、忌露、忌透、忌短、忌紧、忌异"等"六忌"：

1. 忌脏。即忌懒于换洗衣服而使衣服皱皱巴巴。2. 忌露。即不宜身穿露胸、露肩、露背、露腰以及暴露大腿的服装。3. 忌透。即外穿的衣服不能过于单薄透明，不外穿吊带衫。4. 忌短。即不能穿着过于短小的服装，不应将肌体部位暴露出来。5. 忌紧。即不宜穿着紧紧地包裹自己身体的服装。6. 忌异。忌着装过分怪异、色彩过于艳丽。

二、打扮基本要求

（一）须发

男教师不留长发，不留胡子，女教师不染彩发，发色自然，发型简洁明朗，不建议盘过高的发髻，否则会让学生产生距离感。

男女教师应勤洗澡、勤洗头，保持头发的清洁。小学生特别喜欢贴近自己喜欢的教师，比如课间时分，教师坐在教室里批改作业，学生就会靠在一旁，摸摸你的头发，闻闻你的衣服，倘若头发不够清洁散发异味，小学生对教师的印象会直线下降，甚至可能会丧失师者威严；如果头发上由于各种原因滋生了头皮屑，小学生也会特别好奇，问明缘由，从而产生不必要的尴尬。如果男教师不勤刮胡子，走在校园里，走进教室里都会引起小学生的侧目和议论。这种指手画脚并非源自于对教师的不尊重，而是因为小学生具有极强的好奇心，这种心态是他们了解和探索未知事物的一种内在冲动，所以教师应该尊重儿童的心理特点，注意自己的打扮，避免引起师生间的误会。

（二）妆容

女教师上班可着淡妆，妆容应自然、淡雅。年轻教师给人以青春朝气和不加修饰之感，中年教师应多注意皮肤保养，给人以淡雅知性之美。教师口红色的选择应接近唇色，腮红也不宜过于艳丽，总之在技巧上，应清淡自然、似有若无，切忌浓妆艳抹，失去自然美。

教师要做到不留长指甲、不涂彩色指甲油。《小学生守则》要求小学生勤剪指甲，因为指甲缝里容易滋生细菌，如果指甲长就不容易洗净，且容易病从口入，而且小学生皮肤嫩，教师的长指甲容易划伤学生的皮肤，而指甲上的细菌也会随之带入体内，可能引起伤口感染。所以教师也要勤剪指甲，成为学生的好榜样。另外，小学生的注意力很容易受到外界新奇事物的干扰，所以，教师不应涂指甲，以免课堂上学生的注意力全部集中在教师的指甲上而影响了授课效果。

（三）配饰

男教师不佩戴项链、手链，女教师尽量少佩戴首饰，尤其是过于夸张的项链、手镯、耳环等。教师面对的主要对象是小学生，而小学生正处在学习和模仿阶段，好奇心强，模仿性强，可塑性强。然而由于心理很不成熟，辨别是非能力低，所以往往不能分辨哪些值得模仿，哪些不值得模仿。如果教师佩戴夸张的首饰或一味追求时髦过度佩戴首饰就会对学生审美情趣的培养产生极大的负面影响。另外，夸张的首饰也会在课堂上分散学生的注意力。所以，女教师首饰的佩戴应该起到画龙点睛的作用，对学生起到美的熏陶。

最后，教师需要记住的是，穿了一件新衣服，换了一个新发型，上课之前都要先进教室转一转，让学生的好奇心满足了，不再关注这些与教学无关的刺激物后再开始上课。

【延伸阅读】

长沙某小学对学生进行了最喜欢的教师着装民意调查。调查表分为款式、颜色、饰物、化妆、头发、鞋类、手机等7项。调查结果显示，小学生不喜欢教师穿超短裙、佩戴头饰；43.59%的学生喜欢教师化淡妆；82.31%的学生不赞成教师把头发染成红色、黄色；72.31%的学生不喜欢教师穿拖鞋进课堂；64.1%的学生不喜欢教师带手机进课堂。

第三节　行为举止要得体

一个人气质、自信、涵养往往从他的姿态中就能表现出来。作为塑造人类灵魂工程师的教师，更要注意自己在各种场合的行为举止，做到大方、得体、自然、真诚。除此之外，教师还应通过肢体的正确运用展示个人魅力，拉近师生距离，提升教学效率。

一、教师的目光

教师的眼睛是最重要的教学"工具"之一。教师与学生交往时，双眼应柔和、亲切、有神，给人以平和、易接近、有主见之感，这是一个相当重要的礼仪。如果眼神飘浮不定，学生会认为教师缺乏可信度、不真诚且不礼貌。俗话说"眼睛是心灵的窗户"，往往教师一个赞赏鼓励的眼神可以让学生信心倍增；一个真诚关怀的眼神可以温暖学生的心扉；一个略含责备的眼神可以让学生行为收敛。"以目相视而感动之"，教师在与学生、家长相视之时要注意以下几个方面：

（一）目光的角度

目光的角度通常有以下三种：平视、仰视、俯视。

课堂上，因教师一直处于站立姿态，所以与学生的注视多为俯视。这种注视颇有一种居高临下掌控全局之感，对学生具有一定的警醒作用，从一定程度上讲便于教师把握课堂秩序和授课节奏。

当有学生起立回答问题时，教师应身体前倾，看到学生的眼睛，与之呈平视之态，这样可以及时地对学生的回答给予鼓励或肯定，让学生感受到教师的专注。与此同时，老师的余光还应关注到其余学生。小学六年，尤其是一二年级，是学生倾听习惯的重要养成阶段。同学发言时其余学生不仅要用耳倾听，还要用目光"倾听"，但因为小学生自觉性较弱，专注度较低，倾听习惯尚未形成，所以在倾听他人发言时易走神或讲小话，此时，教师若用余光关注到每位学生，不仅可以让学生感受到教师的关注，更能帮助学生养成良好的倾听习惯。

教师带领学生参加户外活动时，如果要与学生进行对话，要特别注意目光的交接，否则户外人员较多，也颇为嘈杂，如果没有目光的对视，小学生很难将注意力集中到教师身上。

此外，当学生做练习遇到困难时，当学生遇到人际关系问题与其谈心时，当学生犯错对其进行教育时，教师都应蹲下与之目光平视，用目光传递关爱、温暖、责备、期待。

（二）注视的部位

在人际交往中目光所及之处，就是注视的部位。教师在与学生谈心之时，与家长交流之际，都要严格遵守目光注视的基本常识，即不宜"目中无人"，不宜过多地注视其头、腿、脚部与手部。尤其是与家长交流时，教师目光注视的部位一般是：额头、双眼、眼部至唇部、眼部至肩部。如与学生谈话时，眼睛注视对方双眼到嘴巴的"三角区"。

（三）注视的方式

教师在注视方式上应当有所把握，切不可因为注视方式的不妥而影响工作或交流。教师比较常用的注视方式有直视、凝视、环视、盯视等。

（1）直视，即直接地注视交往对象，它表示认真、尊重，适用于各种情况。若直视他人双眼，即称为对视。如在和学生单独交谈时，可以注视他的整个上身，显示自己大方、坦诚，或是关注。教师积极的眼神会促进学生的智力活动，使学生产生一种轻松愉快、自然明朗的情感，并能激发学生的学习动机。

（2）凝视，是直视的一种特殊情况，即全神贯注地进行注视。课堂上，对精力不集中、做小动作或窃窃私语的学生，教师可以凝视他一定时间，待双方目光接触，对方读懂教师的眼语之后再移开，这样既起到了告诫作用，又保护了学生的自尊心。

（3）环视，即有节奏地注视身边不同的人员或事物。上课铃响，教师站在教室前中央环视学生，起到一定的警醒作用。课堂教学时，教师也多用环视关注每位学生，让每一位学生感到教师温暖的目光。此外，当一个问题提出后，老师也要环视全班以鼓励学生积极思考，举手发言。

另外,盯视、扫视应少用。如果课堂上某学生特别调皮严重影响到课堂教学秩序,教师可以盯视其眼睛以示阻止并无声告诫。当学生犯错被请到办公室进行单独教育时,切忌盯视学生,以免激化矛盾或使学生封闭心门。扫视表示好奇、吃惊,不可多用。睨视、漠视等注视方式都会对学生幼小的心灵造成伤害,让孩子感到自卑甚至再也不敢参与集体活动,教师一定要忌用。

(四)注视的时间

教育心理学研究表明,教师的眼神影响着学生的心境和态度,对学生的情绪产生极大的暗示和感染。实践证明,教师的眼神和学生的眼神接触的时间越充分,获得信赖、激发学生兴致的可能性就越大。据心理学家测试,这种接触时间应达到整个讲课时间的60%~70%。据此,教师要在课前充分熟悉教材与教具,课上尽量减少看书、看教案的时间,板书也要侧身扭头不能背对学生,多媒体教学也要面视学生手往后指。如此一来,每位学生分享到的眼神注意就会增加,不但消除了隔膜,增进了师生的感情交流,还可起到组织教学的作用,还可传达更为丰富真切的知识信息,进而更能提升教学效果。

另外,教师还可以通过观察学生注视时间的长短来判断自己的讲课是否受欢迎。授课时,如果多数学生目光涣散,那应该立即调整教学方法。例如,在教学北师大版一年级上期《数字歌》时,行课十五分钟后,学生的目光如果已经无法聚焦在课堂之上,纷纷坐立难安,那教师应该立即引入拍手游戏"你拍一,我拍一",或请学生起立做课中操,这样既调动了学生的积极性,又巩固了教学内容,更关注了学生,这是作为教师应该关注的重要教学方式。

家长会时,教师也可以通过注视时间判断家长对自己所讲话题是否感兴趣。切忌下面呵欠连天自己却滔滔不绝,一旦发现听者无法将目光集中时,就要及时调整或终止讲话,给予他人最基本的尊重。

二、教师的站姿

小学课堂上,教师站着讲课,既是对学生的重视,也能很好地掌控课堂节奏,把握学生学习状态,也更有利于用身体语言强化教学效果。现代的小学教室布置多已取消三尺讲台,这样更加拉近了教师和学生之间的距离;有些学校甚至取消了讲桌或只将讲桌摆放在教室角落用于教师批改作业。因为少了讲桌的遮挡,也没有了讲台的居高临下,新教师初次上课会显得手足无措,但也更需要端正的站姿,树立良好的教师形象。

正所谓"站如松",教师站立时,做到以下几点为宜:

(1)正向抬头,双目平视前方,嘴唇微闭,面带笑容,自然平和。

(2)双肩平行、放松,稍往下压;胸膛自然挺起,立腰。

(3)躯干挺直,双臂自然下垂于身体两侧,或放在身体前。切忌双手叉腰、环抱胸前或揣在兜里。

(4)双腿直立,均匀受力,重心放在两腿之间;两足分开20公分左右的距离或两脚靠拢,脚尖呈"V"字型。女教师两脚可并拢。男教师双腿张开与肩宽,保持身体的端正。

有时,由于长时间站立腿部会略微酸胀,可以稍作走动以缓解不适,但万不可单腿受力或倚靠在桌子上,给学生以轻浮之感。

一般而言,开课前五分钟教师就应走进教室做好上课准备。铃声响起立即站到教室前中央,面带微笑挺拔笔直地站立。站姿在一定程度上反映了一个教师的精神面貌和对课堂的投入程度,良好的站姿也能影响学生,向学生传递精力充沛、积极向上的学习风貌,从而帮助学生进入学习,跟随教师的上课节奏。

开课伊始,教师的站姿不仅要精神抖擞,更要沉稳安定,切忌随意走动。课间十分钟,学生嬉戏玩耍,铃响后需要一点时间进行注意力转换方能进入学习状态,此时,教师稳稳地站在教室前方会在无形中传递给学生一种严肃之感,也通过无声的语言告诉学生"上课了",这样的信号能帮助学生迅速地转换角色,调整心态,有利于接下来课堂教学地顺利开

展。此时，教师若在教室内随意走动，学生有可能会认为老师无法看到自己而做一些与课堂无关之事，如喝水、整理衣服、说话等；也有可能会跟随教师的脚步转动身体，移动目光，这样都不太利于学生集中注意力，静心投入到学习之中。

讲课时，黑板与第一排学生之间为最佳站立区域。这样，既可以关注到全班学生，也能及时板书。口述笔写，随手可到，既节约时间又方便应手。若站在教室中间或偏于一角，板书时需向黑板靠拢，不仅会耽误上课时间，也会影响课堂节奏，破坏课堂流畅。教师授课一般不会固定在一个点位，而是在教室前中央区域内适度活动，如果教室里摆放四个大组，站立的点位分别是第一、二组之间，第二、三组之间和第三、四组之间。这三个点均能很好地关注到全班学生，而学生的视线也便于跟随教师移动。如果教师站在边上，大部分学生的视线是斜的，不利于学生的视力发育，也会增加学生的用眼负担。也切忌在教室前中央活动区域来回频繁踱步，给学生造成混乱眩晕之不适。

如果组织教学或教学活动需要，教师可以适时走到学生之中与其互动，拉近彼此距离，但不宜长时间停留。因为教师站在教室中间身后的学生无法及时关注，而身后的学生也需一直扭转身体用目光倾听教师，这样对彼此均无太大益处。同时也切忌在学生座位之间来回穿梭，分散学生注意。

学生回答问题时，教师应站定不动，双臂自然下垂于两侧或放于身前，身体微微前倾，目光注视学生，不仅表明自己对其的尊重，也增加了互动感和亲切感。此时若需板书，应先听完一个要点并用目光或肢体给予学生以肯定和鼓励后再转身，而学生和教师一旦形成默契，当教师板书时学生也会停下等待。板书完一个要点再面向学生继续倾听其发言。如果板书内容较多可以提前制作教学课件以辅助教学。切忌一边听学生回答问题，一边背对学生板书，给学生一种不礼貌的感觉。

三、教师的坐姿

教师的坐姿要端庄优雅，自然大方。俗话说"坐如钟"，无论是男女教师都应通过坐姿传递给学生一种昂扬向上的精气神，让学生受到潜移默化的影响。而且正确得体的坐姿可以较有效地缓解教师因久坐而造成的血脉不畅等职业疾病。

（一）落座的方法

女教师在落座前应回视座椅，右腿退后半步，待右小腿后部触到椅子后，方可轻轻坐下。坐定后，膝盖并拢，腿可以放在身体正中或一侧。男教师落座时，膝部可以分开一点，但不要超过肩宽，也不能两腿叉开，半躺在椅子里。

（二）坐姿的要求

- 头部端正，上身直立。在教室批改作业时，就座后不宜倚靠椅背，这样会给学生一种懒散的工作态度，不易言传身教。但连续站立40分钟甚至一个多小时的教师需要休息，所以此时建议回到办公室，坐下靠着椅背以缓解腰部酸痛，等恢复体力后再进行工作。
- 就座后占用椅面3/4为宜。批改作业或听课开会时，不要坐满椅面。
- 手臂的摆放：

（1）手臂放在双腿上。双手各自扶在一条大腿上，也可以双手叠放后放在两条大腿上，也可以双手相握后放在双腿上。

（2）手臂放在身前桌子上。把双手平扶在桌子边缘，或是双手相握置于桌子上，也可以把双手叠放在桌子上。

（3）手臂放在椅子扶手上。当正身而坐时，要把双手分扶在两侧扶手上；当侧身而坐时，要把双手叠放或相握后，放在侧身一侧的扶手上。

（三）坐姿的方式

坐姿有很多，如正襟危坐、双腿斜放、双腿叠放、双腿内收、双脚交叉等，教师在日常工作中可以根据不同的场合及自己的身体情况调整坐姿，基本原则就是文明得体，落落大方，美观优雅。

男教师和女教师的坐姿，户内和户外的坐姿又都有所不同。

室内参加集体会议和走进教室听教师上课时，多正襟危坐。要求是：上身和大腿、大腿和小腿，都应当形成直角，小腿垂直于地面。双膝、双腿包括两脚的跟部，都要完全并拢。这样的坐姿能帮助自己集中注意力，将心思意念全部放在开会或授课内容上，也能向台上教师传递出尊重之意。

女教师穿裤装入座时可双脚内收：两条大腿首先并拢，双膝可以略为打开，两条小腿可以在稍许分开后向内侧屈向，双脚脚掌着地。也可以双脚交叉：双膝先并拢，然后双脚在踝部交叉。需要注意的是，交叉后的双脚可以内收，也可以斜放，但不要向前方远远地直伸出去。穿裙装入座时要特别注意双腿一上一下交叠在一起，交叠后的两腿间没有任何缝隙，犹如一条直线。双脚斜放在左或右一侧。斜放后的腿部与地面呈45°，叠放的上脚尖垂向地面。

男教师入座时一般坐椅子的四分之三，背部挺直，双腿分开略与肩同宽；如果是在户外，可以盘腿坐。

以上坐姿均能表现出教师的大方得体和平易近人，传递给谈话对象一种轻松自在之感，可以比较快速地拉近彼此之间的距离。教师可以根据办公室的环境、座椅的软硬高低及谈话对象的高矮来灵活调整自己的坐姿。除此之外，教师与对方交流时身体应微微侧向谈话对象，即膝盖向着对方，这样的坐姿表示我已经敞开心扉并做好了与您交谈的准备，也能表现出对谈话对象的尊重。切忌谈话对象坐在身边，教师却用肩膀或侧脸面对对方，这样会让人觉得被轻视，甚至会关闭心灵不愿意再做交流。

（四）坐姿的禁忌

（1）双腿叉开过大。双腿如果叉开太大，无论大腿叉开还是小腿叉开，都非常不雅观。特别是身穿裙装的女教师更不能忽视这一点。

（2）架腿方式欠妥。忌把一条小腿架在另一条大腿上，两腿之间留出大大的空隙，显得过于无礼。

（3）双腿直伸出去。那样既不雅观又妨碍别人。身前如果有桌子，双腿尽量不要伸到外面。

（4）将腿放在桌椅上。为图舒服，把腿架在高处，甚至抬到身前的桌子或椅子上，这样的行为过于粗鲁，也不可腿盘在座椅上。

（5）抖腿。坐时，不停地抖动或摇晃腿部，不仅让人心烦意乱，也给人以不安稳的印象。

（6）脚尖指向学生。不管采用哪一种坐姿，都不要以脚尖指向学生，这种做法缺乏礼数。

（7）脚蹬踏它物。坐下后，脚部要放在地上。忌用脚乱蹬乱踩。

（8）用脚自脱鞋袜。在学生面前就座时，用脚自脱鞋袜，显然是不文明之举。

（9）手触摸脚部。就座以后用手抚摸小腿或脚部，既不卫生又不雅观。

（10）手乱放。就座后，双手应放在身前，有桌子时放在桌上。不可单手、双手放在桌下，不可单手支撑下巴，也不可双肘支在面前的桌上或夹在双腿间。

（11）仰靠椅背，翘起并摇动二郎腿，会给学生傲慢和随意的印象。

【延伸阅读】

从坐姿看性格

心理学家对一个人坐姿的分析，称为测验心理学。纽约一家医学中心的心理卫生专家经测验认为，坐姿能显露一个人的个性。坐时翘起一条腿：相当自信，个性懒散，不容易幻想，任何私人问题或烦恼都不能使之困扰，信心形之于外。坐时双腿并拢，双脚平放地上：坦率、开放而诚实，具有洁癖和守时的习惯，喜欢有规律的生活，按照时间表行事会觉得比较自在。坐时双腿伸前，双脚在踝部叉起：希望成为中心人物，有保守且近乎愚蠢的意志，喜欢求取稳定。坐时一脚盘在另一脚下：个性独特，凡事漠不关心，无责任感，喜欢受人注目，有创新力，作风不拘于传统。坐时两膝并拢，两脚分开约一英尺：对周围事物非常敏感，观察入微，由于深谙人情世故，相当体贴别人，也能原谅别人，多愁善感。坐时双脚在膝部交叉，一脚勾另在一脚后：逗人喜爱，非常得人缘，个性好静，容易与别人相处，不善夸耀或虚饰。此外，坐下后摸嘴巴者，往往情绪不安，猜疑心颇重；摸膝盖者往往以为将有好事临身，自负之心颇高；摸下巴者是为某种事而烦恼；刚坐下就不断抓头发的人，性子较急，喜欢速战速决，情意不一，容易见异思迁；坐下后喜欢由下而上摸额的人，能言善道，说服力强，但这种人手段也往往比较狡诈。

四、教师的走姿

教师在行走时要走得自然，走出风度，富有节奏，争取做到"行如风"。女教师和男教师的走姿略有不同，女教师要步履轻盈，温柔矫健；男教师应步履稳重，英武阳刚。但无论性别，教师行走时要注意上身基本保持站立的标准姿势，挺胸收腹，腰背笔直；两臂以身体为中心，前后自然摆动；双目平视前方，面带微笑，表情自然平和。

教师在教室内走动时，步幅不宜过大过急，频率不要过高。授课时过多的走动会让学生眼神游离，心情浮躁，不利于课堂教学。学生完成练习时，教师需要在教室内走动巡视。此时特别需要慢慢行走，不要因行走过快碰撞到学生手臂或课桌而分散学生注意力。女教师穿高跟鞋行走时应特别注意起步时，身子稍向前倾，重心落前脚掌，膝盖伸直，避免发出鞋跟与地面碰撞而产生的"咚咚"声。

教师巡视时若发现学生的写字姿势不规范，或题目有错时应立即指出，但是最好不要发出声音，以免影响其余同学。

教师带领学生上下楼时一般会走在学生的前面，即所有学生跟在教师身后依次有序上下楼。这样行走的好处是控制行走速度，避免学生因快速行走或奔跑而导致踩踏事故。除此之外，教师在行进过程中还应不时回头看看学生是否跟上步伐，是否轻语慢行，也便于对学生的走姿进行观察，也能及时制止边走边玩耍的学生，确保安全。

若有外校领导、教师来访，教师应遵循基本的行走礼仪进行接待陪同。如果是两个人一起行走，以右为尊，以前为尊，即站在来宾的左侧，以示尊重。如果是一位男士和一位女士同行，那就应该遵照男左女右的原则。如果三人同行，都是男性或都是女性，那么以中间的位置为尊，右边次之，然后是左边。如果很多人一起来访，则以前为尊，按照此原则向后排序。一般说来，大型接待时，校长或分管领导会向来宾介绍校园文化，所以需和来宾并行或略微靠前带路并实地讲解，教师紧随其后即可。

【延伸阅读】

从走姿看性格

心理学家史诺嘉丝曾经对 193 个人做过三项不同的研究，发现不但某种性格或某种心情的人曾用不同的步姿走路，而且观察者通常能由人的步姿探测出他的性格。走路大步，步子有弹力及摆动手臂显示一个人自信、快乐友善及雄心；走路时拖着步子，步子小或速度时快时慢则相反。喜欢支配人者，倾向于走路时脚向后踢高。性格冲动的人，则像鸭子一样低头急走。而拖着脚走路的人，通常是不快乐及内心苦闷。女性走路时手臂摆得愈高，便显示她愈精力充沛和快乐；精神沮丧、苦闷、愤怒及思绪混乱时，则很少摆动手臂。

五、教师的手势

教师的手势即教师手的动作与姿势，老师讲课时一般需要配以适度的手势来传递思想感情，组织教育教学，强化讲课效果，展示自身良好的精神风貌与职业修养。因此，教师手势要得体、自然、恰如其分。

（一）教师常用手势及作用

1．挥手传情

挥手是小学教师常用的一种手势，主要用于日常与学生的相互问候之中。

小学生具有极强的向师性，对教师有着浓浓的爱。每天早晨，到校的学生特别关注教师是否已经到校，常常会到办公室偷看。所以，教师到校后，先不要进办公室，而是走进教室向已经来到学校的学生挥挥手并道一声"早上好，小朋友！"小朋友不仅会非常兴奋，内心也会警醒：老师来了，要乖乖自习。课间，在走廊上与学生相遇教师也应微笑点头或挥手致意，向学生传达一种友好和关爱，让学生充分感受教师的平易近人。放学时，教师将学生送至校门口，应与学生依次挥手再见，师生的情感在这一次次挥手中酝酿升温，而一天的学习生活也在这美好的情感中画上句号。

2．拥抱安慰

小学低年级学生较为情绪化，非常需要得到教师的理解、关爱和呵护。比如，小女生会因为手冷而走进教师的办公室，小男生会因为摔倒而哭着来找老师，同学之间也会因为一块橡皮，一支笔而发生矛盾、闹着吵着来到教师身边。在小学生的眼里，一切都是那么重要，一时情绪上来就难受得要命，所以，当孩子找到教师时，他们更多的不是听责备的话语，不是听冗长的道理，也不是寻求解决的方法，而只是想得到教师的理解或是找教师述说心里的难过，所以一个拥抱往往就能很好地缓解他们的情绪，也可以增加学生对教师的认可。

3．组织教学

课堂上，教师要注意把控课堂节奏，少说或不说和教学内容无关的话，但对于学生的发言又要及时地给予评价，所以手势语为组织教学打开了另外一扇窗。恰当地使用手势语不仅可以吸引学生的注意力，更能提升课堂效率。

下面就以小学教学中常用的"开火车"游戏方式为例来具体说明。

语文课上，学生"开火车"认读生字。学生叽叽喳喳争先恐后想开火车，此时，教师站定并双臂叠放示意学生坐端正，无需多言，学生会立即闭嘴端正坐姿；如果需要小朋友举手回答，教师一个手势，小朋友立即心领神会。火车开起来后，如果学生声音洪亮且发音准确，教师跷起大拇指送给他，他即会心花怒放；如有学生发音错误，教师举起右手，其余小朋友就会心领神会举手来纠正字音。

数学课上,学生完成口算题单后开火车报答案。教师和学生均握拳准备,火车开起来后,根据所报答案比"√"和"×"来迅速做出判断。老师能根据学生的手势迅速发现问题并及时订正。当一个小组开完火车后,如果老师轻轻握拳就表示到此结束,小朋友们就会坐端正等待下个指令。

英语课上,当教师在引入一个新句式后需要学生一个一个进行操练,而开车就成了非常高效的训练方式。全体学生起立,从第一个依次往最后一个传递句子,说清楚后相互击掌以示通过,当传到最后一名学生时,该生需要迅速跑到教师跟前清楚地说出句子,如果教师认可便与其击掌,如果不击掌该生则需将句子再说一遍。

除此之外,五指并拢指向黑板或指向学生也是教师的常用手势,但是这种手势的运用需要建立在师生具有一定的默契之上,需要一定时间的磨合和练习。一旦师生配合默契,往往老师手一指大屏幕,全班学生就会齐声朗读,并能根据老师手势的起伏读出轻重缓急,抑扬顿挫;而请学生回答问题时,手势和目光配合,往往不需要念出学生的名字,他就会站起来回来问答,这样的课堂不仅大大减少了无意义的话,也让课堂成为了一种享受。

（二）教师手势的要求

1. 适度

课堂上，教师手势动作幅度不宜过大，次数不宜过多，不宜重复。手势的上界一般不应超过对方的视线，下界不低于自己的胸区，左右摆动的范围不要太宽，应在自己胸前或右方进行，切忌胡乱地摆动双手，会给学生一种浮夸之感，甚至会引起学生的哄笑。

2. 适时

教师应根据授课内容适时使用恰当的、准确的手势，以加强表达效果，并激发学生的听课情绪。

3. 适合

教师在请学生回答问题时，切忌用一根手指指向学生；在指板书时也不宜用一根手指。手势语力求准确恰当，体现出教师的师者风范。

【延伸阅读】

典型手势的不同意义

招手动作：在中国主要是招呼别人过来，在美国是叫狗过来。

跷起大拇指：一般都表示顺利或夸奖别人。但也有很多例外，在美国和欧洲部分地区表示要搭车，在德国表示数字"1"，在日本表示"5"，在澳大利亚就表示骂人"他妈的"。与别人谈话时将拇指翘起来反向指向第三者，即以拇指指腹的反面指向除交谈对象外的另一人，是对第三者的嘲讽。

OK手势：拇指、食指相接成环形，其余三指伸直，掌心向外。OK手势源于美国，在美国表示"同意""顺利""很好"的意思。而法国表示"零"或"毫无价值"，在日本是表示"钱"，在泰国它表示"没问题"，在巴西是表示粗俗下流。

V形手势：这种手势是二战时的英国首相丘吉尔首先使用的，已传遍世界，是表示"胜利"。如果掌心向内，就变成骂人的手势了。

举手致意：它也叫挥手致意。用来向他人表示问候、致敬、感谢。当你看见熟悉的人，又无暇分身的时候，就举手致意，可以立即消除对方的被冷落感。要掌心向外，面对对方，指尖朝向上方。千万不要忘记伸开手掌。

与人握手：在见面之初、告别之际、慰问他人、表示感激、略表歉意等时候，往往会以手和他人相握。一是要注意先后顺序：握手时，双方伸出手来的标准的先后顺序应为"尊者在先"，即地位高者先伸手，地位低者后伸手。如果是服务人员通常不要主动伸手和服务对象相握。和人握手时，一般握上3到5秒钟就行了。通常，应该用右手和人相握，左手不宜使用，双手相握也不必常用。

【思考与练习】

1. 一天，你正在授课，一个学生突然打断你的讲话，大声地发表自己的意见。此时，你该如何处理？

2. 一日，你正在办公室批改作业，有家长来访交流学生近况，请问如何接待？

第四节　说话用语要艺术

"温良的舌是生命树。"对于小学教师来说，语言既是工具，又是艺术，更是生命。为此，教师需把自己的思想、知识、技术、信念和情感，准确无误地通过简练、生动、有趣的语言表达出来，使学生愿意接受并达成教育目的。教师要通过语言与学生交流思想、沟通情感，所以，教师在说每一句话的时候，都要做到心中有学生，因为，教师的每一句话都在无形中影响着孩子的发展方向、成长轨迹，也在指引着孩子世界观、人生观、价值观的形成，并悄然地影响着孩子的未来。所以，为了每一位孩子的生命闪亮，教师用语要文明、诚信、富有魅力，努力成为舌尖上的舞者。

一、文明用语

教师文明用语需要把握的原则是礼貌与尊重。

首先，教师用语要礼貌。教师用语彬彬有礼，方显儒雅之师的本色。在和学生沟通时，教师应多用"对不起""你好""谢谢""没关系""再见"，这些词虽然不起眼，但是却能让学生体会到为师者的知性、气度、礼节，也能传递出教师的平易近人与不耻下问，能够在师生间架起心与心的桥梁。

【案例】

有一次，一位性格内向的学生没有交作业，我走到他面前蹲下，轻声问："为什么没有交作业呢？"他眼睛湿润了不肯说话，我换了种方式询问："有什么我可以帮助你的？"他终于哭着说："我忘了。"我摸摸他的头说："没关系，今天课间自己抽时间补上就行。"最后，中午吃饭前这个男生就把作业交给了我，书写非常工整。

基本每所学校都有自己规定的文明用语和禁忌用语，教师一定要遵守学校的规章制度。总之，教师一定要忌粗口，忌训斥，忌侮辱，忌讽刺，忌妄语，忌乱语。

其次，教师要给予孩子绝对的尊重。小学教师每天在校要处理很多琐事，小学生年龄小，一切都处于成长期，心灵脆弱敏感，需要师长的呵护、关爱和教导。如果教师说话时不注意那极有可能在师生间筑起一堵高墙，很难再破墙重建信任。所以教师要站在学生的角度思考问题，站在学生的角度来和学生对话。比如，对待犯错误的学生，教师可以这样问："孩子，和老师说说怎么回事呀，下次可要注意哟。"而不是"你这个学生到底怎么回事，明天叫你家长来，听见了吗？"又如在课堂上教师说出一个话题，小学生常常会很兴奋地开始讨论而忽略课堂常规，此时，教师不要大声吼叫"安静，安静"，而可以问问大家："同学们，有什么不同意见吗？请举手来说说。"这样的对话不仅尊重保护了小学生的心理，更拉近了师生间的距离。总之，在和学生的交流中，教师要给学生留出表达的空间和时间，要倾听学生内心的声音，不要一味地说教。特别是在教育违纪学生时，教师首先要敞开心扉，平静心态，耐心倾听，一切都要在平等对话的氛围中进行。先听学生说自己的违纪过程，申述自己的理由，这主要是让学生尽情表达，抒发不满、委屈或者是难过。教师一边听一边找准症结所在，然后根据学生的陈述和学生进行平等地商谈，引导学生来看问题，找方法。教师一定不要急于评判对错，教师不是审判官，也没有给学生定罪的权利，而是怀揣着一颗爱心，通过发生的事件帮助孩子成长，这才是教师的作用。而也只有这样，才能真正地做到尊重学生，文明用语。

【延伸阅读（一）】

文明用语摘录

1. 只要肯下工夫，就一定能学好。
2. 老师相信你可以做得更好。
3. 你真的很出色。
4. 你一定能行。
5. 你的回答很独到。
6. 老师很愿意帮助你。
7. 别着急，再想一想，你会答得很好。
8. 谁都可能会有错误，只要改正了，就是好样的。
9. 你很有个性，希望你能发扬长处，克服不足。
10. 谢谢同学们对老师的信任和支持。

【延伸阅读（二）】

北京教师的40条忌语

"再不改，就请你家长。"这一句经常被教师拿来吓唬学生并使许多学生耳熟能详的话，以后就要成为教师的忌语了。

据了解，北京市朝阳区教委共从全区中小学征集上来此类忌语和教师文明用语4 000多条，通过筛选，得出非常有代表性的40条教师忌语和108条教师文明用语。

一些教育专家认为，随着教育环境的不断改善，一些我们以前已经习以为常的做法都需要规范。规范教师用语尤其是规定教师忌语非常有必要。由于教师在孩子心目中的特殊地位和威信，他的一句"不中听"的话，甚至能给孩子的一生带来负面影响。据介绍，这些"语条"将下发到全区的各中小学校开始执行。

1. 我要是你早不活了！
2. 你真笨！你真傻！
3. 看见你，我就烦！
4. 谁教你谁倒霉。
5. 回家让你妈带你查查，是不是弱智！
6. 你这孩子无药可救。
7. 坐下，你真笨！不知道，干嘛举手，总是耽误大家的时间！

8. 您的孩子没法教，领走吧！
9. 你是吃饱了混天黑，吃嘛嘛香，干嘛嘛不行，你真没救了。
10. 闭嘴！我不想听你说。
11. 讨厌，不要脸！
12. 你是最差的一个！
13. 你长眼睛干什么用的呀！
14. 你有病呀！
15. 低能。
16. 住嘴，不要再说了。
17. 一边待着去。
18. 我看你这辈子算是完了。
19. 简直是木头桩子多俩耳朵。
20. 你有没有良心？
21. 现在的学生，一拨不如一拨！
22. 讲了多少遍了还不会，真是个榆木疙瘩。
23. 死鱼不张嘴。
24. 明天让家长写一份保证书，再犯错误，干脆别上学啦！
25. 老师就是老师，老师说什么都是对的，你不听就不成！不听你可以不来。
26. 再不改，就请你家长。
27. 看你长不长记性。
28. 不懂人话。
29. 真笨，不是学习的料。
30. 你给我出去！
31. 缺心少肺！
32. 你给我站起来。
33. 缺心眼儿。
34. 不争气的东西。
35. 你真傻，去检查一下智商。
36. 跟头猪似的，怎么那么懒呀！
37. 你简直就是个白痴！
38. 一边站着去，想通了再找我！
39. 你别在我们班里混，哪儿凉快哪儿待着去。
40. 谁再不给我好好学，就请你家长。

二、真诚交流

都说"教师是人类灵魂的工程师"，可见教师所肩负的重任。师者不仅要"传道授业解惑"，更要引导学生灵魂的成长，而灵魂的成长来自于正确话语的汲取和养育。所以，教师和学生的每一次对话都要带上心灵和诚实——对话是心灵与心灵的感悟与交流——心中有学生，心中爱学生，真心、诚意、尽心、尽力，真正地走进学生的心灵，彰显教育独特的震撼心灵的力量。

【案例1】

我班有一个小男孩，一说到学习就头疼，一听考试就大喊大叫。开始我并没引起重视，只是礼貌性地告诉他"不要担心""考不好没关系""考试只是一个练习，发现不足努力就行"……但几次下来并没有任何的变化，他依然是喊叫，甚至开始不做试卷。针对这个情况，我先和孩子的家长取得了联系，了解孩子每天在家的学习情况做到心中有数，然后把孩子牵到了办公室。沟通前，我先让自己平静下来，然后定睛看他真正的问题是什么：是成绩不好？是不做题？是不努力？其实都不是，而是他自己内心对自己有否定，有不满，虽然努力了但还是做不好，每次都做不好，所以产生了对自我的厌倦。但是我还需要进一步确认，所以带着这样的心，我开始了和他的对话：

教师："为什么那么讨厌考试？"

学生："每次都考不好，总是几十分。"

教师："是因为考不好难过吗？"

学生："爸爸说我不努力，但是我努力了啊。同学都考那么好，我也想考好。"

教师："所以让你难过的更多的是别人的评价和别人的眼光？"

……

就这样带着对这个男孩的爱，我们慢慢地聊着。在这样的聊天中，我们一起去发现，去检视自己的内心，我们明白了：每个人都是宝贝，都有自己的长处。虽然我暂时成绩不好，那也没关系，因为爸爸、妈妈、老师爱我本来的样子，不是因为我成绩好而爱我，也不会因为我成绩不好而不爱我。也找到了努力的理由，不是为了考出好的成绩而努力，而是要在学习中发现自己的优势，不断成长。

当这样的对话结束后，我明显地感觉到我的心和他的心贴在了一起。他紧紧地牵着我的手，并让我把试卷给他做。这个小男孩身上的问题肯定会反复，但是只要我们带着真心和诚意与他交流沟通，他一定会在正确的话语的引领下正确地看自己，看问题，看世界。

像这样的案例还有很多，在此不一一赘述。总之，教师要知道，学生虽然年龄小，但是心灵和我们成年人是一样的，他能够感受到教师的用心程度，也能感受到教师的真诚程度，所以，在和学生对话时，一定要发自内心真正地爱学生。如果没有爱的交流，那就如同空中楼阁，并不能进入孩子的灵魂深处，而要有真正的爱首先来自于对学生的理解，真正的理解，需要教师正确地看待学生身上发生的问题，然后给学生真正的人生的答案。

林语堂先生是一位能言善辩的学者，但是他在论述表达技巧的书籍——《说话的艺术》里认为，说话分三重境界。其中，高者忘言，中者慎言，下者巧言。他说：我国对于说话的态度，最高境界是"忘言"，如禅宗教人"将嘴挂在墙上"；其次是慎言、寡言、讷于言。慎言是小心说话，小心说话自然就少说话，少说话少出错；寡言是说话少，是一种深沉或贞静的性格或品德；讷于言是说不出话，是一种浑厚诚实的性格或品德。这两种多半是天生的性格。最后是巧妙的修辞或辞令。至诚的君子，人格的力量照彻一切的阴暗；他用不着多说话，说话也无须修饰。只知讲究修饰，嘴边天花乱坠，腹中矛盾森然，那是所谓小人；他太会修饰了，倒叫人不信了，他的戏法总有让人揭穿的一日。即便知道"巧言"不是说话的最高境界，但由于我辈凡人，没有那伟大的魄力，不能无视世故人情。我们在权衡了说话的时机、地方、对象之后，在礼貌与趣味两个条件之下，修饰自己的言谈，也很有必要。

林语堂先生这里所言之"巧言"更多的是倾向于修饰言谈，提升语言魅力，而非小人之为也。教师的教育和教学效果在很大程度上取决于其语言的魅力。小学教师应努力锤炼自己的语言表达，在不同的场合恰当地使用语言，让语言为自己的教育和教学服务，让语言提升教育教学的效果，起到事半功倍的作用。教师的语言可以如春雨润物般悄然无声，让学生在不知不觉中受到熏陶、受到启迪、受到教育、受到滋润；可以如冬日暖阳般温暖明媚，让学生敞开心扉聆听师者的教诲；也可以如大风起兮般威严有力，引起学生的重视和警醒。

语言的魅力可以从声音美、谈吐美两个方面来修炼与提升。

（一）声音美

● 正确清晰。教师上课、交流要用标准的普通话，不可用方言或土话。所谓清晰，是指吐字要清楚明晰，不含含糊糊，要做到抑扬顿挫，不可结结巴巴，使人听不明或听不懂。

● 明快清脆。这既是指说话要开门见山，口到心到，心口一致，不故弄玄虚，又是指声音要干脆利索，爽利痛快，不拖泥带水。

● 圆浑清亮。这一点要求教师说话时科学用嗓，气沉丹田，说话表达力求艺术化。其内涵主要指：声音流畅自然，圆浑雄厚，悦耳动听，有滋有味。

要想达到以上三点，教师要坚持用正确科学的发声方法来进行训练。主要可以从语音规范、语气变化、速度调控、节奏变换几个方面来着手练习。特别是教师的语速，要针对不同年龄阶段的学生正确地使用不同的语速。但是不论快速、中速、慢速，都有一个度。比如，为了使学生注意力集中使用快速，但也不能像放鞭炮似的，使人耳不暇接；为了强调重点使用慢速，也不能慢慢腾腾，半天一句，使学生听起来十分吃力。总之就是要根据教学内容及学生的年龄特点正确调控语速、语音和语调。

除此之外，教师要保养好嗓子，平时饮食不要食用太多刺激性的东西。因为教师如果不正确用嗓也不注意饮食的话，极容易患上职业病，对自己的身体造成伤害。

（二）谈吐美

爱默生曾经说过这样一句话："教师要善于选择最恰当的词汇和句式来表达自己的思想，只有这样，才能入耳入心。"为此，教师的语言要智慧、风趣，饱含鼓励性、具有引领性、富有时代性。

智慧的教师在课堂上往往妙语连珠，语言风趣幽默又耐人寻味；智慧的教师能使深奥难懂，枯燥乏味的知识变得简单有趣，能给沉闷的课堂注入活力与色彩；智慧的教师能让学生在欢笑中学习，在愉悦中成长。智慧是教师知识的储备和积淀，而风趣的谈吐，幽默的语言则是智慧的衍生物,它能调节师生关系,能活跃课堂气氛,而且能使学生在一笑之余引发联想,出神入化地推动他们的思考,往往使课堂更加精彩。幽默的特点是尖锐而不刻薄,俏皮而不直露,蕴藏着说话者温厚善良的气度和高超的语言艺术,智慧的教师用风趣幽默的语言激发着学生的灵感,培养着学生的思维,启迪着学生的智慧,让学生在和谐愉悦的氛围中得以发展,让课堂在轻松愉快中弥漫着浓浓的人文气息,传递着浓浓的人文关爱。风趣的谈吐绝不是一朝一夕一蹴而就,而是需要教师博览群书,厚积而薄发。不仅如此,教师还需要有一颗与时俱进、面向未来的心,不仅能够在历史长河的积淀中汲取营养,也能在时代的洪流中勇往直前。因为新鲜时尚的语言能有效地激发学生的探求心理,激发学生的求知欲望。所以教师要根据学生的年龄特点灵活运用丰富多彩的语言来激发学生的倾听欲望,调动学生的学习兴趣。

【案例 2】

课堂上,我带领小朋友一起数松果的螺线数,小朋友个个都睁大了眼睛跟着我的手指一圈一圈慢慢数,数完都快成对对眼了。我赶紧说:"小朋友个个都成蚊香眼了,赶快看看窗外。"小朋友轻松一笑并看向窗外,然后又迅速看到教师,注意力立即回到课堂上。

点评:

一个小小的比喻,生动地表达出小朋友们数后的感受,这个比喻通俗易懂,拉近了教师和小朋友的距离,小朋友们都心领神会地笑了,不仅调节了紧张的课堂气氛,也让小朋友们在学习之余轻松了一下。

【案例 3】

一日,我和小朋友们一起走进《留言条》一课,最后"夸夸留言条"环节时,一位小朋友起立说:"留言条像烤箱,因为很温暖。"这样的表达肯定是不够准确的,我立即帮助他重新说了一次:"留言条就像一个烤箱,小阿力和妈妈的感情在这个烤箱里逐渐升温,心中的隔阂慢慢融化。"之后又有一位小朋友起立说:"妈妈像小溪,小阿力像另一条小溪,留言条把他们汇在一起了。"听完后,我明白小朋友想表达的是情感的汇聚,便帮助她:"妈妈和小阿力像两条各自流淌的小溪,但是通过留言条的交流,他们之间的情感汇聚在了一起。"小朋友听了我的纠正连连点头。

点评:

课堂上,经常会出现这样的情况,小朋友有想法但是并不能准确表达,这就需要教师认真倾听,并快速地做出帮助,帮小朋友组织语言,慢慢的,小朋友就能正确流利地表达了。

其次,课堂上教师要多用激励的语言鼓励学生,引领课堂。纵观一些名师的课堂,我们常有这样的感慨:他们的高明之处更多的是在于用满面春风的语态,饱含真情的语气,洋溢激情的语言来激发学生的情感潜势,从而产生一种情感共鸣的语境,使学生为之所感,为之所动,以至于转化成良好的学习动机,获得理想的教学效果。的确如此,教师充满激励的语言,能让学生不断地获得走向成功的动力。例如课堂上,面对学生的精彩发言,常常会这样评价:"谢谢你的发言,带给了我新的思考。""你用心阅读,读懂了文字背后的意思,是大家学习的榜样。""你抓住了起因、经过、结果来概括,完整而准确。"这样的评价语不仅激励了学生,也给其他学生提供了思考的方向,并进行了学习方法的引领。一节课四十分钟,感觉好像挺长的时间,但是一旦站上讲台,时间飞逝,作为新教师备课时建议写下每一句话,认真推敲,精心锤炼。因为只有用心准备,课堂上方能大方得体,否则就是结结巴巴、迷迷糊糊,被学生牵着鼻子走,要么是学生说什么教师就重复什么,要么是教师一人讲完而没有余力去倾听学生的发言。

  所以,要想做到温文尔雅,谈吐风趣,智慧潇洒,那需要教师平时的自我修炼与精心的准备。正所谓"台上一分钟,台下十年功"。

  总之,在学习说话的艺术、提升语言的魅力时,我们时刻要记住:要说得巧,要说得少。当我们没有想好语言的时候就闭嘴。千万不要让语言这把利剑因为自己的情绪或无准备而刺伤别人的心灵。

第六章　小学生礼仪教育篇

第一节　小学生礼仪教育的重要性

礼仪是传承文明的需要，是人类社会的需要，是孩子成长的需要。孔子曰："兴于诗，立于礼，成于乐。"孟子也说过："敬人者，人恒敬之；爱人者，人恒爱之。"其实，文明礼仪素养不仅是个人为人处世交际能力和思想道德水平的体现，也是国家社会的道德水平和精神风貌的综合反映。我们这里提出的小学生礼仪，指的是通过小学生外显的言行举动所展示出的内在的思想道德水平、文化修养。小学阶段的礼仪教育重在通过各种教育契机帮助学生告别不良行为习惯以形成良好的行为习惯，懂得礼貌、会自觉用礼节规范自身的言行。因为青少年儿童是祖国的未来，祖国的希望，当代小学生有责任继承和发扬中华民族五千年文化精髓，使中国"礼仪之邦"的美称名副其实。

小学生联系着千家万户，不仅关乎社会将来的和谐，目前也正影响着一个家庭的和睦。有了文明礼仪才能打破人与人间的隔阂，才能共建互尊、互爱、互助的和谐环境，才能打造处处散发着文明气息的活动空间。小学生的第一任老师是父母，只有营造了健康温馨的家庭氛围，才有可能培养出品德高尚、富有活力、积极勇敢、行为端庄的孩子，反之也是如此，有了行为规范的孩子，家庭才会更加和谐。

可是随着时代的发展，随着互联网时代的来临，人与人之间的相处减少了。人们通过计算机就能交流、合作、商谈，而小学生也渐渐被科技前进的浪潮所裹挟，变得不太会与人相处。但社会的和平发展，需要有文明礼仪的支撑，一个人也需要有良好修养、素质的支撑。为此，我们更不能错过孩子形成良好习惯的最佳时期——小学阶段处于人生的关键阶段，此时正处于德育启蒙教育期，幼稚懵懂的心理开始发生变化，自主意识逐渐增强的同时又由于社会阅历浅导致辨别是非的能力不是很强——这一时期特别需要加强文明礼仪养成教育，坚持从小学开始启迪其心灵，润泽其涵养，提升其品味，使其懂得如何礼貌待人，如何与人和谐相处，如何关心集体。正所谓"树苗从小育，到老直笔挺"。

优雅的风度不是天生就有，需要从小培养。生活是一个大课堂，每一个与人打交道的机会都是培养礼仪的机会。学校是培养学生的主阵地，每一次活动每一节课堂都是对小学生进行文明礼仪教育的好契机。总的来说小学教师要帮助小学生在为人处事、学习生活和卫生纪律等方面养成良好习惯，这在提高思想道德修养、努力构建社会主义和谐社会、提升全民族文明素质、增强国家的文化软实力等方面都具有重要意义。

【延伸阅读】

韩国从1973年起就开设道德课，正式以书本形式分年级向学生讲授各方面的基本礼节和道德规范。韩国上上下下都特别在意秩序、亲切和清洁教育。韩国学校内还设有能模拟生活场景的理解室，进行仪表礼节的演示教育，形象而直观让学生直接感受如何待人接物，如何给客人倒茶敬茶等。

日本特别重视学生的文明礼仪教育，实行"国家全方位德育"，所有的学校都制定了教师和学生应遵守的道德规范制度。学生通过"友爱课"的学习，学会自尊自爱，自觉尊重他人，不搞歧视；通过"垃圾课"的教导，学生能自觉讲卫生爱护环境；使学生通过积极参与人性化的教育活动，形成和发展集体意识和社会意识，提高自我教育能力和创造力是"特别生活课"的培养目标；"安全课"的学习后学生具备较强的心理素质和良好心态并能互帮互助。

20 世纪 70 年代后期，针对新加坡人出现道德危机，新加坡总理李光耀提出，要把富强的国家建设成有"礼"的国家。80 年代初，新加坡把"忠、孝、仁、爱、礼、义、廉、耻"作为政府必须贯彻的"治国之纲"。他们重视"公民与道德教育课"，强调知行统一，要求学生认知学习后要身体践行，学以致用。

德国很多学校如弗雷芒中学、海尔曼·弗兰克中学都开设了礼仪课，在课程表中增设了"人际交往和行为礼仪"课，每周都保证不少于 2 学时。

美国人强调社交技艺和常规礼节，教导孩子要谨言慎行，牢记"三个C"，即关心（caring）、同情（compassion）和体贴（consideration）。

第二节 小学生礼仪教育的内容

小学生礼仪教育历来就是我国学校教育的内容之一。从古至今，对礼仪教育内容的探讨也未停歇。中国古代的蒙养教材如《三字经》《弟子规》《千字文》《童蒙须知》，向幼童讲述各种礼节和规矩，重在"教之以事"；中国教育史上最早的学规《弟子规》从尊重教师、德育修养、上课纪律、穿着打扮等方面对学生提出了明确而又严格的要求；清代教育家颜元制定学规《习斋教条》让学生通过学习能孝顺父母、敬重长辈、效忠上级、和睦友善等。2004 年 9 月《中小学生守则》《中（小）学生日常行为规范》下发，为提高小学生的文化素质、道德素养和身心素质指明教育方向。

现代小学生文明礼仪教育旨在通过学校课堂这个主阵地，联动家庭和社区之力，帮助小学生在日常学习、活动和生活中掌握基本的礼貌、礼节规范，初步养成讲文明、讲卫生、讲秩序、讲公德的良好习惯。

一、文明称谓

称呼教师、长辈时要用敬称，称呼同学、朋友时也要有礼貌。

（1）对父母长辈不能直呼姓名，更不能以不礼貌言词代称，要用准确的称呼，如爸爸、奶奶、老师、叔叔等。

【案例1】

班上有一位小男孩刚入学时，每次见到我都很高兴地直呼大名。有一天，和他妈妈交流时得知小朋友读的美式幼儿园，在幼儿园里称呼老师都是叫名字，所以进入小学后一时半会还改不过来。所以，每一次当他叫我名字的时候，我都微笑点头然后在后面加上"老师"二字。两个月后，他见到我不再只喊名字，而是喊"刘雯雯老师"。听到这个称呼我也是笑着点头，毕竟小朋友在慢慢改变。后来，经过学校的品德课教育，其余小朋友的提醒，妈妈的协助，这位小男孩在一年级上期快结束时，称呼我为"刘老师"。

【案例2】

一个小男孩一年级时规规矩矩地称呼我为"刘老师"，可是到了二年级时反而高声呼叫我的名字。和他聊天时才知道，他把我当做朋友，觉得称呼名字更显亲切。其实，我对孩子如何称呼我并没有太多介意之处，毕竟称呼只是一个代号而已。但是我发现每当他叫我名字时，其余的孩子就会指出"这样对老师很不礼貌"，如果他的家长听到也会指责他。后来我明白，我们身处礼仪之邦，就要尊重并继承我国五千年的文明礼仪习俗，并要帮助孩子从小养成良好的礼仪习惯，从一个称谓开始。

以上案例说明小朋友平时的习惯和他身处的环境有关，且一个习惯的形成需要很长的时间。改正一个习惯时需要长辈不断地提醒与帮助，也需要长辈的宽容与理解。只要教育者多多关注，且给孩子时间，他就一定会成长。另外，发现学生的不良习惯后一定要和学生沟通，和父母沟通了解孩子的情况，越全面越好，这样才能了解原因，找到本质，做到对症下药。

（2）同学间可彼此直呼其名，但不能用"喂""哎"等不礼貌用语称呼同学，要尊重同学的名字，不给他人取绰号。

【案例3】

刚入学的小朋友由于识字量有限并不能准确念出同学的名字，这对彼此而言都显得不够尊重。为了帮助小朋友尽快地准确地念出全班同学的名字，我在班上召开了《有趣的名字》的班级活动。

首先，我为孩子们讲述了绘本故事《我的名字克丽桑丝美美菊花》。听了这个故事，小朋友都知道名字寄托着爸爸妈妈的希望，蕴含着爸爸妈妈的爱，每一个名字都应该被尊重、被理解。

接着，小朋友回家询问爸爸妈妈自己名字的含义，并用写绘的方式展示；然后自己在家练习，最后用一节课的时间请小朋友上台正确地教小朋友读自己的名字并讲述名字的意义。

活动结束，我将全班小朋友的名字制作成一张海报张贴在教室内，鼓励小朋友自己去读去认，如果全部认完可以得到"识字大王"的粘贴。

通过此次活动，小朋友不仅在短期内读准了同学的名字，还促进了新入学小朋友的交往。名字的讲述也给小朋友提供了展示的舞台，在展示中帮助小朋友正确地表达，规范的站立，一举多得。后来，又通过语文课，讲述了"绰号"和"昵称"的区别，到现在，班上没有小朋友互取绰号，都是亲热的称呼。

二、真诚问候

小学生向父母、长辈问候致意，首先要学会使用文明礼貌、恰当适宜的语言表达，其次要根据时间、场合、节庆等，采用口头或书面两种不同的方式表达心意。

（1）能用礼貌的语言主动向家人、教师问好。关键词：礼貌、主动。很多小朋友能够问好，但是不能正确地使用礼貌用语，比如向长辈问好，需要用"您"，和同辈交流则用"你"；也有小朋友需要长辈先和他打招呼，才会想起招呼长辈。针对这些现象，小学教师需要以身作则成为榜样，也需要寻找榜样起到引领表率作用。

【案例1】

每天早晨，我进入学校后不会第一时间进办公室，因为我要先进教室向小朋友问好。走进教室后，我会站在教室前面对已经到校的孩子说一声："孩子们，早上好哦！"此时，有些小朋友会停下手中的事，抬起头向我问好，我则会表扬他，微笑着拥抱他。其余小朋友看到后，就会向这些小朋友学习。

经过一段时间的问候练习，有些比我晚到的小朋友走进教室后，会背着书包走到我面前，站立好，恭恭敬敬地说："刘老师，早上好！"我也会微笑着说："宝贝，早上好！"而且，我会特别记住这些主动向我问好的孩子，然后利用晨会时间提出表扬。

学校是小朋友学习文明礼仪的重要场所，教师无论是否担任班主任工作，都是德育工作者，肩上都担负着育人的重任。一个好的习惯养成需要时间的累积，教师的反复督促与帮助，通过以上案例不难发现，看似简单的礼貌问候，对于小学生来说也是非常困难且极具反复性，需要教育者抓住教育契机，树立榜样，充分发挥模范作用，在班级营造文明的氛围，慢慢的养成文明问好的习惯。

但是，小学生文明礼仪教育绝对不是为了教育而教育，学生不是被动接收机，而是一个个鲜活的生命，教师在教育中要特别注意关怀学生心理，走进学生心灵，通过教育丰富学生生命的宽度、厚度与高度，通过沟通、交流和帮助与学生一起编织美好的生活，编织唯独属于彼此的美好记忆。

【案例2】

我一直以为，"晚安"二字虽然简洁，但是却包含着述说者对被述说者温热的情感，这种情感在彼此的问候中慢慢升温，慢慢发酵，慢慢沉淀。这是一种情怀，这颗小小的种子应从小埋在孩子的心中。对此，我特别选择《晚安，月亮》和学生展开了讨论。

在这个绘本故事里，小兔子坐在温暖的床上向房间里的一切一一道晚安，包括"晚安，没有人。"当我第一次读到这个绘本的时候就被故事中的温情所打动，就被简洁的文字、丰富的画面所吸引，于是，我们用了整整一节课的时间走进这个故事，观察小兔子的房间，了解房间里的布局，倾听小兔子的晚安，插上想象的翅膀，和一切说一声"晚安"。

交流中，小朋友由室内跳脱到户外，从画中说到画外，又由具象的事物展开联想，整堂课，我和小朋友都沉浸在温暖的"晚安"声中，"晚安，星星""晚安，炉火""晚安，朋友""晚安，时间""晚安，温暖""晚安，微笑""晚安，一切"……

当天的作业自然是回家体验，向爸爸妈妈道晚安，向房间里的物品道晚安，向你能想到的一切道一声"晚安"。

这个故事之后，小朋友们爱上了道"晚安"，也爱上了说"早安"。小学生特别喜欢听故事，作为老师应该把握住学生的心理特点，减少枯燥的说教，教师也不是高高在上的纠错者，而是学生成长的引导者、帮助者。教师可以多用讲故事的方法和学生进行互动，因为师生之间可以在故事中找到属于彼此的独有的语言密码，这样，教育教学中也会多一份默契与心照不宣。教师需要记住，自己面对的是"人"，对方需要心灵的沟通与契合，而故事能够润泽儿童的心灵，让学生慢慢感悟，慢慢成长。

（2）能用礼貌的语言主动向校工、来访者问好。经过一段时间的相处及鼓励，师生之间建立了感情，再加上平时的文明礼仪教育，学生会自主地向自己熟悉的长辈问好。但是对于陌生人，比如校园内的保安叔叔、清洁阿姨、食堂人员，或者是来校参观的来宾、教师则不敢主动问好。对此，需要学校全体教育者的共同努力，一起帮助学生养成良好的问好习惯。

【案例3】

有一个学期，学校大队部为了帮助小朋友养成主动向陌生人问好的习惯，特别增派了A

城小干部于每天早晨、课间、午间、放学时驻守在校门、楼道、操场等处,拿着相机、摄像机、纸笔认真地将主动向陌生人问好的小朋友拍摄及记录下来。这些照片和名单大队委会在第二天晨会时间全校播放表扬,对表现特别突出的小朋友学校大队部会颁发奖状。经过一段时间的鼓励,大部分小朋友走进校园能向值周老师、保安叔叔问好,在走道里看到陌生老师也能停下问好。

每天放学,我带着小朋友下楼,穿过走廊时会特别注意小朋友向老师问好的情况。我发现,小朋友每次见到任课教师就大声喊叫,非常热情,但是热情之余又显得过于喧哗。第二天早上我便会在全班总结头天发现的问题并提出希望:"1. 行进过程中,看到老师可以挥手问候,不用大声喧哗,要考虑到别的放学班级;2. 不仅要向任课老师问好,还要向其他老师问好,集体行进中,挥挥手微笑;个人遇到,停下鞠躬或说'老师好'",提出建议的当天再观察,后一天再总结,再观察,再总结,如此反复,长期坚持。

(3)能用适宜的语言向长辈送出祝福。关键词:适宜。比如长辈生日,能够说:"祝爷爷、奶奶、爸爸、妈妈生日快乐,身体健康。"过新年,会说"祝爸爸妈妈新年快乐,年年有余。"母亲节,能向妈妈说一声:"妈妈,我爱您,祝您节日快乐。"教师节,能对老师致以节日的问候。长辈生病时,能送出温暖的关怀:"祝身体早日康复。"总之,通过学校教育,小学生要学会在不同的节日用恰当的词语向长辈表达祝福,传递祝愿。

【案例4】

一年级下期妇女节和母亲节来临之前我陆续和孩子分享了绘本故事《小老鼠忙碌的一天》《妈妈的礼物》《妈妈你好吗》等。在这些故事中,小朋友都用自己独特的方式传递着对妈妈的爱,比如小老鼠用了整整一天的时间为妈妈编了一顶美丽的帽子;《妈妈的礼物》中两个小孩逛了整整一天想为妈妈购置礼物,但都因没有钱而作罢,最后,他们将想送给妈妈的礼物全部画在了一幅画中,这幅画充满了他们对妈妈的爱;而《妈妈你好吗》中的小男孩则自制了很多"洗碗券"送给妈妈,希望用自己的实际行动来爱妈妈。

通过这些故事的讲述,小朋友们明白了"礼轻人意重",礼物传递的是人的心意,一句温暖的话语会如冬日阳光般滋润人的心田;一片树叶一朵小花能承载深厚的情意;一幅画一张贺卡能传递满满的爱意。他们也开始学习着用话语、画作来表达对长辈的问候,对同学的关怀。

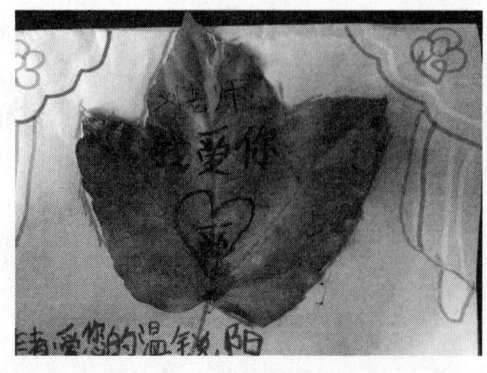

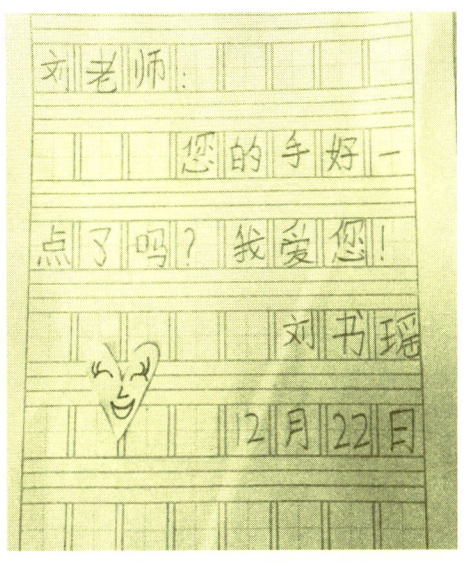

尽管小朋友还有很多很多不会写的字,也有不少错别字,但是他们已经开始学习用书面的表达方式传递祝福、问候,表达自己的心意。而当教师看到这些温暖的话语,心会完全地融化,而这就是做教师的一种幸福。

(4)长辈外出、归来时要问候,自己外出时要告知。当爸爸、妈妈外出时可以说:"祝爸爸、妈妈一路平安、办事顺利!"当爸爸、妈妈外出归来时说:"爸爸、妈妈回来啦,辛苦了。"自己外出时要告诉家人:"我出去了,会早点回家。"如果家里没有人,应该写一张留言条告诉家人自己的去向,以免家人担心。到了目的地及时打电话或发短信向家人报平安。

三、仪容仪表

(1)文雅学子需要做到规范着装、文明用语、干净整洁。每年9月第一周,全校各班教师都要带领着孩子到"映雅鉴"前学习重温学校对小朋友仪容仪表的要求。通过每年一次的常规教育帮助学生在理论上建立仪容美、仪表美的概念,然后在日常教育教学活动中具体实践和养成。

【案例1】

2014年9月，开学伊始，实验小学一年级六班小朋友们在我的带领下，来到"映雅鉴"学习仪容仪表要求，端正仪态。

在"映雅鉴"前，孩子们跟着我大声诵读牌匾上的24个字：发必理，面必洁，衣必整，容必善，言必真，行必正，业必勤，态必雅。通过我的讲解小朋友初步了解了这24个字的含义，并在镜子前认真整理仪容，在阳光的照耀下，同学们如同一棵棵茁壮的小树苗站得笔直。

升入二年级后，我再次带着小朋友来到"映雅鉴"，这次孩子们明白了，小学生不仅要外在整洁，更要心灵美丽、宽容，做一个文雅的实小学子。

"映雅鉴"前整理仪容

（2）升旗仪式、大型集会及重要活动统一着装。新生报到时就会领到校服，通知书上也会写明开学典礼的着装要求。之所以在重要场合要求学生穿校服是希望借助这样的服装礼仪传递庄重严肃之感，增强仪式感，让学生从外到内都能感受到国旗是国家的象征，升旗仪式是非常肃穆的事。也能通过集会帮助学生从小养成集会礼仪，比如集会要做到整齐有序，安静有礼；聆听国旗下讲话或观看表演时要做到聚精会神，不随意走动和交流；演出结束，鼓掌致谢，精彩之处适度鼓掌。这种礼仪教育通过活动潜移默化，悄悄浸润，会影响孩子的一生。

【案例2】

开学典礼上，新入学的一年级生新生懵懵懂懂，不知道为什么要升旗也不知道国旗象征着什么，所以升旗仪式后，我带着学生来到"五旗一徽"前，仔细端详并认真学习。大五角星代表中国共产党，四颗小五角星代表中国人民；五颗五角星相互的关系，象征中国共产党领导下的人民大团结。团旗的旗面为红色，象征革命胜利；左上角缀黄色五角星，周围环绕着黄色圆圈，象征中国青年一代紧密团结在中国共产党周围。中国少年先锋队队旗由五角星和火炬的图案组成，它是少先队组织的标志。党旗图案的意思为中国共产党是中国工人阶级的先锋队，代表工人阶级和广大人民群众的根本利益。军旗是人民军队的旗帜，军队永远忠于党。我们的国徽，中间是五星照耀下的天安门，周围是谷穗和齿轮。天安门象征中国人民反帝反封建的不屈民族精神；齿轮和谷穗象征工人阶级与农民阶级；五角星代表中国共产党领导下的人民大团结。

通过"五旗一徽"的教育，小朋友从心里明白了升旗的意义，这将影响学生的行为礼仪，通过每周一次的升旗仪式，从着装到心灵，小朋友慢慢贴近祖国，慢慢地将祖国记在心间。

学习"五旗一徽"

统一着装参加大型集会

四、坐立行姿

（1）坐姿。上身保持端正，腰背挺直，肩放松，腿放平。低段学生不容易记住这些要求，所以需要口令推进记忆。

【案例1】

新生入学一般有8门学科，在开学前，我们年级各科教师就会齐聚一堂，一起制定口令并达成一致。比如我们提醒学生坐姿的口令统一为："身正、肩平、脚安。"教师说第一个字"身"，学生接第二个字"正"，这样边对口令、边调整坐姿；也可以教师说第一个词

"身正",学生接"肩平、脚安"。当口令达成一致后,便于任教教师每天在课堂上提醒,这样学生养成良好坐姿的时间就会缩短。

【案例2】

在户外参加大型活动时一般要求学生盘腿而坐,双手放于膝盖上;如果有表演道具则握在手里,手肘放于膝盖上。户外坐姿训练,在我们学校是体育老师为主,班主任老师为辅,其他教师参与。我们一般会利用体育课进行专门的训练,一年一度的建队节就是展示全校学生良好精神及风采风貌的窗口。

(2)站姿。课堂上学生回答问题站立时总的要求是双腿并拢,不倚靠桌椅。如果教师不注意提醒站姿,小朋友回答问题会比较喜欢把脚放在板凳上,或者把身子靠在桌子上,这样的站姿都不利于小朋友身体的发育。所以,从起立问好开始,教师就要有意识地观察小朋友的站姿,特别表扬规范站立的学生,以起到示范榜样作用。但是随着年级的上升,学生回答问题需要捧书,所以教师要花时间教会孩子如何站立捧书,否则学生就会把书放在桌面上,弯着腰,埋着头去看书上的字,这样的姿态不仅不雅而且对身体有害。

【案例3】

站姿需要训练,特别是开学第一周,我会放慢授课速度,一边教课一边帮助孩子养成良好的姿态。小朋友特别喜欢做游戏,站姿训练时我会和小朋友玩"考反应的游戏"。此游戏有几种玩法:一是任意报出一个小朋友的名字或学号,看这个小朋友能不能快速而正确地起立站好，如果反应快，站得端，就奖励一张笑脸贴纸。也可以小组竞赛的形式，教师任意报出一个小组，该小组成员需要全体起立站正，如果有一个小朋友站姿不规范或反应慢半拍就不能积分，只有等下次了。第二种玩法是我说坐直，小朋友就立正；我说立正小朋友就坐直，这个难度更高，适合入学两个月后的孩子玩耍，小朋友兴致也非常高。通过有趣的游戏帮助孩子养成良好的坐姿、站姿。

升入二年级后，我不会再专门进行这样的训练，但是会在日常教学中反复和巩固。比如开火车识字，当我说道："火车开到二小组。"二小组的全体组员没有快速起立站端的话，他们就失去了朗读展示的机会，我会请他们坐下，另请一组。这样反复，小朋友知道课堂上要全神贯注，且要规范自己的行为。

学生在户外参加集体放学和活动时要求抬头挺胸，双眼平视前方，手贴裤缝嘴不动。并且要对齐前面的同学，横排竖排对整齐。

第一次排队

集体活动　　　　　　　　　　　建队节活动

（3）走姿。不同年段的小学生在行走时的要求略有不同，但对小学生而言，总的要求是轻语慢行，注意安全。比如在走廊上行走时如果遇见前方有同学需要礼让，不奔跑，不拉扯；在教室过道里如果需要同学让路，需要说："对不起，请让我过一下。"上下楼梯时需要靠右行走，楼梯中间有一条黄线，小朋友不能超过黄线，以免发生冲撞。

低段小学生在行进过程中不容易将路队走整齐，歪歪扭扭像小蛇，这和他们的年龄有关，个人认为教师在保障安全的同时可以适度进行礼仪训练，比如走路时把脚轻轻抬起，不要在地面上摩擦发出刺耳的声音，给别人造成困扰。毕竟低段孩子上下楼行走时首先要避免摔跤和踩踏事故。中段小学生随着骨骼的发育，能稳健行走并能对危险做出一定的反应，此时，教师在保证安全的同时需要提出更高的要求，鼓励孩子行走时抬头挺胸，精神抖擞。进入高段后，女学生已经出落得亭亭玉立，男学生也是英俊挺拔，此时，教师应该提醒学生行走时抬头挺胸，两眼平视前方，手臂自然摆动，面带微笑，展示自己良好的风采。

五、课堂规范

1. 课前

（1）铃响静息。

当上课铃声响起，教师在教室正前方站立，值日生站在教室一侧，带领全班小朋友念口令："铃声响，进课堂，快快静息面向门旁。"口令结束，小朋友趴在桌上静息，等待值日生的口令。

（2）师生问好。

【案例1】

值日生："坐直。"

全班同学："一二。"

值日生："起立，敬礼。"

全班同学面向教师："老师，您好。"

教师："同学们好，请坐。"

教师在和小朋友问好时需要注意称呼，一般而言，教师向低段小学生问好时说："小朋友们好。"和中段小学生问好说："孩子们好。"对高段小学生则是："同学们好。"因为随着小学生年龄的增长，心理变化比较显著，对教师的称呼也非常在意，随着自我意识的觉醒，小学生越来越希望教师把自己当大人看待，所以教师的称呼也要随之变化。

新入学的小朋友向教师问好时，拖拉、没有节奏感，这需要教师在日常教学中反复示范，简单的"老师，您好。"四个字不仅要说出节奏感，韵律美，还要教会小朋友面带微笑及鞠躬礼仪。总之，在小学生文明礼仪教育中需要从细节着手，重示范，树榜样，帮助小朋友在人生的重要阶段养成良好的礼仪习惯。

2. 课中

（1）认真倾听。

课堂上学生不仅要学会用耳朵倾听，还要学会用目光"倾听"，这是对发言人最基本的尊重。但是由于课堂上情况复杂多变，倾听习惯的养成需要教师口令清晰，且做到循序渐进。

【案例2】

一年级上期，为了帮助小朋友养成用目光倾听的习惯，我们使用了"聚光灯"的口令。当教师需要全班小朋友目光集中到自己身上时，只要说"聚光灯"就可以了；而小朋友起立发言需要同学看到自己时，也说"聚光灯"就行。经过一学期的"聚光灯"练习，小朋友们都养成了用目光"倾听"的好习惯。

随着年级的升高，二年级小朋友课堂上如果再说"聚光灯"就显得不合适，我并没有提出取消这个说法，但学生自发地就不再说了。可是问题来了，课堂上一会儿要读字卡，一会儿要看大屏幕，一会儿要看自己的书，一会儿又要看同学，有些不够清醒的小朋友变乱了套，需要教师不断提醒"看同学""看老师""看书"，这样的话虽然能起到一定的作用，但是打乱了课堂节奏，所以，我用了早会时间进行专门讲解和训练。首先要让每个学生清楚什么情况看什么，什么情况听什么；然后就是情景创设进行训练。经过一周的训练，学生能准确判断是用耳朵听还是用目光看，是看书听还是看黑板听。以后的课堂再稍作提醒就行了。

（2）积极举手。

一年级上期是学生行为规范养成的重要时期，尤其是第一个月，教师要紧抓文明礼仪，课堂常规，到了后期随着孩子年龄的增长，自觉性的增强再慢慢放手。

【案例3】

对于学生举手的姿势，开学一个月时我要求学生一手放桌面，一手呈90度举起。但是在实际教学中不难发现孩子经过教师的鼓励，发言欲望逐渐增强，如果还是这样的举手姿势，急性子的学生可能会从椅子上跳起来，或者大喊出声。所以，根据孩子的情况，我告诉孩子可以把一只手直直地举起来，让教师看到你。但是这样的举手姿势也无法满足一些小朋友的表现欲，嘴里不停地哼哼着"我、我"，于是，我又想了个方法，如果你实在是特别想发言就晃动你的小手掌向我示意，但是无论怎样另一只手不能随意晃动，如果那样就是"手舞足蹈"了。

除此之外，我也会告诉全班小朋友，全班几十位同学，老师只能尽量让每个小朋友发言，让每个小朋友都得到锻炼，如果没有请到你时，把手放下，认真倾听，给予对方尊重，要做到心中有他人。

经过沟通和方法的调整，小朋友们课堂上不仅能积极举手，还能做到尊重他人。

（3）规范写字。

从一年级学写字前，学生首先要学习的是写字姿势，语文书上有要求："眼离书本一尺远，胸离课桌一拳远，手离笔尖一寸远。"后面当学生熟悉写字口令后，教师在提醒学生写字姿势时往往简化为"三个一"，当学生听到教师的口令就会立即调整写字姿势。

【案例 4】

一年级的小朋友要记住冗长的要求显然是不太容易的，所以我在课堂上除了会按"三个一"的要求提醒孩子写字姿势，同时还会加入口令推动课堂节奏。比如写字时，我会和学生配合：①摆本子，②坐端正，③脚放平。我依次说出序号，学生依次说出相应的内容，边说边行动，口令结束，已经做好了书写准备，然后再落笔写字。

（4）有序传递。

小学课堂上会传本子、传书、传试卷，如果教师不进行教育，小朋友传递时就会随意下位、吵吵嚷嚷甚至乱扔乱丢，这些现象都非常不文明。为了杜绝不文明现象，在新生训练时，教师就要告诉小朋友如何有序传递，做到安静快速。还可以进行一些小比赛以强化教育效果。

【案例 5】

一年级的每一节语文课前五分钟都是生字听写。听写后，我会请孩子快速将本子传到第一排收到讲台上，主要为了防止学生一直纠结于不会写的字，或者修改自己的听写，从而影响了听课质量。为了提升课堂效率，传本子也是口令推进。这需要一定时间的训练，然后就会形成习惯。

我说"一"，学生就侧身将手放到后面同学的桌子上；说"二"时，从最后一排依次往前传本子。在这个看似简单的行为中，教师会发现很多问题：学生或花大量的时间去整理本子，或去抢别人手中的本子，或大声喊着"赶快、赶快"，或下位直接跳过不交的小朋友……面对这些问题，我首先会告诉小朋友尊重他人，然后告诉他们一些小方法。比如当你拿到后一位同学的本子后，将你的本子直接放在上面就可以快速地递给下一位同学，不需要花时间整理；如果每个同学都依序摆放，那传到第一排肯定是整齐的；如果你没有写完也要停笔，课后再加强复习、修改，不能因为你一个人影响了全组同学。

经过很长一段时间的练习，小朋友们在传递中做到了彬彬有礼，安静文明。

小学生礼仪教育事无巨细,需要教师多动脑筋,根据学生的实际情况,采取多种方式方法来培养。不过,要想培养出谦谦君子、窈窕淑女,教师首先要做到心中有数,这就需要教师首先提升自己的礼仪修养。

3. 课后

(1) 做好准备。

对于刚入学的小朋友,每节课结束,在师生互道再见之前,教师要带领学生做好课前准备,坚持一年后,学生便能自觉地做课前准备了。另外,对于一年级小学生来说,教师还要提醒其喝水和上厕所,所以一年级口令为:

值日生:下课六件事。

全班学生:收书、换书、收文具、起立、喝水、上厕所。

升入二年级后,教师不仅要帮助学生养成良好的准备习惯,还要培养学生爱护教室整洁的良好习惯,所以口令发生了变化:

值日生:下课三件事。

全班学生:换书本、捡垃圾、对桌椅。

对桌椅的具体要求是:将椅子送到课桌下面,将课桌压线对好。这个口令会持续到六年级,利用五年的时间,帮助小学生养成良好的卫生习惯。

(2) 师生再见。

师生再见的具体要求和开课时师生问好一样,只是有一点不同之处:如果有教师走进教室听课,新课结束后学生需要先集体向后转,向听课讲师说"再见",然后再转身和授课教师互道再见,下课休息。

此外,当下课铃响时,若教师还未宣布下课,学生应当安心听讲,等到老师说"下课",值日生再上台组织。

六、有序就餐

就餐前先将自己的桌面整理干净,然后排队洗手,静息等待。就餐中需要一手捧碗,一手执勺,安静就餐。就餐结束需要整理自己的桌面并将碗勺放回储碗箱。教师需要付出很多的心血,才能帮助小朋友养成良好的就餐礼仪。

【案例】

我们学校没有供学生用餐的食堂,所以都是在教室内用餐。所以,需要教师想很多方法组织小朋友有序就餐。我一般是这样操作的:

用餐时,点到的小组依次从后面绕一圈到前面排队,这样主要是避免小朋友在行进中发生冲撞。但是一个小组的小朋友一起走上来添饭时很容易推搡,总是希望前面的小朋友走快点,或者是抢着跑到第一位。针对此状况,我要求小朋友按座位次序依次走上来,也就是最后一排的小朋友走在第一个,依次排列,第一排的小朋友走在最后。此外,小朋友在离开座位时需要将椅子放到课桌下面,为靠墙的小朋友留出通道。

小朋友在教师的左手边排队添饭,排成一列并保持一定的安全距离,当看到前一位同学添饭时拿碗和勺子,这样的话可以有效地避免敲碗的情况。拿碗时弯腰轻轻拿,不讲话,以免唾沫溅到饭碗和饭菜里。

添好饭菜的小朋友从教师的右手边回到自己的座位,行进过程中需要双手捧碗,慢慢行走,以防烫伤。

后来我发现有些小朋友啃一块骨头就走到教室前面来扔一次,因为盛剩菜的桶在教室前面。于是我教给小朋友一个方法:铺一张纸在桌面上,骨头、佐料等可以放在纸上,吃完饭后包起来扔进垃圾桶。

就餐结束,小朋友需要轻轻地将碗勺放入盒内。如果教师不注意从小培养小朋友的就餐礼仪,到了中高段,学生会砰砰砰地将碗扔入盒内,不仅刺耳,而且这样的行为相当不文明。所以我从学生一入校就非常重视小朋友的就餐礼仪。每一个流程都请"小老师"上台示范,然后请其他同学模仿学习。比如放碗时,我先做了分解动作:将碗里的菜汤倒干净,走到储碗盒边蹲下,拿出勺子,轻轻放碗,然后将勺子放在一边。我示范后就请学生上台来演练,然后找出举止最为优雅的小朋友当"小老师",再做示范。另外,"小老师"每天用餐后就站到储碗盒旁,一是督促小朋友轻轻放碗,二是帮助还做得不够好的小朋友。

现在二年级了,我时不时会站在储碗盒边看小朋友放碗,不难发现仍有两三个男生放碗时不够文明,我便会提醒他重新放过。而且升入二年级的小朋友由于彼此间非常熟悉了,排队时也很难再保持安全距离,如果教师不注意或者不重视,孩子们就会相互抱着嬉笑打闹,或者边吃饭边讲话,唾沫四溅。所以,就餐礼仪真的需要每一位教师重视。

有序排队

文明用餐

七、日常礼仪

在日常人际交往和生活中，教师要特别帮助小朋友注意以下几点：

（1）尊重他人隐私。进办公室时需要喊"报告"，听到"请进"后方可进入；进入教师办公室不随便翻阅教师的东西，更不能私自打开教师的电脑和抽屉。未经同学允许不得随意翻他人的储物箱，借用学习和生活用品时，征得同意后再拿，用后及时归还，并要致谢。

（2）尊重他人谈话。当教师在办事或与别人交谈时，不可随意打扰教师，如果有事需要教师处理，如果不是紧急事件需要在旁边耐心等待，等教师谈完话后再讲。当同学在交谈时不可随意打断，也不可随意插话，得到同学允许后方可加入谈话。

（3）尊重他人生活。如果有事需要给教师、同学打电话要选择适当的时间，应注意避开吃饭或睡觉时间，对方接电话后应首先说"您好，我是谁。"然后清楚简洁地讲明内容，通话结束时应道"再见"，最后挂断电话。

【延伸阅读】

《弟子规》是一本教小孩子怎么"视听言动"，讲述各种礼节和规矩的书。作者李毓秀，清初山西人，一生只有秀才的功名，而他最有名的作品《弟子规》也是直到清朝晚期才逐渐流传开来。毫无疑问，《弟子规》只是一本古代的启蒙书而已，只"教之以事"，并不"教之以理"。然而，中国古代有无数文人学士给自家子弟或者学生编过韵文式的启蒙书，而《弟子规》却能从中脱颖而出，自然与它内容全面、结构整饬、持论平易、言语简洁有关。有些人将《弟子规》顶礼膜拜奉若神明固然不妥，但近来某些言论将其完全视作封建糟粕，把它和愚民教材等而视之，使人又恍若回到将它狠批为"大毒草"的时代。

事实上，《弟子规》所讲述的内容，大概也就如前面老前辈讲的"户开亦开，户阖亦阖"一样，都是些日常生活礼节。古代读书人讲求"述而不作"，这些礼节乃至里面的每一句话，可以说背后都有经典来源做支撑。所以，表面上看是个如何看待《弟子规》的小问题，实际上却是如何理解传统礼仪乃至传统文化的大问题。中国古人对这个问题看得相当透彻，《礼记·礼运》里讲"故礼也者，义之实也"。仁和义就好比土壤，根据气候环境的不同，可以长出各种"礼"的果实来。今人若只是看到这社会时代的急剧变化，的确里面的许多礼仪规矩已经不需要了，死记硬背徒然无益，完全照搬照抄更是食古不化。

第三节　小学生礼仪教育策略

一、轻说教，重体验

小学生礼仪教育重在润物无声，育人无痕，尤其强调教育和实践活动的有机统一。教师在礼仪养成教育中要避免显性灌输，避免空洞说教，应注意以活动为载体，吸引学生普遍参与，让其在参与体验中深化礼仪知识，践行礼仪规范。要想做到这一点，教师切忌孤军奋战，应联动各科教师，形成合力，资源共享，共同为学生营造体验情景，让学生在不同的情景中慢慢感悟，慢慢积累，慢慢成长。除此之外，教师应充分调动家长的积极性，挖掘教育资源，开展亲子活动，尽可能地为学生提供更多的体验场所。在活动中体验，在体验中培养，在培养中成长。

总之，为了学生的成长，教师要把精力投入到课程开发中，努力为学生提供丰富多彩的活动项目，并要采用一切办法鼓励学生自己去参与、去体验、去发现、去探索；活动时，教师要认真观察学生的行为规范、举止谈吐等，并及时地进行记录；活动后，要组织学生一起分享经验教训和不足，并提出自己的观察发现和建议，以帮助学生改进和成长。

【案例1】

五星红旗，我爱您

为了迎接伟大祖国65周年华诞，加强爱国主义、集体主义教育，进一步升华集会礼仪、升旗礼仪教育成果，成都市某小学一年级六班开展了"五星红旗，我爱您"主题活动。

本次主题活动采取课堂教育与课外实践相结合的方式。课堂教育，即结合"爸爸妈妈进课堂"活动，由陈同学的妈妈对全班同学讲授国旗的来历、图案的含义、使用国旗的有关规章制度，并由同学们分组讨论升旗仪式上应该怎么做，为课外实践做准备。课外实践，即组织全班同学现场观摩十月一日天府广场升旗仪式,激发同学们的集体主义观念、爱国主义情怀和民族自豪感,巩固课堂教育成果。

在班主任刘老师、家长们的精心策划与组织,在同学们的积极配合下,此次主题活动取得了显著成效。通过授课和讨论,使同学们充分认识到五星红旗是由"烈士的鲜血"染成的,我们应该倍加珍惜这来之不易的和平发展环境,刻苦努力,学有所成,以报效国家和民族;五星图案代表了党和人民的关系,无论哪行哪业、无论高低贵贱、无论汉回蒙藏,只要是中华人民共和国的公民,只要是中华民族的一分子,都有义务维护祖国领土的完整统一,维护中华民族的尊严神圣不可侵犯。由于认识到了国旗和升旗仪式的神圣与庄严,在天府广场观摩升旗仪式的过程中,同学们始终精神饱满,站姿端正,表情肃穆,体现了良好的素养,多家媒体对同学和家长进行了采访。面对媒体采访学生们也是大方得体,积极表达,充分展示了小学生的良好风貌。

国庆假期结束返校后,全班同学就升旗仪式的感受和自己的表现做了总结,教师也针对此次活动对小朋友提出了表扬和希望。

学生家长授课

大方接受媒体采访

站姿端正,仪表端庄

合影留念

此次主题活动在小朋友心中留下了极其深刻的印象,平时在学校学到的知识,养成的习惯在实践活动中得到了运用,当小朋友手牵着手意气风发地走到广场时,引来了许多关注的目光,小朋友良好的精神风貌也得到了别人的认可。听到别人的赞美声,小朋友站得更加端正了。所以，在活动中学生能够自发的体验，判断，然后对自己的行为礼仪做出一定的调整，但是活动中仍然需要教师认真地观察和用心地发现，帮助小朋友成长。

【案例2】

传递书香

2014年11月6日上午，成都市某小学一年级六班在语文老师刘老师的组织下举行了"爱上阅读之传递书香"新书上架活动。

11月初，一年级小朋友小学生活步入正轨，为了推进爱上阅读读书活动，培养孩子爱阅读的好习惯，一年级六班小朋友一共捐赠200本绘本。为了让小朋友知道班级的每一本图书，爱惜每一本图书，并能在传递书香中传递文明、传递友爱、传递分享的快乐，一年级六班传递书香活动正式举行了。

小朋友们在教室内排成一条长龙，每一本书籍由起点出发向一个个小朋友传去，一本本图书经过全班每一位小朋友的手，最后被排在最后的那小朋友放上书架。传递过程中教师及时发现双手传书的小朋友进行表扬，发现轻轻传书的小朋友进行肯定，发现捧着书耐心等待的小朋友进行鼓励，就这样书香在一年级六班弥漫，文明在一年级六班的教室内传播，爱书护书的种子也悄悄埋进一年级六班小朋友的心田。

传递过程中，有的小朋友抱着自己喜欢的书亲了一口，有的小朋友轻声读着封面的字，有的小朋友看中自己喜欢的书牢记于心只等新书上架后就第一时间去借阅。这一次传递书香的活动不仅渗透了爱书护书的理念，更激发了小朋友的阅读兴趣。

新书上架后每位小朋友都兴奋地排队，借阅了一本自己喜欢的图书，但是在借阅过程中教师发现孩子们还不会利用书脊找书，立即就此机会告诉孩子们如何通过认识书脊的字迅速找到自己喜欢的图书，并教会孩子如何轻轻翻书，轻轻还书。

班级图书馆成立后，图书管理员也正式上岗了，每一天早读前和午餐后是班级的借阅时间，每天每位小朋友可以借阅一本图书回家，看完后还回又可以借阅新的图书，而且还可以在书香存折上积累点数。我们相信阅读好习惯一定会在这样的熏陶浸润中形成。

有序传递　　　　　　　　　　　　　彬彬有礼

安静分享　　　　　　　　　　　　　　文明借阅

文明借阅，安静阅读，爱书、护书是小学生应该养成的良好习惯。教师应从小学生入校之日起通过各种活动，帮助小朋友爱上阅读、文明阅读。教师也可以多多开展阅读活动，在活动中培养小朋友良好的爱书习惯。

爱上阅读，学会分享　　　　　　　　　轻轻压平书角

坐姿端正

【案例3】

节约用水，从我做起

2014年10月28日，成都市某小学一年级六班开展了本学期"爸爸妈妈进课堂"的第

四次实践活动。当天下午,兰爸爸走进班级,为小朋友们带来了一堂生动有趣的《自来水是怎么来的》活动课。

课堂上,兰爸爸结合自身的实际工作经验和成果,对水在自然界中和人类社会中的循环,以及自来水的净化方式进行了讲解和展示。为了调动小朋友的听课兴趣,并给小朋友们带来直观感受,兰爸爸精心准备了有趣的更有益的动画视频、公益广告以及栩栩如生的图片,在课中向同学们渗透"水是宝贵的资源,请注意节约用水"的观念。

同学们完全被兰爸爸的讲解吸引了,听得很投入,回答问题也很积极,整堂课在轻松愉快的气氛中进行。通过引导,同学们联系生活实际,想到了许多节水小妙招,比如"要在刷牙时关掉水龙头""水龙头要关紧""洗完衣服的水可以用来冲厕所""洗菜的水可以浇花"等,真正地将课堂内容与自身生活紧密联系。

授课结束,兰爸爸还教给小朋友洗手儿歌并为每位小朋友准备一瓶消毒液,提醒小朋友认真洗手,注意卫生。

课后,据家长们反映,孩子们回家后向爸爸妈妈讲述了洗手儿歌,教会爸爸妈妈正确的洗手方式,还迫不及待向家长宣传"节约用水"的重要性,并确实地在生活中做到节约每一滴水,争当节水卫士。

孩子们认真观看《一滴水的旅行》

兰爸爸讲解自来水是怎么来的

小朋友们听得眉飞色舞

【案例4】

欢天喜地逛"庙会"

2015年1月22日下午,实验小学一年级六班师生和家长们齐聚在风雨操场的"雅趣角",为孩子们即将结束的小学第一学期带来了欢天喜地的"庙会"活动,让孩子们度过了难忘的时刻!

临近期末考试前一周,教师和"大朋友"一起策划了这个"庙会"活动,活动的内容:小朋友一学期中所得的表扬信,兑换成代金券,到"庙会"上自主选购自己喜爱的小商品,此活动不仅让小朋友在考完试后能得到放松,更是在活动中培养小朋友的购物礼仪,将日常学到的沟通、交流及文明用语在实际场景中运用,除此之外,也让小朋友们在活动中用自己学到的知识来统筹计算如何才能购买到更多自己喜欢的小商品,渗透理财意识。

在家长们的积极参与下,所有的准备工作都在井然有序地进行着,表扬信的统计、摊主的踊跃报名和店招的制作、小商品的采购、代金券的印刷、积分的换算……

当天下午两点,当孩子们还在教室里参加着数学期末考试时,"摊主"们就来到学校的"雅趣角"开始了"庙会"的准备工作,把琳琅满目的小商品摆好。一切就绪,就等孩子们考完试前来选购了!

下午三点五十分,在刘老师的带领下,孩子们人手拿着一个装着代金券的小红包,兴高采烈地跑来,看着琳琅满目的小商品,孩子们高兴地跳着,开心地蹦着。不一会,小摊位前都围满了人,现场顿时充满了欢声笑语。

"阿姨,请问这个文件袋多少钱一个呀?""阿姨,请问玩具熊怎么卖?""阿姨,我想要那个绿色的笔筒!"……摊主们在自己的摊位前紧张而快乐地忙碌着,热情地接待着一个又一个小朋友。一个小朋友们拿着十块的代金券,选购了一个四块钱的毽子,想了想告诉摊主:"阿姨,您需要找我六块钱。"小朋友们在愉快的购物中把所学的知识发挥得淋漓尽致。

小朋友们太热情了,不一会儿就有摊主的声音传过来:"小朋友们,阿姨这里的东西已经全都卖完,你们到其他摊位去看看。"不久,所有摊位上的商品都所剩无几,小朋友稚嫩的脸上都露出满足的笑容,都选购到了自己心仪的礼品。"大丰收了""看我的这个笔冒多好""太高兴了"……孩子们的欢声笑语此起彼伏……

庙会在孩子们的欢声笑语中缓缓落幕,教师、家长和孩子们脸上都露出了开心的笑容。

但是在庙会过程中我也发现孩子身上的一些不足,比如有孩子会特别着急担心自己买不到心仪的物品,就大声喧哗;也有孩子在购物时拥挤,推搡。针对这些不文明现象,在一年级下期开学时,我特别再次对孩子进行了购物礼仪的教育。到2015年2月,第二次"庙会"时,我特别留心观察小朋友的表现,惊喜地发现:"庙会"开始前,很多小朋友就看中了漂亮的笔袋,便很自觉地在该摊位前安静排队,没有争吵也没有喧哗,后来的小朋友数数笔袋个数及排队人数,发现自己买不到笔袋了,便自觉地物色其余商品去了。除此之外,在第二次庙会活动中,我们根据小朋友的年龄变化,增设了一个环节,小朋友可以自己DIY产品来售卖。经过此次活动,我发现,有些小朋友当卖家能够大方地介绍自己的产品,但有些小朋友还不敢大胆介绍,这需要在后期的课堂上多多培养,并在接下来的"庙会"活动中给学生提供展示锻炼的机会。

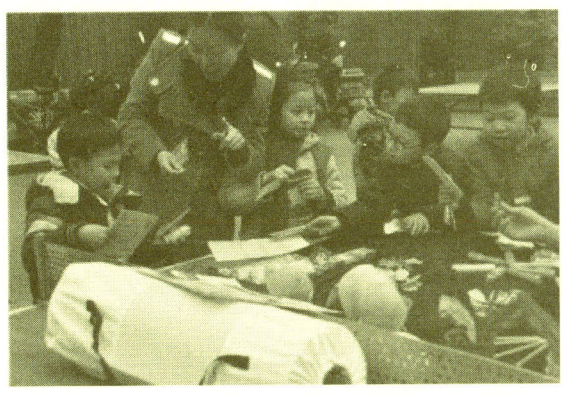

第一次"庙会"

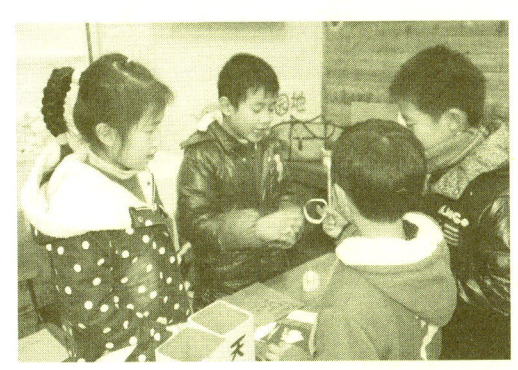
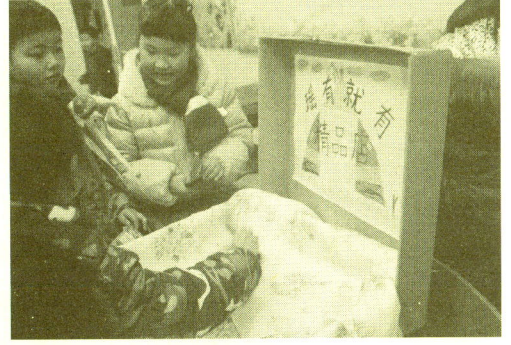

第二次"庙会"

【案例5】

猜灯谜 庆元宵

"你知道元宵节的由来吗?""元宵节有哪些传统活动呢?"……在2015年元宵节来临前,一年级六班班主任刘老师带领孩子们走进"元宵节",收集讲述和元宵节有关的民俗、古诗词等知识,对孩子们进行了传统民俗文化教育,引发了他们了解传统民俗文化的兴趣。为了让孩子们加深了解春节文化、传承春节文化,在中华民族传统佳节——元宵节来临之际,一年级六班家校合作开展了"猜灯谜·庆元宵"活动,让孩子们在娱乐的同时增长了见识。

3月2日,开学第一天,一年级六班孩子就领到一个任务:搜集、创作灯谜。

3月3日,一年级六班热心的家长朋友将孩子们创编和整理的灯谜筛选、抄写。

3月5日一早,孩子们一进教室,就被教室里挂着的70多条灯谜吸引了,活动还没开始就跃跃欲试了。上午9点,"猜灯谜·庆元宵"活动准时开始啦!孩子们和家长志愿者们兴奋地投入到活动中,谜语内容丰富多样,从猜字谜到猜俗语,从猜身体器官到猜日常用语、猜动植物,涉及知识面广、趣味性很强。孩子仔细阅读谜语,或驻足凝思,或结伴小声探讨。猜中者喜得奖票,兴趣倍增;猜错者不气不馁,再接再厉。有位孩子数着数着奖票还高兴地说:"以前我在商场里、广场上猜过谜语,在学校猜谜语还是第一次,今天我得了13张奖票,可以兑奖啦,太幸福啦,希望这样的活动年年搞!"

通过这次活动,让孩子们对春节文化有了进一步的了解,富有知识性和趣味性的猜灯谜活动,既开拓思维,又学到知识,更感受到了成功的快乐,极大地丰富了孩子们的精神世界。

猜灯谜

【案例6】

小牙医成长记

五月过半已是初夏,炎炎夏日却敌不过孩子们求知的热情!2015年5月17日下午,一年级六班的大、小朋友们在两大组家长志愿者们的组织下齐聚成都瑞泰口腔医院,进行了"小牙医成长记"职业体验活动。此次活动旨在提高小朋友自我保护口腔的意识和能力,通过别开生面的职业体验,让小朋友们学到书本上学不到的知识,比如牙医的职业礼仪,还能感受到爸爸、妈妈、老师工作的不容易以及工作中的困难与乐趣。

"小朋友,你们的梦想是什么?"随着医生阿姨的提问,小朋友们争先恐后地回答"我的梦想是长大后做老师、做警察、做医生……"职业体验活动拉开了序幕!医生阿姨为小朋友们讲解了保护牙齿的重要性,让小朋友们学到了很多口腔健康知识:认识到使用含氟牙膏,可以预防龋齿、抵抗细菌、坚固牙齿、保持口气清新;知道经常吃零食,会不断产生牙菌斑,损害牙齿,使牙齿脆弱,导致蛀牙;限制吃零食的次数,可以减少牙菌斑繁殖;懂得如何保护好自己的牙齿,养成护齿、爱齿的好习惯及正确刷牙的好方法……

紧接着,医生阿姨提问了:"牙齿健康这么重要,小朋友们想知道牙医是如何工作的吗?"现场小朋友们是个个跃跃欲试,齐刷刷地举手啦!于是,小朋友们换上了白袍,变身为小牙医,来到牙医工作台,开始体验"小牙医"工作啦!体验过程中,每一个工作台都有专业的医师指导,爸爸妈妈们躺在椅子上让小牙医们亲自检查口腔,小牙医们一边摆弄着仪器,一边用专业的器械检查,还有模有样地分析口腔状况:有几颗牙齿是蛀牙,有牙结石,有炎症,并且还叮嘱爸爸妈妈们注意事项。

活动最后,现场医院还送给每位小朋友一份健康小礼包。爱牙护牙不是一朝一夕的事情,通过口腔专业医师的讲解,真正地让孩子们了解到口腔健康对他们的重要性,让健康牙齿伴随孩子们快乐成长!

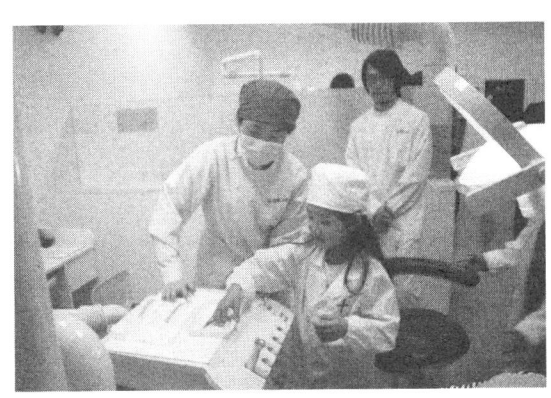
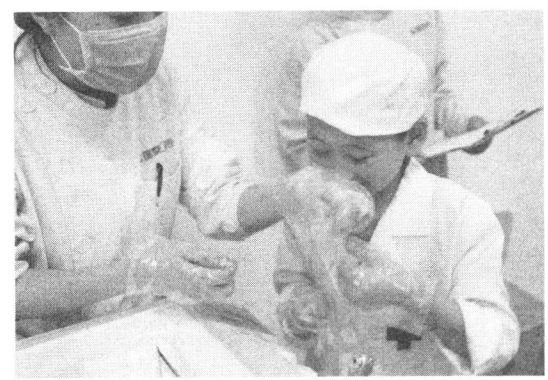
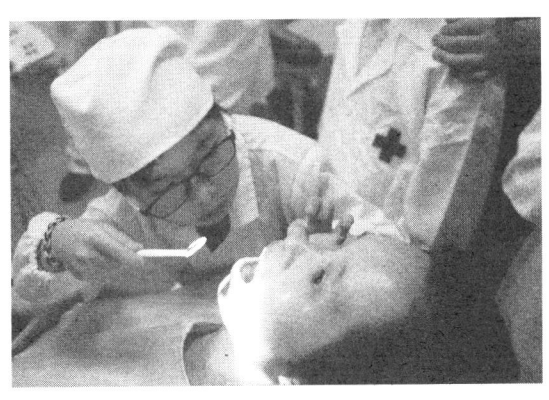
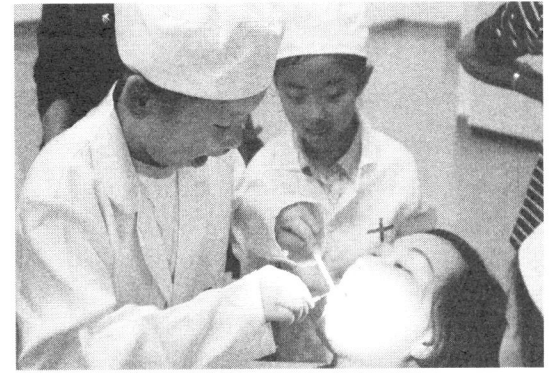

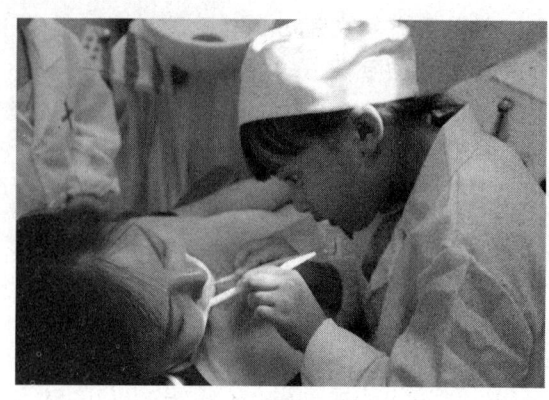 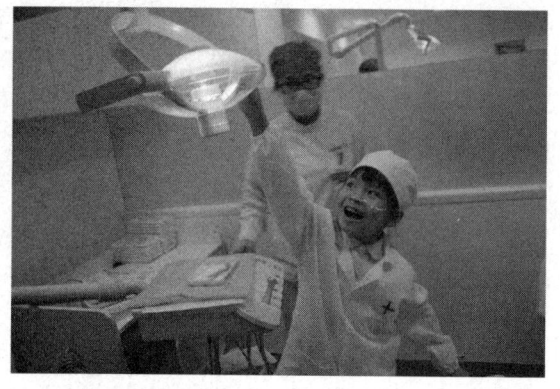

组织学生到职业体验馆选取医生、教师、警察、育婴师、蛋糕师、敬老院护工等相关职业,让学生自己去看、去听、去做,真实的感受体验不同职业都需要一定的文明礼仪,给孩子储备一定的与社会不同群体交流的经验,一定的和谐交往相处的原则,体验热爱劳动,关心集体,帮助他人的乐趣。

【案例 7】

掌上艺术,美味寿司

2015 年 11 月 27 日,成都市某小学二年级六班大小朋友期待已久的泛在课程之"掌上艺术,美味寿司"终于开课了!

此堂是二年级六班"小眼看天下"泛在课程的第三课。我们往往能够通过饮食感受一个国家的文化,美国饮食以高效快速著称,日本饮食以精致品味流传于世,中国饮食更是透露出大气与美味,让吃过的人再也难以忘怀。而寿司作为日本独具特色的食品之一在世界各地也是广泛流传备受好评,所以我们希望小朋友们通过亲手制作真实地体验不同国家的饮食文化,也能在活动中学习领悟就餐礼仪。

活动当天,小朋友早早地就把书包课桌收拾好,下午 1 点大朋友们提着材料进入课堂,准备食材。2 点钟寿司课准时开始!

全班四十六个小朋友分为八组,小朋友们先把桌布铺在桌子,然后每人领取一个寿司帘,大朋友们把火腿肠、黄瓜、胡萝卜都切成条,把肉松沙拉酱分别放到碗里。端到每个小朋友的面前,准备好一切以后,柳妈妈在讲台上边讲解边演示,大小朋友带上一次性手套,跟着柳妈妈从电饭煲里抓出一团饭,放到海苔上,再用手掌把饭均匀地铺到海苔上,再在适合的位置放上准备好的食材,挤一点沙拉酱就可以进行下一步了。我们先用竹帘把料紧紧包进去,再把它卷起来,但还是有很多小朋友的里面食材加多了,不过一点没影响小朋友的积极性,好多卷好后已经开始吃了,都说太好吃了!又继续做第二个,这次小朋友吸取上次的经验做得更漂亮,开始叫"大朋友"帮忙切成一块一块的,说要带回去给爸爸妈妈分享!

通过这次的寿司体验课不仅增强了小朋友们的动手能力,还学会了制作寿司这种简单营养的美食的方法。据爸爸妈妈反馈,很多小朋友回家后利用周末时间把课堂上学的方法又二次培训,教给了爸爸妈妈,一家人其乐融融,动手做美食!

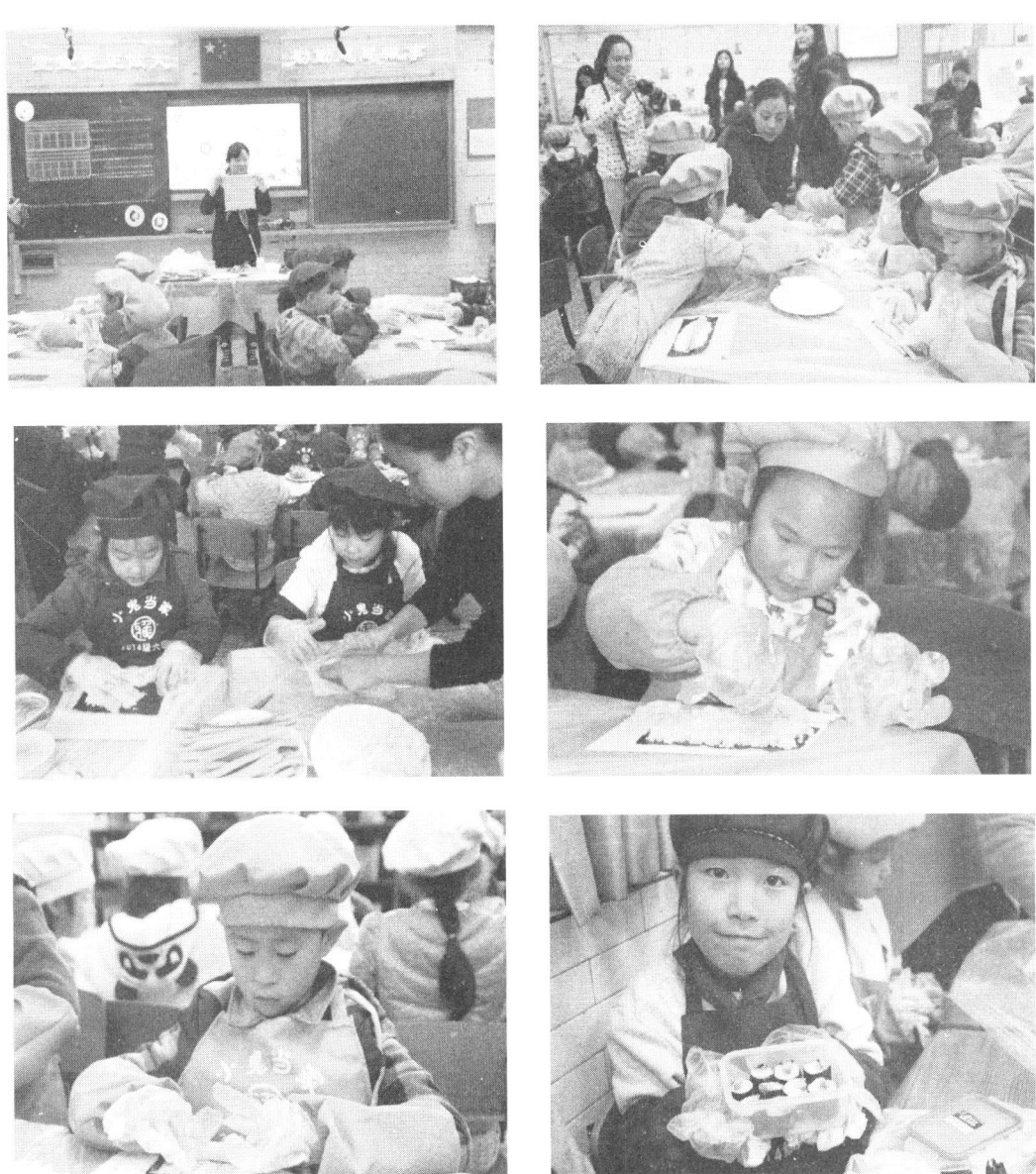

二、少分析，多展示

学生是涌动着无限活力的生命体，是学习和发展的主体，是教育的起点和归宿。小学生礼仪教育只有通过学生积极主动参与，才能切实提升学生的素养；只有通过给学生提供展示和锻炼的舞台，才能内化为学生的素质。面对学生——祖国的未来，我们要做一个心中有学生，心中爱学生且愿意为了学生的幸福成长奠基的教育者。结合学校活动及班级实际积极搭建舞台和平台，使所有的学生都拥有锻炼各种能力的机会。因此，我们在日常教育和课堂教学中，要将课堂还给学生，将课间还给学生，将班级还给学生，将学校还给学生，让学生在各个舞台上充分地展示自己，锻炼自己，让学生在不同的层面上挑战自我，战胜自我。

【案例1】

美丽的照片墙

每年9月,全校各班同学在教师的带领下齐聚大楼梯处合影,定格美好瞬间,留下新学年的纪念。

每次拍照前一天,我都会对小朋友进行着装礼仪、坐姿礼仪的教育,并请小朋友上台展示,为全班小朋友提供示范。并且告诉小朋友,"我们美丽的仪容将定格并挂到学校的墙上供大家参观"。每当小朋友听说照片要上墙展示时,都特别兴奋,非常期待第二天的到来。

拍照时,小朋友个个精神抖擞,端正坐姿,当一年级的照片上墙后,我带着小朋友来到照片墙旁认真观察并点评其坐姿,这样一来,有些坐姿不够规范的小朋友也发现了自己的不足。然后我会将照片打印出来贴在教室内,每天下课,小朋友都会去看看自己,看看同学,学习优雅同学的姿态。

照片墙是我们学校一道美丽的风景,每一位到校参观的来宾都会在此驻足停留,而这也成为了学生一个很好的展示平台。

一年级合影

二年级合影

【案例2】

我是小老师

"教中学"是一种教学方法。这种教学方法让学生透过亲自准备课程及对同学进行教学,从而学会知识,提高能力。这种教学方法首先是由一位德国大学教授创立。在我校的教学模式改革中,由钟主任带领语文老师进行研究。前期教师们在高段对这种教学模式进行了探索研究,取得了一定的教学研究成果。但是,怎样建立这种教学模式的序列化并在低中段语文教学中运用这个模式呢?这是我们语文组一直在思考的。

因为"小老师"的培养不仅能调动学生自主学习的积极性,更能培养学生的能力和综合素养。从手势、目光、站姿到点评、谈吐和反应处处都对学生提出了更高的要求。所以当接到新的班级,我便着力于"小老师"的训练。通过一个带动多个,一个小环节到几个环节慢慢培养,慢慢放手。能够担任"小老师"的学生内心会充满自豪感和责任感,他们对自我的要求会自发地提高,并且能够热心地去帮助需要帮助的同学。

"小老师"的培养给学生提供了一个展示的舞台,让学生不仅在活动中得到锻炼,在课堂上也得到了展示。

第六章 小学生礼仪教育篇

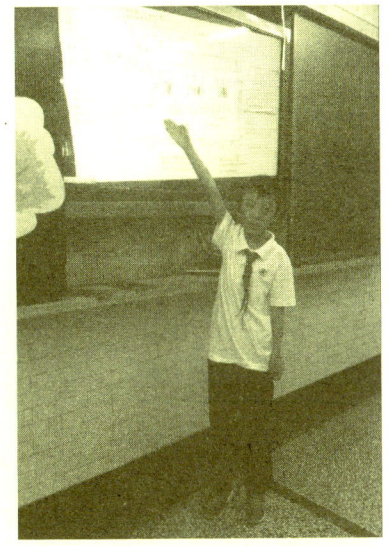

【案例 3】

班级岗位任你选

光阴似箭，时光荏苒！转眼间，一年级六班的小朋友们晋升为二年级的哥哥姐姐了！2015 年 9 月 11 日下午两点，"班级岗位任你选"主题班会活动正式在本班教室拉开了帷幕，活动全程充满了欢乐的笑声！在主持人宣布"班级岗位任你选"活动开始后，小选手们便井然有序地上台展示自己。有的同学准备了演讲稿，自信满满、胸有成竹地上台介绍自己；有的同学结伴而行，准备了精彩的才艺表演，有舞蹈、乐器、唱歌、讲笑话等；有的同学可能有点小紧张，稍稍表现欠佳，但是也收获了台下同学们的阵阵掌声！因为，大家知道，竞选是一个锻炼自己的好机会，是一个展示自己的舞台，只要能勇敢地站上来就是迈向成功的第一步！

班主任刘老师根据班级工作需要，提供了 25 个岗位，让小朋友们自愿报名并参加公开竞选，全程本着公平、公开、公正的原则，由志愿者家长现场统计、公布票数，最后全班有 43 名小选手们都勇敢地走上讲台，用自己的演说获得了自己喜欢的岗位，用积极为班级服务的心来给自己的班级增光添彩！

本次班会活动旨在锻炼小朋友们的心理承受能力及综合素质的展示能力。相信，有过这种经历的小朋友们一定会越来越出色的，因为这是书本上学不到的知识！

【案例4】

小小种子
——记一年级六班2015迎新会

2014年12月31日,成都市实验小学一年级六班师生及家长一起以联欢会的形式喜迎2015。

2015年是小朋友进入雅园迎来的第一个新年,对孩子们来讲有着特殊的意义,经过一学期的学习,孩子们觉得自己更加优秀了,特别希望有个展示的舞台,所以在教师和家委会的精心策划下,举行了此次庆祝会。

庆祝会头一天,大朋友们就走进教室,用孩子们自制的闪光球以及各种喜庆的装饰品装点教室。第二天早晨,小朋友走进教室都连连惊呼,异常兴奋,整个教室充满了欢乐的气氛。

当天下午,联欢会正式开始,教师、家长和小朋友们一起表演节目,一起做游戏,欢声笑语,其乐融融。

这次的联欢会主持人是一个月前,小朋友们自己报名在全班进行竞选演说后最终确定的;每个节目也是小朋友先自主申报,然后在大朋友的协调和帮助下整合而成。此次联欢会每位小朋友都上台展示自我,喜迎新年。

通过此次活动,我们发现小朋友们不仅学会了书本知识,还养成了良好习惯——每个节目结束,小朋友们都鼓掌喝彩;集体生日分蛋糕时,小朋友们彬彬有礼,善于分享。更重要的是孩子们通过本期一次次的活动,变得更加开朗而自信,整个集体团结友爱、互帮互助。大朋友们看到孩子们的点滴成长,也非常开心,此次"小手牵大手"亲子活动圆满结束,相信在2015,我们的小朋友会更加精彩!

种子与梦想
——记二年级六班 2016 迎新会

2015 年 12 月 25 日下午,为迎接新年的到来,二年级六班的教师和大小朋友们在成都市实验小学阶梯教室举行了一场别开生面的"种子与梦想"新年庆祝活动。本次活动提前一个月就开始精心准备,大朋友与教师共同配合,精心设计节目和服装道具,小朋友们用心练习,最终以优美的歌声、动人的舞姿赢来了阵阵掌声,呈现出一场精彩盛大的演出。

迎新会在火热的开场秀《大梦想家》中拉开帷幕,镁光灯将整个舞台照得如同梦幻一般。46 名小朋友、刘雯雯老师、蒋雨琪老师以及"大朋友"代表热情的演绎着舞动的音符,现场观众迅速融入到了会场的欢快气氛中,随之欢呼鼓掌。

紧接着,视频里展现的校园生活和小朋友的新年祝愿,感动了会场的每一位观众。

随后,小朋友们八仙过海各显神通,节目精彩纷呈,形式多样,不仅有歌舞、器乐合奏,还有朗诵、小品、相声、快板、舞台剧,也有各种形式的串烧、时装秀等,掌声、欢呼声、称赞声一浪盖过一浪,为这寒冬增添了融融的暖意。

最后,迎新会在创意环保秀中落下了帷幕。通过此次活动我们惊喜地发现,通过一年的学习,小朋友们长大了,更加懂礼貌,讲文明,更加大方得体,仪表堂堂。而此次迎新会所承载的意义却不会仅限于此,这是一个青春洋溢的舞台,这是一次震颤心灵的回忆,二年级六班的孩子们将扬帆起航,为追寻自己的梦想而更加努力!

第六章　小学生礼仪教育篇

　　小学生礼仪教育渗透在学校教育的方方面面，只要教师多观察，多发现，多思考，多实践，那就一定能够引领小学生在宝贵的六年时光里播种行为，收获习惯；播种习惯，收获性格。为他们一生撒下文明的种子，为他们的一生奠定坚实的基础，为他们的一生烙下美好的印记。

第七章 文化修养篇

第一节 宗教常识及礼仪

当今世界有超过三分之二的人口信奉各种宗教，宗教在一切社会形态、国家、民族、种族、阶级和阶层中，都有不同程度的存在。科学地看待宗教、客观地认识宗教，掌握一些宗教学的基础知识，是当代人自我修养的一部分。现代社会国际交往频繁，多元文化并存，了解一定的宗教常识，特别是宗教礼仪，既能够提升我们自身的文化修养，又可以减少对外交往中的误差与障碍，形成交往双方良好的互动与共鸣，从而更进一步地维持并增进关系。

一、宗教概述

宗教不仅是一种复杂的社会现象，也是一种悠久的文化现象。宗教作为个人内心世界的精神信仰，通过实践与体验进入社会公共生活，深刻影响了特定人群的思想意识和行为方式，发挥了巨大的社会功能。宗教对社会的影响是多方面的，它既担当着道德教化、公共服务、维持安定、协调人际等角色，又常常在国际关系中引发种种冲突和矛盾。宗教也是人类社会进程中的特殊文化现象，它与哲学、艺术、文学、法律、道德、民俗等文化形式有着密不可分的关系，可以说，人类文化的一切领域无不渗透着宗教的影响，宗教是人类文化的重要组成部分。

（一）宗教的历史发展

关于宗教的起源目前仍然没有一个统一的说法，有认为宗教起源于自然崇拜，有认为宗教起源于神话，还有认为宗教起源于巫术。不管宗教从何而来，可以肯定的是，宗教发展到今天至少已经有上万年的历史，而世界性宗教的形成也有两千多年的历史了。宗教的发展与人类文明的历史同步，经历了各种社会形态，对人类的思想意识、文化形态、心理素质、法律思想、政治制度产生着不可忽视的影响。宗教既打上了人类远古社会的各种烙印，又随着人类社会历史的发展而不断变迁，可以说，宗教是人类社会一种不可或缺的文化现象和文化载体。

尽管今天人类文明取得了巨大成就，但是宗教并没有衰微的迹象，反而有迅速扩张的态势。只要人类处于不断探索自然并发展自身的情况下，宗教的存在和影响仍将长期延续下去。

（二）宗教的特征与表现

宗教的特征集中表现为形而上学、信仰认知和出自于宗教法条的道德要求或生活方式。宗教一般包含三个层面：一为宗教的思想观念及感情体验（教义）；二为宗教的崇拜行为及礼仪规范（教仪）；三为宗教的教职制度及社会组织（教团）。

宗教的教义即信条，是一种宗教宣扬和信奉的原则和真理，是整个宗教的内在因素及核心所在，"对神的信仰"乃是一切宗教的根本。宗教信仰的对象被理解为一种超自然而又控制自然的神秘力量和神圣对象，被视为神力、精灵、众神、至高一神，或抽象地以绝对者、永恒者、至高无上者、自有永有者、无限存在者、超越时空者。这种信仰被视为万物的起源和归宿，一切存在的根基及依据。由对信仰对象崇拜认同而产生的坚定不移的信念及全身心的皈依，表现和贯穿于特定的宗教仪式和宗教活动中，并指导和规范自己在世俗社会中的行为。

宗教的表现包括宗教思想、教理、教派、仪式和宗教经典等，每一宗教都在历史上形成了难以计数的宗派，每一教派都有自己的教义、教规，每一宗派又组成了各种各样的宗教组织，创制了各种各样的宗教经典和宗教仪式。宗教还与民族习惯、民族文化互相交织、互相融合，表现出复杂的形态。在人类历史发展进程中，宗教时常成为左右政治格局，影响国家安定和世界和平的重要因素。

（三）宗教的分布与世界三大宗教

据统计，在全球69亿人口中，有84%的人（58亿人）有宗教信仰，在各种宗教派别中，以基督教、伊斯兰教和佛教三大派别为主，它们的信徒占世界总人口的62%。此外，印度教有10亿教徒，虽然人数超过佛教，但分布比较单一，绝大多数教徒都在印度，其世界范围的影响力不及佛教。还有约4亿人信奉传统宗教与民俗信仰，包括犹太教、锡克教、神道教、道教等。

按照人口，第一大宗教当属基督教。现在全世界基督徒大约22亿。基督教也是近代以来人口皈依发展最快的宗教。基督教主要分布在欧洲和美洲。20世纪以来撒哈拉以南非洲的基督教发展迅速，已成为当地第一大宗教。大洋洲的澳大利亚和新西兰作为欧洲的移民殖民地国家，也是基督教的天下。近代以来，基督教信徒在东亚和南亚的增长也比较快，如印度、斯里兰卡、韩国、日本、中国等国家，特别是韩国，近年基督教皈依人数猛增，有数据显示，现在韩国的基督徒已超过信教人口半数。

当代的基督教并不是一个单一的宗教，它形成了三大支派——天主教、东正教和新教，它们的主要差别在于对《圣经》不同的理解，继而形成了不同的教义。其中天主教大约10亿人，爱尔兰、法国、比利时、西班牙、葡萄牙、意大利、奥地利、波兰、克罗地亚、斯洛文尼亚以及捷克和斯洛伐克等都是是传统天主教国家；此外，德国南部各州也是天主教的信奉之地（占人口33%）；拉美国家受殖民宗主国影响，大多信奉天主教；菲律宾作为西班牙的前殖民地，84%的人口信奉天主教；美国天主教虽然不占美国社会主流，但人口也在5 000万以上，成为美国最大的单一教派。东正教又称正教，信徒主要分布在希腊、哈萨克斯坦、俄罗斯、白俄罗斯、乌克兰、罗马尼亚、保加利亚、塞尔维亚、亚美尼亚、格鲁吉亚等东欧国家，信徒接近 4 亿人。基督新教主要分部在西北欧和北美以及非洲和大洋洲的一些前英国殖民地国家。基督教占主导的国家有英国、美国、澳大利亚、新西兰、丹麦、挪威、瑞典、冰岛、芬兰、爱沙尼亚、拉脱维亚。

伊斯兰教应该是当今世界第二大宗教。关于全世界的穆斯林的人数，近几年数字不断攀升，有近 16 亿。当代伊斯兰教的人口发展也是比较迅速的，但人口主要来自自然增长。伊斯兰教主要分布在从西非到北非到西亚、中亚、南亚一直到东南亚的连续地带。其中印度尼西亚、孟加拉国、巴基斯坦的人口都超过 1 亿。印度教随印度人口的自然增长而迅速增加，现在已经超过 10 亿。尼泊尔大多数人信仰印度教。斯里兰卡的泰米尔人也信奉印度教，印度教在东南亚也有一些影响。

佛教是世界现存主要宗教中历史最长的，公元前七世纪发源于今天的尼泊尔境内，逐步传播到南亚、中亚和东亚地区。全球有近 5 亿佛教徒，占世界总人口的 7%。佛教在现代世界的三个主要分支是大乘佛教、小乘佛教和密教（也称藏传佛教）。大乘佛教主要分布在中国、日本、韩国和越南，被普遍认为是人数最多的一支。第二大分支是小乘佛教，主要集中在斯里兰卡、泰国、缅甸、老挝和柬埔寨等国家。密教是佛教三个主要分支中最小的一支，集中在中国西藏以及尼泊尔、不丹和蒙古等国家。

二、世界性宗教礼仪

宗教礼仪是宗教信仰与观念的外化，包含仪式、活动以及与宗教信仰密切相关的某些禁忌与讲究。宗教的发生源于原始人类对于异己力量的恐惧感与神秘感，在强大的自然力面前，人类感受到自身的渺小与无力，希望得到神的帮助与庇护，宗教仪式是他们取悦于神，与心中的神灵进行交流与交往的手段。同时，这些宗教活动可以将具有个体化特点的宗教体验发展为群体共同意识，变得更加普遍化、固定化，获得集体性的社会确认，从而巩固和强化信仰。

既然宗教礼仪是宗教信仰观念的行为化，那么不同的宗教就有不同的礼仪，同一宗教在不同的发展阶段上，随着教义的某种变化，礼仪也会发生变化。这里给大家介绍一些。

（一）基督教

基督教在英文中称 Christianity，指信奉耶稣基督为救世主的所有教派，包含了天主教（又称罗马公教 Catholic）、东正教（又称正教 Orthodox）、新教（Protestant），是世界性的大宗教。基督教发源于中东巴勒斯坦，前身是古希伯来的犹太教。信奉"三位一体"的上帝，为一神论宗教（即以上帝为唯一真神）。它在人类发展史上具有非常重要的地位，与伊斯兰教和佛教相比，基督教在世界各地的分布更广，占人口比例更高，影响也更大。

1. 基督教的教义

原始基督教继承了犹太教的教义，但在此基础上又有新的改进和发展。它信仰耶稣基督是上帝之子，是宇宙唯一真神，是人类与万物的缔造者和主宰，只要信仰上帝与耶稣基督，必将得到上帝赐福。基督教的教义主要有以下几点：

（1）"三位一体"这是基督教的基本信条，相信上帝唯一，但有三个位格——圣父、圣子和圣灵，圣父是天地万物的创造者和主宰；圣子即耶稣基督，上帝之子，受上帝派遣降生为人，历经"受难""复活""升天"，对世人施以救赎和审判；圣灵即神灵，上帝之灵，引导人的心灵。这三个位格本质相同，联结一体。

（2）原罪是基督教伦理观的基础，人类先祖亚当和夏娃因偷食"禁果"而犯罪，这种罪世代相传，成为人类一切罪恶的根源，称为"原罪"。"原罪说"深刻影响了西方人的文化与价值观，并发展出西方的"罪感文化"。

（3）救赎人生而有罪。人类不能自我拯救，上帝爱惜人类，于是派遣他的爱子耶稣道成肉身，降世为人，代人受过。耶稣被钉死在十字架上，牺牲自己以救赎人类，人们因信仰耶稣罪得赦免。

（4）天国与永生人的生命是有限的，但灵魂可由信仰获得重生，天国是基督信仰的终极目标，在天国可享永福。

（5）永罚人若不信或不悔改，会受到上帝的惩罚，在地狱里永受煎熬。

（6）十诫是出自圣经的戒律：不可信仰耶和华以外的神；不可雕刻埃及人信奉的偶像；不可妄称耶和华之名；不可在第六天之外的第七天工作，这一天应用来祭祀上帝；不可对父母不孝；不可杀人；不可奸淫他人之妻，女人不可与他妇之夫通奸；不可偷盗；不可作假见证陷害人；不可贪夺邻人的房屋、奴仆、牛等一切财物。

2．基督教的经典

基督教各派都以《圣经》为经典，《圣经》也称《新旧约全书》，由《旧约全书》和《新约全书》两部分组成。《旧约全书》的经卷是从犹太教继承而来，共39卷，分为"律法书""先知书""圣著"三部分，包括自公元前6~2世纪以来相传的犹太古代律法、典籍和各种文学作品。犹太人认为《旧约全书》记载了上帝与世人所立"契约"，订立了"十诫"律法，并把犹太民族视为"上帝的选民"。犹太教的"立约"之说对基督教产生了深远影响，因此，发展出耶稣基督降世意味着与世人重新立约的认识，于是有了"新约"，形成了新的宗教经典，称为《新约全书》或《圣经·新约》。《新约全书》共27卷，按其内容可分为"福音书""使徒行传""使徒书信""启示录"四部分。

3．基督教的圣事礼仪

基督教的某些重要礼仪称为圣事或圣礼，因为教派不同有所差别，如新教只承认洗礼和圣餐，天主教和东正教则规定七种仪式为圣事：

（1）洗礼。洗礼也称"施洗"，是基督教的入教仪式，只有受过洗，才能成为正式的基督教徒。洗礼的形式有洒水（或称为点水礼）和受浸（或称浸礼）两种，前者由牧师或神父用手蘸一点水洒在接受洗礼的信徒头上并划十字；后者需要接受洗礼的信徒全身浸在水中。所以有的教堂设有水池，这水池一般称为洗礼池或者浸礼池。基督教认为洒水礼和受浸礼两种形式都可以用，其含义是用水清洗自己，洗去"原罪"和"本罪"。

作为基督教主要圣事礼仪之一的洗礼具有重要的意义，洗礼一经完成，就标志着受洗人归入圣父、圣子、圣灵之名，成为上帝的儿女和教会的一员，从此能够接受上帝的恩赐和保护，并有权领受其他圣事。

（2）圣餐是仅次于洗礼的基督徒重要礼仪，又称擘饼、爱筵。圣餐的依据来自《圣经》中记载的耶稣被钉在十字架上的晚上，与十二门徒共进逾越节晚餐的情节——"耶稣拿起饼来，祝福了，擘开递给门徒说：'你们拿去吃吧！这是我的身体。'然后，又拿起杯来，祝谢了，递给他们说：'你们都由其中喝吧！因为这是我的血，新约的血，为大众倾流，以赦免罪过。我告诉你们：从今以后，我不再喝这葡萄汁了，直到在我父的国里那一天，与你们同喝新酒。'"（马太福音）因此圣餐的含义是以饼代表主的身体，以葡萄汁代表主所流的鲜血，来纪念耶稣在十字架上受难来实现对世人灵魂的救赎。圣餐礼时，牧师在歌声中将饼和葡萄汁分发到受洗信徒手中，然后带领大家一起祈祷。

（3）坚振也叫坚信礼，入教者在领受过洗礼，过一定阶段后，再接受主教所行按手礼和敷油礼，以之象征赋予神印。据称这可以使"圣灵"降其身，以坚定信仰，振奋心灵。

（4）告解亦叫忏悔。据称是耶稣为赦免教徒在入教后对上帝所犯诸罪，使他们重新获得上帝恩宠而亲自定立的。举行时，由教徒把自己所犯的"罪行"向合法的圣职人（一般是神父）告罪，并表示忏悔。神父对教徒所告诸罪，应守秘密，并指定应如何做补赎而为之赦罪。

（5）经傅指教徒在临终时敷擦"圣油"。在教徒生命垂危时，由神父用经过主教祝圣的橄榄油，敷擦其耳、目、口、鼻和手足，并诵念一段祈祷经文，人们认为这能够帮助受敷者忍受苦痛，赦免罪过，安心去见上帝。经傅仪式实际上是一种临终关怀，表达了对生命的爱护。

（6）神品亦称"圣品"或"圣秩"，有使领受人"圣化"，以奉献上帝，为教会所用之意。领受神品须通过主教祝圣仪式，然后被立为圣职人员，按不同的等级，以基督首领的身份尽教导，圣化，管理的职务。

（7）婚配。天主教和东正教都视婚配为圣事，有为"上帝所配合"并对结婚双方祝福之意。婚礼时教徒在教堂内，由神父主礼，经教会规定之礼仪正式结为夫妻。仪式一般由祷告、婚约问答、誓约、交换戒指、诵读经文、祝福几个环节组成。新教教徒也有请牧师证婚的习惯，但不视婚礼为圣事。

4. 其他宗教仪式与活动

（1）弥撒与礼拜。

这是基督徒每周日在教堂进行的宗教活动的称呼，天主教、东正教称弥撒，新教称礼拜，也称安息日礼拜，它根据《圣经》的安息日而来。上帝六天创造天地，到第七日神造物的工作已经完毕，就在第七日歇了下来，上帝赐福给第七天，当纪念安息日，定为圣日。也有特殊的礼拜和弥撒，如为死者举行的追思礼拜，在某特定节日举行的节日弥撒等。新教的仪式相对简单，主要是祷告和讲道。天主教和东正教的弥撒礼仪更为隆重、庄严，非常讲究仪式，有一套完整的程序，包括圣歌、读经、讲道等。

（2）祷告。

祷告也称祈祷，世界上的主要宗教都有祷告的宗教仪式，基督教的祷告是向上帝和耶稣求告，其内容一般是感谢、祈求、赞美、认罪等。有公祷和默祷两种，在礼拜和聚会时，由神职人员引领主颂为公祷，祈祷完毕，颂称"阿门"，意为"惟愿如此，允获所求"。

（3）唱诗。

唱诗是礼拜程序的一部分，是一种宗教仪式的组成部分，其内容为歌唱赞美上帝的诗歌，一般由唱诗班领唱完成。唱诗班大多由教会热心的信众组成，他的主要目的是负责教会礼拜日的崇拜唱诗及带领敬拜。

（4）丧葬礼仪。

基督教不避讳死亡，认为死亡不是生命的结束，相信凡事都是上帝美好旨意的安排，并崇尚灵魂，确信他们日后可以和亲人在上帝的处所相见，且永远同在。因此基督徒的葬礼一般为简丧薄葬，不同于一般民俗家庭丧葬仪式的繁琐。由于每一位基督徒大都有固定的教会聚会，而且每间教会都有牧师或专职的长老，所以葬礼一般都在教堂举行，并可以获得教友的协助。

基督徒的丧葬一般由告别式、入殓、追思等程式组成，一般仪式都庄重肃穆，出席葬礼尽可能穿着黑色衣服或颜色暗沉的服装，切忌鲜艳花哨，否则被视为对丧家的不尊重；葬礼上毋须跪拜哀哭，大多沉默肃静，默默为死者送行；不需上香、烧纸钱、免祭品，全部都以鲜花来追思。葬式分为火葬、土葬两种，无论采取哪种，均葬于公墓。

（5）基督教节日。

圣诞节又称耶诞节，本为庆祝耶稣诞辰的宗教节日，据《新约》福音书记载：圣母玛丽亚受圣灵感孕，在返家路途上经过伯利恒城，因旅店客满，被迫在马槽里产下耶稣。教会史载第一个圣诞节在公元336年，由于《圣经》未明确记载耶稣生于何时，故各地圣诞节日期各异。直到公元440年，才由罗马教廷定12月25日为圣诞节，因此今天世界大多教会将其定在每年12月25日，又由于《圣经》记载耶稣生于夜间，故传统称12月24日夜为"圣诞夜"或"平安夜。

意大利·桑德罗·波提切利《神秘的降生》

圣诞节后来发展成为西方传统节日，也是其他很多国家和地区的公共假日，如亚洲的中国香港、澳门，马来西亚和新加坡。大部分的天主教教堂都会先在12月24日的平安夜，亦即12月25日凌晨举行子夜弥撒，唱诗班也会在教堂里演唱圣诞歌曲。东正教的圣诞节是在1月7日，圣诞夜当晚，教堂司祭和信徒们要在教堂通宵祈祷，感谢主恩，还要环绕教堂和农舍举着十字架和圣诞灯游行。圣诞树是圣诞节庆祝中最有名的传统之一，一般取松、柏、杉等常绿植物，用各种彩色的装饰物和彩灯加以装饰，并把一个天使或星星放在树的顶上，圣诞夜，人们围着圣诞树唱歌跳舞，尽情欢乐。除此之外，圣诞节还衍生出圣诞老人送礼物、挂圣诞节环、准备圣诞袜子等节庆习俗。可以说，圣诞节是西方最重要的节日，等同于中国的春节，是人们合家团圆，亲友欢聚的盛大节日。

复活节是纪念耶稣复活的宗教节日，《圣经·新约全书》记载，耶稣被钉死在十字架上，第三天身体复活，复活节因此得名。在西方教会传统里，春分之后第一次满月之后的第一个星期日即为复活节。东方教会则规定，如果满月恰逢星期日，则复活节再推迟一周。因此，节期大致在3月22日至4月25日之间。复活节是最古老最有意义的基督教节日，也是仅次于圣诞节的重大的节日。不少西方国家还会在复活节举行盛大的宗教游行，游行者身穿长袍，手持十字架，赤足前进。不过时至今日，很多节日游行已失去往日浓厚的宗教色彩，洋溢着喜庆的气氛，具有浓烈的民间特色和地方特色。比如在英国，每年都要举行复活节化装游行，其间有民族风格的风笛乐队，孩子们装扮的维多利亚女皇时代的皇宫卫队等。在美国纽约，则要举行复活节时装游行。复活节中最具代表性的吉祥物就是彩蛋和兔子，节日期间，人们把鸡蛋染成红色，并互赠复活节彩蛋。复活节也是合家团聚或踏青郊游的日子。在西方，不少国家都把复活节定为固定假日，大学生也自这一天开始放春假。

荷兰·伦勃朗《耶稣的复活》

5. 宗教禁忌

大致说来，基督教并无一套繁琐严格的清规戒律，并且因为教派的不同，忌讳也有所不同。主要的宗教禁忌有：

（1）忌偶像崇拜。

基督教忌讳崇拜除上帝以外的偶像，认为其所信仰的上帝是宇宙独一的主宰，"十诫"

确认上帝的独一性并反对任何上帝的"代替品"。向基督徒赠送礼品，要避免上面有其他宗教的神像或者其他民族所崇拜的图腾。要尊重基督徒的信仰，不能拿上帝开玩笑。

（2）忌食动物血液和带血的食物。

不吃血可以说是基督教信徒生活中一个比较明显的禁忌。原因是血象征生命，是旧约献祭仪式上一项重要的内容。新约则认为耶稣在十字架上流血舍命而带给人类救赎，所以出于纪念，不吃血成为《圣经》对基督徒的一种要求。勒死的牲畜也在基督教禁食之列，西方基督教信徒多不吃动物内脏。

（3）忌看相、算命、占卜和占星术等。

看相、算命、占卜和占星术（星象学）等类也为基督教所禁止，因为这些迷信活动相信一种上帝之外的干预人生的神秘力量。

（4）守斋忌食。

基督教规定，教徒每周五及圣诞节前夕（12月24日）只食素菜和鱼类，不食其他肉类。天主教还有禁食的规定，即在耶稣受难节和圣诞节前一天，只吃一顿饱饭，其余两顿只能吃得半饱或者更少。基督徒在饭前往往要进行祈祷，如和基督徒一起用餐，要待教徒祈祷完毕后，再拿起餐具。

（5）忌讳13和星期五。

基督教国家相当避讳"13"这个数字和"星期五"，《圣经》记载，耶稣被犹大出卖那天是星期五，而耶稣受难被钉在十字架上是在一个13号的星期五。据说，《最后的晚餐》有13个人，而背叛耶稣的犹大就坐在饭桌的第十三个位置上。因此在基督徒眼中"13"和"星期五"是不祥的，西方一些国家的楼房没有第13层，人们很难找到13号楼和13号的门牌，他们用"12A"取代了13号。在英国的剧场，你找不到13排和13座，法国剧场的12排和14排之间通常是人行通道。此外，人们还忌讳13日出游，更忌讳13人同席就餐，13道菜更是不能接受了。

（6）其他禁忌。

《圣经》的旧约部分将饮酒作为禁忌，而新约部分相对而言较为灵活，但大部分基督徒对吸烟持反对态度，在教会聚会和宗教活动中禁止吸烟。

基督教对婚姻十分重视。根据《圣经》中关于伊甸园的记载，基督教认为：第一，婚姻是神圣的，因为婚姻的起源是创造主自己；第二，婚姻应以一夫一妻为原则，上帝为亚当创造夏娃即表明这一道理，反对一夫多妻，包括纳妾、重婚等形式的婚姻行为，也不主张或者提倡离婚。天主教则明确规定不允许离婚。

在教会活动中忌讳衣冠不整，凡进入教堂要脱帽，不得穿拖鞋和暴露服装，禁止在教堂内打闹喧哗，更不允许在教堂内吃东西。非基督教徒进入教堂一定要遵守教堂规则，不妨碍正常的宗教活动，破坏神圣庄严的氛围。

（二）伊斯兰教

伊斯兰教是世界第二大宗教，分布在204个国家和地区，教徒主要集中在亚、非两个大洲，据统计人数已近16亿，占世界人口总数的23%。伊斯兰系阿拉伯语音译，字面意为"顺从""和平"。"穆斯林"是"伊斯兰"一词的派生，意为"顺从真主者""实现和平者"，信奉伊斯兰教的人被统称为"穆斯林",意为顺从者、和平者。

公元七世纪初,阿拉伯人穆罕默德在阿拉伯半岛上创立了伊斯兰教,距今已经有1 400年历史,在世界三大宗教中,伊斯兰教的创立时间虽然较晚,但发展迅速,政教合一的历史久远,一直保持着向世界各地传播和发展的势头。它的神学思想、道德信念、生活方式和文化礼仪对伊斯兰教各民族产生了深远影响。

1. 伊斯兰教的教义

伊斯兰教基本信条为"万物非主,唯有真主,穆罕默德是安拉的使者",在这一总纲领下,又有六大信仰(简称"六信")和五项宗教功课(简称"五功"),前者概括了伊斯兰教义的理论框架,后者从实践层面规定了穆斯林的宗教义务。

六大信仰包含:

(1)信安拉。

伊斯兰教是严格的一神教,要相信除安拉之外别无神灵,安拉是宇宙间至高无上的主宰。据《古兰经》记载,安拉有99个美名(99种德性),具有独一无二、永生永存、无所不知、无所不在、创造一切、主宰所有人命运的无上权威。信安拉是伊斯兰教信仰的核心,体现了其一神论的特点。

(2)信天使。

认为天使是安拉用"光"创造的无形妙体,纯洁无邪,无性别,长有翅膀,神通广大,变幻莫测。天使数目繁多,各司其职,受安拉的差遣管理天国和地狱,并向人间传达安拉的旨意,记录人间的功过。

(3)信经典。

即信仰安拉所降示的一切经典,主要指《古兰经》。认为《古兰经》是安拉启示的一部天经,教徒必须信仰和遵奉,不得诋毁和篡改。

(4)信先知(使者)。

《古兰经》中曾提到了许多位使者,其中有阿丹、努哈、易卜拉欣、穆萨、尔撒(可对应《圣经》中的亚当、诺亚、亚伯拉罕、摩西、耶稣),使者中最后一位是穆罕默德,他也是最伟大的先知,是最尊贵的使者,也是安拉"封印"的使者,负有传达"安拉之道"的重大使命。

(5)信末日。

伊斯兰教认为:整个宇宙及一切生命,终将有一天全部毁灭。然后安位使一切生命复活,即复活日来临。《古兰经》以大量节文具体地表述了末日的景象,天堂与火狱的情景,以激励人们坚定信仰,行善戒恶,要人们确信安拉在末日将复活人类,全面总结清算每个人在现世的表现,根据善恶给以奖惩,善者进天园,恶者进火狱。伊斯兰教所提倡的两世兼顾,号召穆斯林要在现世努力创造美满生活,同时也应该以多做善功为未来的后世归宿创造条件。

(6)信前定。

伊斯兰教认为,凡万事万物皆由安拉"前定"(又称主的"定然"),是人的意志不能违抗的。《古兰经》指出:安拉"预定万物"任何人都不能变更,唯有对真主的顺从和忍耐才符合真主的意愿。

2. 伊斯兰教的经典

《古兰经》是伊斯兰教的基本经典,是穆罕默德在 23 年传教过程中陆续发表的真主启示的汇集。穆斯林认为,《古兰经》是安拉神圣的语言,是真主传达给人类的永久性法典,是伊斯兰教信仰和教义的最高准则。《古兰经》共 114 章,每章分为若干节,主要内容包括:

(1)与其他教徒(犹太教徒、基督教徒)之间的论争。论争的焦点是安拉的唯一性和穆罕默德的先知地位。

(2)关于伊斯兰教的根本信仰,号召教徒放弃多神崇拜,独尊安拉。

(3)关于穆斯林的基本宗教义务和社会义务。

(4)关于伊斯兰教的伦理道德规范。

(5)关于穆斯林的生活规范和禁忌。

(6)关于教法律条。

(7)人物故事和传说。主要是历代先知故事和穆罕默德的传教事迹。

《古兰经》以其全部内容确立了伊斯兰教的基本教义和制度,同时也反映了穆罕默德时代阿拉伯半岛的社会现实和伊斯兰传播过程的概况,它所反映的具有深远意义的社会变革,不仅改变了阿拉伯民族的历史走向,对当今世界仍然产生着巨大的影响力。

3. 伊斯兰教的"五功"

五功是伊斯兰教基本功修的总称,既是教义和制度,也是每个穆斯林必须履行的义务,旨在维系、坚定穆斯林的宗教信仰和宗教感情,表达对造物主安拉的虔信和敬畏。五功是伊斯兰教将基本信仰付诸实践的基石,也是伊斯兰文化的重要组成部分,分别为:念、礼、斋、课、朝,它们各自有不同的礼仪要求。

(1)念功。

这是穆斯林信仰确认和非穆斯林立誓皈依的一种方式。念诵的内容是"除了安拉,再没有神,穆罕默德是安拉的使者"(简称"清真言")以及"我作证除了安拉,再没有神;我作证穆罕默德是安拉的奴仆和使者"(简称"作证词")。"清真言"和"作证词"不只是新入教者必须宣读的誓词,每个穆斯林还须经常诵读,以示对自己信仰的肯定。

(2)礼功。

也称拜功,是穆斯林敬拜安拉的一种宗教仪式,这是穆斯林身体力行的主要功修之一。凡成年穆斯林,一天要进行五次礼拜:天亮是晨拜,中午晌拜,下午太阳偏西时晡拜,黄昏时昏拜,入夜宵拜,礼拜场所不定,均以麦加的克尔白(麦加大清真寺内一座方形石殿的名字,也称"天房")为朝向;每周举行一次聚礼(星期五);每年的开斋节和古尔邦节举行会礼。礼拜前必须经过"净仪",即用净水作小净(局部净身)或作大净(净全身)。穆斯林作拜功时不受任何干扰,中东的一些伊斯兰国家,每日到了礼拜的时间,人们都放下工作进行礼拜,连警察也不例外。一些来自阿拉伯国家的客人,到了旅馆房间后,便要定方位,以确定面朝圣地麦加克尔白的方向,就是为了进行这一功修。

（3）斋功。

即斋戒，每年伊斯兰教历9月举行一个月的斋戒功修，其目的是"寡欲清心，以近真主"。这是所有成年穆斯林须尽的义务，斋戒时，每天从日出前开始至日落，禁止饮食，戒除私欲。不但要戒色、寡欲、清心，还要做到不妄听、不妄视、不妄思和举止唯恭。有困难者，如病人、孕妇、哺乳者等可以暂免，或过时再补。

（4）课功。

也称"天课"，即缴纳宗教税。天课是一种用以缓解贫富对立的宗教税。伊斯兰教认为，财富系安拉所赐，富裕者有义务从自己的财富中拿出一定份额，用来救危济贫。课功要求穆斯林每年对自己的资财作一清算，除去日常所需外，多余的部分，包括动产和不动产，按不同的课率完纳。如金银、现金的最低课率为2.5%，田园、房产等不动产，可按时价折成现金，以计算课率。天课有不同物类的最低征收率，但无最高限额，一般一年交付一次。

（5）朝功。

即朝觐麦加的一系列宗教仪式的必修功课。凡身体健康，有足够财力的成年穆斯林，一生至少应去麦加的克尔白朝觐一次，正式朝觐的时间为伊斯兰历的12月8日至10日。朝功的主要仪式有：受戒、转天房、驻米那山谷宿营、站阿拉法特山、在萨法和麦尔卧两山之间奔跑、射石（投打石鬼）等。朝觐既是宗教义务，又是每个穆斯林一生最大的愿望。

麦加"天房"

圣城麦加夜景

4. 其他宗教活动与礼仪

（1）伊斯兰教的主要节日。

开斋节：我国新疆地区称肉孜节。伊斯兰教历9月全月斋戒的最后一天，以看见新月为准，第二天可以开斋。穆斯林在开斋节要净身、理发、剪指甲，穿上新衣，吃枣子。到清真寺举行会礼，去时、回时走不同的路。会礼后，亲友互访，互赠礼品，举行热烈的庆祝活动。

宰牲节：又叫古尔邦节，伊斯兰教历12月10日，清真寺举行会礼。宰牲献祭，牲畜肉分三份，一份送亲友，一份施舍，留一份自食。亲友间互相拜会。

登霄节：伊斯兰教历7月17日为登霄节，纪念传说中穆罕默德夜晚上天朝见安拉，登霄节夜晚，穆斯林举行礼拜、祈祷等活动。

圣纪节：又称圣忌日，定在伊斯兰教历3月12日，是穆罕默德诞生和逝世的日子。这一天穆斯林到清真寺举行圣会，集体诵读《古兰经》，宣扬穆罕默德的生平业绩。

（2）伊斯兰教的标记。

伊斯兰教有特殊的标记和色彩，这也表现在伊斯兰国家的国旗上。新月和五角星是伊斯兰教的标记。在现今世界上57个伊斯兰国家中，有12个国家的国旗（国徽）上有新月。此外，红、白、黑、绿等四种颜色称为泛阿拉伯颜色，广泛被阿拉伯国家选为国旗的颜色。例如，巴基斯坦国旗直接取用了新月和五角星，伊朗国旗由红、白、绿三色组成，上有阿拉伯文"真主伟大"字样，旗面中央的国徽图案由《古兰经》、剑和新月组成，其中《古兰经》与新月图形组成阿拉伯文"安拉"字样。沙特阿拉伯国旗是绿色长方形旗地，旗面上有白色的阿拉伯清真言。伊拉克国旗由红、白、黑三色组成，中间有绿色五角星和阿拉伯文"真主至高无上"字样。

（3）伊斯兰教的交际礼仪。

伊斯兰教注重人际交往，十分重视礼仪。穆斯林相见，先要互相问安，后再交谈。

伊斯兰教注重称谓，反对在命名中使用吉利和词语，如"发财""得胜""高贵"等，喜欢用"天仆""天悯"等词语。宗教领袖、教长、清真寺的主持人、什叶派的政教领导人，尊称为伊玛目，主持清真寺教务者尊称为阿訇，教坊首领，尊称为教长阿訇，经文大师尊称为开学阿訇。伊斯兰学者尊称为毛拉。

见到尊长，应直立敬礼。同辈相见，行握手礼。十分亲密的友人，行拥抱吻礼。见面互相敬礼的同时，还互相用祝词祝贺对方。

上门拜访，一定要征得主人家同意，方可入门。

伊斯兰教提倡教敬父母，善待亲属，怜恤孤儿，救济贫民，亲爱近邻、远邻和同伴，款待旅客，宽待奴仆。尤其是把孝敬父母提到敬拜安拉之后的高度。

伊斯兰教被称为完美、清洁的宗教。讲究衣着规矩，提倡清洁、优雅的仪表，衣着要符合自己的社会地位和身份。男子禁止穿纯丝织品制成的、色彩鲜艳的衣服，戴金银饰物到清真寺做礼拜，参加葬礼等。男子多戴无沿小帽，穆斯林妇女有戴面纱、盖头的习惯。

5. 宗教禁忌

伊斯兰教的禁忌较多，其中饮食禁忌在它的戒律中是最具特色的。

（1）饮食禁忌：伊斯兰教对饮食有严格的规定。一是禁食猪、驴、狗等动物和动物血，禁食非伊斯兰教徒宰杀的自死物。二是禁用致醉和有毒的植物饮料。严禁饮酒和致醉物品，禁止从事与酒有关的营生，禁止出席有酒的宴席，严禁服用一切麻醉品和毒品。

（2）服饰禁忌：伊斯兰教在服饰方面的基本原则是顺乎自然，不追求豪华，讲究简朴、洁净、美观。其服饰禁忌主要有：禁止男性穿戴高贵服饰以及佩戴金银等豪华奢侈品，严禁妇女显露美姿和服饰（伊斯兰教认为妇女除两手、双足及面部外，其余身体部位均为羞体，不能暴露给丈夫和至亲以外的男子），严禁改变人类原造的矫饰行为，忌讳穆斯林穿外教服装，禁止男子模仿妇女、妇女模仿男子的行为和装束等。

（3）卫生禁忌：伊斯兰教是一个注重清洁卫生的宗教。禁忌主要有：禁止在公共场所大小便；禁止用右手处理污秽事物；禁止在礼拜时交谈、打呵欠、吹东西；禁止吃生葱、生蒜后做礼拜；忌讳贪食；禁止通奸；禁止性反常（即严厉禁止同性恋和鸡奸等不正常性行为等）。

（4）婚姻禁忌：伊斯兰教与一些禁欲的宗教相反，反对独身主义，主张男大当婚、女大当嫁。《古兰经》中说："男女互为对方的衣服。"伊斯兰教认为，婚姻不但是男女两性为了满足情欲而进行的一种结合，而且是一个人对自己、家庭、社会、人类生存延续负有责任的重要行为，也是一个穆斯林遵从主命、履行先知教诲的具体表现，因而伊斯兰教积极提倡男女健康合法的婚姻，禁止非法的同居和私通等性关系。同时，为了防止混淆血缘、乱伦等不道德现象，伊斯兰教在婚姻方面也规定了一些禁忌：严禁与有相近血缘、亲缘、婚缘和乳缘关系的人结婚；严禁与外教人结婚；严禁娶有夫之妇；严禁视离婚为儿戏。

（5）丧葬禁忌：伊斯兰教认为，今世作为前世的考验和后世的栽种场，只是生命阶段的一个过程，死是生的必然。死亡是肉体的消失和精神的升华，是人生的复命归真，而不是生命的终结。《古兰经》中说："我从大地上创造你们，我使你们复返于大地，我再一次使你们从大地上复活。"正是这种"返本还原、复命归真"的生命观，造就了伊斯兰教规定丧葬的基本原则是土葬、薄葬和速葬。我国通用汉语的穆斯林称"死亡"为"无常"或"归真"。

穆斯林禁止火葬。

提倡薄葬，主张"葬惟从俭"，反对世俗的大操大办、劳民伤财等做法。不讲究排场，在葬礼期间禁止喧哗、宴客、送花圈、放鞭炮和雇吹鼓手吹吹打打等，不设灵位、不悬挂遗像、不上香、不燃烛、不供祭器。送葬禁止摆任何祭品、禁止举行任何祭奠仪式。一般虔诚的穆斯林对待亡人，仅诵念经文，施舍财物。亲人去世后，悲痛哭泣本是人之常情，但是伊斯兰教禁止号啕大哭。先知穆罕默德说："哭丧拍颊、撕衣捶胸、呼天叫地等，搞蒙昧时期的遗风者，不是我的教胞。"所以伊斯兰教提倡给亡人行殡礼、送葬，但妇女以不参加殡礼为宜，这与妇女感情脆弱、易于嚎哭和禁止男女混杂有关。穆斯林去世后，不用棺椁和陪葬物，仅请阿訇念经、行"抓水"（用清水洗尸）、穿"卡凡"（用白布缠裹尸体，妇女另加一块盖头布），不穿用其他任何衣物，然后移入"塔卜"（存放于清真寺的公共抬尸匣），举行简短的殡礼。且不用棺木，将尸体直接埋入土中，尸位南北向，面朝西。

规定亡后"三日必葬"，如果在大海、大江航行途中亡故，三天之内靠不了岸的话，则可以照例洗浴、入殓、殡礼后将尸体投入海中，实行水葬。

除此之外，还禁忌在日出、日落和正午时间举行殡礼；禁止无故迁坟；禁止盼望死和自杀行为。

（6）商业禁忌：伊斯兰教是一个物质与精神并重的务实宗教，非常重视商业贸易，主张诚实经营，平等交易，公平竞争，因此严禁重利盘剥；禁止在商品中掺假、以次充好；禁止囤积财富垄断市场；禁止缺斤少两；禁止发誓推销商品；禁止购买偷窃、抢夺来的物品；严禁出售违禁物品；禁止经商中使用欺骗手段。

（7）人际交往禁忌：伊斯兰教是一个重视交往，强调人情的宗教。《古兰经》倡导人际交往原则是诚实守信、克以忍耐、宽恕待人、互相合作、谦让利他、语言优美、重视礼节等。与这些原则相反的都是伊斯兰教所禁止的：严禁做伪证；严禁说谎；严禁诬蔑、谗言、诽谤；严禁讥笑并以秽名相称；禁止偷窥他人隐私；禁止嫉妒；禁止妄言嘻行；禁止背后非议。

（8）精神生活禁忌：明清时期，中国伊斯兰教学者都用"清真"一词来称谓伊斯兰教，表示"清高真切"，所以又将伊斯兰教称为"清真教"，将穆斯林表白信仰为念"清真言"，将穆斯林履行宗教功课的场所称为"清真寺"。"清真"一词有"清净无染，至清至真，纯净洁朴"的含义，它既突显了穆斯林注重洁净的要求，又表现出伊斯兰教在"两世兼顾""两世吉庆"的思想观照下，对清明、真实的精神世界的向往与追求，因此伊斯兰教非常注重人的道德品格的修养，反对愚昧和迷信，严禁赌博、抽签、占卜、看相等行为。

（三）佛教

佛教是我国最熟悉的宗教，佛教诞生于印度，却在中国发扬光大，对中国的政治经济和文化生活产生过重大影响。佛教起源于亚洲，现在绝大多数的佛教徒（约99%）仍然生活在亚太地区，世界佛教徒的一半生活在中国，除中国外，佛教人口最多的国家是泰国、日本、缅甸、斯里兰卡、越南、柬埔寨、韩国、印度和马来西亚，泰国、斯里兰卡、缅甸、柬埔寨和不丹等国，因尊佛教为国教，也被称为佛教国家。

佛实际上梵文音译"佛陀"的简称，过去有译做"浮屠"或"浮图"，本是"觉者""觉悟者"之意。佛教起源于公元前6至5世纪的古代印度，相当于距今约2500年左右的我国春秋时代，由古印度迦毗罗卫国（今尼泊尔境内）的王子悉达多·乔达摩创立，据佛经记载，释迦牟尼有感于人世变幻无常，深思解脱人生苦难之道，舍弃王族生活，出家修行。35岁时，他以超凡的毅力与悟性在菩提树下大彻大悟，即"觉悟"，遂开启佛教，然后在印度北部、中部恒河流域一带传教。80岁时在拘尸那迦城逝世。因其父为释迦族，后被尊称为释迦牟尼，也就是"释迦族的圣人"的意思。

佛教产生后逐步从印度次大陆扩展，南传东南亚，北传中国及朝鲜、日本和越南等地，并迅速发展成为世界性宗教。佛教传入中国，有文字记载的最早是在公元前2年汉哀帝时。先是通过丝绸之路传到现在的新疆地区，然后又传到内地。

1. 佛教的教义

从现存的早期佛教资料来看，释迦牟尼在创立佛教的时候，最关心的是人生价值和人的精神解脱问题，是为了寻求解脱生、老、病、死的痛苦之道。因此，佛教理论的核心是围绕着"苦"字展开的，宣称现实世界是个"苦海无边"的世界，只有信仰佛教才能找到摆脱"苦"，到达幸福极乐世界的道路。

佛教的基本教义主要有：缘起、四谛、八正道、十二因缘、三法印、因果业报、三界六道、涅槃等。

缘起："诸法由因缘而起"。释迦牟尼曾经给缘起下了一个这样的定义："此有故彼有，此生故彼生，此无故彼无，此灭故彼灭"。简单地说，就是一切事物一切现象的生起，都是相对的互存关系和条件，离开关系和条件，就不能生起任何一个事物或现象。因缘一般地解释，就是关系和条件。

四谛：释迦牟尼用缘起论来观察人生，得出"四谛"和"八正道"。谛：是真理的意思。四谛指苦谛、集谛、灭谛、道谛。四谛被称为佛教教义的总纲，又称为佛学的"四个真理"。①苦谛：是对社会人生以及外部环境所作的价值判断，认为世俗世界本性是苦；②集谛：解释人生充满痛苦的原因，苦源自人的本能欲望（色、声、香、味、触五欲）；③灭谛：指解除痛苦，也就是佛教徒追求的最终归宿。佛教认为最高的理想境界就是涅槃成佛；④道谛：要人们相信有一条可以使人解脱的途径，是对灭除人生痛苦、达到人生理想境界的方法和途径的说明。

八正道：合乎正法的八种悟道成佛的途径，又称八圣道。包括①正见：对佛教教义的正确理解；②正思维：对佛教教义的正确思考；③正语：说话要符合教义，不说一切非佛理之语；④正业：从事清静之身业，按佛教教义采取正确的行动；⑤正命：符合佛教戒律规定的正当合法的生活；⑥正精进：按照佛教教义努力学习和修行；⑦正念：铭记四谛等佛教真理；⑧正定：集中精力，专心致志修行。

十二因缘：是分析现实世界的苦难和造成苦难的原因时所得出的理论，即无明、行、识、名色、六入、触、受、爱、取、有、生、老死。这十二个环节一环套一环，顺逆都互相缘生缘灭，故称十二因缘。后来又把十二因缘说与轮回思想结合起来，提出了"三世两重因果"说，即十二因缘包含过去、现在、未来三世，有两重因果关系，称为三世两重因果。论证了只有信仰佛教修行，消除"无明"，才能使人摆脱生死轮回。

三法印：也称作"三相"，即是指佛教学说的三个最基本的相状特征，它们是佛教学说与其他思想流派的学说相区别的基本标志，也是衡量、印证是否合乎佛法的标准，具体内容是"诸行无常""诸法无我""涅槃寂静"，或者加上"有漏皆苦"，亦称四法印。

因果业报：因果，或称因果律，为佛教教义系统中用来说明世界一切关系的基本理论。一切事物皆由因果法则支配之，有因必有果，有果必有因。与因缘果报密切相关的一个概念是业。业，造作之义，意谓行为、作用、意志等身心活动。若与因果关系结合，则指由过去行为延续下来所形成的力量。业的果报，则称业报，又称业果，即善恶业因招致的苦乐果报。

三界六道：三界六道是佛教业报轮回说的主要内容。佛教认为，众生由惑业之因（贪、瞋、痴等）而招感三界六道之生死轮回的果报，如车轮之回转，永无尽止，故称轮回。三界和六道所指的范围是相同的，三界是按照境界的不同区分的，六道是按照众生种类或者叫业力或者叫果报的不同区分的。三界，又称为苦界，或苦海。指众生所居住的三种世界，或者说三类生存形态，即欲界、色界、无色界。六道，亦即众生生死轮回的六种去处，分别是：天道、人道、阿修罗道、畜生道、饿鬼道、地狱道。其中，天道、人道、阿修罗道被称作三善道，畜生道、饿鬼道、地狱道被称作三恶道。除了天道分为欲界天、色界天、无色界天以外，其余五道皆属于欲界。六道与三界的概念是互相重合的，通常称三界六道。

涅槃：又译为般涅槃，意译为圆寂、灭度、寂灭、无为、解脱、自在、安乐、不生不灭等，是佛教修行的最终目的和最高境界，佛教认为涅槃是将世间所有一切法都灭尽而仅有圆满而寂静的状态，所以涅槃中永远没有生命中的种种烦恼、痛苦，也不再有下一世的六道轮回，这是一种不生不灭、超越生死、永恒安乐的境界。

2. 佛教的经典

佛教的经典非常多，统称为藏经，俗称佛经，按体例的不同，一般由"经""律""论"三部分组成。"经"是指释迦牟尼佛亲口所说，由其弟子所集成的法本；"律"是指佛陀为其弟子所制定的戒条；"论"是佛陀的弟子们在学习佛经后所得的心得。按文字的不同又可分为汉文、藏文、巴利语三大体系。其内容博大精深，除佛教教义外，也包含了政治、伦理、哲学、文学、艺术、习俗等方面的论述。其中最为有名的有《金刚经》《妙法莲华经》

《法华经》《楞严经》《华严经》《大般涅槃经》《圆觉经》等。

3. 佛教常见礼仪

佛教在长期发展过程中形成了许多独特的礼节和仪式，它们既是佛教徒信仰的重要体现，也是表达宗教情感的重要手段。佛教认为，众生平等，都具有佛性，只因烦恼障碍智慧，而不得显现。故特别提倡互相尊重，讲究礼貌。佛教礼仪可以分为修持礼节和仪式两大方面：礼节是佛教信众日常生活中必须遵守的各种规矩，包括言、行、住、食、睡等各个方面，有着与一般人生活方式不同的特点；仪式通常则指寺院中举行的各种法事、法会、典礼，一般俗称"做佛事"。

（1）佛教徒的称谓。

在佛门里，称谓常是身份的象征、职务的代表，有一些专有的名词和特定的规矩。寺庙的负责人叫"方丈"，也叫"住持"。住持是"住于世而保持法统传承"的意思，"方丈"的原意是一丈见方之室，印度的僧房多以方一丈为制，方丈是对住持的尊称；负责处理寺院内部事务的叫"监院"；负责对外联系、迎送、应接宾客的叫"知客"。

佛教徒有四众之分，就是出家男女二众，在家男女二众。出家男众名为"比丘"，出家女众名为"比丘尼"。比丘是梵语（印度古典语），义即乞食，言其乞食以自生活；又有怖魔、破恶、净命等义，指出家后受过具足戒的男性僧人。尼是梵语中女声，指出家后受过具足戒的女性僧人。世俗也称比丘为"和尚"（僧），称比丘尼为"尼姑"（尼）。在家男女二众指遵守一定戒律没有出家的佛教信徒，在家男众称为"优婆塞"；在家女众称为"优婆夷"。俗称在家佛教徒为"居士"，叫法上可称为檀越、护法、施主等。蒙藏地区称僧人为喇嘛，相当于汉族地区所称和尚，也是师父的意思。

（2）出家受戒。

出家制度并不是佛教特有的，印度古代各教派都有出家的规定。其出家者统称为"沙门"，义为止息一切恶行。佛教对于出家有着严格规定，一个人要出家，除了信奉佛教、真心愿意皈依佛门之外，还要符合一系列条件，如没有犯过罪，没有债务纠纷，没有重大疾患和身体缺陷。出家前必须要摆脱人的所有社会属性，为人子女的，要得到父母的同意；身有官职的要辞去官职；已结婚的，要解除婚姻关系等。

出家和受戒密不可分，出家就要受戒，佛教徒只有正式受过戒才能获得正式的僧人资格。一般来说，汉传佛教的僧人要受三次戒：第一次是沙弥戒；第二次是具足戒，也叫比丘戒；第三次是菩萨戒。这三戒合称"三坛传戒"。第二次受比丘戒是成为一名正式僧人的许可证，受了比丘戒就有了正式的僧人资格，在此之前称沙弥，也就是汉地一般俗称的小和尚。受戒后的僧人必须遵守佛教的各种清规戒律，如饮食不沾荤腥等。

剃度是受戒的一种仪式，即剃去头发，也叫落发，其意为去除世俗烦恼，斩断亲情牵挂，摆脱不良习性，心无旁骛地在佛门净地修行。落发也是佛教区别于其他教派的标志。相传，佛祖释迦牟尼觉悟成佛，开始在恒河流域布教，广收门徒。因为佛祖最初对他的大弟子迦叶等五人宣讲佛法时，亲手为他们剃去了头发，表示接受他们做自己的弟子。而当时的印度，教派林立，为了区别印度其他的教派教徒，佛教徒们纷纷剃发，以至于后来，剃度就成了加入佛门的一种仪式。

（3）佛门四威仪。

佛教为了整肃僧尼的威仪，要求出家弟子在行、住、坐、卧四个方面都要有一定的规范，即"四威仪"：行如风，坐如钟，站如松，卧如弓。要求行走时，眼睛要平视，不可左抛又瞄，不可脚跟拖拉出声，举止庄重而安然；站立时，应如松树般地安稳，不可轻率、扭斜或身体抖动，并于适当立时则立，立于适当的位置；坐时，应将精神统一，身心放松。由后观之，如大钟一般稳定。切不可坐姿前倾、后仰、左右倒斜；卧时以右手托耳，左手伏在左边膝盖，上身挺直，两腿靠紧稍曲，名曰"吉祥卧"。

（4）礼佛敬拜。

礼佛即向佛行礼膜拜，忏悔罪过，感恩礼敬等。它的方式很多，包括雕刻佛像、供养塔寺和菩萨、念唱佛教音乐、上香、合掌、低头鞠躬、跪拜等。下面介绍两种常见的拜佛仪式：一是合十礼，也叫合掌礼，是佛教的普通礼节，行礼时两手手掌相合，十指并拢，置于胸前，表示敬意；二是顶礼，顶礼是佛教的最高礼节。行礼时人跪下，两手伏地，以头顶着受礼人的脚，故又称"头面顶礼"。一般在礼佛、拜师时用，磕一个头必须站起来，双手在胸前合十后再磕第二个头，共顶礼三次。藏族人民的磕长头，当属"五体投地"。

（5）出入佛殿寺庙。

首先，进入佛殿寺庙，着装以整洁为宜，不能穿背心、打赤膊、趿拖鞋。特别是女士，入佛堂切不可穿过分暴露的服装，也不可浓妆艳抹。进佛寺时，最好不要经由中门入，而当从旁门入，更不要踏门槛，以示恭敬。有人礼佛，勿从前面过。

入佛堂后不得吸烟、嚼口香糖，打闹嬉戏等。不可乱动寺庙之物，特别是寺中钟鼓鱼磬等法器，不可擅敲，锡杖衣钵等物，亦不可戏动，诸如水果、植物等，也不可随意摘取。

4. 佛教主要节日

佛诞日：也叫浴佛节，为每年的农历四月初八日，是我国佛教徒纪念教主释迦牟尼佛诞辰的一个重要节日。相传释迦牟尼从摩耶夫人的肋下降生时九龙吐水为之沐浴，因此在这一天，寺院里要举行"浴佛法会"，僧众们以香花灯烛、茶果珍肴供养佛像，并用各种名香浸水泡洗释迦牟尼诞生像，作为对释迦牟尼佛诞生的纪念。

孟兰盆节：另称中元节，民间俗称为鬼节。佛经传说，释迦牟尼的弟子目犍连看到死去的母亲堕在饿鬼道中，受尽饥渴之苦，便求佛救度。释迦牟尼要他在七月十五备百味饮食供养十方僧众，可使其母解脱。后来，在这一天寺院里都举行多种佛事活动，以超度先亡祖先。

成道节：相传当年释迦牟尼为寻求人生真谛与生死解脱，毅然舍弃王位，出家修道，在雪山苦行六年，在腊月初八悟道成佛。据此传说，寺庙常于这一天举行诵经，并效法释迦牟尼成道前牧女献乳糜的传说故事，取香谷及果实等造粥供佛，名腊八粥，以此来纪念释迦牟尼成道。老百姓认为腊八供过佛的粥特别吉祥，于是寺院做腊八粥的传统便广泛传播到民间，这也是我国民间节日腊八节的来历，即有在农历十二月初八吃腊八粥的风俗，这是由中国佛教徒纪念释迦牟尼佛成道而形成的一个风俗。

另外，在我过汉族地区还盛行观音菩萨、地藏菩萨等诞辰日，亦多举行佛事活动。藏传佛教有"传大召""传小召"等节日。

5. 佛教常识

菩萨：菩萨是菩提萨埵的简称。简单地解释，凡是抱着广大的志愿，要将自己和一切众生一齐从苦恼中救度出来，得到安乐；要将自己和一切众生一齐从愚痴中解脱出来，得到彻底的觉悟的便叫做菩萨。

南无：梵文的半译，念做"拿摩"，是表示尊敬的用语。佛教把其加在佛、菩萨名号之前，以示敬意。

舍利：梵文的音译，意指死者的骨灰，佛教用以专指高僧的骨灰。"舍利塔"即藏有舍利的塔。

皈依：指对佛教归顺依附、归命依靠。

超度：僧人通过诵经拜忏，可以使死者脱离地狱之苦，故称超度。

布施：俗人送财物给寺院或僧人叫布施。僧人把自己对俗人进行宗教宣传也称为布施，意思是施法于人。

化缘：僧人向俗人求布施称化缘。佛教宣称出布施的人可以与佛结缘。

袈裟：本为梵语，是僧尼们的"法衣"，它是从衣的"色"而立名的；所以也可以把它叫做"坏色衣"或"染污衣"。又因为"袈裟"的缝制方法，必须先把布料剪成一些碎块，然后缝合起来；所以又可以把它叫做"杂碎衣"或"割截衣"。

四大菩萨：中国佛教除敬奉西方佛祖如来之外，还特别敬奉他的四个东来使者，称为四大菩萨，为：文殊菩萨、观音菩萨、普贤菩萨、地藏菩萨，分表代表智慧、慈悲、行践和愿力。

佛教四大名山：佛教四大道场，道场是佛教术语，指佛祖或菩萨显灵说法的场所。指我国境内四座历史悠久、佛教文化昌盛的名山，为：山西五台山、浙江普陀山、四川峨眉山、安徽九华山，分别为文殊菩萨、观音菩萨、普贤菩萨、地藏菩萨的道场。

6. 佛教的戒律与禁忌

佛教教规极为繁杂、严格，是为"清规戒律"，尤其对出家僧人的要求和禁忌更为严格。

（1）佛教的基本戒律——"五戒十善"。

五戒，就是杀生戒，偷盗戒，邪淫戒，妄语戒，饮酒戒。"十善"实际上是五戒的细化，分为身、语、意三业的禁忌，其内容包括：身体行为的禁忌：不杀生，不偷盗，不邪淫；语言方面的禁忌：不妄语，不两舌，不恶口，不绮语；意识方面的善禁忌：不贪欲，不嗔恚，不邪见。

（2）饮食禁忌。

佛教规定出家人饮食方面的禁忌很多，其中素食是最基本、最重要的一条。素食的概念包括不吃荤腥。"荤"是指气味浓烈、刺激性强的蔬菜，如大蒜、大葱、韭菜等。所谓"腥"是指肉食，即是各种动物的肉，甚至蛋。东南亚国家的小乘佛教和一些蒙藏地区的僧人没有忌"腥"，但无论食肉与否，大小乘教派都禁忌荤食。此外，佛教还要求僧人不饮酒、不吸烟。不饮酒也包括不饮一切能麻醉人的饮料，各种毒品更在禁忌之列。

（3）生活禁忌。

佛教在个人生活方面的禁忌主要有：不结婚，不蓄私财，不自歌舞，不观看听取歌舞，不坐卧高级豪华床位，不接受金银等财宝，不作买卖，不看相算命，不着杂色衣服等。

（5）交往禁忌。

佛教徒内部不用握手礼节，不要主动伸手与僧众相握，尤其注意不要与出家的尼众握手。非佛教徒对寺院里的僧尼或在家的居士行礼，以合十礼为宜。

男性公民不能进尼众的寮房，同比丘尼说话时要有另外的人在场，不要主动与比丘尼握手。忌随意触摸佛像、经书、钟鼓以及活佛的身体。

严禁将一切荤腥及其制品带入寺院。不宜向僧人敬烟；同桌就餐时，不宜将素菜荤叫，不宜对僧人敬酒、劝酒，或者劝吃肉，也不宜提议同僧人干杯（茶、饮料等）。

（6）国别禁忌。

在缅甸，佛教徒忌吃活物，有不杀生与放生的习俗。忌穿鞋进入佛堂与一切神圣的地方。他们认为制鞋用的是皮革，是杀生所得，并且鞋子踏在脚下是肮脏的物品，会玷污圣地，受到报应；在日本，有佛事的祭祀桌上禁忌带腥味的食品，同时忌食牛肉。忌妇女接触寺庙里的和尚，忌妇女送东西给和尚；在泰国，佛教徒最忌讳别人摸他们的头。即使是大人对小孩的抚爱也忌讳摸头顶，因为按照传统的佛俗认为头部是最高贵的部位，抚摸或其他有关接触别人头部的动作都是对人的极大侮辱。

【思考与练习】

1. 宗教包含了哪三个层面？表现为哪些内容？
2. 基督教有哪三大主要派别？
3. 基督教的主要经典和基本信仰是什么？
4. 圣诞节具有怎样的文化内涵？
5. "伊斯兰"和"穆斯林"的词义是什么？
6. 总结伊斯兰教注重洁净的教义主要体现在哪些宗教礼仪上。
7. 我国将伊斯兰教称为"清真教"，有何寓意？
8. "四圣谛"指的是什么？
9. 与佛门弟子来往需注意些什么礼节？
10. 简述我国与佛教有关的习俗与禁忌。

第二节　部分国家民族的风俗礼仪

风俗是指一定社会区域内人们代代相传，共同遵守、自觉维护的各种习惯和行为方式的总和，主要包括民族风俗、节日习俗和传统礼俗等，它反映了一个民族、国家、地区的社会生活的丰富内容和文化信息。由于风俗是在长时间的历史岁月中沿袭而来，对社会成员具有较强的约束和规范作用，并对社会文化、道德、律法等影响很大。

中国人有"入乡随俗"的成语，指到别的地方去，就要主动适应并融入那个地方的风俗文化。与人交往更要"随俗"，只有了解、尊重对方的风俗习惯，才能交流顺畅，建立良好互信的关系。

一、问候礼节

目前很多国家还保留着传统的见面礼节,如泰国是双手合十致意,日本人行鞠躬礼,在西方,亲人、熟人之间见面多是拥抱、亲脸、贴面颊等。我们应对这些礼节有所了解,在一定场合也可使用。

1. 握手礼

握手礼常用在见面、告别、致意或表示祝贺时,是大多数国家通用并最常见的礼节。

握手,是人类在长期的社会交往中逐渐形成的一种重要礼节,最早可以追溯到"刀耕火种"的原始时代。那时,人们以木棒或石块为武器,进行狩猎或战争。狩猎中遇到不属于本部落的陌生人,或敌对双方准备和解时,双方就要放下手中的武器,伸出手掌,让对方摸一下手心,以示友好。这种习惯后来演变成现代握手礼。

作为一种长期形成的礼节,握手有哪些讲究呢?

一般说来,握手的顺序根据握手人的社会地位、年龄、性别和身份来确定。上下级握手,下级要等上级先伸出手;长幼握手,年轻者要等年长者先伸出手;男女握手,男士等女士伸出手后,方可伸手握之;宾主握手,主人应向客人先伸出手,而不论对方是男是女。总而言之,社会地位高者、年长者、女士、主人享有握手的主动权。朋友、平辈见面,先伸出手者则表现出更有礼貌。

握手宜用右手;在一些东南亚国家,如印度、印度尼西亚等,人们不用左手与他人接触。若是戴手套,握手前应脱下手套,放好或拿在左手上,再和人握手。多人同时握手时,注意不要交叉握手,不可左手右手同时与两个人相握,也不宜隔着中间的人握手,要等别人握完再伸手。除特殊情况外,通常应站着握手,而不要坐着握手。

在握手的同时要注视对方,态度真挚亲切,切不可东张西望,漫不经心。如果是一般关系、一般场合,双方握手时稍用力握一下即可放开,时间一般为 2 至 5 秒。如果关系亲密、场合隆重,双方的手握住后应上下微摇几下,以体现出热情。男女握手,男士应轻握女士的手指部分,不宜握得太紧太久。

2. 拥抱礼

在西方,拥抱是与握手同样重要的问候礼仪。拥抱不仅是人们日常交际中的礼节,还是很多国家政府首脑外交场合中的重要礼仪,同时也是熟人、朋友之间表达亲密感情的一种方式。

行拥抱礼的要领是:两人相对而立,各自上身稍稍前倾,右臂偏上,左臂偏下,右手环拥对方左肩部位,左手扶在对方右腰部位,彼此头部及上身向一侧相互拥抱。以"左—右—左"的方式交替进行。

在欧洲、美洲、澳洲诸国,男女老幼之间均可采用拥抱礼。而在亚洲、非洲的绝大多数国家里,尤其是在阿拉伯国家,拥抱礼仅适用于同性之间,与异性在大庭广众进行拥抱,是绝对禁止的。

3. 鞠躬礼

"鞠躬"起源于中国商代,在古代叫"弯身礼",表达"弯身行礼,以示恭敬"的意思。辛亥革命胜利后,孙中山于1912年宣布取消封建社会的跪拜礼,以鞠躬礼为日常礼仪。鞠躬礼现通行于中国、日本、韩国、朝鲜等国家,是一种传统的东方礼仪,也是现代社会基本礼仪之一,与日本、韩国等外国友人见面时,行鞠躬礼表达致意是常见的礼节仪式。

基本姿势是:面向受礼者,距离为两三步远;立正站好,保持身体端正;上半身向前弯曲,两腿并拢,男士双手自然下垂,贴于两腿侧面,十指并拢,女式则双手下垂搭垂在腹部。行礼时,轻吸气弯下上身,在呼气时间里完成鞠躬礼,在吸气中抬起上半身及头部,恢复礼前姿势。双目注视客人,随着躬身动作,视线也随之移向地面。行礼与礼貌语言同时进行,如"您好!欢迎光临!"

弯腰的深浅不同,表示的含义也不同,按照上身倾斜角度的不同主要有:15度鞠躬礼、30度鞠躬礼、45度鞠躬礼,而90度大鞠躬常用于特殊情况。

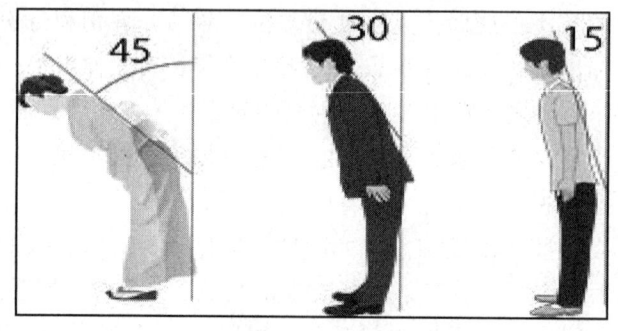

一度鞠躬:上身倾斜角度约为15度左右,称为普通礼。微微低头,身体上部向下弯约15度。常用于一般的交际场合,问候、介绍、握手,向对方表示感谢关照的时候等。

二度鞠躬:上身倾斜角度约为30度左右,称为中礼。身体上部向下弯约30度。常用于下级向上级,学生向老师,晚辈向前辈,服务人员向来宾表示敬意。

三度鞠躬:上身倾斜角度约为45度左右,表示向对方深度敬礼和道歉,是一种最郑重其事的敬礼。一般用于宗教仪式、婚礼、追悼会等,称为最敬礼。

鞠躬时应注意避免以下几个错误:一是鞠躬时只低头不弯腰;二是不脱帽;三是眼睛不往下看,一面鞠躬,一面试图翻起眼睛看对方。

4. 合十礼

又称"合掌礼",原为古印度的佛教拜礼,后发展成全民性的见面礼,现在盛行于信奉佛教的东南亚、南亚国家,如泰国、缅甸、老挝、柬埔寨、尼泊尔等佛教国家。平常生活中,人们用合十礼来祈祷,祝福,或表示感谢、感恩,见到佛像时,双手合十表示对佛祖的尊敬。另外,僧侣间也常用来问候对方。

行礼时,双掌相合,手指并拢向上,置于胸前掌尖与鼻尖基本持平,手掌向外侧倾斜,双腿立直站立,上身微欠低头。行礼时,合十的双手举得越高,越体现出对对方的尊重,但原则上不可高于额头。

5. 点头礼

又叫颔首礼,适用于在会场、剧院等不宜交谈之处,或是遇上多人而又无法一一问候的情况。具体做法是头部向下轻轻一点,同时面带笑容,不要反复点头不止,也不必点头的幅度过大。行点头礼时,应取下帽子。

6. 亲吻礼

多见于西方、东欧、阿拉伯国家,是亲人以及亲密的朋友间表示亲昵、慰问、爱抚的一种礼,通常是在受礼者脸上或额上接一个吻。一般而言,长辈与晚辈之间,宜吻脸颊和额头;平辈之间,宜轻贴面;关系亲密的子女之间可吻脸;异性之间,宜贴面。而在伊斯兰国家里,则仅限于同性之间使用,异性之间绝对用不得。

7. 其他

现代社会礼仪种类繁多,不同国家、不同民族的问候方式,见面习俗差别很大,除以上介绍外,还有西方国家通用的"亲吻礼",具有中华传统特色的"拱手礼",以及"吻手礼""吻脚礼""碰鼻礼"等。

二、餐饮礼仪

"民以食为天",吃饭进餐是我们日常交往的重要形式,世界各地的人们有自己的进餐习惯和味觉倾向,一些国家和民族还将自己的饮食发展成了一种独特而精妙的文化传统。下面就部分国家的饮食文化进行介绍。

(一)几种著名的饮食文化

【酒文化】

酒文化包含酒的历史、制作、饮用、消费,以及因其产生的衍生文化产品。酒文化不仅在中国源远流长,在世界许多国家和民族都发展成了独具特色的传统。可以说,时至今日,酒文化已渗透到社会生活的各个领域,特别是在人际交往活动中,发挥了十分重要的作用。

(1)酒的起源。

虽然所能查实的史料仅能证明酒的酿造只有几千年的历史,但真正的酒的形成可能要早得多,甚至早于人类本身的历史。有推断认为,酒的起源可以追溯到史前时期,即旧石器时代晚期(距今两三万年左右)。人类最早的酿酒活动,只是机械地简单重复大自然的自酿过程。真正称得上有目的的人工酿酒生产活动,是在人类进入新石器时代、出现了农业之后开始的。这时,人类有了比较充裕的粮食,尔后又有了制作精细的陶制器皿,这才使得酿酒生产成为可能。

中国是最早掌握酿酒技术的国家之一,但具体的时间难以考证,有"猿猴造酒说"和"仪狄造酒说"等说法。中国古代在酿酒技术上的一项重要发明,就是用酒曲造酒,这些制曲酿酒技术的一些基本原理和方法一直沿用至今。约一千年前的宋代,中国人发明了蒸馏法,从此,白酒成为中国人饮用的主要酒类。而"四大文明古国"中的希腊是欧洲葡萄酒的发源地,早在6 000年前就有了酿酒工艺,可以说酒与希腊古老的文明紧紧相连。

(2)酒的种类。

酒的品种繁多,就制作方法而言,有酿造酒(发酵酒)、蒸馏酒和配制饮料酒(简称配制酒)三类。酿造酒是制酒原料经发酵后,在一定容器内经过一定时间的窖藏而产生的含酒精饮品。这类酒品的酒精含量一般都不高,不超过百分之十几。如葡萄酒、啤酒、黄酒、米酒等,出现较早。蒸馏酒是在发酵完了再经蒸馏而得的高度饮料酒,主要有白酒、白兰地、威士忌和伏特加等,出现较晚。配制饮料酒主要是以发酵原酒或蒸馏酒为酒基,配以一定的原料辅之以色、香、味,经过规定的工艺过程调配而成。包括鸡尾酒、利口酒、杨梅烧酒、竹叶青等。

按酒精含量分类有高度酒、中度酒和低度酒。高度酒是指酒精含量在40度以上的酒,如白兰地、朗姆酒、茅台酒、五粮液等。中度酒是指酒精含量在20~40度之间的酒。低度酒是指酒精含量在20度以下的酒,如啤酒、黄酒、葡萄酒、日本清酒等。

国外经常以配餐方式对酒进行分类。有开胃酒、佐餐酒、餐后酒。开胃酒是以成品酒或食用酒精为原料加入香料等浸泡而成的一种配制酒,如味美思、比特酒、茴香酒等。佐餐酒主要是指葡萄酒,因西方人就餐时一般只喝葡萄酒而不喝其他酒类(不像中国人可以用任何酒佐餐),如红葡萄酒、白葡萄酒、玫瑰葡萄酒和有汽葡萄酒等。餐后酒主要是指餐后饮用的可帮助消化的酒类,如白兰地、利口酒等。

(3)世界各地的饮酒习俗。

在东方,中国、韩国和日本是最爱喝酒的三个国家。

在灿烂的中华文明里,酒文化一直是浓墨重彩的一笔,酒的影响渗透到了文学、绘画、书法、饮食、民俗等中国社会的各个方面。在中国古代,酒被视为神圣之物,"饮必祭,祭必酒""百礼之会,非酒不行"。因醉酒而解脱束缚,获得艺术的自由状态,是古代中国艺术家创作的重要途径。"诗仙"李白"斗酒诗百篇","书圣"王羲之醉时挥毫而就《兰亭序》,草圣张旭"每大醉,呼叫狂走,乃下笔",酒醉而成传世之作的例子在中国文化史中俯拾皆是。酒文化也是中华民族饮食文化的重要组成部分,除了作为烹饪的重要原料,酒还是绝大多数聚会和宴请上不可缺少的饮品,进而形成了一系列独具风格的饮酒礼俗。如"喝喜酒"是参加婚礼的代名词,新婚夫妻结婚仪式上要喝"交杯酒",迎接远道而来的贵宾要喝"接风酒"。总之,在中国可以说是"无酒不成礼,无酒不成俗"。

日本和韩国也堪称好酒王国,这两国的成年男性几乎没有不会喝酒的,女性酒客也数量惊人。日本男性在每天下班后会找地方喝上几杯再回家,把喝酒当作排解压力、放松心情的最佳方式。清酒是日本的国酒,以大米酿造而成,酒味可口甜美,度数在15度左右,也是日本菜肴的最佳搭配。

在韩国不喝酒是交不到朋友的。韩国多饮烧酒,年轻人中还流行一种"炸弹酒"。韩国喝酒的礼数较多,比如每次都要互相倒酒,自斟视为失礼,因为是无视对方的表现,你来我往才是符合礼节的习惯;要等到对方把杯中酒喝完才能倒酒,不然就是失礼;给长辈或不熟悉的人倒酒需要用双手倒,接酒时也要双手握酒杯,以示尊敬;喝酒时,晚辈要侧过身去用手掩着酒杯喝下,不能面对长辈饮酒。

欧洲不少国家好酒成癖,酒俗也五花八门。

有数据统计，英国人爱喝酒排名世界第一。据调查，有84%的英国人喝酒，比最低的印度人高出3倍多。英国每天都会喝酒的人有十分之一，比法国高出1倍。英国最负盛名的酒是苏格兰威士忌，已有1 000多年的历史，其产品出口世界200多个国家，被英国人视为国家一宝。在苏格兰，威士忌是新年前夜的必备酒。因此，受邀参加别人的新年家庭聚会，威士忌通常是必备礼品。

在俄罗斯人看来，不喝酒的男人就不是真正的男子汉，并且喜欢喝不掺水的烈性酒伏特加。伏特加是俄国罗斯的国酒，是极寒之地的产物。

德国有啤酒王国之称，所产的啤酒远销140多个国家和地区。德国人喝啤酒也是世界出名的，其规矩是吃饭前先喝啤酒，再喝葡萄酒，若饮酒次序反了，他们会认为有损健康。在德国有15%的人是酒吧的常客。德国的近邻，捷克和斯洛伐克，也是啤酒大国，年人均喝啤酒165公斤，可称为喝酒的冠军。

法国人不仅爱喝酒，而且对酒很讲究。一餐中可以饮几种不同的酒，而且是先后次序分得清清楚楚。大致上是分为餐前酒，又叫开胃酒、餐酒及餐后酒。喝酒讲究细品慢咽，饮酒代表着礼仪和品味，是浪漫与精致的享受。法国的香槟和葡萄酒闻名世界，香槟是为喜庆准备的，葡萄酒分为红葡萄酒、白葡萄酒两种，有"白酒配鱼，红酒配肉"的习惯。

葡萄牙是世界上最爱喝葡萄酒的国家，葡萄酒是每一个家庭必不可少的饮料，男女老幼、饭前饭后都爱饮酒，也喜欢用酒招待人。喝葡萄酒已成为葡萄牙人招待客人、商务宴请、社交场合和家庭宴会时的一种礼节和习惯。

除此以外，白俄罗斯、立陶宛、罗马尼亚、意大利、西班牙、希腊、波兰、摩尔多瓦，以及厄瓜多尔、乌干达等国也都属"好酒"的国度。

然而，伴随酒文化的兴起与昌盛，其所显现出来的弊端与危害，也越来越令人关注。过量饮酒不仅伤害身体，更带来一系列社会问题，如饮酒的社会功能被过分夸大，引发"吃喝风"败坏社会风气，在欧美，酗酒成瘾的人数不断攀升等。因此，该如何继承和发扬酒文化，是值得大家思考和反省的问题。

【茶文化】

茶文化包含饮茶过程中显露出来的各种文化特征，包含了茶的生产制作、泡茶饮茶的习俗、茶器茶具的工艺、茶的传播以及延伸出来的精神内涵与礼仪之道等。现在，全世界有160多个国家和地区的人民有饮茶习俗，人口约20多亿，有大约50个国家种茶，茶与咖啡、可可并称为风靡世界的三大无酒精饮料。但各个国家围绕"茶"衍生出来的"吃法"和"饮法"却各有差异，其中，一些国家结合自己的地域特点和民族习惯，形成了独具特色的茶文化。

（1）中国茶文化。

我国是茶的故乡，也是茶文化的起源地，中国有俗语"出门七件事，柴米油盐酱醋茶"，可见茶在中国老百姓生活中的重要地位。汉族人饮茶，据说始于神农时代，《神农本草经》中说："神农尝百草，日遇七十二毒，得茶而解之"，如果记载属实的话，中国饮茶一俗，少说也有四千多年历史了。

秦汉以前，我国四川一带已盛行饮茶，并在西汉时期，将茶作为贡品传入京城长安。唐人陆羽所著的《茶经》，是唐代茶文化形成的标志。《茶经》分三卷十节，从自然、人文、科学的多重角度对茶进行了解析，积累了大量关于茶叶种植、生产的物质文化，探讨了饮茶的艺术，并把儒、道、佛三教融入饮茶中，首创了中国茶道精神。从它以后又出现大量茶书、茶诗，从此茶的精神文化渗透了宫廷和社会，深入中国的诗词、绘画、书法、宗教、医学。而陆羽也因此被尊为"茶圣"。唐朝诗人卢仝好茶成癖，有"茶痴"之号，他的《七碗茶歌》（又名《走笔谢孟谏议寄新茶》）堪称千古绝唱。他还著有《茶谱》，被世人尊称为"茶仙"，特别受我们的近邻日本的推崇，常常把他和"茶圣"陆羽相提并论。唐朝时，日本留学僧来五台山研习佛学，带回茶种，茶由此传入日本。明代郑和下西洋，茶叶也随之被带入东南亚和非洲南部。明代末，荷兰商船首先从澳门运茶到欧洲，打开了中国茶叶销往西方的大门。

中国茶的种类很多，按照加工工艺的不同，主要的有：红茶、绿茶、黄茶、黑茶、白茶、青茶（乌龙茶）六大类。六大茶类中，绿茶的品种最多，产量占总量的80%以上。

中国是礼仪之邦，自古以来都有"客来敬茶"之礼。来了客人，沏茶、敬茶的礼仪是必不可少的。主人在陪伴客人饮茶时，要注意客人杯、壶中的茶水残留量，一般用茶杯泡茶，如已喝去一半，就要添加开水，使茶水浓度基本保持前后一致，水温适宜。在饮茶时也可适当佐以茶食、糖果、菜肴等，达到调节口味的功效。

中国人饮茶，注重一个"品"字。"品茶"不只是鉴别茶的优劣，也带有神思遐想和领略饮茶情趣之意。喝茶切忌"一口闷"或者"亮杯底"，不作"牛饮"。这种通过品茶活动来表现一定的礼节、人品、意境、美学观点和精神境界的艺术，叫"茶道"，茶道是茶文化的核心。中国茶道的主要内容讲究五境之美，即茶叶、茶水、火候、茶具、环境，同时配以情绪等条件，以求"味"和"心"的最高享受。

元·赵孟頫 《斗茶图》

明·文征明《惠山茶会图卷》

（2）日本茶文化。

日本的茶文化始于中国，并不断地注入自己的本土特性和民族精神，形成了独具一格并闻名于世的"日本茶道"。日本茶道是融哲学、宗教、文学、道德、绘画、建筑、饮食等在内的一门综合文化艺术。"和、敬、清、寂"是日本茶道文化的基本精神。被称之为"茶道四规"。和、敬是处理人际关系的准则，强调主客通过饮茶做到和睦相处，互敬有礼；清、寂是指环境气氛，要充分体现清静和典雅，以清静的环境和古朴幽雅的陈设，造成一种空灵静寂的意境。

日本茶道不同于一般的喝茶、品茗，而是有一整套严格的规则和繁琐的程序。举行茶道的时间，分别为朝茶、饭后、消昼和夜话。品茶很讲究场所，一般均在茶室中进行。接待宾客时，待客人入座后，由主持仪式的茶师按规定动作点炭火、煮开水、冲茶或抹茶（用竹制茶匙按一定动作将茶碗中的茶搅成泡沫状），然后依次献给宾客。客人须恭敬地双手接茶，先致谢，尔后三转茶碗，轻品、慢饮、奉还。点茶、煮茶、冲茶、献茶，是日本茶道仪式的主要部分，需要专门的技术和训练。品茶分"轮饮"和"单饮"两种形式。轮饮是客人轮流品尝一碗茶，单饮是宾客每人单独一碗茶。饮茶完毕，按照习惯客人要对各种茶具进行鉴赏。

（3）英国茶文化。

英国人饮茶约始于17世纪中期，当时查理二世的王后葡萄牙公主凯瑟琳非常喜欢饮茶，被称为"饮茶皇后"，她的陪嫁包括221磅红茶和精美的中国茶具。在她的影响和推动下，饮茶之风很快在全国蔓延。到18世纪，饮茶普及到各阶层，英国已成为世界上人均茶叶消费量最大的国家。在今天的英国，茶是不可或缺的生活用品，一天要饮茶数次。如晨起的床头茶；早餐时的早茶，也叫"开眼茶"；上午约20分钟的"公休茶"；下午4点左右的下午茶。其中英式下午茶随着英国在世界范围的殖民扩张，已成了一种世界闻名的文化形式。

此外，英国还有名目繁多的茶宴、花园茶会以及周末郊游的野餐茶会。

英国人喝的茶，品种非常单一，主要是红茶。英国人喝茶，喜欢把茶与牛奶混合在一起，调制所谓的"英国茶"，还可以加糖、蜂蜜和花果进行调配。

有一首英国民谣这样唱到："当时钟敲响四下时，世上的一切瞬间为茶而停。"英国人对下午茶的钟爱可见一斑。正统的英式下午茶一般由女主人着正式服装主持，亲自为客人服务。在维多利亚时代，男士着燕尾服，女士则着礼服，这是一种绅士淑女风范的礼仪。传统的英式下午茶最特别的是三层点心架和上面的茶点。通常第一层放咸味的三明治、第二层放传统英式甜点、第三层则放蛋糕及水果塔，茶点的食用顺序应遵从味道由淡而重，由咸而甜的法则。英式下午茶还有一套讲究的用具。比如黄油刀、叉子和勺子，瓷器、茶壶、茶杯、碟子、糖罐、奶盅、茶匙等，都精美而华丽。一般都是直接冲泡茶叶，再用茶漏过滤掉茶渣，然后倒入杯中饮用。饮茶中，餐具和茶器都讲究轻拿轻放，要举止得体，轻声谈话，面容优雅。人们在喝茶品点心的时候，往往谈天说地，交流信息，品评时事，谈论文艺。

东方的茶文化，表现得更为内敛，饮茶是品道，是领略一种意趣。而英国的下午茶更倾向于一种开放式的茶文化。在英国，"英式下午茶"并不仅仅是一种饮食习惯，也是一种社交行为，更是一种文化享受。

（4）其他国家的茶饮习俗。

除了上述三国，还有一些国家的茶饮文化较为典型。

印度：茶叶在17世纪经中国传入印度，很快就在这片土地上生根发芽、茁壮成长，并且成为国民经济的重要支柱。印度现已成为世界红茶的主产地，也是世界最大的茶叶生产国之一。奶茶是印度人日常生活不可或缺的饮料，一般由红茶、牛奶和糖熬煮而成，另一种制作方式是"拉"，在两个杯子间牛奶和酽茶倒来倒去，在空中拉出一道棕色弧线，以便茶乳交融，拉得越长，起泡越多，口感越好。还有一种马萨拉茶，是印度非常有名的国茶，是在奶茶中加入肉桂、豆蔻、丁香、茴香、姜等香料调味，也叫"香料印度茶"。

北非：因气候干燥炎热，因此北非盛行薄荷茶。当地人喜欢在绿茶里放置几片新鲜薄荷叶和冰糖，饮时清凉可口。需要提及的是，当有客来访，客人得将主人敬的三杯茶喝完，才算有礼貌。北非中的埃及崇尚甜茶。埃及人待客，常端上一杯热茶，里面放许多白糖。喝埃及甜茶会有黏糊之感，外来客人大多不习惯。

斯里兰卡：斯里兰卡被称为"红茶之国"，其出产的锡兰红茶是世界红茶市场的佼佼者，畅销世界各地。斯里兰卡本地人爱喝不加奶的浓茶，有时也会制作出不同口味的果味茶、姜红茶。

泰国：泰国地处南亚，气候炎热，因此冰茶成为他们饮茶文化中重要内容。泰国人喜爱在茶水里加冰，让茶冷却甚至冰冻，品尝起来沁人心脾。

法国：法国的饮茶文化是从皇室贵族阶层逐渐普及至民间。现今法国人最爱饮用绿茶、红茶、沱茶、花茶。有些地方还会在茶中加入新鲜鸡蛋，或者在茶中加入杜松子酒或威士忌酒。

俄罗斯：早在十九世纪下半叶，俄罗斯便成了中国茶叶的最大买主。俄罗斯人喜爱喝红茶，茶味浓厚。喝茶时，他们会先倒半杯浓茶，然后加热开水，再加两片方糖与柠檬片，喝茶程序和步骤也非常讲究。

荷兰：17世纪初就从中国进口茶叶。有早茶、午茶、晚茶风气。习惯红茶，有的还佐以糖、奶、柠檬等。

摩洛哥：是中国茶叶的最大出口国，95%的茶叶都来自中国。日常饮"三道茶"，绿茶为主。

【咖啡文化】

作为世界三大饮料之一的咖啡，早已和时尚、现代生活联系在一起。咖啡在西方人的生活中有着不可取代的地位，并且近年来在亚洲的消费群也迅速增长。这种口味独特充满神秘色彩的饮品，不仅成为许多国家日常饮食的重要组成部分，还在社会生活中发挥了其历史文化功效，已经成为西方文化的典型代表。

（1）咖啡的起源。

咖啡一词源自希腊语，意思是"力量与热情"。咖啡树是属山椒科的常绿灌木，咖啡豆是用咖啡树果实的果仁，加以适当的方法烘焙而成，日常饮用的咖啡是用咖啡豆配合各种不同的烹煮器具制作而来。关于咖啡的由来，有好几种传说，其中为人熟知的是牧羊人的故事。公元600年左右，埃塞比亚高原的一个牧羊人发现他的羊群吃了一种不知名的果实后，每到夜晚就会异常兴奋地嘶叫，进而发现了咖啡。此后咖啡便成了药品、食物及饮料。到了十五世纪，饮用咖啡已在阿拉伯国家盛行起来。大约17世纪左右，咖啡才经由通商航线，逐渐风靡意大利、印度、英国等地。

（2）咖啡的类别。

以出产地而言，世界上有名的咖啡种类有：

牙买加蓝山咖啡：是高品质咖啡的代名词。它的味道非常微妙，酸度恰到好处，口味清爽而雅致，有淡淡的甜味和绝佳的醇度，非常滑润爽口，还有无与伦比的香味。适合中度烘焙。

也门摩卡咖啡：世界上最古老的咖啡之一。摩卡是阿拉伯半岛最南端国家也门的一个港口，以前的咖啡就是从这个港口出口而得名，现在一般阿拉伯半岛的咖啡都称为摩卡咖啡。它的特点是果香浓郁，有明显的酒味，酸味比较重，而且有明显的巧克力味道，适合深度烘焙。

苏门答腊曼特宁咖啡：产于亚洲印度尼西亚的苏门答腊，它的特点是风味非常浓郁，香、苦、醇厚，带有少许的甜味。适合中度烘焙。

哥伦比亚咖啡：产自南美洲安第斯山脚下，颗粒小，醇度中等，酸度低，口味偏甜。适合中度烘焙。

此外，还有肯尼亚、巴西、埃塞俄比亚、爪哇等地，也都是盛产咖啡的国度。

以风味来划分，既是我们日常在咖啡馆里常见的品种，主要有：

意大利浓缩咖啡（Espresso）：用烘焙时间较久的咖啡豆制成，味苦而浓香。是制作很多花式咖啡的"原材料"。

拿铁（Caffè Latte）：拿铁咖啡做法极其简单，就是在刚刚做好的意大利浓缩咖啡中倒入接近沸腾的牛奶。加入多少牛奶没有一定之规，可依个人口味自由调配。

卡布奇诺（Cappuccino）：与拿铁同属"牛奶咖啡"，但比例不同。以浓缩咖啡为基础，加入牛奶和奶泡的意大利咖啡。

玛奇朵（Espresso Macchiato）：是奶咖啡的一种，原文为意大利语，是"印记、烙印"的意思。玛奇朵是在浓咖啡上加上一层热奶泡，口感细腻滑爽而又不失咖啡的浓香。

美式咖啡（Americano）：使用滴滤式咖啡壶、虹吸壶、法压壶之类的器具所制作出的黑咖啡，又或者是在意大利浓缩咖啡中加入大量的水制成。口味比较淡，但因为萃取时间长，所以咖啡因含量高。

白咖啡（Flat White）：马来西亚特产，约有100多年的历史。白咖啡并不是指咖啡的颜色是白色的，而是指经特殊工艺加工后得到的咖啡颜色，比普通咖啡更清淡柔和，故得名为白咖啡。白咖啡甘醇芳香不伤肠胃，保留了咖啡原有的色泽和香味。

（3）世界各地的咖啡文化。

在欧洲，咖啡文化可以说是一种很成熟的文化形式。有人把咖啡馆看作欧洲近代文明的一个摇篮。1645年的威尼斯，诞生了欧洲第一家公开的街头咖啡馆，巴黎和维也纳紧随其后。咖啡馆自产生之初便蕴藏着一种社会交往范式，人们把咖啡馆当作发表言论、交换观点、获取新闻的场所，咖啡馆似乎起到了如同当今社会信息网络系统的作用。

法国：咖啡是法国社会和文化的一种典型的标志。法国的咖啡文化源远流长，从咖啡传入法国的那一天开始，法国的文化艺术中就时时可见咖啡的影响和影子。17世纪开始，在法国的上流社会中，出现了许多因为品饮咖啡而形成的文化艺术沙龙，法国大文豪巴尔扎克曾写道："咖啡馆的柜台就是民众的议会厅。而他本人据说一生喝下了大约5万杯咖啡，平均每天6、7杯。而法国大革命、启蒙运动、存在主义等政治、社会、文化思潮都是从咖啡馆走向社会的。

比起口味和品质，法国人喝咖啡更注重饮用咖啡的环境和氛围，大街小巷林立的各种咖啡馆，弥漫着优雅浪漫的情调。

奥地利：咖啡也是奥地利人生活的一部分，在奥地利的维也纳，咖啡与音乐、华尔兹舞并称"维也纳三宝"。维也纳的咖啡馆数量也相当惊人，莫扎特、贝多芬、舒伯特和施特劳斯据说都是咖啡馆的常客。

　　阿拉伯：阿拉伯的咖啡文化古老而悠久。在阿拉伯地区，人们对咖啡的饮用，无论是从品质、环境，还是饮用方式上，都还保持了悠久的传统，十分讲究。他们有一套传统的咖啡饮用的礼仪和程式。在喝咖啡之前要焚香，还要在品饮咖啡的地方撒放香料，然后是宾主一同欣赏咖啡的品质，从颜色到香味，仔细地研究一番，再把精美贵重的咖啡器皿摆出来赏玩，然后才开始烹煮香浓的咖啡。

　　如果一个人被邀请到阿拉伯人家里去喝咖啡，这表示了主人最为诚挚的敬意，被邀请的客人要表示出发自内心的感激和回应。客人在来到主人家的时候，要做到谦恭有礼，在品尝咖啡的时候，除了要赞美咖啡的香醇之外，还要切记即使喝得满嘴都是咖啡渣，也不能喝水，因为那是表示客人对主人的咖啡不满意，会极大地伤害主人的自尊和盛情的。

　　美国：美国是个年轻而充满活力的国家，这个国家的任何一种文化形式都像它自身一样，没有禁锢，不落窠臼，率性而为，美国的咖啡文化也不例外。美国人喝咖啡随意而为，无所顾忌，没有欧洲人的情调，也没有阿拉伯人的讲究，自由而舒适。美国是世界上咖啡消耗量最大的国家，几乎时时处处都在喝咖啡，不论在家里、学校、办公室，还是公共场合，咖啡的香气随处可闻。

　　土耳其：土耳其人有句谚语："喝你一杯土耳其咖啡，记你友谊四十年。"在土耳其的大街小巷，到处是咖啡店。土耳其咖啡是一种采用原始煮法的咖啡，在土耳其及巴尔干诸国，这些曾受奥斯曼土耳其帝国统治的国家，仍流行饮用土耳其咖啡。由于土耳其咖啡是以咖啡粉现煮而成，因此在品尝的时候，会先让咖啡粉沉淀之后再品饮。同时土耳其有一种咖啡算命的习惯，即凭借粘在咖啡杯里的咖啡渣来占卜未来。

　　韩国：韩国是咖啡王国的后起之秀，咖啡传入韩国至今仅短短一百多年，但如今已成为韩国的"国民饮料"，成为韩国人生活方式的一个缩影。首都首尔街头咖啡馆随处可见，人们喜欢在咖啡馆聊天会面、谈工作、学习等，而上班族经常在午饭后人手一杯咖啡。

（二）部分国家的餐饮习俗

　　印度：主要以烤饼或者米饭为主食，通常佐以咖喱。菜肴几乎都煮成糊状，一般用手撕下面饼，蘸着或卷着菜糊来吃。如果是米饭，则将米饭和菜糊拌在一起，用手指撮着吃。在这个由 80%的印度教和少数伊斯兰教徒组成的国家里，印度教徒视牛如神，伊斯兰教徒则不吃猪肉，因此羊肉就成为印度最普遍的肉食。同时受宗教信仰的影响，印度的素食主义者人数众多，素食文化也是印度饮食文化中的特色之一。在印度，有专门为素食主义者开设的比萨饼店，连麦当劳供应的汉堡，相当一部分夹层食品不是鸡鸭鱼肉，而是蔬菜。

　　印度菜的烹调方法以烧、煮、烩、烤、炒为常见，其中最喜烧、烤，爱用香料也是一大特色，除了咖喱、鲜柠檬汁、干辣椒、胡椒外，还有其他 80 多种的植物果实、种子、叶子根茎可用作香料。据说，印度菜所放调料之多，堪称世界之最。

　　受宗教禁忌的影响，烟酒在印度不怎么受欢迎，抽烟喝酒的人很少，敬烟劝酒在宴会上也不流行。

　　韩国：韩国的饮食文化相当发达，且注重健康，特点十分鲜明。韩国人以米饭为主食，喜食泡菜，偏好各种酱类，对汤情有独钟，几乎每餐必汤，饮食清淡，忌油腻，不喝开水，只喝凉水。比较有代表性的韩食是烤肉、冷面、拌饭及参鸡汤、牛肉汤等。韩国人也以好酒闻名于世，主要是度数较低的米酒和烧酒，可以说在今天，喝酒已成为韩国人应酬交际的重要方式。

韩国的餐饮礼仪繁多，特别要注意以下几点：一是不可端起碗盘。中国人、日本人都有端起饭碗吃饭的习惯，但是韩国人则认为这种行为不规矩，而且也不能用嘴直接去接触桌上的饭碗，一定要把碗放在桌上，用勺子一口一口地吃。二是餐具的使用。勺子在韩国人的饮食生活中比筷子更重要，它负责盛汤、舀饭，不用时要架在饭碗或其他食器上。而筷子只负责夹菜，不要同时用双手拿筷子和勺子。三是长幼有序。与长辈一起用餐时，长辈动筷后晚辈才能动筷。

日本：作为我国的近邻，日本的饮食习惯与我们有很多相似之处，如主食为大米，辅以面食和杂粮，蔬菜水果多样，喜欢吃豆腐及豆制品。由于是岛国，海产资源丰富，因此，在日本人的饮食中，海产鱼、虾、贝类等较多，而且都非常新鲜、干净，日本人常常生食，一般不吃肥肉和猪内脏。或许正因此，日本是全世界肥胖率最低的国家之一，而且无论男性还是女性，平均寿命都在全世界名列前茅，他们的心血管疾病患病率尤其的低。

日本料理是一种公认的优雅饮食，取材注重时节，强调材料新鲜、刀工讲究、摆放艺术，烹饪力求保持原料的固有味道，表现了与大自然和谐统一美学追求。料理的方式主要有煮、炸、烤以及凉拌等，同时搭配有味噌汤、腌酱菜等。日本料理的特色是生、凉、油脂少、分量少、种类多、颜色好看，而且非常讲究食器的选择。即色自然、味鲜美、形多样、器精良。生鱼片、寿司和天妇罗（用面粉、鸡蛋、水调成浆状，再将鱼、虾、蔬菜裹上浆放入油锅炸成金黄色，吃时蘸酱油和萝卜泥的调汁）是日本料理中最有名的食品。

日本人使用筷子时忌把筷子放在碗碟上面；就餐时忌口含或舌添筷子；忌讳含着食物讲话或口里嚼着东西站起来，否则会被认为缺乏教养；忌讳用餐过程中整理自己的衣服或用手抚摸、整理头发，因为这是不卫生和不礼貌的举止。在外国人看来，日本的餐桌礼仪是十分讲究的，但吃面条的时候似乎是个例外。日本人吃汤面时毫不掩饰声响，而且一定会发出响亮的吸溜声。另外在吃米饭或喝汤时，一定要把碗端起来，让碗口对着自己。

法国：作为举世皆知的世界三大烹饪王国之一，法国人十分讲究饮食。面包是法国人必不可少的主食，而且面包的种类多种多样，最传统的是法式长棍面包。除了面包，奶酪也是法国人最爱的食物，在法国，每年可以生产出将近500种不同品种的奶酪，由牛奶、山羊奶或是绵羊奶制成。在肉食方面，他们爱吃牛肉、猪肉、鸡肉、鱼子酱、鹅肝等，不吃肥肉和动物内脏，以及无鳞鱼和带刺骨的鱼。法国人爱品酒，几乎餐餐必饮，最喜欢的酒类也是最负盛名的葡萄酒，除酒水之外，法国人平时还爱喝凉水和咖啡。

法国菜以美味可口出名，且菜肴种类繁多，烹调方法独特。传统意义上的"法餐三宝"大多是指蜗牛、鹅肝和牡蛎。在西餐之中，法国菜可以说是最讲究细节的。法国人除了对食物讲究色香味及营养外，还特别追求进餐时的情调和礼节。

一顿正宗的法国餐一般包含了四道菜，顺序切不可打乱。第一道菜：汤类，有蔬菜汤和海鲜汤等。如果汤太热不能喝，不能用嘴去吹，要等到自然凉下来再喝。第二道菜：头盘，一般是冷菜，如，酿蜗牛、鹅肝酱、沙律、越南炸春卷等。在上菜之前会有一道面包上来，如果要在面包上抹黄油的话，一定要把面包用手掰成可以一口吃下去的小块，临吃前在小块上抹上黄油,切忌把整个面包都涂上黄油。据说,吃面包"吃一口掰一口"的习俗在法国已流传了几个世纪,为的是将吃剩下的面包分给穷人。第三道菜:主菜,吃到这里才是法国菜的主菜了。主菜以肉类、海鲜为主,切忌进餐速度过快,大口吞咽食物不仅影响健康,也是失礼的表现。如果你是同他人共同进餐,那么要注意进餐的速度和大家保持一致,注意在野餐时切忌谈生意或者业务,要留到吃甜品时才能说。第四道菜:甜品,一般是冰激凌、蛋糕等食品。在享受甜品时不要把勺子含在嘴里,嘴里有东西时不要开口说话。法国餐的每一道菜与饮品搭配是一门"艺术",餐前一杯开胃酒,就餐期间的酒要与主菜的相配合,肉类食品要配红葡萄酒,鱼虾一类的海味要喝白葡萄酒。

另外,在用餐礼仪方面应特别注意法国菜的餐具数量颇多,事先可要看清楚哪些是你的,吃什么用什么餐具,用刀叉时记住由最外边的餐具开始,遵循由外到内的原则。

英国:英国是个历史文化悠久的国度,尽管粮食和畜牧产品不能自给自足,接受了很多外来影响,但依然保留并形成了一些自己的饮食特点和餐饮文化。英国人的一日三餐一般是早餐快而营养,英式早餐主要包括以下几种食品:蛋品、麦片粥、咸肉、火腿、香肠、黄油、果酱、面包等,并佐以牛奶、果汁、咖啡等饮品;午餐从简,三明治就是英国人的发明;晚餐是一天的主餐,正式而丰盛,最常见的主菜是烤肉、牛排、火腿、鱼类等,还有土豆泥、蔬菜沙拉等,一般还要喝啤酒或葡萄酒。

意大利:意大利美食与法国菜齐名,具有深厚的文化底蕴,并对欧美国家的餐饮产生了巨大影响,有"西餐之母"的美称,是当今西餐的主流。意大利人喜爱面食,做法多样,最负盛名的是比萨和意大利面。以意大利面为例,分为线状、颗粒状、中空状和空心花式状四个大类,其中最著名的是通心粉;有白、红、黄、绿多种颜色;以西红柿、鲜奶油、橄榄油三种基本酱汁为主导,配以火腿、腊肉、肉末、鱼丝、奶酪、蘑菇、蕃茄酱等,不同形状、颜色、口味的面多达上百种。深受自然环境之惠的意大利葡萄酒,占世界葡萄酒生产量的1/4,输出、消费量都堪称世界第一。意大利人注重饮食,推崇慢餐,一顿饭的时间往往拖得很长。

意大利在餐桌上的习惯是尽可能闭嘴吃东西,尽量不发出声音,吃面条要用叉子卷好送入口中,不可吸入发出声音。餐间谈话也要等口中没有食物了再交谈,否则被认为没教养。每一道菜吃完后,只要把刀叉并排放在盘内,就表示已经吃完,服务员会上前撤盘。餐桌上不要起身跨越几个人去夹取较远的餐点或拿调味品,需要的话应请邻座代劳,将远处的餐盘或调味品拿到面前,再取食物放入个人碗盘中。

三、语言交流

语言,是人类交流沟通的重要工具,也是重要的文化产物,美国著名人类学家古德诺夫曾在其《文化人类学与语言学》一书中指明:"一个社会的语言是该社会的文化的一个方面。语言和文化是部分和整体的关系。"因此,要想将这一工具应用得当,发挥出良好的效力,就必须尊重其所处的文化背景。

【称呼】

普通男女的称呼。一般对男子称先生(Mister),对女子称夫人、女士、小姐。已婚女子称夫人（Mistress），未婚女子统称小姐（Miss）。婚姻情况不明的女子可称小姐。这些称呼可冠以姓名、职称、衔称等。如"布朗夫人""史密斯小姐""市长先生""秘书小姐"等。

官方人士的称呼。对高级官员，称为"阁下"，也可称职衔或"先生"；对有地位的女士可称为"夫人"，对有高级官衔的妇女，也可称"阁下"；对其他官员，可称职衔或"先生""女士"等。

皇家贵族的称呼。对君主制或君主立宪制国家的国王、皇后，可称为"陛下"；王子、公主、亲王等可称为"殿下"；对有公、侯、伯、子、男等爵位的人士既可称其爵位，亦可称"阁下"，或称"先生"。

技术人员的称呼。对医生、教授、法官、律师以及有博士等职称、学位的人士，可称为"医生""教授""法官""律师""博士"等，也可加上姓氏或"先生"。

军人的称呼。一般称军衔，或军衔加"先生"，知道其姓名的可冠以姓与名。有的国家对将军、元帅等高级将领称"阁下"。

服务人员的称呼。一般情况下称"服务员"，如果知道其姓名的可单独称呼其名字，但现在越来越多的国家称服务员为"先生""夫人""小姐"。

教会人员的称呼。教会的神职人员，一般可称教会的职称或姓名加职称，也可以职称加"先生"，有时主教以上的神职人员也可称"阁下"。

同志称呼。凡是与我国同志相称的国家，对其各种人员均可称为"同志"，有职衔的可加职衔。

【交谈】

首先应使用礼貌用语，如，你好、请、谢谢、对不起、打搅了、再见等。英语中最常用的礼貌用语是"Thank you"，许多场合都可使用，如，感谢帮助、接受邀请、买卖成交、得到支持、受到称赞等。日本和韩国还常使用敬语，尤其是韩国人，晚辈对长辈、下属对上司必须要用敬语。

其次要注意话题的选择。在西方，一般见面时的问候常用"早安""午安""你好""一切都顺利吗？""好久不见了，你好吗？""夫人（丈夫）好吗？"对新结识的人常问："你喜欢这里的气候吗？""你喜欢我们的城市吗？"分别时常说："很高兴认识你，希望能再见面。""再见，祝你周末愉快！"等。交谈中可以选择大众话题，如体育比赛、风景名胜、天气、新闻、工作等。但应注意英语国家非常注重个人隐私，所以一般不询问年龄、婚否；钱的问题也属个人私事，谈论或探听工资收入、家庭财产、衣饰价格等都不是明智之举；一般谈话不批评、不议论对方的内政，更不要随便评论他人的宗教信仰。对方不愿回答的问题不追根问底，对方反感的问题应表示歉意，或立即转移话题。

参加别人谈话要先打招呼，若有事需与某人说话，应待别人说完，不能随便插话。谈话中遇急事需要处理或离开，应向谈话对方表示歉意再告辞。

另外，在表达方式上，中西方存在不少差异。一些在中国人看来是出于礼貌的推让会被英美人理解为你的真实想法。如去英美人家做客，主人询问你"喝点什么"，若是回答"不渴，不用了"会被认为你真的不想喝，不再发出邀请。而中国人常以"有空来我家玩""跟我们一起吃饭吧"等作为客套话，西方人却可能信以为真，当作是实实在在的邀请。所以，与西方人交往要少"虚言"。

【手势语】

由于人的双手灵活便捷,活动范围大,变化形式多,手势成为使用频率最高的体态语,是我们口头语言有力的辅助与补充。但是,世界各国的手势涵义差别很大,运用不当会闹出大笑话。以表示数字为例,中国常用的数字手势为:

1——握拳,竖起食指。

2——在"一"的基础上,再竖起一根手指。

3——可以在"二"的基础上,再竖起无名指;也可以像"OK"的手势,大拇指压住食指,竖起另外三根手指。

4——大拇指压在手掌心,竖起其他四根手指。

5——伸出所有手指。

6——大拇指和小拇指张开,其余各指握于掌心。

7——大拇指、食指和中指向上伸出汇于一点,其余各指握于掌心。

8——大拇指和食指伸出成直角。

9——食指成弯勾状,其余各指握于掌心。

10——五指握拳或左右两手食指交叉。

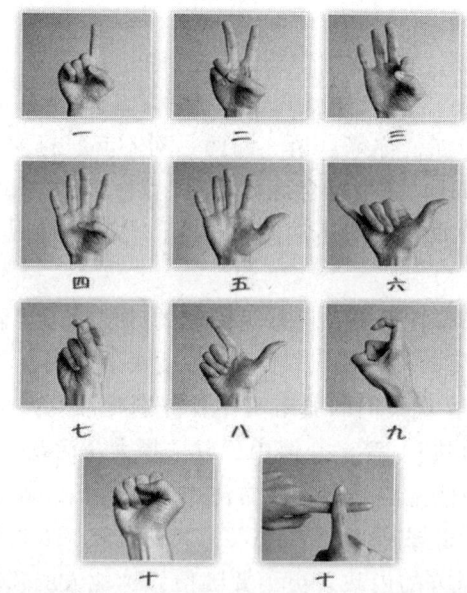

中国人可以使用一只手来完成从一到十的数字,英语国家一般要用两只手,并且依次伸出手指。中国人习惯于将大拇指和食指分开表示数字"8",但美国人却用这个手势来表示数字"2"。而中国表示数字"9"的手势,在国外更不能乱用,因为它在墨西哥表示询问价格,在日本表示小偷和偷窃行为,在泰国和马来西亚表示死亡。

下面介绍几种常用手势,注意它们在不同国家表达的意义。

向上伸大拇指:这是中国人常用的一种手势,表示夸奖和赞许,意味着"好""了不起""顶呱呱""太棒了"等。在尼日利亚则表示对远道而来的客人的问候。在日本,这一手势表示"男人""您的父亲"。在印度尼西亚，伸出大拇指指东西。在美国、英国、印度、新西兰、法国，当作拦路搭车的手势。而在希腊，是让对方"滚开"的意思。

向下伸大拇指：世界有相当多的国家和地区都使用这一手势，但含义不尽相同。在中国，把大拇指向下，表示朝下、下面。英国、美国、菲律宾，大拇指朝下表示不同意。墨西哥、法国则用这一手势来表示运气差。在泰国、缅甸、菲律宾、马来西亚、印度尼西亚，拇指向下表示失败。澳大利亚，用这一手势表示讥笑和嘲讽。

向上伸食指：中国人向上伸食指，表示数目，可以指"一"，也可指"一十""一百""一千"……等这样的整数。在日本、韩国、菲律宾、斯里兰卡、印度尼西亚、沙特阿拉伯、墨西哥等国，食指向上表示"只有一个"。在美国，表示让对方稍等。在法国，学生在课堂上向上伸出食指是请求回答问题。在新加坡，谈话时伸出食指，用来强调所谈的事最重要。在缅甸，请求别人帮忙或拜托某人某事时，都要使用这一手势。在澳大利亚，在酒吧、饭店向上伸出食指，表示"请来一杯啤酒"。在中东，用食指指东西是不礼貌的。

向上伸小指：在中国表示小、微不足道、拙劣、名次扫尾等，还可以表示轻蔑。在日本表示女人、女孩子、恋人。在韩国表示妻子、女朋友，或是打赌。在菲律宾表示小个子、年轻或指对方是小人物。在泰国或沙特阿拉伯表示朋友、交朋友。在缅甸和印度表示想去厕所。而在美国，表示懦弱的男人或打赌。

大拇指和食指搭成圆圈：将大拇指和食指搭成一个圆圈，再伸直中指、无名指和小指。这一手势在美国和英国经常使用，相当于英语中的"OK"，一般用来征求对方意见或回答对方所征求的话，表示同意。在中国，这个手势表示数目"0"或"3"。在泰国，表示没问题。在印度，表示对和正确。在日本、韩国、缅甸，表示"金钱"。在希腊，这个手势被认为是很不礼貌的举止。另外，有些国家用这一手势来表示"圆""洞"等词语。如果将拇指和食指分开些，在许多国家都可用来表示"WC"（上厕所）。

伸出食指和中指：在欧洲绝大多数国家，人们在日常交往中常常伸出右手的食指和中指，比划作"V"形表示"胜利"，"V"是英语单词Victory（胜利）的第一个字母。传说这个手势是第二次世界大战期间由一位名叫维克多·德拉维利的比利时人发明的。他在1940年底的一次广播讲话中，号召同胞们奋起抵抗德国侵略军，并动员人们到处写"V"字，以表示胜利的信心，从此"V"字手势不胫而走。后来，英国首相丘吉尔在一次游行检阅中使用了这一手势，使这个手势迅速、广泛地流传开来。不过，做这一手势时务必记住把手心朝外、手指朝内，因为在欧洲很多国家，手背朝外、手心朝内的"V"形手势是让人走开的意思，在英国则指伤风败俗的事。在中国，"V"形手势表示数目2或剪刀。在非洲国家，"V"形手势一般表示两件事或两个东西。

在表达以下意思的时候应特别注意：

召唤：在美国呼唤服务员时，手掌向上伸开，伸出手指数次。在日本，招呼服务时把手臂向上一伸，手指向下并摆动手指，对方就领会了。在非洲餐厅吃饭时，叫服务员通常是轻轻敲打餐桌。而在中东各国，叫人时轻轻拍拍手，对方即会意而来。加拿大、美国人手掌朝下并摇动手指，是用来召唤小狗等小动物。

同意：一般而言，表达同意可以面带笑容地点头示意。而在巴基斯坦、保加利亚、阿尔巴尼亚、尼泊尔、泰国等国点头表示不是（或不好），摇头表示是（或好）。印度人以摇头或歪头表示同意。非洲人往往情不自禁地展开手臂，向上举起，并用另一只手握拳击掌心，以表示自己十分满意。阿拉伯人则会把双手握成拳，食指向外，缓缓挥动，表示赞成和同意。

告别：在许多国家，人们告别时都是举起右手臂挥手表示再见。而一些东方国家，如印度、缅甸、巴基斯坦、马来西亚及中国部分地区，人们告别时，常常举手向上伸开并向自己一侧摇动，这往往容易同一般招呼人的手势相混淆；在意大利，习惯伸出右手，掌心向上，不停地一张一合，表示告别。

四、服饰着装

服饰文化是人类物质文明的产物，也是一定国家和民族生活方式、精神面貌、审美情趣的综合反映。服饰着装的一般礼仪规范前文已有详述，这里主要介绍各民族的传统服饰和不同国家在着装上的偏好与禁忌。

（一）各国服饰文化

伊斯兰服饰：强调服装必须遮盖羞体，崇尚洁净。反对男女不分，主张男缠头、女戴面纱，以遮挡风沙尘土，保持身体洁净和保护皮肤。伊斯兰教服饰的标准是遮住妇女的全身，不能显露或透视出身体的轮廓，只允许露出脸和手。

日韩：日本和韩国都很重视社交场合的穿着打扮，认为衣着不整齐便意味着没有教养，或不尊重交往对象，在逢年过节或某些特定场合往往会穿自己本民族的传统服装。

东南亚：东南亚地处热带亚热带，东南亚服饰具有鲜明的色彩，面料多采用印染，轻薄透气，各民族都有自己的传统服装。

印度：印度人的穿着打扮具有极其鲜明的民族特色，印度教徒戴白色船形帽，伊斯兰教徒戴伊斯兰小帽，锡克教徒包裹头巾。

印度女性喜欢穿纱丽（下见文），在前额上点"吉祥痣"，过去是表示妇女已婚，而今则用于装扮。印度男性平常大多身穿无领或圆领的长衫和宽松的围裤"托蒂"，头上缠上厚厚的头巾。长衫一般长不过膝，围裤垂至脚面以上，头巾长达几米。头巾的包法各式各样，多达十几种，从头巾的不同包法上一眼就可以看出谁是印度教徒，谁是锡克教徒。印度男子的礼服是"尼赫鲁服"，也是印度的"民族服装"，这种服装是印度民族独立运动时期象征印度民族精神的服装，有点类似于中国的"中山装"，只不过衣服更长，扣子也多出几排。

法国：法国是公认的现当代时尚业的先驱和引领，西方现代服装文化的发源地和中心是法国，法国的时装品牌享誉全球，拥有众多世界知名品牌，如迪奥（Dior）、路易·威登（LV）、香奈尔（Chanel）。

英国：英国人对服饰穿戴很讲究。在服装的面料、样式、颜色搭配上十分在意，力求体现一种绅士淑女的风度和气质。

美国：与美国人轻松随意的生活方式一致，美国人的着装也追求简单舒适，其特色是运动装、摇滚风格、休闲成衣，尤其是牛仔裤及牛仔服饰，是美国牛仔文化的一个鲜明符号。

非洲：非洲人讲究发型，尤其是妇女，她们除了穿着艳丽多彩的服装外，还喜欢梳新颖、雅致的发型，头饰是她们非常看重的部分。

1. 礼服文化

西方是礼服文化的发源地，现代西方人在日常生活中穿着随意，追求简单舒适的着装风格，但在正式的社交场合，参加重大的庆典仪式，一般要穿礼服。下面介绍一下西方传统的礼服。

【西方传统男士礼服】

大礼服，又称燕尾服（Full evening dress or Tail coat），多用于极其隆重的场合，如节日庆典、大型演出等，主要包括：黑色或深蓝色上衣，前摆齐腰剪平，后摆呈燕尾状。翻领上镶有缎面。裤子为黑或蓝色，上面配有缎带，裤腿外有黑丝带，系白色领结，配黑色皮鞋、黑丝袜和白手套。

晨礼服（Morning coat or Cutaway），通常在白天参加典礼，星期日教堂礼拜或参加婚礼等场合穿用。上装呈灰色或黑色，后摆为圆尾形，裤子是深灰色底，上有黑色条纹。该种礼服常佩有灰领带、黑皮鞋，黑礼帽等。

小礼服，也称晚餐礼服或便礼服（Tuxedo，Smoking dinner jacket or Black Tie），多用于参加晚间举行的晚宴、音乐会、剧院演出及其他文艺晚会等。上衣呈全白色或全黑色，翻领上镶有缎面，腰间只系一个钮扣，裤子颜色与上衣匹配，配有缎带或丝腰带、黑色领结，穿黑色皮鞋。

【西方传统女士礼服】

大礼服，用于非常隆重的场合。一般为袒胸露背的单色的连衣裙，可分为拖地式或不拖地式两种。穿该类服装应配有颜色相同的帽子，戴长纱手套及各种名贵的头饰、耳环、项链等首饰。

常礼服，主要用于白天的庆典、婚礼和教堂礼拜等场合，一般包括质料、颜色相同的上衣或裙子以及与之相匹配的帽子和手套。

小礼服，主要用于一般性的晚宴和文艺晚会等活动，多为露背式单色连衣裙式服装，长至脚背，但不拖地。

事实上，随着时代的演进，大多数国家在穿着方面日渐趋于简化。在比较正式的场合，西装依然是最受欢迎的正装。

亚洲国家民族众多，服装风格十分多样，在较为保守的文化心理的影响下，总的来说，作为民族服装的礼服式样比较简单，线条柔和，款式大方，过于暴露的着装不宜在正式场合中出现。

在北非和西亚，有些国家禁止妇女穿西裤、无袖衣服。由于大部分地区处于低纬度的沙漠地带，气候干旱炎热，白色衣服对太阳辐射的反射作用强，所以人们普遍喜欢穿白色的衣服。

（二）部分传统服饰简介

中国旗袍：旗袍本为满族的传统服饰，20世纪初经改良后成为中国和华人女性的传统服装，是中国女性服饰的代表。旗袍一般用中国棉布、丝绸、锦缎制作，连身收腰，立领盘纽。旗袍的制作非常讲究工艺，除了布料的印花、刺绣和镶嵌外，旗袍饰物中，盘花扣、镶滚边也力求精致。旗袍能展示女性修长窈窕的身段，端正典雅的气质，是含蓄的东方美的表现。

朝鲜族韩服：韩服是朝鲜族的传统服装，特点是斜襟，无纽扣，以长布带打结。女性韩服是短上衣加长裙子，左右衣襟以两根长长的飘带打一个蝴蝶结，给人以飘逸的美感；男性穿素色短上衣，外加坎肩，下穿裤腿宽大的长裤，裤脚系上丝带。白色为基本色，朝鲜族人比较喜欢素白色服装，以示清洁、干净、朴素、大方，故朝鲜族自古有"白衣民族"之称。然后根据季节、场合、身份，配以不同的色彩。

传统韩服穿起来比较复杂，活动也不很方便。不过，这样反而提高了韩服的档次，使之成为重要节庆活动的礼服。在韩国人心中，正式场合穿韩服已经上升为一种规范，不管韩国人身处何方，韩服在他们心目中都具有特殊的象征意义。

印度纱丽：纱丽是印度女性最钟爱的传统服装。印度人相信有缝合的东西是不吉利的，印度女性传统的衣物也没有缝合，而是一块布，即"纱丽"。纱丽多批在外面，内穿紧身短胸衣及一条长裙。由于纱丽本身非常轻薄，容易透光，所以衬裙的颜色与纱丽要相配。妇女们喜欢随着季节的变化而更换不同颜色的纱丽，夏季纱丽的颜色多为浅黄色、浅蓝色、浅绿色等，冬季纱丽的颜色多为深红色或浅红色，雨季时多为深绿色。纱丽布料长度一般5~8米，宽度1.25米，质地从普通棉布到闪光丝绸等，刺绣图案不拘一格，变化无穷。披戴方法雅致多样，因不同地区和个人爱好而有所不同，有的缠绕全身，有的连头裹起，有的看起来好像是穿长袍，也有的地区妇女把纱丽披到两腿之间，而最普遍的方法是从肩膀上缠着全身披戴。印度妇女有个习惯，就是肚脐随便露，但大腿小腿则万万不能露。

日本和服：和服是日本人的传统民族服装，"和服"的日文原意是"服装总称"，在中国汉服的基础上演变而来的，并融入日本人的审美情趣和意识形态，是其民族文化的重要产物，也是日本人民在生活中出席重要场合的不二选择。

和服是用直线创造的服装美，裁剪全由直线构成，几乎没有曲线，只是在领处开有一个20厘米的口子，没有纽扣，只用腰带来固定衣服，调节尺寸。尽管和服缺少对人体曲线的展示，但却具有含蓄娴雅之美，非常符合日本民族的精神气质。

和服的种类很多，不仅有男女和服之分，未婚、已婚之分，还有便服和礼服之分。男式和服款式少，色彩较单调，多深色，腰带细，穿戴也方便。女性和服款式多样，色彩艳丽，腰带宽，配饰繁多，穿着过程比较复杂。比如不同的和服腰带的结法也不同，还要配以不同的发型。已婚妇女多穿"留袖"和服，未婚小姐多穿"振袖"和服。此外，根据拜访、游玩和购物等外出的目的不同，穿着和服的图样、颜色、样式等也有所差异。

越南奥黛：越南的国服被称作奥黛（Ao Dai），"Ao"源于汉语"袄"，而"Dai"的意思是"长"，类似于中国的旗袍，越南官方也认为奥黛源自中国旗袍。通常使用丝绸等软性布料，上衣是一件长衫，腰部以上剪裁非常合身，腰部以下宽敞，左右各开叉至腰部，内着宽筒喇叭裤，凸显女性玲珑有致的曲线，飘逸舒适。

马来西亚的民族服饰：巴迪是最具代表性的马来西亚人的服装，是被称为"国服"。它是以天然织物做成的上衣，多以蜡染的花布做成，即使在很正式的交际场合，穿这种衣服也不为失礼。

马来装：马来人还习惯穿民族的传统服装。男子的传统服装是：上穿"巴汝"，即一种无领、袖子宽大的外衣。下身则围以一大块布，叫作"沙笼"。他们的头上，还非要戴上顶无沿小帽不可。女子的传统服装是：穿无领、长袖的连衣长裙。她们的头上，必须围以头巾。

在社交场合，马来西亚人穿着西装或套裙。但在正规的场合里，绝对不允许人们露出胳膊和腿部来。

阿拉伯服饰：阿拉伯大袍是阿拉伯民族男子的传统服装，是民族尊严的象征，有黑白两色，它既是平民百姓的便装，也是达官贵人的礼服，无尊卑等级之分。阿拉伯大袍做工简单，衣料质地随季节和主人经济条件而定，宽松舒适为阿拉伯大袍的特点。

头戴黑面纱，身穿黑大袍是伊斯兰教规定下的阿拉伯妇女形象。面纱用黑丝绸织成，形状各异，有三角形、正方形和五角形等。出门时戴上面纱，让它遮盖住整个头部，仅露出两只眼睛。长袍为阿拉伯妇女的传统服装，这种长袍肥袖宽腰，长垂及地，一般多用黑色棉布或丝绸织成。在不少阿拉伯国家里，无论老妇还是少女，从脚到头都是用黑色长袍裹着。

墨西哥服饰：墨西哥人的穿着打扮，既具有强烈的现代气息，又具有浓厚的民族特色。在墨西哥人的传统服装之中，名气最大的是"恰鲁"和"支那波婆兰那"。前者是一种类似于骑士服的男装，看起来又帅又酷。后者则为一种裙式女装，穿起来让人显得又高贵、又大方。墨西哥人非常讲究在公共场合着装的严谨与庄重。在他们看来，在大庭广众之前，男子穿短裤，女子穿长裤，都是不合适的。因此，在墨西哥出入公共场合时，男子一定要穿长裤，妇女则务必要穿长裙。

苏格兰裙：在苏格兰还有一种独具民族特色的服装——苏格兰裙，这是苏格兰高地男子们的日常服装，也是苏格兰某些团体的正式制服。它包括一条长及膝部的呢裙、一件色调与之相配的背心和一件花呢夹克、一双长筒针织厚袜（右边袜筒中插一把刀子）。呢裙用宽腰带系牢，裙腰正中悬挂一个腰包，有时在肩上还斜披一条花格呢毯，用卡子在左肩处夹住，头上再戴顶呢帽。

五、习俗禁忌

在社交往来中，各国的习俗千差万别，在宗教信仰和传统文化的影响下，许多国家和民族都形成了自己的特殊偏好与禁忌，下面就不同方面对部分国家的习俗内容进行介绍。

【亚洲国家】

亚洲是世界上最大的洲，而且是世界上语种、种族最多的地区，又是世界三大宗教的发源地，所以亚洲各国的风俗习惯很难综合概括。但总的来讲，亚洲人情感表现比较含蓄，礼节形式繁复，传统礼仪与风俗习惯皆带有明显的东方文化色彩。

日本：日本人总的特征是勤劳、守信、遵守时间，集体荣誉感强，重视礼貌。

日本的"祭"和"节"特别多，重要节日有新年（1月1日）、成人节（1月15日）、樱花节（3月中旬至4月中旬，樱花是日本的国花）、天皇诞辰日（4月29日）、七夕（7月7日）等。

拜访要事先预约，进屋必须脱鞋，脱下的鞋子应整齐放好，鞋尖朝进门的方向。送礼一般是奇数，因为日本风俗是奇数表"阳""吉"，偶数表"阴""凶"。同时对数字"9"和"4"比较忌讳。

送花给日本人时，别送白花（象征死亡），也不能把玫瑰和盆栽植物送给病人。菊花是日本皇室的标志，特别是黄色十六瓣的菊花，被认为是日本皇族的徽号，民间一般不能用来赠送。在商品的颜色上，日本人爱好淡雅，不喜绿色，忌用荷花、狐狸、獾子等图案。

泰国：泰国上至王公，下至平民均信佛教。佛教在泰国的地位神圣不可侵犯。去泰国切记不能用手去指僧侣，不能接触僧侣的身体，尤其是女性不许与僧侣握手。绝对不可爬上佛像拍照，或对佛像作出不尊敬的举动。在进入佛教寺庙时，衣着应该得体端庄，不能太过暴露。

泰国人非常尊重他们的国王、王后以及王室家族，法律有对王室不敬罪的处罚条例。去泰国旅游要表现适当的礼仪，不能随意在人前议论、批评王室，如在公众场合有王室人员出席时，最好是留意其他人的动作，跟着照做。

进入泰国人的住宅之前要脱鞋，不能踩门槛。泰国人认为人的右手清洁而左手不洁，因此，重要的场合和动作都要用右手，如不得已要用左手时，也应表示抱歉。与左手一样，脚也被认为是不净的，是卑贱的。只能用来走路，不能干其他事情，例如用脚踢门和用脚指东西等。坐时，不能跷脚和把脚底对着别人。

泰国人喜爱红色、黄色，禁忌褐色。人们习惯用颜色表示不同日期：星期日为红色、星期一为黄色、星期二为粉红色、星期三为绿色、星期四为橙色、星期五为淡蓝色、星期六为紫红色。不能拣水灯。

泰国的节庆日很多，除了宗教节日、王室庆典，还有像"水灯节"这样美丽而热闹的民俗节日。

韩国：韩国人崇尚儒教，讲究礼仪，特别注重长幼有序。与年长者同坐时，坐姿要端正，若是在长辈面前应跪坐在自己的脚底板上。进入住宅或韩式饭店应脱鞋。别人递交礼品或是斟茶的时候，要请双手接物表示尊重。

韩国民众最重视中秋节及圣诞节，节日禁忌颇多。非常重视婚丧礼节，有相当繁琐的程序和仪式。

韩国忌数字"4"，许多楼房的编号没有"4"字；医院、军队也不用"4"来编号。

印度：印度也是一个重视礼节的民族，是东西文化共存的国度。"印度教"是印度的国教，印度教规定：牛为神，称为"圣牛"。因此，印度教徒不吃牛肉。印度教徒见面和告别多施合十礼，并互相问好祝安。印度上流社会深受西方生活方式的影响，生活习惯与英国人相似。但印度至今保留了根深蒂固的种姓观念，即高到低的四大种姓：婆罗门、刹帝利、吠舍和首陀罗，社会等级森严。

到印度庙宇或家庭做客，进门必须脱鞋。迎接贵客时，主人常献上花环，套在客人的颈上。印度人几乎都用右手的拇指、食指和中指抓饭，忌讳使用左手。印度人习惯"分餐"，忌讳大家才同一餐具中取食。

荷花是印度的国花，备受国民的青睐。印度人普遍钟爱绿色，认为绿色是吉祥的色彩，新生的象征。印度人对蓝孔雀十分崇拜，并将其视作吉祥、如意、幸福的化身。

忌讳白色，习惯用百合花作悼念品，视1、3、7为不吉祥数字。

缅甸：缅甸素有"佛塔之国"之称，笃信小乘佛教，许多风俗习惯都来源于小乘佛教的教规和教义。比如，进入寺庙、佛塔必须脱鞋，对寺庙、佛像、僧侣不可冒犯。

缅甸人对牛无限崇拜，把牛敬若神明，不准鞭打、驿使，更不许宰杀。"神牛"无论走到哪里，人们都会拿出最好的事物侍奉它。在路上或闹市中遇到"神牛"，行人和车辆都要绕行或暂时回避。逢年过节，缅甸人要举行敬牛仪式。

认为"右为大，左为小""右为贵，左为贱"，随时都要遵守"男右女左"的原则。

缅甸几乎每月都有传统节日，以缅历4月上旬泼水节，7月15日点灯节（或光明节）最为隆重。每年2月月圆之日，许多佛教徒来到圣地曼德勒举行庆祝活动，称之为"暖佛节"。

【欧洲国家】

欧洲的人口仅次于亚洲和非洲，人种比较单一，以欧罗巴人为主。总体来说，欧洲人的生活水平较高，比较注重文化修养和礼仪修养，绝大多数国家都有尊重女性，保护隐私，遵守秩序，在公开场合尤其讲究风度的特点。

欧洲国家有着西方人关于数字、颜色、花卉及动物的许多共同忌讳。普遍忌讳数字"13"及"星期五"，其原因都源于基督教传说；许多国家都把黑色作为葬礼的表示；忌用菊花和黄色的花作礼物；另外，中国人喜爱的大象、孔雀、仙鹤等动物图案，在一些欧洲国家也属禁忌之列。

英国：英国以"绅士"和"淑女"风度闻名于世，在社交场合十分重视礼节，英国人一般都冷静而持重，待人彬彬有礼，在人际交往中崇尚尊重和宽容，注重个人隐私。

英国对女性很尊重，有"女士优先"的传统。如乘电梯、公共汽车都应让女性先进。斟酒要给女宾或女主人先斟。丈夫通常要偕同妻子参加各种社交活动，而且总是先将妻子介绍给宾客认识。

英国人的时间观念很强，拜访前应预先约会，他们相处之道是严守时间，重信守诺。去英国人家里做客，可以带点鲜花、雪茄和酒作礼品，在接受礼品方面，英国人和我国的习惯有很大的不同。他们常常当着客人的面打开礼品，无论礼品价值如何，或是否有用，主人都会给以热情的赞扬表示谢意。在社交场合，英国人非常注重穿着的得体与考究。

英国至今保留世袭头衔，在称呼中要冠之以荣誉头衔。

英国人认为13和星期五是不吉利的，尤其是13日与星期五相遇更忌讳，这个时候，许多人宁愿待在家里不出门。英国人忌用人像作商品装潢，忌用大象、孔雀图案，因为他们认为大象是蠢笨的象征，把孔雀开屏视为自我炫耀和吹嘘。他们忌送百合花、菊花，认为百合花和菊花象征着死亡。

法国：法国在礼仪文化上有许多地方都与英国相似。如"女士优先"，注重个人生活和隐私，讲究穿着打扮等。除此之外，法国人爱好社交，热爱艺术，谈吐文雅，热情幽默。

法国人在社交场合与客人见面时，主要有握手礼、拥抱礼和贴面礼。他们在同人交谈时，喜欢相互站得近一些，认为这样显得亲切。谈话过程中喜欢用肢体语言，比如他们有耸肩膀表示高兴的习惯。法国是个盛产鲜花的国家，人们爱花成癖。

法国的国鸟是公鸡，把它看作为"光明"的象征。国花为鸢尾花，认为它是民族的骄傲。

法国人大多喜爱蓝色、白色与红色，他们所忌讳的色彩主要是黄色。

德国：德国是一个以严谨而著称的国度，去过德国的人的确会对他们的这一民族特性留下深刻印象。德国人纪律严明，法制观念极强；重信誉，时间观念强；爱整洁，讲究礼仪。与欧洲其他国家人民相比，德国人在待人接物方面表现出一些独特风格。

德国人拥有良好的教养，礼貌用语总挂在嘴边，陌生人碰面也会微笑致意或道声"你好"。德国人通常都采用握手礼作为见面礼节。在人际交往中非常重视称呼，往往用"您"以及姓氏之前冠以"先生"或"女士""夫人"作为尊称，或是以职衔、学衔、军衔称呼。

德国的国花是矢车菊，国鸟为白鹳。忌食核桃，认为核桃是不祥之物。忌讳送蔷薇、菊花，认为这些花是为悼念亡者所用的。

西班牙：西班牙为欧洲第3大国，90%的居民信奉罗马天主教。西班牙人热情奔放，好客健谈，对饮食极为爱好和讲究，喜欢舞蹈、音乐，对斗牛和足球尤其钟爱。

由于西班牙的气候温和，日照很长，所以居民有晚睡晚起的习惯。餐厅一般要晚上9点才开始营业。

西班牙妇女在外出社交之前，大都要化妆并戴首饰。特别是妇女参加交际应酬时不能不戴耳环。

西班牙的国花是石榴花。他们偏爱红色、黄色，也喜欢黑色。认为红色象征吉祥、热烈，黄色象征高贵；明朗，黑色象征庄严。送花不要送大丽花和菊花，这两种花和死亡有关。

俄罗斯：俄罗斯是一个军事强国，以刚硬勇敢、热情豪放的民族性格而闻名于世。

他们和人见面，大都行握手礼，拥抱礼也是常见的一种礼节。接待贵宾之时，俄罗斯人通常会向对方献上"面包和盐"。主人给客人吃面包和盐，是最殷勤的表示。

称呼上，常以"您"字表示尊敬和客气，在正式场合，他们也采用"先生""小姐""夫人"之类的称呼。人们非常看重社会地位，因此对有职务、学衔、军衔的人，最好以其职务、学衔、军衔相称。

外出时，十分注重仪容仪表，讲究穿着。男子外出活动时，一定要把胡子刮净；赴约要准时；在社交场合，处处表现尊重女性。他们重视文化教育，喜欢艺术品和艺术欣赏。所以，和他们谈论艺术是个很受欢迎的话题。

国花是被视为"光明象征"的向日葵，深受国民喜爱。俄罗斯人偏爱数字"7"，认为7预示好运和顺利。喜爱红色，把红色视为美丽和吉祥的象征。俄罗斯民族对盐十分崇拜，认为盐具有驱邪除灾的力量，并视其盐为珍宝和祭祀用的供品。忌讳黑色，认为黑色是丧葬的代表色。因此，对黑猫更为厌恶，并视黑猫从自己面前跑走是不幸的象征。

【美洲及大洋洲国家】

美国：美国是美利坚合众国的简称，是由华盛顿哥伦比亚特区、50个州和关岛等众多海外领土组成的联邦共和立宪制国家，其主体部分位于北美洲中部。国民以白人为主，主要信仰为基督教和天主教。

美国人一般性情开朗、乐于交际、不拘礼节。见面不一定行握手礼，有时只是笑一笑，说一声"Hi"或"Hello"。美国人平常都喜欢彼此互相以名字相称，不带姓、不带"先生""小姐"或"太太"等客套的称谓。这一点与欧洲国家的风俗相异。美国是一个特别重视个人隐私的国家，美国人不会问新结识的朋友任何有关个人之经济、宗教及政治等方面的问题，更不会问妇女的年龄。

美国人办事讲求效率，重视有计划地安排自己每天的时间，所以拜访前一定要提前预约。美国人在家里一般不脱鞋，认为要访客脱鞋是不礼貌的，所以他们不会要求来访的客人脱鞋入室。总体而言，美国人平时的穿着打扮不太讲究。崇尚自然、舒适，突出着装个性化，是美国人穿着打扮的基本特征。

忌讳别人冲他伸舌头。认为这种举止是污辱人的动作。他们讨厌蝙蝠，认为它是吸血鬼和凶神的象征。忌讳数字"13"和星期五。忌讳黑色，认为黑色是肃穆的象征，是丧葬用的色彩。此外，美国人认为单数是吉利的。

加拿大：加拿大位于北美洲的北半部，幅员辽阔，是个典型的移民国家。人口中英裔居民占43%，法裔居民占26%，意大利、德国、乌克兰等后裔占28%，土著人占3%。官方语言是英语，通用法语。

加拿大人朴实、友善、随和、很易于接近，讲礼貌但不流于烦琐礼节。生活习性融合了英、法、美三国人的综合特点。既有英国人的含蓄，又有法国人的优雅，还有美国人自由无拘束的特点。他们喜欢现代艺术、酷爱体育运动，尤其是冬季冰雪运动。

加拿大人在社交场合与客人相见时，一般都惯行握手礼。亲吻和拥抱礼虽然也是加拿大人的礼节方式，但它仅适合于熟人、亲友和情人之间。

忌讳"13"和星期五；忌讳黑色和紫色；在饮食上，忌吃虾酱、鱼露、腐乳和臭豆腐等有怪味、腥味的食物；忌食动物内脏和脚爪，也不爱吃辣味菜肴。在加拿大，洁白的百合花只有在葬礼上才出现，平时是不拿来送人的。

墨西哥：墨西哥合众国简称"墨西哥"，位于北美洲南部，北邻美国，主要人口为印欧混血人种，其余为印第安人，是印第安古文化中心之一。官方语言是西班牙语，国民绝大多数信奉天主教，风俗礼仪既受天主教的影响，又保留了印第安民族特征。

墨西哥人性格热情好客，爱交际，善辞令。微笑和握手是他们的问候方式，称呼一般在姓氏前加上"先生""夫人""小姐"的尊称。墨西哥人讲究在公共场合着装的严谨与庄重。在他们看来，在大庭广众之前，男子穿短裤，女子穿长裤，都是不合适的。因此，在墨西哥出入公共场合时，男子一定要穿长裤，妇女则务必要穿长裙。墨西哥人的传统服装也很有特色，名气最大的是"恰鲁"和"支那波婆兰那"。前者是一种类似于骑士服的男装，看起来又帅又酷。后者则为一种裙式女装。

墨西哥人的传统食物主要是玉米、菜豆和辣椒。它们被称为墨西哥人餐桌上必备的"三大件"。墨西哥是玉米的故乡，玉米是其最主要的农产品。墨西哥还盛产仙人掌，被称作"仙人掌之国"，当地居民常将仙人掌当作蔬菜、水果食用。

墨西哥人将"雄鹰"视为国家的象征，其国徽和国旗上都有雄鹰图案。大丽菊是墨西哥的国花。最喜欢的颜色是白色。忌讳紫色，认为紫色是棺材色，是不详的颜色。忌讳蝙蝠图案和数字"13"，忌讳将黄色和红色的花送人。

澳大利亚：澳大利亚是澳大利亚联邦的简称，位于南半球，四面环海，国土面积居世界第六位。95%的居民是英国及其他欧洲国家的移民后裔，主要信奉基督教。这使澳大利亚的礼仪风俗深受英国的影响，但由于移民众多，也形成了兼容并包的特点。

澳大利亚人质朴、爽朗、热情，乐于与他人交往，待人接物随和友好。因为各民族汇居，所以打招呼的方式相当多样，握手礼、拥抱礼、亲吻礼都可见到，当地土著居民还流行一种"勾手指"的握手方式，即两人中指互相勾住，然后在轻轻往自己身边一拉，以示相亲、相敬。澳大利亚人时间观念强，不喜迟到。一直严守"周日做礼拜"的习惯，每周日上午，一定要去教堂。

国花为金合欢，国鸟是琴鸟。澳洲是按树的原产地和集中地，因此按树被尊为成为澳大利亚的国树。蛋白石，是澳大利亚人珍爱的一种宝石，同时也是该国的国石。澳大利亚人对兔子特别忌讳，认为兔子是一种不吉利的动物，人们看到它都会感到倒霉。

新西兰：新西兰是位于南半球澳大利亚东南面的岛国，人口多数为欧洲移民后裔，当地最大的土著是毛利人，大约占总人口的15%。英语为官方语言。居民主要信奉基督教。新西兰人崇尚平等，尊重个人私隐，注重美化环境，喜爱户外运动。

新西兰人的饮食习惯大体上与英国人相同，饮食以西餐为主。喜欢喝啤酒，人均年啤酒消费量达110公升，国家对烈性酒严加限制。茶和咖啡也是新西兰人喜爱的饮品。

人们一般惯用握手礼和鞠躬礼的，不过鞠躬方式独具一格，行礼时，双方抬头挺胸地鞠躬。当地土著毛利人仍保留着浓郁的传统习俗。他们大都信奉原始的多神教，还相信灵魂不灭，尊奉祖先的精灵。他们有一种传统的礼节：当遇到尊贵的客人时，他们要行"碰鼻礼"，即双方要鼻尖摩擦鼻尖二三次，然后再分手离去。

新西兰忌讳公共场所男女同场活动。即使看戏或看电影，通常也分为男子场和女子场。他们视当众剔牙和咀嚼口香糖为不文明的举止。与其他西方国家一样忌讳数字"13"。

【非洲国家】

非洲是文化历史古老而悠久的地区，撒哈拉以北地区的主要居民是阿拉伯白人，信奉伊斯兰教，包括苏丹、埃及、利比亚、突尼斯、阿尔及利亚、摩洛哥六个国家。撒哈拉以南地区主要是黑人居住，还有不少的欧洲殖民后裔，大都信奉原始土著宗教、伊斯兰教，少数信奉天主教或基督教。受地域文化和本民族文化传承的深刻影响，非洲各国的礼仪风俗具有明显的当地文化色彩，与欧、美等西方国家有着很大的差异。

埃及：埃及地跨非、亚两洲。伊斯兰教是国教。埃及人正直、爽朗、宽容、好客。

晚餐在日落以后和家人一起共享，所以在这段时间内，有约会是失礼的。埃及伊斯兰教徒有个绝不可少的习惯：一天之内祈祷数次。

在人际交往中，埃及人所采用的见面礼仪，主要是握手礼。与跟其他伊斯兰国家的人士打交道时的禁忌相同，同埃及人握手时，最重要的是忌用左手。埃及人一般都遵守伊斯兰教教规，忌讳喝酒，喜欢喝红茶。他们有饭后洗手，饮茶聊天的习惯。

不论送给别人礼物，或是接受别人礼物时，要用双手或者右手，千万别用左手。在用餐时，忌讳用左手取食，忌讳交谈。忌吃猪、狗肉，不吃虾、蟹等海味、动物内脏（除肝外）、鳝鱼、甲鱼等怪状的鱼。

埃及人十分热爱莲花。他们不仅将其称作"埃及之花"，而且还正式将其定为国花。埃及人以猫作为本国国兽。他们认为，猫是神圣的精灵，同时也是幸运的吉祥物。埃及人还很喜欢美丽华贵的仙鹤，认为它代表着喜庆与长寿。埃及人讨厌猪，也反感熊猫，因它的形体近似肥猪。埃及人爱绿色、红色、橙色，忌蓝色和黄色，认为蓝色是恶魔，黄色是不幸的象征，遇丧事都穿黄衣服。禁穿有星星图案的衣服，除了衣服，有星星图案的包装纸也不受欢迎，禁忌猪、狗、猫、熊的动物图案。"5"和"7"是人们喜爱的数字，忌讳"13"。

南非：南非位于非洲大陆的最南端，英语和南非荷兰语同为官方语言。南非民族成分复杂，信奉基督新教、天主教、印度教、伊斯兰教和一些原始宗教，黑人和白人所遵从的礼仪不同。所以南非社交礼仪可以概括为"黑白分明""英式为主"。也就是受到种族、宗教、习俗的制约，南非的黑人和白人所遵从的社交礼仪不同；白人的社交礼仪特别是英国式社交礼仪广泛的流行于南非社会。

以目前而论，在社交场合，南非人所采用的普遍见面礼节是握手礼，他们对交往对象的称呼则主要是"先生""小姐"或"夫人"。在黑人部族中，尤其是广大农村，南非黑人往往会表现出和社会主流不同的风格。比如，他们习惯以鸵鸟毛或孔雀毛赠给贵宾，客人得体的做法就是把这些珍贵的羽毛插在自己的帽子上或头发上。

信仰基督教的南非人，忌讳数字13和星期五；南非黑人非常敬仰自己的祖先，他们特别忌讳外人对自己的祖先言行失敬。

尼日利亚：尼日利亚国土辽阔，人口与民族众多，物产丰富，被誉为西非的"天府之国"。近半数人信奉伊斯兰教，三分之一人信奉基督教。尼日利亚有许多部族，其习俗与文化传统有很大差别，所以他们的生活方式也截然不同。比如伊博族女性以胖为美，婚前要专门"育肥"；菲蒂族人惜马如命，他们从不吃马肉。如果马死了，全家人会像死去亲人一样痛哭一场，并为马举行安葬仪式；豪萨人表示亲热的方式不是握手，也不是拥抱，而是相互用右手使劲拍。伊萨人认为食指是不祥之物，无论谁用右手的食指指向自己，都是一种挑衅的举动；如果有人伸出手并张开五指对向自己，更是粗暴地侮辱人的手势。这些都是令人不能容忍的。

尼日利亚人在施礼前，习惯先用大拇指轻轻地弹一下对方的手掌再行握手礼。在交谈中，从不盯视对方，也忌讳对方盯视自己，认为这是不尊重人的举动。他们用餐一般习惯以手抓饭，社交场合也使用刀叉。

摩洛哥：摩洛哥王国位于非洲西北端，地域广，主要人口为阿拉伯人，柏柏尔人口占近20%，国民多为穆斯林。近年来经济发展较快，受西方影响较大，表现出欧洲风格与阿拉伯情调的交织。

摩洛哥人在交往中使用拥抱礼和握手礼，女性与宾客见面时往往施屈膝礼。他们把茶视为迎宾待客的佳品。若给你敬上一杯薄荷绿茶，那是表示对你尊敬的传统礼节。进屋有脱鞋之俗，民间习惯用手抓饭。与客人约会总乐于迟到，认为这是一种社交风度。

摩洛哥人喜爱绿色，视绿色为春天和美好的象征。忌讳白色，认为白色象征贫穷。摩洛哥人禁食猪肉，也忌讳使用猪制品。他们喜欢数字"3""5""7""40"，认为这些数字都带有积极意义。忌讳数字"13"。忌六角星、猫头鹰图案。

【思考题】

1. 常用的问候礼节有哪些？
2. 比较中国茶文化与日本茶文化的异同。
3. 进一步了解中国酒文化，探寻其对中国历史、文学、民俗等所产生的影响。

4. 为什么说咖啡是法国文化的一大标志?
5. 你知道我国和英语国家分别用怎样的手势来表示1~9的数字吗?
6. 佛教国家主要的问候礼是什么?
7. 不同国家有哪些表示"同意"的肢体语言?
8. 说说中、日、韩三国的民族服饰分别具有怎样的特点和文化内涵。
9. 欧美国家"女士优先"的传统在具体的交际活动中有哪些礼仪表现?
10. 欧洲主要国家的习俗礼仪有哪些共通之处?

参考文献

[1] 陈安萍. 论社交礼仪在人际交往中的功用[J]. 安徽工业大学学报（社会科学版），2003（2）.

[2] 纪秀琴. 浅谈幼儿礼仪教育的意义[J]. 内蒙古民族大学学报，2012（1）.

[3] 潘谊清. 幼儿教师的礼仪培养与形象塑造研究[J]. 湖北函授大学学报，2014（12）.

[4] 沈亚娟. "期待效应"策略在幼儿礼仪教育中的运用[J]. 学前教育研究，2012（6）.

[5] 耿向阳. 幼儿礼仪启蒙教育的探索[J]. 上海教育科研，2003（1）.

[6] 胡静. 实用礼仪教程[M]. 武汉：武汉大学出版社，2003.

[7] 云牧心. 社交与礼仪知识全集[M]. 北京：北京工业大学出版社，2006.

[8] 千舒、陈秋玲. 社交礼仪的 N 个细节[M]. 北京：海潮出版社，2005.

[9] 金正昆. 社交礼仪教程[M]. 北京：中国人民大学出版社，1998.

[10] 唐志华. 幼儿教师礼仪基础教程[M]. 上海：复旦大学出版社，2006.

[11] 王素珍. 幼儿教师口语训练教程[M]. 上海：复旦大学出版社，2006.

[12] 虞永平. 幼儿园课程实施指导丛书//社会[M]. 南京：南京师范大学社出版，2000.

[13] 邱学青. 给幼儿园教师的 101 条建议//游戏指导[M]. 南京：南京师范大学出版社，2011.

[14] 陈帼眉，姜勇. 幼儿教育心理学[M]. 北京：北京师范大学出版社，2007.

[15] 陈帼眉，冯晓霞、庞丽娟. 学前儿童发展心理学[M]. 北京：北京师范大学出版社，1988.

[16] 钟启泉，张华. 课程与教学论[M]. 大连：辽宁师范大学出版社，2007.

[17] 童悦. 幼儿礼仪教育[M]. 北京：北方妇女儿童出版社，2013.

[18] 雷凤颖. 香水的历史[M]. 哈尔滨：哈尔滨出版社，2007.

[19] 田君. 论"礼"的字源、起源、属性与结构[J]. 四川大学学报，2014（5）.

[20] 赵克生. 童子习礼：明代社会中的蒙养礼教[J]. 社会科学辑刊，2011（4）.

[21] 杨志刚. 中国礼仪制度研究[M]. 上海：华东师范大学出版社，2001.

[22] 郭善兵. 中国古代帝王宗庙礼制研究[M]. 北京：人民出版社，2007.

[23] 吴震. 朱熹《家礼》实证研究[M]. 上海：华东师范大学出版社，2012.

[24] 彭林. 中国古代礼仪文明[M]. 北京：中华书局，2013.

[25] 杨汝福. 中国礼仪史话[M]. 南宁：广西民族出版社，1991.

[26] 王炜民. 中国古代礼俗[M]. 北京：商务印书馆，1997.

[27] 郑玄. 礼记[M]. 北京：中华书局，2015.

[28] 郑玄，贾公彦. 仪礼注疏[M]. 上海：上海古籍出版社，2008.

[29] 郑玄，贾公彦. 周礼注疏[M]. 上海：上海古籍出版社，2010.

[30] 刘金同、陈永顺、田桂芹. 实用社交礼貌礼仪教程[M]. 北京：北京大学出版社，2007.

[31] 胡静. 使用礼仪教程[M]. 武汉：武汉大学出版社，2003.

[32] 张岩松. 现代礼仪教程[M]. 北京：清华大学出版社，2015.

[33] 王晓朝. 宗教学基础十五讲[M]. 北京：北京大学出版社，2003.

[34] 李申. 宗教简史[M]. 桂林：广西师范大学出版社，2012.

[35] 英格丽. 你的形象价值百万[M]. 西安：中国友谊出版公司，2013.

[36] 程锦. 优雅百分百[M]. 北京：中国言实出版，2005.

[37] 王琪. 现代礼仪大全[M]. 北京：地震出版社，2005.